新 视界
新 观察

本书获日本创价大学学术出版资助

**主　编**

曲庆彪

寺西宏友（日）

**日方执行编委**

汪鸿祥

**中方执行编委**

崔学森

**编　委**

（按照姓氏笔画排序）

朱俊华　　刘爱君　　张广鑫

洪　刚　　赵慧英　　暴景升

主编

曲庆彪　[日]寺西宏友

# 与池田大作对话文明重生

中国社会科学出版社

**图书在版编目（CIP）数据**

与池田大作对话文明重生/曲庆彪，（日）寺西宏友主编．
—北京：中国社会科学出版社，2011.9
ISBN 978-7-5161-0114-8

Ⅰ.①与… Ⅱ.①曲…②寺… Ⅲ.①池田大作－思想评论
Ⅳ.①K833.137＝5

中国版本图书馆 CIP 数据核字（2011）第 184771 号

责任编辑　武　云
特约编辑　王　茵　段　珩
责任校对　韩天炜
封面设计　苍海光天设计工作室
技术编辑　王炳图　王　超

出版发行　**中国社会科学出版社**
社　　址　北京鼓楼西大街甲 158 号　　　邮　编　100720
电　　话　010—84029450（邮购）
网　　址　http://www.csspw.cn
经　　销　新华书店
印　　刷　北京君升印刷有限公司　　　装　订　广增装订厂
版　　次　2011 年 9 月第 1 版　　　印　次　2011 年 9 月第 1 次印刷
开　　本　710×1000　1/16
印　　张　27.75　　　　　　　　　插页　2
字　　数　371 千字
定　　价　58.00 元

# 目　　录

## 宗教·哲学篇

## 人生·人性篇

**和平·交流篇**

**教育·文化篇**

和谐·共生篇

池田大作先生前五届
研讨会致辞

# 序言一

# 文明的"裂变"与重生

曲庆彪

公元 2000 年，人类又用基督教千禧年将历史再一次分割，在对旧的千年尤其是刚刚逝去的 20 世纪"盖棺定论"的同时，又带着希望赋予新世纪和新千年以无限的憧憬。固然，这种分割并非毫无意义，但是，历史并不会因为人为的分割而被割裂，显而易见的物质文明自不必说，那些"日用而不知"的精神遗产更是执著地在人们头脑中延续着生命。有些历史学家所说的"一切历史都是思想史"或"一切历史都是现代史"的论断，正诠释了历史是无法人为分割的道理。既然历史无法割裂，所谓"新的文明"也只能在既往文明的基础上破土而出，而不可能从天而降。雅斯贝尔斯笔下的"轴心时代"固然强调了公元前 5 世纪人类文明的巨大成就，但他并未否定这样的事实，即没有漫长的文明的孕育，轴心时代是不会横空出世的。这样，所谓新的思想首先是对以往思想的某个（或某些）侧面的强调，抑或是对以往思想的再组合。也许只有这样的"新思想"，才可能被接受和传承。当然，强调文明承袭的重要性，并未否定新思想的价值。相反，正因强调了对文明的承袭，才显得新思想得以产生的可贵。

历史不容人为分割，文明也是如此。不同的文明，因地理位置的不同，经常被区分为东与西。双方的差异因这种划分越来越明显，双方的对立也因此加深，由此而带来的矛盾和冲突便难以避免了。但是，仔细想来，作为一个球面体的地球，即使是东与西的划分，也不能不说是相对的。或许是为了方便，人们总是习惯简单地以二分法进行着两个极端的划分。然而，东西方文明的划分，并非如此简单。后现代主义、后殖民主义理论已经清晰地告诉我们，东西方文明的划分原本是"西方中心主义"的产物。近东、中东、远东这些地理上的概念，便是以西欧为标准划分的。文明也因此有了东西之别。

大航海时代以来，西欧文明的主动出击，西方中心式的话语霸权便不知不觉地以巨大的经济优势和强硬的武力后盾渗透到欧洲人所及之处，世界被欧洲人人为地区分为东与西，并强行以欧洲的标准进行了西方先进、东方落后，西方文明、东方野蛮的区分。于是，先进蔑视落后、文明战胜野蛮便成了欧洲通行的公理。东方在西方的话语霸权下也就自视落后，因而就有了以西方为标准的追赶和试图超越。其实，这正是东方的不幸，在赶超的过程中，赶超者经常会迷失自我。当东方人意识到自我迷失的时候，欧洲人也因为两次世界大战而导致的文明危机而反省西方中心的弊端，从斯宾格勒的《西方的没落》到萨义德的《东方学》，欧洲人开始反思自己的霸道。全球史编纂的兴起，冲击—回应说的诞生，是这种反思的中间环节。很快，欧美学者在后殖民主义和后现代主义的带领之下，走出了欧洲中心主义，然而，似乎又掉进了"本地主义"（如完全以东方为中心）的陷阱。其实，东方中心主义看似是对西方中心主义的反思，实则二者共享同样的思维方式，又一次站在东方的角度讲起东西方对立来。费正清的卓越弟子入江昭很快便意识到全球共同体的理论应该是克服两个中心观的良方。加州学派的王国斌和彭慕兰也在以"大分流"的形式预示着全球的"大合流"。

如果我们相信人类从非洲走出的学说，那么，人类文明的基础和起点也应该是相同的。纵然因适应环境而产生了不同的人种，形成了不同的文明，但是，人类确实拥有共通之处是不容否认的。人类学认为，越是早期的原始部落，他们之间的信仰越是相近；人口学早就证明了不同人种之间可繁育正常后代的事实；基因遗传学更是从科学的角度承认整个人类基因的近似性远远大于与任何其他动物基因的近似性。在这样的认知基础上，我们就应该毫不掩饰地承认共通的人性的存在。尽管各个文明由于环境、教育等差异，对人性的认识有所不同，但是，对于生命的尊重和呵护，对暴力的本能的反抗，对自由、民主的追求，对幸福美好的期待等，应该是人性所共有的。释迦牟尼、孔子、苏格拉底、穆罕默德，当人类进入轴心时代时，这些思想家便在不同的文明之间呼喊着相同的人性，尽管实现的途径有所差异。

已在 21 世纪度过了 10 个年头的人类，已经因经济的高速发展、交通和通讯的便捷而建立了"地球村"，当面对共同的环境问题、金融危机、恐怖袭击和核污染等难题时，人类已不再对是否有普世的人性的问题纠缠不休，而是把普世人性作为相互协调的不言自明的前提。然而，尽管如此，现实却因国家、民族、团体和个人的利益之争以及意识形态、宗教信仰等的对立而难以令人释怀。暴力和不自由并未因为人的期待而消失殆尽，被称为战争世纪的 20 世纪似乎还在无情地延续着，伊拉克战争、阿富汗战争、车臣纷争、今年北约对利比亚的空袭，一次又一次击碎了和平的美梦。康德高呼的人类永久的和平和康有为笔下的大同世界，是否永远遥不可及？21 世纪，什么思想才是救世良方？

古往今来，人类伟大的圣贤均立足于人性，以普世情怀驱赶阴霾，为人类无数次点亮智慧之光，照耀光明的前途。苏格拉底、孔子、穆罕默德、基督、康德、黑格尔、马克思……进入继往开来的新世纪，一位来自日本、胸怀世界的思想家池田大作先生又为人类思想的宝库注入了新鲜血液。池田大作先生关于人的革命的思想和行动的论述，为新世纪的人类未来开启了一扇门，铺开了一条路，指引了一个方向。

池田大作先生在思想。

他着重强调教育应该受到全人类的重视，应该作为人类生存和发展的首要因素。这样教育才使人成为真正意义上的人，让人有感性，更有理性；有个人，更有他人。个人、家庭、学校、社会、国家、任何其他组织和团体，都应该为构建教育的世纪而联合行动。外在的教育固然重要，人性的自我变革更应该强调。教育不该为社会和国家服务，相反，社会和国家应该为教育服务，为每个人的健康成长，成长为真正的人而服务。这看似是简单的颠倒，然而却可凸显教育的本位。当然，教育可以使人成为天使，也可以把人变成恶魔，教育内容的选择，甚至比教育本身更重要。选择的标准，一言以蔽之，即是否尊重生命、是否"拔苦与乐"。全球化日益加深的今天，超越民族、种族和国家界限的地球公民意识的培养，是化解因民族、种族、宗教而导致冲突的重要步骤。以暴制暴，暴力永远不会被制止，富有人性的对话应该是消除误解和暴力的最佳途径。人类的最大优势便是善于相互沟通、相互理解，通过教育，培养善于对话的人，这是教育的目的之一，也是人类通向和平的唯一正确通道。对话既是一种手段，同时又是一种思维模式，更可以上升为一种思想。它是超越一切暴力的软实力，谁灵活地掌握和运用它，谁就会永远立于不败之地。

池田大作先生在行动。

他创建从幼儿园到大学一系列的教学、科研机构，使它们成为先进文化的阵地，人类和平的堡垒。他创办了一系列的文化机构，让普通民众徜徉其中。他创建并领导国际创价学会和一系列和平研究所，使它们遍及全球大约 200 个国家和地区，让和平的种子洒满全球，让新式文化遍地生花。他与世界 1700 多位思想家、政治家、学者对话，用对话的形式，将对话的思想广泛传播。他利用余生，笔耕不辍，为21 世纪的人类留下尽可能多的精神遗产。他的思想和行动被广泛认可：他获得过联合国和平奖，获得世界上 300 多个学术机构颁发的名誉教授、名誉博士头衔，获得全球 500 多个城市颁发的荣誉市民称号。

池田大作先生以其深邃的思想和卓绝的行动力，将正在人为裂变的东西文明融为一体，使它们获得重生。在他心中，人类的文明早已没有东西之分，只有一个充满人性关怀、使人得以自由全面发展的新式文明。

是为序。

曲庆彪，辽宁师范大学党委书记，

池田大作和平文化研究所所长，

写于 2011 年 3 月 15 日

# 序言二

# 池田大作思想研究的意义

［日］ 寺西宏友

创价大学于 2005 年与北京大学池田大作研究会共同举办第一届池田大作思想国际学术研讨会以来，到 2010 年为止，在中国举办了六届池田大作思想国际学术研讨会。2006 年与华中师范大学共同举办了第二届，2007 年与湖南师范大学共同举办了第三届，2008 年与北京师范大学共同举办了第四届，2009 年与辽宁师范大学共同举办了第五届，2010 年与中山大学共同举办了第六届。随着历届学术研讨会的召开，与会人数和发表的论文数都不断增加。中国各大学冠以池田大作名义的研究机构已多达 20 多所。尤其令人高兴的是，研究池田大作的学者率领自己指导的学生和研究生参加学术研讨会的人数日益增加，显示出池田大作思想研究不仅区域在不断扩大，而且将会世代相传。

这次与积极推进池田大作研究的辽宁师范大学曲庆彪校长合作，将积蓄至今的池田大作研究成果汇编成一册文集，我确信这对于今后池田大作研究的进一步发展具有重大意义。作为一名创价大学教师，以池田大作为创始人而自豪。谨此略论池田大作思想研究的意义，以此作为本书的序言。

本文开头提到的与北京大学共同举办学术研讨会，其契机是北京大学池田大作研究会第一任会长贾蕙萱教授来创价大学进行研究时出现的。贾蕙萱教授在创价大学研究期间非常积极地从事研究。贾教授运用其精湛的日语，专心阅读各种文献，并提出了一个重要问题。创价大学母体的创价学会牧口常三郎第一任会长提出了"价值论"，户田城圣第二任会长提出了"生命论"，那么，如果将池田会长的主义和主张简洁扼要地表达的话，归纳为"什么论"为好呢？贾教授热心地向很多人提出了这个问题。被提问的创价大学和创价学会的很多人都感到困惑。因为相当了解池田大作广泛的多方面的学说和行动，所以就感到用一句话来进行归纳表达的难处。

但是现在看来，这个问题是与创价学会的思想史体系中池田大作思想如何定位为好的问题相联系的。作为教育者的牧口常三郎第一任会长通过基于《法华经》的日莲佛教的实践，提倡给社会带来善的价值，创立了创价学会。牧口常三郎从日莲佛教实践的观点出发，修改康德的"真、善、美"的价值观，提出了"利、善、美"的"价值论"，提倡在生活中创造价值的人生观。户田城圣第二代会长与牧口常三郎一起被当时的军国主义政府逮捕入狱，在狱中实现了精神的彻悟，在此经历之上，执笔写作了论证生命是什么的"生命论"。超越了将生命的实体看做生或死、有或无的二元论认识，阐明了佛教的真髓，即遍布大宇宙的根本之法（能源）就是佛，其行动和作用作为生命现象而出现。继承这两人的思想而发展的池田大作思想的中心课题如何表达为好呢？这就是贾惠萱教授的提问。很多人的回答是"人间论"。笔者本人也如此认为。牧口第一任会长阐明了创价思想的"理念"，户田第二任会长表明了创价思想的终极的"真理"。作为将此付诸实践的主体关注"人"的存在，通过自身的行动和实践不断追求人所应有的姿态，这就是池田大作。在此意义上将其思想表述为"人间论"。池田大作 1974 年初次访问苏联，与柯西金部长会议主席会见时，对于"你的主义是什么"的提问，当即明确回答"是教育主义、文化主义、和平主义，根底是人间主义"。

但是据中国学者说，"人间"一词难以作出一种意思的理解。在中国，"人间"一词意味着人与人之间的联系，即意味着"社会"。这个意思非常好。因为包括笔者本人在内，很多理解池田大作思想的人都强烈地意识到，池田大作思想中心课题的"人间"，不是观念性的哲学性的存在，而是"社会性的存在"。

必须反复强调的是，池田大作的"人间论"不是观念性的，而是实践性的。与此相关，想指出其两个特点。第一，排除"定型化"。池田大作指出："世间的主义和主张总是伴随着'定型'的行动。基于佛教的我们的主张不将重心置于定型化，而将重心置于对时代和状况的实质性的把握，由此观察应该如何行动。"今年的"SGI 和平倡言"中，池田大作引用亨利·柏克森的哲学，主张排除"固定化"、"空间化"，脱离"将人们引向不劳而获，不费工夫而得出结论的轻易地软弱的懒惰的"精神松弛状态。也就是说，拒绝从以固定观念和民族主义的多样性为背景的复数的正义纠葛状态中的轻易脱离。

但是这样说的话，对于生活在这个混沌世界的我们来说或许会产生误解，好像池田大作说的话是没有指南针的应付而已。为了避免这种误解，想指出另一个特点。这就是将最大的价值置于"生"的"人间主义"。即使说"人间主义"，但是在现实世界中人实际上面对复杂的价值判断的纠葛。这时怎么也需要作为依据的价值判断的基准。池田大作给我们提示了什么基准呢？这就是将"相信人的无限可能性，不断挑战，鼓励这种挑战"作为最善的人生观。这是基于佛教本义的"慈悲"的实践。

今后，池田大作思想研究的学者专家将会继续增加。如能记住上述两个特点，我确信就能准确地理解池田大作思想。换一个角度来说的话，池田大作的著作和学说对于读者来说，具有"生的活力"和唤起"慈悲心"的力量。因此，池田大作思想研究的扩展，必将是池田大作提倡的以实现"人间主义"为目标的行动实践的圈子的扩展。

（作者：寺西宏友　日本创价大学教授、副校长）

# 宗教·哲学篇

# 寻找池田哲学的原点

## ——以两部对话录为核心

　　池田大作先生是现当代少有的宗教哲学家和思想家，他的这一特性，在"思想家淡出，学问家凸显"和"四星高照，何处人文"① 的东亚地区表现得十分突出。正因为有如此不同流俗的表现，他的思想和主张才容易带来许多不同甚至对立的通俗反应。代表性的反应有两种，其中之一，每每表现为强烈的崇拜情结，这是因为宗教所固有的供人信仰特质，很难使受众把信奉对象当做一个客体来审视和研究，结果，有如此反应者往往丧失对崇拜对象的理性分析能力和客观评价能力；另外一种反应，则多半表现为怀疑、质疑甚至批判，好一点的，也只能说池田先生是一位理想主义者，他所从事的事业类似于当年的孔孟，即"知其不可为而为之"。然而，上述两种反应其实都程度不等地存在着误解。首先，任何一个影响深远的宗教，其内核都是精密的哲学，而哲学本身又是讲道理的学问，因此，充满哲学思考的池田大作似更应被视为思想深邃的哲学家才是。他出版的各类著作，包括对话录，与其说是宗教作品，不如说是哲学经典更符合实际，也就是说池田所从事的工作并不像那些有意将其奉为教主的宗教狂热者所理解的那样，而满足于池田批判的非议者的说法，其实也不过是对池田哲学的宗教形式所表现出来的情绪性反应而已，其对宗教的天然抵触情绪和不假思索的反应方式，反而暴露了批判者对池田哲学本身

---

　　① 李泽厚语。"四星"，指的是"影星、球星、笑星、主持人"。

缺乏研究的内情和事实。

综上所述，倘若对池田大作的哲学思想不进行深入的思考和研究，一个真正的"池田像"便难以显现；如果将池田哲学等同于纯理性主义哲学，似乎也很难把握池田思想的要领。东北师范大学成立"池田大作哲学研究所"，实有意在这方面做些基础性工作。

# 一　池田大作思想的宗教形式与哲学旨归

1984 年日本圣教新闻社出版了一部对话体著作《展望二十一世纪：汤因比与池田大作对话录》。2008 年 9 月，该社又出版了另一部对话录，叫做《关于"和平"、"人生"与"哲学"：池田大作与亨利·基辛格对话录》。在这两部对话录中，读者会发现这样一个现象，即池田思想的立足点是所谓"佛法"。而同时，读者也会发现，池田的佛法逻辑背后，横亘着缜密的哲学。

毋庸讳言，池田的许多表述散发着浓烈的宗教气息。例如，在"关于生命"的问题上，他曾与汤因比博士作过如下的交流：

> （池田）如果只用"有"、"无"这两个概念来研究宇宙的话，宇宙中生命的发生，就只能从"无"中生"有"。佛法把生命理解为：它是超越有无概念的。从某种意义上说，它是潜藏着产生"有"的可能性的一种叫做"空"的"无"的状态，即把"空"理解为内含于宇宙中的实际存在。这个"空"字，用时间和空间概念是无法论述的。……懂得"空"这一概念，我想大概也就容易理解生命这一实际存在的性质了。
>
> （汤因比）我感到生命和"存在即其本身"仍然是神秘的，用"发现"这个观点是说不透的。
>
> （池田）我认为佛教主张的生命轮回同时永存的假说能有效地说明：人虽都有生，而不同的人都有不同的前世报应这一事实。如果不假定一个自己在过去也曾有过生，那么他生来就有的前世报应，将只能由类似神那样的超绝者的意志去决定，后者由

偶然性去决定。这种佛法的解释，大概是让人觉醒到自己并不受人类以外的超绝者所支配，而是自己对一切负责。由此使人树立起根本的自主性。①

（汤因比）我们能够体验的人的生命状态，只有一种，就是身心统一的生命。在智能上灵魂和肉体加以区分，不过是一种假说，毕竟不是从经验中获得的事实。离开肉体有灵魂存在这件事，并没有从经验中得到确证。②

在与基辛格谈及宇宙观问题时，则有如下一段趣话：

（一位宇航员在太空中俯瞰地球时说）"当我们从如此高度俯瞰地球时，竟没有看到一条国境线。所谓国境线，其实是人类主观愿望的产物。从无限的宇宙俯瞰地球时才知道，生息于地球上的我们，不过是世界共同体中的一员。"卡博士说，这正好表明国境的划定是没有必要的。现在，我们迎来了人类相互交流、彼此往来和相互理解的良机。我感到，不只是宇宙飞行员，通过电视和照片的映像来感受宇宙空间卫星图片的现代民众中间，亦潜藏着国家的视野和发起创造和平行动的力量。……毫无疑问，古来优秀的哲学即便不借助这些映象，也获得过如此伟大的宇宙观和世界观。以前，我曾经出版过一部与天文学者对谈的书，名叫《论〈佛法与宇宙〉》（《池田大作全集》第10卷收录）。特别值得指出的是，佛教正是一个具有普遍宇宙观和世界观的宗教。③

乍看上去，池田对生命的解释中，似乎充满了宗教的假设与想象，而其对宇宙观的描述，又不乏孩童般的天真和文学家的浪漫，这

---

① ［日］池田大作：《展望二十一世纪：汤因比与池田大作对话录》，荀春生等译，国际文化出版公司1985年版，第319页。
② 同上书，第320页。
③ ［日］池田大作、［美］基辛格：《关于"和平"、"人生"与"哲学"：池田大作与亨利·基辛格对话录》，中国国际广播出版社1988年版，第221页。

恐怕也是汤因比博士与他意见不尽一致和基辛格博士的礼节性敷衍的原因。但是，当透过这些表象深入到具体的哲学问题时，池田先生的理论便不但具有巨大的逻辑魅力和邃密的思维深度，还拥有使论者观点发生改变的牵引力量。上述"空"的概念，其实是大乘哲学体系中"三谛论"的一个链环，只有将其放入"体系"当中，才会凸显其精密的意义。按照池田先生的说法，"三谛论"是构成佛法认识论基础的一部分。所谓"三谛"中的"谛"是"清楚"或者"明确"的意思，只有从"空"、"假"、"中"三方面的立场上来观察一切东西的面目、本质时，才能认识那个东西的真相。具言之，在"三谛"的三种立场中，"假谛"相当于显现在该物的表面，是通过人的感觉能感知的映像；与"假谛"相应，所谓"空谛"乃是指一切现象的特征而言，它是不能作为存在而被感知的，正因如此，如果忽视了它，就不能正确地掌握存在；而所谓"中谛"，是指包括"假谛"和"空谛"在内的本质上的存在，它是使形象显现出来，或者决定该物特征和天性的生命本源的存在，即或外貌形态有所变化，它也不变且贯穿始终。从这个意义上讲，万物的真相应该是由"空"、"假"、"中"所形成的一个整体。① 对此，汤因比博士的理解方法颇为别致，他认为，亚里士多德反对柏拉图过分轻视现象以及本质独立于现象的观点是有问题的；而黑格尔的"正"、"反"、"合"与佛法的"三谛论"更加类似。② 这种对古希腊思想家的责备和对池田观点的连类格义，其实暗含了他本人对上述观点在某种程度上的接受。不宁唯是，池田的"十界论"还引发了汤氏倾心的赞美："佛教真是作了极为精细的心理分析。它超过了迄今西方所进行的任何心理分析。"③ 基辛格博士虽然没有回应宇宙飞行员的无国境世界观与佛法宇宙观有无可比性，且称"世界共同体"应当是一个"稀有"的国际组织形式，但是，在不胜枚举的战争和惨烈的杀戮等事实面前，他不得不承认"世界政府"本

---

① ［日］池田大作：《展望二十一世纪：汤因比与池田大作对话录》，荀春生等译，国际文化出版公司1985年版，第351—352页。

② 同上书，第352—353页。

③ 同上书，第355页。

身所具有的未来意义，并认为，"在树立世界政府之前，哲学和精神上的变革是必要的准备"。① 基辛格显然是在回应池田先生与汤因比博士曾经达成过的一致意见时说这番话的，这个"一致"就是：

> 汤因比博士有一段时间曾经考虑过，在政治统一之前，会先出现过渡的"世界帝国"，然后再经由来自高级宗教的精神变革，才能走向世界共同体。然而，今后的世界恐怕再也不会像过去那样出现什么世界帝国了。在这一点上，我补充了博士的见解。总之，"世界国家"也好，"世界共同体"也罢，为了它的确立，来自世界宗教的精神变革都是不可或缺的前提。在这一点上，我们达成了共识。②

可见，该"宗教"的基底，其实流动着哲学的精神。一如池田先生所说："这是关于宇宙的本质问题。归根结底，是要靠哲学和宗教加以解决的。"③

## 二 池田哲学的主体构架

池田先生的宗教论基础之所以是哲学，不单因为有汤因比博士的以下期许，即"宗教和哲学这两个观念形态，它们之间并没有明确的区别"④，更重要的，还因为池田思想本身具备了哲学应有的全部丰富性。在上述两部对话录中，举凡宇宙论、知识论和生命论这些哲学的基本问题，都是池田所讨论的主要话题。这些话题之所以不时被包裹在宗教的氛围和话语中，只能表明宗教在更广泛的视域中具有突破

---

① ［日］池田大作、［美］基辛格：《关于"和平"、"人生"与"哲学"：池田大作与亨利·基辛格对话录》，中国国际广播出版社1988年版，第232页。

② 同上书，第231页。

③ ［日］池田大作：《展望二十一世纪：汤因比与池田大作对话录》，荀春生等译，国际文化出版公司1985年版，第330页。

④ 同上书，第369页。

人类智能极限的超越意义——它是从人心内部寻找克服人类认识能力的有限性和宇宙不可尽知的无限性之间固有张力的有效途径。

正是在这个意义上，池田先生的宇宙观，便表现出了与纯理性主义哲学家之间的某种区别。当然，这种区别的最大特点，是对唯科学马首是瞻行为的批判。

池田指出，距地球二百亿光年以内的宇宙，是我们在物理学上可见的宇宙；比这更远的宇宙地平线，即所谓"宇宙线"的彼处，是无法感知的世界。因此，离彼处更远的地方，就越出了科学所及的范围，成为纯粹的哲学问题，也就是人们思维和想象的问题了。① 在这里，科学主义把握无限世界时的能力有限，无疑构成了池田先生对科学宇宙观提出挑战的背景，即"物质还有通过感觉没有认识到的侧面"，"为此，我感到越来越需要有一种哲学来做科学以及人类正确运用其能力的基础，需要演绎性地说明如何完整地把握这种力量"②。按照池田的说法，这种"演绎性"的把握标准，其实早已在佛法中有过明确的显示，即"释迦在《法华经》里""认为宇宙中明确地存在着无数个类似地球这样的世界"③，而且，佛法的"三世十方的佛土观"似对此早有说明，"十方就是整个宇宙的广阔性，三世就是指从无限的过去，包括现在的一瞬间，到永远的未来这一长远的时间河流……这样，佛法把大宇宙本身看成一个巨大的生命体，从这里出发，展开了逻辑思维"。④ 池田发现，科学主义哲学的宇宙观之所以会日现局促和窘迫，关键在于近代以来人们对人造的"时间"、"空间"概念的固执和泥守。来自康德的这种经典理论一直被西方哲学界奉若神明，以至汤因比博士亦莫能外：

（汤因比）我首先想肯定康德的理论。他认为时间和空间对

① ［日］池田大作：《展望二十一世纪：汤因比与池田大作对话录》，荀春生等译，国际文化出版公司1985年版，第327页。

② 同上书，第338页。

③ 同上书，第332页。

④ 同上书，第334页。

人们思考来说，是无法回避的范畴。不以时间和空间为基准，我们就不能思考任何事情。因此，我们无法确定时间和空间这个概念本身，对"存在即其本身"是否本质的东西。我们也无法确定假说中的客观的存在是否既不是时间也不是空间。因而也不能确定在我们意识中反映的现象是否是错误的。……就是说，时间和空间，不管它是存在，还是只是人的思考中错误的范畴，都是不可分割的统一体。①

池田对这一说法显然不以为然：

我认为时间、空间是人创造的概念，是人的生命在其活动中设立的框子。如果没有这种生命活动，那也就不可能有时间和空间。因此，认为时间和空间是绝对的存在，并要生命本身纳入这个框子，这种规定本身可能是本末倒置的一种想法。……按佛教的说法，可以说生命本质表现为，"生"即"有"和"死"即"无"，又永远存在下去的一种超时间的存在。②

他还强调指出，以往物理学上说的时间和空间，全部都是空间，而所谓时间，其本质存在于可称为对生命内在发动的强烈的感觉上。这样说来，时间就成为主观的东西，而空间就成为客观的东西了。时间是流动，而空间则是广袤。这样，时间就成为不能延长的东西，相反，空间则成为能够延长的东西了。③

可见，池田哲学的"宇宙论"要获得令人信服的超时空价值和意义，知识论的阐释就变得十分重要。以往宗教哲学与科学主义的冲突，反映了古典物理学本身所出现的智能局限和知识盲点。这类由知识论的欠缺而导致的困惑，甚至在汤因比博士的下列表述中仍有着某

---

① ［日］池田大作：《展望二十一世纪：汤因比与池田大作对话录》，荀春生等译，国际文化出版公司 1985 年版，第 340—341 页。

② 同上书，第 323 页。

③ 同上书，第 341 页。

种程度的显现：

> 当我考察"空"、"假"这些佛法概念时，也还是越来越明显地感到在智能上对其理解的困难。……生命死后果真继续存在吗？肉体还原为无机体后，精神到何处去了？——总之，以空间、时间为基准，是解答不了这一问题的。我相信只有用"空"或"永远"这些概念，才能解答。①

可是，当现代物理学的知识体系与宗教哲学之间逐渐出现"一致而百虑"的景观时，具言之，当宗教哲学原理的终极意义开始获得新的科学理论的部分证明时，池田哲学的指导意义还获得了现代知识论的有力支持。"场的空间"和"相对论"体系已为知识论的殊途同归提供了前所未有的结合点。正如池田先生所说："认识真正的物质的终极，大概是超越人的知觉能力的。所以，关于研究物质本质的理论物理学，也不得不在很大程度上带有哲学色彩。所谓物质终极的单位，已经变成用'物质'或'单位'说明不了的存在了。……我认为现代物理学对'场的空间'的想法中，可以清楚地看出有跟佛法的'空'相同的地方。"②而且池田认为，现代知识论的这一变化，无疑意味着人类认识水平的重大进步："古典物理学把时间和空间各自都看成绝对的存在。……然而在爱因斯坦发现相对论以后，明确了时间和空间也是相对的，是互相影响的。这样产生出统一认识时间和空间的时空观。"③

深入观察时发现，池田先生的宇宙观和知识论，与他的生命观已实现了某种完美的契合。因为"按佛法，大宇宙本身就是一个生命体"。④正是在这个意义上，他反对南方佛教（小乘教）的"小我"

---

① ［日］池田大作：《展望二十一世纪：汤因比与池田大作对话录》，荀春生等译，国际文化出版公司1985年版，第325页。

② 同上书，第338，339页。

③ 同上书，第340页。

④ 同上书，第334页。

论，而主张北方佛教（大乘教）的"大我"说。因为不达到北方佛教即大乘教的境界，就不能懂得释迦一代教养的纲领，因而也就不知道释迦的真意所在。北方佛教主张"生死即涅槃"。它告诉人们生死反复这个生命，直接就可以进入涅槃，而没有教人们切断欲望。那么这种轮回的生命，怎样才能够直接进入涅槃呢？释迦在《法华经》中指出了这种转变的秘诀，那就是按照伟大的佛"法"，去开导存在于自己内部的佛性。在开导自己生命的佛性时，教育人们对其他一切都要表现出无限的慈悲。也就是说，北方佛教不认为涅槃是进入静寂的"空"，而是觉察佛性，由此涌现出无限的慈悲。① 佛教所谓"涅槃"，有把火吹灭的意思。但是，池田先生认为，这不仅会导致消灭自我，并且和佛陀自己得到悟性之后仍然留在这个世上拯救众生的实践也是矛盾的。大乘教主张不把消灭欲望本身作为目的，而以救济民众改革社会为目标，认为把慈悲的实践贯彻下去的时候，自己的欲望就会自动地升华。不是切断欲望、消灭欲望，而是试图使"魔性的欲望"冥伏，并从它的枷锁中把各种欲望解放出来。对人也好，对社会和宇宙也好，必须把欲望引向创造生命的方向。池田不赞成切断欲望的那种尝试，因为想要抑制各种欲望，结果可能使它的能量转回到自己的无意识中去，像精神分析学者指出的那样，常常会成为各种疾病的原因。② 这也是与"小乘佛教是通过消灭'小我'而立于'大我'之中"做法不同的大乘佛教的优长所在，即"大乘佛教不否定'小我'，而着重于和'大我'融合"。③ 它克服了"小我"和"大我"之间的对立与紧张，自然也就是保存了实现"大我"的实践主体和前提。

池田所强调的，显然是宇宙"大生命"在人生的落实意义。正因为是大生命，那么，生命现象中的欲望便不应被简单地处理为需要消灭的对象，因为事实上，"爱"和"慈悲"本身也是欲望的另一种表

---

① ［日］池田大作：《展望二十一世纪：汤因比与池田大作对话录》，荀春生等译，国际文化出版公司1985年版，第346—347页。

② 同上书，第394页。

③ 同上书，第396页。

现形式。如此宏大包容性的背后，其实潜藏着如何看待人性的问题。池田先生指出：自古以来，围绕人性问题，人们曾反复进行过要么"性善"、要么"性恶"这种单纯而极端化的讨论。正确的做法应该是两者都不取，而只追求人类发展的可能性。在这一点上，他与基辛格博士之间还达成了某种共识。① 这种说法，显然根源于基督教主张"原罪说"的判断，这种观点很接近于性恶说。而卢梭的思想则很接近于性善说。从性恶说的观点来看，应该从外界来约束人性；而性善说则极力排斥来自外界的约束，强调听其自然。但池田先生认为人的本性既非善，也非恶，而是两者兼而有之。② 这样的思考，就根本而言，还基于以下的逻辑和目标，即：

> 作为实际问题来说，虽说进入"无我"的境地就到了没有苦恼的涅槃，但"我"这个感知涅槃的主体，如果已经不复存在的话，进入涅槃本身也就没什么意义了。因此，大乘佛教（其中包括《法华经》的哲学）并不提倡无我论，追求清除欲望，而是主张宇宙和其他一切生命跟自我之间的调和与融合。……也就是教导我们，通过对"大我"（宇宙的普遍的自我）的觉悟，去克服跟欲望相通的"小我"（个人的自我）。③

当"利他"原则被视为"大生命"得以形成的黏合剂时，生命的尊严和人性的价值才会获得真正的凸显。所以池田先生说："必须把生命的尊严视为最高价值，并作为普遍的价值基准。就是说，生命是尊严的，比它更高贵的价值是没有的。宗教也好，社会也好，以及设置比它更高的价值，最终会招致对人性的压迫。"④

---

① 〔日〕池田大作、〔美〕基辛格：《关于"和平"、"人生"与"哲学"：池田大作与亨利·基辛格对话录》，中国国际广播出版社 1988 年版，第 215 页。

② 〔日〕池田大作：《展望二十一世纪：汤因比与池田大作对话录》，荀春生等译，国际文化出版公司 1985 年版，第 385 页。

③ 同上书，第 395 页。

④ 同上书，第 428 页。

综上可见，池田思想事实上已为人们提供了优秀哲学体系所不可或缺的内在逻辑圆通。这种圆通不但包容了包括西哲在内的全部哲学思考，更重要的是，它还使任何偏执的哲学观在这种综合与超越的体系面前均显得意义有限。

## 三　对池田哲学原点的接近

池田大作的哲学，无论内涵还是外延，都拥有一般哲学所无法比拟的深邃和广大。其理论构架，我以为当贯通着如下肌理：

> 宇宙是无限的，而人们接近宇宙的手法（科技）是有限的。
> 佛法是无限的，只有宗教哲学才能在终极的意义上把握宇宙。
> 宇宙论不仅仅是分析的问题，更是演绎的问题。
> 生命论不只是生命表象的问题，更是生命本原的问题；既是生的问题，也是死的问题。知识论不仅要探讨常识问题，更要关心超常识问题；不仅要研究事实问题（真伪），更要关注价值问题（善恶）。
> 宗教哲学不仅要探讨近代问题，更要研究传统问题；不仅要关注西方问题，更要瞩目东方问题；不仅要探究全球问题，更要关怀宇宙问题。
> ……

之所以要对这无数组相互对立但彼此勾连、不可切离的范畴进行系统的爬梳，我以为其中当蕴涵着池田先生的特别用意。事实上，对这些问题的析出，已昭示了池田哲学的原问题意识或曰问题原点。这个原点，用池田先生经常借助的佛教术语表达，也就是"中"的问题。由于池田大作懵懂的崇拜者和偏激的反对者都缺乏对该原点的应有关注，而这两种极端的表现事实上又都缘起于对原点的不知，因此，对此作出明晰的阐释，便显得十分必要。

　　从适才列举的一系列对立项看，池田先生似乎明显倾心于后者。由于这种倾心往往与常识世界的价值观念表现出明显的不同，因此，不理解的舆论自然所在多有，即便汤因比和基辛格两位博士亦在所难免。汤因比曾通过下面的表述，表达了他对池田"空"的概念的不解甚至某种程度的揶揄。他说："物理学关于存在的非物质方面，即精神的侧面，将要逐渐不能给我们以任何启示了。……佛教中'空'的概念暗示着存在的精神这个侧面。因此，我感到对于精神世界，只有用精神的词语才能表达。然而在现实中，表达精神现象所用的词汇都是从有关物理现象的词语中类推而选择出来的。这反映，就人的智能来说，精神现象是不容易感知的，是难以捉摸的。……对精神存在的本质，却用反映物理的观点去思考，结果南辕北辙，为其所误。"① 同样，基辛格也为宇宙认识上日现贫乏的科学主义进行了肯定的辩护："科学技术的极限，现在还没有明显的表现。实际上，应乐观地预测，每一次发现，都会带来为数众多的新的技术的可能性。而且，现代物理学还暗示，其发现的过程只是刚刚开始。从中可以看出，我们对宇宙的洞察越深，宇宙就越是无尽藏而且事实上也越加神秘。技术上发现的上限，大概只能是人类精神和智能的枯竭。现在，我们距离那种状况还相当遥远。"② 关于与宇宙观相密结的价值观，他们也提出了与池田先生不同的意见，而即使是有些附和性表态，更多的也只是出于礼节性的考虑。面对池田先生"限制利己，崇尚利他"的观点，汤因比的反应大概不能用赞同来理解："走利他主义的道路（与利己主义相反），如同学习绝技一样困难。……利他主义是通过修养，自我克制，自我否定，甚至必要时自我牺牲的道路，才能实现。违背良心做坏事是容易的。然而，只要不否定自己，想完全打消欲望，是不可能的。使

---

① 〔日〕池田大作：《展望二十一世纪：汤因比与池田大作对话录》，荀春生等译，国际文化出版公司 1985 年版，第 339—340 页。

② 〔日〕池田大作、〔美〕基辛格：《关于"和平"、"人生"与"哲学"：池田大作与亨利·基辛格对话录》，中国国际广播出版社 1988 年版，第 199 页。

自己的欲望转向完美的爱和献身的道路，是极为困难的。"① 谈到人性的善与恶，基辛格则更多主张要"立足于现实主义的立场"，并强调"现实的思考方法是重要的"。其看似对人性善恶不偏不倚的态度，却无法掩饰政治运营手段的利益驱动本质。这一点，从他所谓"政治领导人的技术是高超的，因为他能够设计出达成可能性的目标"的自我期许中不难窥见。②

　　然而，从前面的梳理中可以看到，池田先生其实从未完全否定过意见不同人士所主张的宇宙观和生命价值观，不宁唯是，他还对科学技术所带来的宇宙认识深化进行了倾心的讴歌；他因不反对人性中的欲望一面而反对小乘佛教的主张，承认绝对利他的实践者"终归是有限的少数"，并认为"严重的问题就在这里"③ 等态度，都证明了他对事实的尊重和包容情怀。可是，既然如此，池田的思想又何以会给人留下过度强调超事实价值的印象呢？有趣的是，他自己也十分清楚"人人都知道不许做不道德的事，而为什么不道德的事却杜绝不了呢"的道理④，可为什么还一定要"知其不可为而为之"呢？

　　池田先生对人类和宇宙所寄予的整体关怀，当是理解上述疑问的关键所在。就是说，整体之所以能成为整体，最关键的要看构成整体的各要素之间是否能有效和永恒地保持整体所必需的平衡态。在池田看来，这种应有的平衡态，其实早已被人为地打破了——古今平衡、东西平衡、南北平衡、天地平衡、理欲平衡、人文与科技平衡、精神与物质平衡等，已概莫能外。他对上述偏正结构所做的貌似矫枉过正的调整呼吁，并不是要用平衡体当中被弱化的一方凌驾甚至取代被强化了的另一方，而是要努力寻回平衡态因素间固有的"1：1：1……"

---

① ［日］池田大作：《展望二十一世纪：汤因比与池田大作对话录》，荀春生等译，国际文化出版公司1985年版，第387页。

② ［日］池田大作、［美］基辛格：《关于"和平"、"人生"与"哲学"：池田大作与亨利·基辛格对话录》，中国国际广播出版社1988年版，第215页。

③ ［日］池田大作：《展望二十一世纪：汤因比与池田大作对话录》，荀春生等译，国际文化出版公司1985年版，第387页。

④ 同上书，第386页。

的比例，并认为这才是使个体不至灭绝进而使整体得以保全的最基本要求。了解了这一点，池田哲学的原点才庶几得以接近，其对"中"的坚守行为也才会得到一般大众的真正理解。

在佛教中，小乘教的利己主义倾向其实是一个普遍的存在。但是，现实当中的普遍性存在，在更广泛的意义上并不意味着就是合理的存在，因为这种存在已严重地损害了能与其构成平衡态的利他主义关怀。池田之所以对大乘教竭力提倡，亦无非是为了寻回两者间固有的平衡。这也是他并不主张切断欲望这一看上去与大乘教的提倡南辕北辙的行为所以会发生的根本原因。人类是精神与物质、高尚与卑俗、性善与性恶、君子与小人的混合体，"无小人莫养君子"的古训，至少道出了对立两极拥有适中比例的绝对必要性。然而现实当中，这种比例却常常被打破。在池田看来，佛教的"十界"说，其实早已提出了这个问题。"十界"包括：地狱（受生命固有魔性的行动所支配，处痛苦至深状态者）、饿鬼（受欲望支配之状态）、畜生（在强大面前恐怖战栗状）［以上谓之"三恶道"］、修罗（为欲望与竞争心所驱使及胜利骄傲状）［"三恶道"加"修罗"谓之"四恶趣"］、人（普通社会人类平静态）、天（欲望满足欢乐状）［以上合称"六道"，有"六道轮回"说］、声闻（意为听音，习先哲教诲，欲求得人生真理）、缘觉（观宇宙自然而自我觉悟，因感生命之喜悦）［"声闻"与"缘觉"均属自我喜悦］、菩萨（因利他而生之喜悦）、佛（菩萨修行之结果与达到之最高境界）。在这"十界"当中，不要说"六道"更多关乎个人欲望，即便"声闻"与"缘觉"，也仍属"个人喜悦"的范畴。从平衡的意义上讲，"利他"与"利己"之间已呈现了严重的失衡状态。这就要求佛法必须以"利他"为最高目标，并通过人们对最高目标的践行来寻回"自他"关系固有的平衡。显然，在处理这个问题时，佛法并没有人为地否定"十界"中的利己之"界"，正如池田先生所说："佛教的所谓实践就是超越虚浮无定的生，去追求永恒的幸福。虽说本来叫'六道'，它却是生命原来就具有的。不能消灭它，也没有这个必要。但是，通过人向更高阶段的目标，努力变革'六道'支配的人生的过程中，可以开辟走向永恒幸福的道路。"①

据此，我们才能够理解池田对现代社会职能分担上的错乱以及这种错乱所带来的各种社会弊害的批判：

> 人的道德水平，随着技术的进步反而有所降低。这是由于人的愚蠢造成的。人们有一种错觉，以为从技术进步所得的力量，可以代替道德所完成的任务。我认为从这种错觉中解脱出来，是解决人们自己招致的现代危机的出发点。②

因此也才能理解池田以下呼吁的合理性内核：

> 我认为，不应该用"独目的视野"把这种动向单纯地视为对近代化的反动，毋宁说，只有将人类存在重新作整体把握的"双目的视野"，才是如今的必然要求。同时，只有立足于双目的视野，才能重新进入关于"何谓人类的信仰"、"人类史上的宗教究竟是什么"等问题的讨论阶段。③
>
> 我认为解决问题的关键可集中表述为以下主张，即"该如何调适能够对如此文明的物理和物质条件保持平衡的精神与情绪条件？"……极而言之，这些问题甚至关涉这样的疑问，即先进各国所达到的所谓"近代化"，是否真的可以导致人类自身的毁灭，或者能够进一步转化为令人憧憬的新的进步？④

唯此，也就更能理解池田埋藏于佛法当中的哲学价值，因为只有这种价值，才体现了平衡的固有意义和整体关怀：

---

① ［日］池田大作：《展望二十一世纪：汤因比与池田大作对话录》，荀春生等译，国际文化出版公司 1985 年版，第 353—354 页。
② 同上书，第 388 页。
③ ［日］池田大作、［美］基辛格：《关于"和平"、"人生"与"哲学"：池田大作与亨利·基辛格对话录》，中国国际广播出版社 1988 年版，第 190 页。
④ 同上书，第 194—195 页。

人类生命的特质，可以说是具有生命的能动性、激发性的力量，而产生这种力量的根本性存在，是宇宙生命内部的"法"。我想，大乘佛教跟犹太系宗教的分歧点，实际上大概就在这里。设想，神——上帝也好，真主也好——这种拟人存在时，在人的生命内部存在的能动性、激发性就不是人生命本身的东西，而成为由外边赋予的东西。如果这样，人跟从外部注入能量进行工作的机器，不就一样了吗？相反，大乘佛教是把它作为"法"加以考虑的。这个"法"不是离开人而存在的。它贯穿于人的生命和宇宙生命之中。从而觉悟到人本身存在的"法"，也就是感知到人的生命和宇宙生命的一体性。①

与科学技术的长足进步相反，人类内在世界的危机已悄然到来，人类固有的自我丰富和生命的火焰也在令人恐怖地消失。尤其需要指出的是，机械占据主位的文明，将必然会带来一个问题，即现代文明中"死"的观念的高度欠缺。……这种死的观念的欠缺和欲望无限连锁之间，在某一点上具有相通性和关联性……当现代文明只关注生的长久而使生命内涵日趋空洞化的弊端越发明显时，能够给生命以正确洞察和睿智把握的哲学，理应受到重视。而且，这也是未来科学文明实现进一步发展壮大的不可或缺的条件。②

池田哲学所拥有的理论魅力，不能不对了解其思想真谛者产生影响，甚至这种影响会给某些学界首宿带来信仰转变的契机。在谈及"世界共同体"确立前提的"世界宗教精神变革"时，池田追忆，他曾"与汤因比博士讨论了长达一两个小时。而且在这个问题上，汤因

---

① ［日］池田大作：《展望二十一世纪：汤因比与池田大作对话录》，荀春生等译，国际文化出版公司1985年版，第398页。

② ［日］池田大作、［美］基辛格：《关于"和平"、"人生"与"哲学"：池田大作与亨利·基辛格对话录》，中国国际广播出版社1988年版，第197—198页。

比博士还对东洋的佛教，特别是大乘佛教表达了他的心仪"。① 池田先生大概是在想起早年他与汤因比博士的一段对谈时说这番话的："我曾经问过博士本人：'您希望出生在哪个国家？'他面带笑容地回答说，他希望生在'公元一世纪佛教已传入时的中国新疆'。"②

（韩东育　东北师范大学）

---

① ［日］池田大作：《展望二十一世纪：汤因比与池田大作对话录》，荀春生等译，国际文化出版公司1985年版，第232页。

② 同上书，第1—2页。

# 试论池田大作人类和平思想中的佛教哲学渊源

在《我的人学》中文版序言中，池田大作自称是"一个祈求和平的佛法者"，在原版序言中他又说自己是"站在祈求和平、以佛法为基调而行动的立场上，思考和谈论如何坚强地对待人生"①。池田大作的佛教"日莲宗"信仰背景人尽皆知，佛教信仰是池田大作内在的精神支点与人生终极关怀，而祈求、推进人类和平则是他一生追求的志业之所在。二者共同构成了池田大作的人生内外之两极。所以池田自称的"一个祈求和平的佛法者"，是对自己平生理想、志业最为精练、准确的概括。

纵观池田大作几十年来丰富多彩的社会活动，祈求、推进人类和平始终是一条主线。他所倡导的人类和平思想，并不仅限于国际社会能够和平相处、没有战乱，也非仅指一个族群或者国家内部民族团结、和谐稳定，而是针对当代社会出现的种种"现代性"问题，诸如人自身价值的丧失、环境的恶化、教育的异化、伦理观念的蜕变等，追求一种"人性革命"的"创造性转化"，使个体以"内发的力量"为精神生活的源泉，并以由此所锻炼成的自律而产生"外在的规范"，以期达到人与自身、社会、自然和平共处、持久发展的目标。"最高的和平状态其实就是我们所倡导的整个社会的和谐与繁荣，每个人的

---

① 〔日〕池田大作：《我的人学》，铭九等译，北京大学出版社 1989 年版，第 4—7 页。

全面的自由的发展，是成功幸福的终极状态。"①

有鉴于池田大作深厚的佛学素养与信仰背景，在他论述人类和平思想的诸多言论中，我们不难发现其中深厚的佛教渊源。佛法智慧既是他观察、思考社会问题的坐标，同时又是他矢志不渝追求理想的取之不尽的精神资源。池田大作关于人类和平的言论，也可以说是古老的佛教智慧针对现代社会种种问题与弊端所发出的、现代人包括西方人士所能听懂的一种"福音"，是在现代文明中展现出来的一种新的境界言诠。

下面从四个方面探讨池田大作人类和平思想中的佛教哲学渊源。

# 一　池田大作充分肯定个体自身价值，认为这是人类和平的前提。这和佛教"个体本位"哲学思想有着甚深的渊源关系

池田在评述俄罗斯"新思维改革设计师"雅戈布列夫时说道，雅氏之所以崇信佛教，是因为佛教要在自身之中发现自我的神，而不像其他宗教那样承认外在有创造者。池田接受这一观点，认为"每个人之中都隐藏着自我完成的可能性，自己必须负起自己的责任。……要相信自己的可能性，不要期待从权力或其他方面得到恩赐"。②"佛法主张自体显照，重视各个人从内部发挥出自身本来的个性。"③

池田大作重视个体价值，强调"个人对人生的责任"，这一观点有着深刻的时代背景。正如他在和儒格对话时所谈到的，当今时代，人们似乎已经习惯了随波逐流，不再追问存在的意义，已然丧失了生命原动力，人的精神因此变得衰弱被动。现代文明中，那种无限提高

---

① 曲庆彪等：《回归与超越——池田大作和平思想研究》，辽宁师范大学出版社 2007 年版，第 27 页。

② ［日］池田大作、金庸：《探求一个灿烂的世纪》，北京大学出版社 1998 年版，第 223 页。

③ ［日］池田大作、［美］杜维明：《对话的文明》，卞立强、张彩虹译，四川人民出版社 2007 年版，第 80 页。

人、使之向上奋进的精神推进力量，正消磨殆尽。物质、机械、技术的力量越来越强大，人主体心灵、精神的力量却越来越虚弱。这是当代社会普遍存在的问题，也是推进人类和平的最大障碍。池田大作认为，如果没有个人内在的变革，不能消除个人内在的恶，那么外在的任何组织性的斗争、运动都是徒劳无益的，"有外在的'恶'，同时也有内在的'恶'——若不看到这一点，一切改造世弊的革命，是不能脱离单纯的权力斗争、政权更迭的范围的"。① 甚至战争与和平也"并非只是军备和政治体系的问题，它要求我们必须从人类的根本立场来审查问题"②。

正是看到了这一点，池田大作才主张，要解决现代社会的种种问题与弊端，需要从根本上改革人的精神、生命，除此之外，没有解决途径。人性自身的革命是第一位的，其次才是组织和社会的变革。③ "一切行动都应该立足于正确的精神基础之上。个人的生命比地球还要重。"④ "让每个人能直接接触终极的精神实在，给人类带来同现在严重威胁人类生存的诸恶作斗争并克服它们的力量。"⑤

池田大作这样凸显人的个体生命价值的优位性，是因为"人不但是以一个国家为基础的社会存在，而且是一种生命存在"。⑥ 这样的一种生命存在，充满了为善或者作恶的可能性。池田大作曾引用佛典"蚕与蜘蛛"的比喻来说明："人所具有的执著与愿望，有时会成为束缚自己的枷锁，有时也会成为生的动力，促使人的向上与成长。"人面临着这样一个选择："是为所谓的欲望或执著驱使得团团

①　[日] 池田大作、金庸：《探求一个灿烂的世纪》，北京大学出版社 1998 年版，第 366 页。

②　[日] 池田大作、保林：《生生不息为和平》，周伯通译，广西师大出版社 2007 年版，第 87 页。

③　[日] 池田大作、[英] 汤因比：《展望二十一世纪——汤因比与池田大作对话录》，荀春生等译，国际文化出版公司 1997 年版，第 143 页。

④　同上书，第 57 页。

⑤　[日] 池田大作、[美] 杜维明：《对话的文明》，卞立强、张彩虹译，四川人民出版社 2007 年版，第 70 页。

⑥　[日] 池田大作、[英] 汤因比：《展望二十一世纪——汤因比与池田大作对话录》，荀春生等译，国际文化出版公司 1997 年版，第 144 页。

转的人生呢，还是超越生死、向着真正应该执著的目的、完成了完全燃烧的一生呢？"① 而抉择取舍只在人的心念之间。这是个体面临的问题，也是个体必须做出的选择，而一旦做出选择，也只有个体担当后果。

池田大作凸显人的个体价值的优位性，与佛教的"个体本位"哲学思想有着甚深的渊源。佛教"个体本位"哲学思想主要表现在两个方面，一是强调个体对善恶业果的承担，二是鼓励个体追求还净寂灭的解脱之道。佛教要人承担自己所造业果，即便亲人也无法替代。池田大作在现代人能够理解和接受的意义上谈论佛教的业果思想。在与威尔逊教授的对话中，池田大作认为，佛教的业果学说"作为表明个人责任的最重要的因素"，在一定意义上，它具有社会控制的有限功能，或者说，可以使人们养成自制的能力。② 在与汤因比的对话中，池田大作将佛教的业果比喻为"银行存折"，"一个人作为一个身心统一体，要重新在银行存折上填写自己在现世这一世的支出与借入"③。为善还是作恶，个体有抉择的自由，但是要对自己的行为负责，行为的业果承担者只能是个体。

"佛教解脱论也是以个体本位为基石。"④ 小乘佛教灭除内心烦恼，证入清净寂灭涅槃，其求道、修行是个人的事情，别人无法替代；大乘佛教为成就菩提，六度万行，上求下化，突出的是个体对于众生救度的责任。池田大作充分肯定个体自身价值，是因为个体实际上是一种"永久性"、"终极性"的精神存在，因为幻象、欲望的遮蔽，人们已经习惯忘记这一点。而要想使自我与终极存在（佛境）合为一体，个体"需要通过严格的精神努力在现实生活中实现它，唯有这种每个人的精神努力，才是导致社会向上的唯一有效的手段"。"除

---

① ［日］池田大作：《我的人学》，北京大学出版社 1989 年版，第 34 页。
② ［日］池田大作、［美］B. 威尔逊：《社会与宗教》，四川人民出版社 2003 年版，第 87 页。
③ ［日］池田大作、［英］汤因比：《展望二十一世纪——汤因比与池田大作对话录》，荀春生等译，国际文化出版公司 1997 年版，第 3 页。
④ 林国良：《出入自在——佛教自由观》，宗教文化出版社 2003 年版，第 134 页。

了每个群众都成为贤明者之外别无他法，每人都成为圣贤，拥有明确的是非观，从而可以校正社会的动向和前进的道路。"① 池田大作在哈佛大学论及大乘佛教担负的任务时，曾强调这一信念。而各种制度的变革，不过是这种精神努力的后果而已。②

池田大作之充分肯定个体自身价值，对于推进人类和平进程的意义与价值，下面一句话可以说明：

> 我觉得：今天，在从宇宙的广阔天地中，得到那宝贵生命的同时，建立一种真正能感受到生命尊严的、正确的生活方式，才是最最重要的。③

## 二 池田大作重视个人内心的和平，认为这是人类和平的基础。这和佛教"心为法本"的哲学思想有着甚深的渊源关系

在《心灵的容器》一文中，池田大作写道："美的心灵必然有美的人生，坚强的心灵则必然有坚强的人生。"并引用《华严经》"心如工画师"之语，说人的内心能够创造出善恶、美丑等一切之法，时时累积，便会形成独自的人格。在《忠实于自己》一文中，池田大作说出了自己信仰佛教的原因：现实世界烦恼燃烧，充满痛苦，人生被无常烦恼所束缚、玷污，"从无常的世界向常住世界的转换——可以说这正是有史以来，人类所追求的最大课题，"也是"人生的最大事"，"我之立足于悠久的生命观，走上信奉佛法的理由也正在这里"④。

可以说，在池田大作的著作中，我们会发现非常多的重视人的内

---

① ［日］池田大作、金庸：《探求一个灿烂的世纪》，北京大学出版社 1998 年版，第156 页。
② ［日］池田大作、［英］汤因比：《展望二十一世纪——汤因比与池田大作对话录》，荀春生等译，国际文化出版公司 1997 年版，第 4 页。
③ ［日］池田大作：《我的人学》，铭九等译，北京大学出版社 1989 年版，第 594 页。
④ 同上书，第 63 页。

在心灵的话语。这自然与佛教所谓"心为法本"的传统有着甚深的渊源关系。如佛所说偈云：

> 心为法本，心尊心使，心之念恶，即行即施，于彼受苦，轮铄于辙。
>
> 心为法本，心尊心使，中心念善，即行即为，受其善报，如影随形。①

佛教的所有哲学理论，无论是"十二因缘"还是"四圣谛"，无论是唯识学、中观学还是如来藏学说，无一不围绕着"心"展开。所谓"心为法本"，即是说，世间、出世间的一切理事，无不以心为本。池田大作重视人的内心和平，认为人"找到内心的和平，才能和人生、和社会泰然相对"②。人"内心和平"之实现，首先要学会"约束欲望"，这要靠个人的自觉和意志来进行：

> 给欲望以无限制的自有，就等于压制了崇高的精神自由。只不过这不能靠社会的外在力量，而是要靠个人的自觉和意志来进行。③

佛教认为，以欲望为主导的贪、瞋、痴等烦恼，是人身心不得安宁和平的主要原因，是人类种种苦难的来源，这些负面精神作用的扩张，使得人类争夺、仇恨不已。佛教要人们通过修行、磨炼去除贪欲之心，净化心灵，这样才有善法可言。池田大作认为，现代社会"恶缘不绝"，所以更有"讲求不断磨炼生命的修业的必要"，"对人来说，只有通过战胜自己那无聊的贪念和狭隘的自我，才可能得到更大、更

---

① 《增一阿含经》卷五十一，[东晋] 僧伽提婆译，大正藏第 2 册 827 中。
② ［日］池田大作：《我的人学》，铭九等译，北京大学出版社 1989 年版，第 91 页。
③ ［日］池田大作、[英] 汤因比：《展望二十一世纪——汤因比与池田大作对话录》，荀春生等译，国际文化出版公司 1997 年版，第 55 页。

高尚的境界"。① 只有磨炼过的生命，才能引导人走向内心真正的和平。一个人内心有了和平，"从身边开始，将在自己身边努力创造起来的幸福、人与人的和平，尽量扩展到社会去，尽量扩展到全世界去"。所以说，个人内心的和平是人类和平的基础。这和佛教"心为法本"的思想是一脉相承的，佛教一贯主张，只有净化心灵，尽力去恶为善，摒弃私见私欲，追求身心的和谐圆满，才能减少纷争，化解矛盾，从而促进社会的和平发展。

池田大作强调要达到内心的和平，需要"修业"，亦即不断磨炼自己。他与世界各地的闻达、贤哲展开对话，谈论天下是非，衡定世间得失，推进人类和平，从其对话中的表现及立场来看，他自身是首先达到了内心和平，然后才能与对方平心静气地进行探讨，也才能真正推动和平理念的普及与推广，而不是在强制兜售自己的思想。我们不妨将池田大作此种内心和平的人生境界视为佛教"心为法本"智慧之学的一种实际践行，而他所说"要不断磨炼自己"的教诫，也可以说是自身经验的结晶。

站在佛教"心为法本"的立场来看，世间每一个个体乃至族群所坚持的意见，其实都是其心灵在某种具体时空中的一种投射；他人意见之所以与"我"不同，是因为心灵投射的因缘不同，所以才会出现种种差异，如《圆觉经》所比喻的，"如清净摩尼宝珠，映于五色，随方各现，诸愚痴者，见彼摩尼实有五色"。

池田大作在与汤因比对话，谈及当今世界的"性问题"泛滥时曾说道：

> 事实上精神的作用和精神世界对于人类来讲却占有重要的比重。人类对于有关性、饮食以及其他各种行为所制定出来的行为方式和戒律，绝不是毫无意义的东西。其根据也就在于人的精神

---

① ［日］池田大作、［俄］戈尔巴乔夫：《20世纪的精神教训》，孙立川译，社会科学文献出版社 2005 年版，第 259 页。

世界。①

这一段话，充分肯定了人类各个族群精神世界的重要地位（如同清净摩尼宝珠），有关性、饮食等行为的戒律，不过是此精神世界"随方各现"的"五色"。当今社会，只有认识到内在精神世界的尊严与价值，种种行为戒律才不至于被人诋毁、轻视为"毫无意义的东西"。而对于世界各地不同族群的种种行为方式，如果认识到是精神世界的外化，特别是为了维持人类精神尊严而设定的，则正不必随意雌黄于与己有异的文化习俗，反而会生尊重之心。这一段话中蕴含的哲学理念，正是佛教"心为法本"的思想。

《金刚三昧经》云，"善不善法，从心化生，一切境界，意言分别"，"我"之认定对方意见不正确，认为其是"善法"或者"不善法"，也只是我心的一种"化生"。佛门智者了达于此，便能以一种无是非、无得失的"平常心"来应对世间纷纭万物万境，如禅宗马祖所说，"平常心无造作、无是非、无取舍、无断常、无凡无圣"，盖唯有无是非之人才能入是非海里议论天下之是非，无得失之人才能进得失坑中衡定天下之得失，否则只是以一种意见反对、压制另一种意见，是无法真正推进和平理念的。

池田大作在与人展开互动讨论时，心中并没有主观的预设立场，没有固执不变的观念，这是一种真正"内心和平"的境界。所以我们在对话录中，常常能看到他肯定、赞赏对方的话语，以及站在对方立场或者由对方话语引发的叙述，他心中并没有什么特定的事物、道理想要向对方倾诉，也没有什么要克服、驳倒以让对方接受自己理念的想法。《大乘严经论》中云："心外无有物，物无心亦无，以解二无故，善住真法界。"这是一个真正学佛修行的人的智慧境界，因为能够体会此种"心为法本"、"心外无物"的道理，也就明白所有问题都是自己的心中之事，这样外在的一切差异、对

① ［日］池田大作、［英］汤因比：《展望二十一世纪——汤因比与池田大作对话录》，荀春生等译，国际文化出版公司 1997 年版，第 6 页。

待、矛盾，就没有什么是不能包容、消融的了。池田大作以自己的
亲身实践告诉我们，只有个人内心的和平才是人类和平最为坚实牢
靠的基础。

## 三　池田大作认为人类和平必须以人间信赖关系为基础，所以需要认同差异，互相尊重。这和佛教的"缘起"哲学思想有着甚深的渊源关系

在与金庸的对话中，池田大作说道：

> 人有善友是多么重要啊，这使我想起阿难向世尊请教的问
> 题……释尊说道……我们有好朋友，又有好伙伴，这样的情况实
> 际上已成此佛道的一切。①

池田大作认为，佛教所说的好朋友、好伙伴，就是"共步于人的
精髓之道的同志"的意思，实际上是个体层面意义上的一种深刻牢固
的信赖关系，而"和平的实质经常是存在于人与人的信赖之中"。社
会的根本是信赖，"21世纪的国际关系必须以人间的信赖关系为基
础"②。人与人之间的信赖是人类和平的基石。

池田大作以人间信赖关系为人类和平的基石，其中的佛教哲学理
念当是"缘起"思想，而从好伙伴、好朋友这样的伦理之常层层扩展
到国际关系，则明显有华严宗哲学境界"因陀罗网重重无尽缘起"③

---

① ［日］池田大作、金庸：《探求一个灿烂的世纪》，北京大学出版社1998年版，第
156页。

② 同上书，第158页。

③ "因陀罗网"即忉利天帝释天王宫殿上面覆盖着的宝网，每个节目上都悬挂着宝
珠，光明赫赫，照烛明朗。一颗宝珠可以映现其他无量宝珠的影像，这样互相影现，无所
隐覆，了了分明，这是第一重相涉相入影像；宝珠所现影珠中，又显现出宝珠的影像，这
是第二重影像；二重所现珠影之中又显现一切所悬挂的宝珠影像……如是重重无尽。佛教
借此比喻菩萨智慧，同时说明甚深缘起之义。

的思想渊源。池田大作在莫斯科大学和哈佛大学演讲时曾谈到佛教的"缘起"思想：

> 万物存在于相互的"由缘而起"的关系性之中，独自能单生的现象是不存在的。这就是佛教的世界观。①

"宇宙的森罗万象都处在'缘起'，即相互依存的关联性之中。"②一切事物互为因缘，皆无自性，要依赖于其他部分或他人才能存在并发挥作用。故佛教立论，多强调人、事、物之间的和合，此即池田所谓"佛教不把如神一般的超越之存在置于首位，而宣传内在的万物的相互关系性、相互依赖性这一点"。③ 从这一哲学理念出发，在对待人际关系时，必然以平等、慈悲为出发点，突出事物成立的"结合"一面，而视一切差异相为成就一体的必要存在因缘。"秉持佛法的本意，就不能不把和平摆在第一位。"④ 所以池田大作认为："要抛弃语言、宗教、生活习惯等造成的人的固执于差异，而对一切人予以爱，亦即大爱、博爱，也就是慈悲之心。""平等和慈悲的确是成为国际人、世界人、21世纪人的条件，慈悲之心越是扩大，和平也就更接近了。"这样的一种哲学理念及由之造成的人生态度，必然是倾向于消弭对立、追求和平的。这种思想能消除现代社会流行的自我中心主义及人类中心主义，有助于建立人与自然和生态的亲和关系，从而促进人类和平的福祉。

池田大作所领导的创价学会，引导平民阶层的"精神变革"，在与金庸先生对话时，池田曾举了两个例子，说明普通百姓精神世界发

---

① ［日］池田大作、［俄］戈尔巴乔夫：《20世纪的精神教训》，孙立川译，社会科学文献出版社2005年版，第226页。

② ［日］池田大作、［美］杜维明：《对话的文明》，卞立强、张彩虹译，四川人民出版社2007年版，第195页。

③ ［日］池田大作、［俄］戈尔巴乔夫：《20世纪的精神教训》，孙立川译，社会科学文献出版社2005年版，第227页。

④ 曲庆彪等：《回归与超越——池田大作和平思想研究》，辽宁师范大学出版社2007年版，第26页。

生变革之后的事情，这是一种微观层面上的"缘起"；池田大作在世界范围内推进人类和平的理念，这是一种宏观层面上的"缘起"。如果按照华严宗哲学"因陀罗网重重无尽缘起"哲学思想来看，二者理事一致，也就是说，一个普通百姓的精神变革与人类和平的进程，二者所含有的道理是一样的，二者需要投入的真诚、努力也是一样的，一位平民的"精神变革"并不是一件小事，人类和平理念的推广普及也不必是一件大事，二者小中见大，大中映小，相互交映，隐映互彰，重重影现。如华严宗法藏大师在一件房屋内安置十面镜子，相距各一丈，中间安放一尊佛像，燃炬照之，学人便见到任何一面镜子中佛像烛炬互影交光、相互涉入的重重无尽的境界。池田大作所领导的人类和平推进及人的精神变革工作，就其影响及内在理念而言，是有《华严经》这种因陀罗网重重涉入的甚深缘起之思想渊源的。这也正如同池田大作所说：

> 在人类所进行探索的各种领域之中，都必将看到佛法闪动着的耀眼的智慧之光。①

## 四 池田大作一生积极倡导文化对话以促进人类和平，这一形式自身即具有佛教特色，同时和佛教菩萨道积极入世的慈悲救世精神又有着甚深的渊源关系

池田大作所采取的推动人类和平的策略，即与世界各地不同文化背景的政要、学者、文化名人进行文化对话，认为"人的交流与对话是克服文化、思想的差异的关键，促进相互信赖与理解对争取持久和

---

① ［日］池田大作：《我的人学》，铭九等译，北京大学出版社 1989 年版，第 619 页。

平是必要的"①。这一方法本身就充满了佛教特色。可以说,在不同文明、文化对话方面,佛教有着无与伦比的成功经验,佛教传入中国,与本土文明相遇,就是在不断的对话中互相融摄,和谐共存,取长补短,最后形成了三教鼎立的中国传统文化格局;佛教传入日本,日本的神道与佛教也没有相互排斥、对抗,而是融合在一起,形成了独特的"神佛合一"思想,并逐渐占据了主流思潮的地位。佛教由印度传播到亚洲各地并生根、开花、结果,在遇到与本地文化冲突时,其消弭矛盾、争端以达致和平的主要方法就是开展文明对话。因此我们应当看到,池田大作采取这一策略,是有着深刻的佛教思想渊源的,同时也得到了因汤比、金庸等人的高度认同,如汤因比曾对池田大作说:"要开拓人类的道路,就只有对话了。"金庸也说:"不会对话而只会用爪牙来决胜败,是野兽而不是人类。"②

池田大作奔波于世界各地,不辞辛苦地多次与各国领导人、著名学者、友好人士进行诚挚而认真地对谈,除了佛教自身源远流长的文化对话形式的影响之外,还有取于大乘佛教开展文化对话时的宽厚兼容的胸怀以及哲学解释、辩难的高度机巧。楼宇烈教授认为:大乘佛教宽容的精神,表现在对于不同文化、理念有着同情的理解。这是佛教能够与其他文化开展对话、和平相处的内在原因。具体而言,佛教在坚持、维护自身教义立场的同时,对于其所批评的理念同时能有一种肯定、认可的态度,并通过"判教"的方式给予一定的地位,例如唐代华严宗大师宗密《原人论》中虽然对儒道都有所批评,但最后还是把两家列入佛教自身体系的人天乘之中。正是有鉴于佛教文化对话的成功经验与宽厚兼容的胸怀,池田大作在与世界各地的二十几位社会贤达人士对话以促进人类和平时,才能心平气和地把自己的理念、思想、理想解释给对方听,以使对方能明白进而认可自己的观念。要做到这一点,起码要对对方的文化

---

① 〔日〕池田大作、〔美〕杜维明:《对话的文明》,卞立强、张彩虹译,四川人民出版社 2007 年版,第 74 页。

② 〔日〕池田大作、金庸:《探求一个灿烂的世纪》,北京大学出版社 1998 年版,第71 页。

背景有着极为熟稔的了解与掌握，这样才能在解释自身立场、辩解对方疑难时具有针对性；开展文化对话同时又是一个学习提高的过程，能吸纳对方的合理意见，以完善自身思想，这是一种更为积极的对话心态。"所谓对话，可以说首先并不是改变他人，而是一种改变自己的巨大挑战。"① 我们在池田大作的多种对话录中，都可以感悟到这种胸怀及心态。而类似的对话经验，在佛教文明传播史上更是不胜枚举的。可以说，池田大作积极推进文化对话以促进人类和平，在形式、内含的胸怀、心态等多方面，我们都可以发现与佛教哲学解释、辩难方面的甚深渊源关系。

另外我们从池田大作奔波劳碌的身影中，不难感悟出佛教所赞扬、推许的菩萨慈悲救世的伟大精神。

池田大作这样理解"菩萨"："所谓菩萨，即以慈悲为怀的、为世界和人类服务的人类生命的状态。"菩萨具有一种"在自己灵魂深处能够深深体念到所有人类同胞苦恼的人格"，这是充满慈悲精神的人性，②"心有慈悲，然后在实际行动中常常为对方考虑，为对方而付诸行动，此即菩萨的实践"。池田大作曾以一百步与一步之对比说明"平凡而非凡"的菩萨精神，"一个人走一百步"所追求的是个人的卓越，"一百个人走一步"则"需要大乘佛教的菩萨"团结民众，与之交流，耐心地组织民众参加社会活动，以推动社会的进步。这就是"大乘佛教的菩萨道"：

> 大乘佛教的菩萨道，就是要进入现实社会和民众之中，反复进行唤醒每一个人的对话，顽强地争取变革这个现实世界。特别是要为同苦恼作斗争的人们分担痛苦，进行拔苦与乐的行动。③

---

① ［日］池田大作、［美］杜维明：《对话的文明》，卞立强、张彩虹译，四川人民出版社 2007 年版，第 68 页。

② ［日］池田大作、金庸：《探求一个灿烂的世纪》，北京大学出版社 1998 年版，第 135 页。

③ ［日］池田大作、［美］杜维明：《对话的文明》，卞立强、张彩虹译，四川人民出版社 2007 年版，第 212 页。

　　这可以说是池田大作对当代社会之佛教菩萨慈悲救世精神的独特理解与诠释。

　　佛教大乘菩萨慈悲救世，六度之首是"布施"，《华严经》中说："诸供养中，法供养最。""法供养"即是以佛法去化解人们的烦恼，消除人们内心的焦虑不安，其主要内涵是帮助人们建立"正见"——对于生命存在价值的正确见解。尤其现代社会，阻碍人类和平的障碍更多来自人们精神上的不安、心灵上的苦恼，如果进一步追问根由，则缺乏正确的生命存在观、价值观是主要原因。池田大作称我们正生活在"一种与精神的深度无缘的时代"，古今之隔使得人们面临着迥异于古代的社会生存环境，古老的道德伦理资源在现代人看来已经过时，人们在面对种种人生困境时难免会无所适从，因此精神堕落，多以追求欲望的满足为人生目标，青年人心灵荒芜、自暴自弃或反叛社会的行为蔚然成风，人类正在遭受着"以贪欲为动机、由技术所造成的种种恶果"①。要改变这一切，需要实现"人类心灵的变革"，而要实现心灵的变革，则必须引导人们建立"正见"——池田大作称之为"正确的哲学"——"如果没有正确的哲学，随着感情、欲望的漂流，像浮萍似的生活态度，是不可能治愈心灵的冷却和干渴的，生存的活力也会削弱的"。②"要改变这种神死与心死的状况，池田认为必须从人这一原点出发，首先实现人自身的革命，继而以人自身的改变带动社会的变革。"③

　　从这层意义上说，池田大作所推动的、以促进人类和平为目的的文化对话及社会活动，可以被视为一种以佛法为背景而向世界普及生命、生存智慧之正见的"法供养"，也因为他充分吸收现代文明的成果，所以能以现代人可以接受的言说方式、直接针对现代人的心灵困

---

　　① ［日］池田大作、［英］汤因比：《展望二十一世纪——汤因比与池田大作对话录》，荀春生等译，国际文化出版公司1997年版，第52页。

　　② ［日］池田大作、［美］杜维明：《对话的文明》，卞立强、张彩虹译，四川人民出版社2007年版，第91页。

　　③ 曲庆彪等：《回归与超越——池田大作和平思想研究》，辽宁师范大学出版社2007年版，第20页。

境诠释佛法，因此，池田大作所秉持大乘佛教菩萨慈悲救世的精神而作的此种"法供养"，可以说是古老的佛教智慧在现代文明中展现出来的一种新的境界言诠。

（作者简介：1. 黄海德，1953 年生，华侨大学人文学院宗教文化研究所所长，教授，博士生导师，专业研究领域为中国宗教与哲学。2. 张云江，1971 年生，哲学博士，华侨大学人文学院讲师，硕士生导师。专业研究领域为佛教哲学及文化）

# 佛教现代化与池田大作

宗教现代化是一个动态概念，它不是哪一个时代的特定产物，而是伴随着宗教发展不断更新的过程。从形式、手段到内涵、本质，宗教总是处在革故鼎新顺应完善的过程中。"现代化这个名词，它代表着进步、迎新、适应、向上的意义。不管国家、社会、宗教，等等，都会随时代空间、时间的转换，不断地寻求发展，不断地趋向所谓的现代化。"① 面对当前的经济全球化、政治多极化、文化多元化浪潮和科学技术日新月异的局面，宗教的地位、功能和趋向都产生了非同寻常的变化。"宗教现代化"已成为一种迫切需要、一个重大命题。

佛教同样需要"现代化"，也必须"现代化"。而为此殚精竭虑作出开拓性贡献的，无法越过国际创价学会（SGI）会长、日本创价学会名誉会长池田大作先生。他致力于探索、阐述并传播佛教经典《法华经》的奥义，以思考和解答现代世界所面临的各种问题为己任，与一千七百多位政治领袖和文化名人进行了内容广泛的对话，以宗教为基础而超越宗教，同时也超越国家、民族、意识形态、文化习俗等的差别，在世界范围内开展了影响深远的和平、文化与教育运动，使古老的大乘佛教焕然于世，趋时务实地创造了佛教现代化的崭新境界。

## 一　宗教的人本认识及宗教现代化的理由

提起宗教，很多人脑海里都会跳出马克思的论断："宗教里的苦

---

① 星云法师：《星云法师释佛》，中国长安出版社 2005 年版，第 249 页。

难既是现实的苦难的表现，又是对现实苦难的抗议。宗教是被压迫生灵的叹息，是无情世界的感情，正像它是没有精神的制度的精神一样。宗教是人民的鸦片。"①

鸦片既有药用价值，又有毒品特征。"精神鸦片"是否也有这种功能上的双重性？如果抛开意识形态的羁绊，从人类学、社会学、文化学的角度去考量，尤其是从人的本身出发，我们又该如何认识宗教呢？

人作为一种灵物，是有思想感情、有精神活动的高级生物。宗教，正是思想感情的硕果，是与人类进化过程齐步的一种精神现象，是贯穿人的生存过程的心灵抚慰。它积极的一面显而易见：宗教首先作为一种思想，对历史文化产生过并仍将产生重大影响。就思想的丰富性和深刻性而言，宗教涵蕴着人类思维所能企及的高度、深度和宽广度，凝聚着哲学之智、伦理之善、艺术之美，并在超现实的神秘外衣下包裹着非常现实的秩序和规范。从古至今，它对于人们克服某些自然和社会现象以及自身死亡所带来的恐惧感、对于人们寻求精神寄托和建立伦理道德、对于协调天人关系和促进社会和谐起着无法替代的作用。尤其是进入21世纪，年轻一代由于过分驰骛于客观外在的精彩纷呈而忽视了内心的成长，很容易丧失自己的精神家园，造成心态失衡、价值观混乱、目标错位等精神状态。此时宗教或宗教性因素就可以在人的心理调适、道德整合等方面发挥一定的作用，不仅能给个人提供精神庇护，使其减轻痛苦、平和情绪、体验幸福，也能协调人与自然、人与社会的关系，稳定秩序、维护和谐、促进交流。

当然，宗教在发展过程中产生了很多负面的东西，如门派、利益之争引起大规模的流血冲突乃至延续几百年的地区分裂与局部战争，迷信成分使人丧失独立思考和判断能力而沦为"神"的玩偶，不恰当的组织动员形成对世俗社会政权之类组织机构的钳制与威胁，依附统治阶级而成为高高在上的精神控制工具，脱离时代环境背离科学精神的某些教义和仪式愚弄和麻痹广大信众，等等。一些宗教信仰不乏消

---

① 《马克思恩格斯选集》第1卷，第2页。

极遁世思想，信众把幸福寄托于来世和彼岸而忽略了对现实的改造和建设，反倒容易产生失落感。另外，神职人员的腐败堕落、迷信的沉渣泛起、别有用心者的肆意歪曲和滥用，虽然不是宗教本身的弊端，却与宗教有着难以厘清的关系，也使宗教带上了难以预知的危险因素。

宗教本身所具有的积极和消极的双重作用使人们感受到宗教现代化的必要性，宗教在漫长的历史发展过程中形成的深刻悖论则进一步显示出对宗教进行现代化阐释和发展的必要性。这些悖论包括以下四点。

其一，宗教与迷信之间的悖论。

我们可以毫不怀疑地确认：宗教不是迷信。迷信往往世故庸俗、狂妄混乱、荒诞不经，而宗教则是博大精深、慎远追终、超凡脱俗。但由于宗教自诞生之日起便与神灵有着割不断的血脉联系，一些荒诞不经、愚昧无常的"怪力乱神"便附会而来，鱼龙混杂，良莠难分。"一切宗教，或多或少都有运用逻辑无法彻底说明的神秘性要素，而且具有哲学所没有的宗教特质。这些要素和特质有时会唤起超越理性的愿望和情动，产生良好的效果，但有时也会带来悲惨的结果。"①也就是说，宗教认同并利用某种超自然、超社会、超人间的力量，极有可能走上迷信之途，产生事与愿违的结果。宗教世界的灵性之旅，应该是一条不断超越自我、超越迷信的心路历程，在哪一个方向上走失，都意味着"迷信"的胜利。

其二，宗教与世俗之间的悖论。

从饮食起居到言谈举止，从情感态度到观念精神，宗教与世俗之间，仿佛存在着一道看不见的墙。在出世与入世之间，宗教与世俗的关系没有很好地结合，虽然谈不上泾渭分明，却也有着明显的分野，这主要表现在教徒的身份意识及使命感、深层信念、价值观和行动的规条上。对于一个由理性和技术性结构支配的现代社会来说，宗教世

① ［日］池田大作、［美］B. 威尔逊：《社会变迁下的宗教角色》，梁鸿飞、王健译，三联书店（香港）有限公司 1995 年版，第 26 页。

界俨然一个独立的精神王国，诞生于世俗却在脱离世俗的路上走得很远，各种深奥的教义和苛严的戒律挡住了世俗对宗教世界的探求，而世俗社会中膨胀的欲望与疯狂的拜物主义也使自身与宗教产生隔膜，属于宗教的灿烂感性与深厚仁爱没有更广泛地裨益于社会人生。

其三，宗教与人本之间的悖论。

无论宗教中的神有多么广大的神通多么崇高的地位，无可否认的是，宗教是由人所创立、应该服务于人的。以人为本，才能体现对人的终极关怀，才是宗教的根本旨归。但恰恰相反，神的地位一经确立，就成为高高在上不可违抗的象征，无论精神上还是行动上，作为信徒都需要绝对遵从神的教示，不能越雷池半步。宗教内部各种清规戒律的设立以及位阶制的形成，也使制度成为一种枷锁，最鲜活的人的需要，反而越来越退居到次要地位。神威与权威导致了人的异化：人的创造物成为人的束缚，宗教无论在历史上还是在现代，很多时候都背离了以人为本的精神。

其四，宗教与国家之间的悖论。

宗教产生之后，与国家的关系应该是协调一致的。如果国家与宗教、政权与神权之间能相互协调、彼此增益，必将促进社会的和平与繁荣，使人的利益最大化。但事实却并非如此。历史上不乏政教合一、同一民族或多个民族统一信仰一种宗教的例子，更不乏统治阶级借助宗教发动战争、巩固政权、加强统治的事例。国家统治与宗教信仰合而为一时，结果并不像统治者意愿和民众期待的那样给社会带来益处，而是出现了更多的难以协调和处理的利益与关系。现代社会同样如此，尽管在多数国家，宗教越来越成为个人的事情，或者与国家的联系仅仅是象征性的，但宗教与国家之间的矛盾依然存在，这种矛盾有时也会以比较激烈的对抗的形式出现。

宗教与迷信、与世俗、与人本、与国家之间的种种悖论，并不是纯粹意义上的两种事物的矛盾与对抗，而是人类社会整体向前发展过程中出现的不和谐现象。悖论与矛盾不同，它深蕴于事物发展的内部，解决悖论要从扬弃与整合自身做起。宗教现代化其实就是一种对于自身的扬弃与整合，可以摒弃宗教中那些危险的、混乱的、消极的因素，弘扬宗教中那些文明的、向善的、积极的因素。对宗教来说，如果没有扬弃，没有现代化的阐释和升华，它的积极作用就得不到有效发挥，而它的消极作用则有可能带来灾难性的后果。在这一点上，池田大作对宗教现代化的贡献是当今世界无可比拟的，他对大乘佛教的把握达到了至高境界。

## 二　池田大作对佛教现代化的重大贡献

池田大作认为，不能改变现实生活的宗教，只能说是没有力量的宗教。他始终把佛教现代化的使命担承在肩，把"广宣流布"的焦点放在对现实的挑战与改变上。他说："真实的佛法并不是与时时进步、变化的社会相脱离的。毋宁说是与政治、经济等不可分开的，具有重要的社会性使命，即经常给这些行为以生气勃勃的活力，并将其引向赋有价值的方向。"① 他从整个世界的"现实利益"出发，针对宗教发展中的各种悖论，结合本国与当今世界的实际状况，对佛教进行了从个人到组织、从仪式到内容、从形而上到形而下的全方位现代化发展。

（1）他以弘扬纯正的大乘佛教为基点，超越了宗教中的偶像崇拜，摒弃了佛教中的落后成分，划开了宗教与迷信的界限，提升了佛学的教化功能。

池田大作毕生致力于全新的佛学研究和佛法实践。他首先走出语言和概念的迷宫，采取"依义判文"、"六经注我"而不是"因循文辞、死于言下"的方法，从文（经文字面）、义（经文字义）、意（经文原意）三种含义的最后一个层面去理解，全方位地站在现实的立场、人的立场，回到释尊本来的精神上释发经文，融通一贯，空无所碍，对《法华经》的精神做出了与时偕行、顺应人心的阐述。他认为，宗教教义中应该批判的东西，就必须加以批判，应该把这样的思

_____

① ［日］池田大作：《我的佛教观》，潘桂明、业露华译，四川人民出版社 2001 年版，第 4 页。

想方法作为普遍的原则。这就使某些已经过时的、鱼龙混杂的东西得以剔除，纯化了《法华经》的内容，升华了《法华经》的精神，增加了其理性和科学的成分，使原本高深莫测、晦涩神秘的《法华经》有了与更多民众对接的机缘，鲜活易懂地走进人们心里。池田大量阐释佛典的著作都采用对话的形式，紧密结合现实生活，采用生动真实的生活事例，简洁明了，灵活自在。其他著述中也随处可见对佛典因时因境的活用。他还非常重视科学技术新成果对舆论宣传的影响，指导会员充分利用报纸、杂志、电视、网络等多种大众传播媒介来宣传学会的主张，弘扬佛法精神，在此方面取得了丰硕成果。

上述看法和做法，不仅是对佛法语言的现代化，也是对佛法内容和传播形式的现代化。

对佛教中一向以严苛著称的清规戒律，他同样采取了因顺时势、灵活自便的态度。他把佛道修行看做是调节身心的健康法，认为祈求并无一定形式，信心程度主要是由自己控制。这种形式上的宽松并不意味着对信仰的亵渎，从人出发、解决人实际存在的各种问题，正是一种真诚务实的态度。在实际生活中我们看到，创价学会既是一个钢铁般严密的组织，又给会员极大的自由空间。会员都是在家信徒，在饮食起居、人际交往、工作态度、精神面貌、宗教活动等各个方面，都与其他佛教团体的信徒有极大的不同。

在宗教与迷信的关系问题上，池田大作可以说旗帜鲜明。迷信是纯粹的非理性和反理性的，池田先生在与汤因比博士的对谈中，恰恰把是否能容纳理性的介入作为判断"高等宗教"的标准之一。"高等宗教本来就不会轻侮理性，因为宗教不会靠遏制理性来取得人类的普遍依赖。尤其被誉为'智慧的宗教'——佛教更是一个极为理性的宗教，因为佛教不相信超越人的人神等之存在。"① 释尊是以崇高的"佛的人格"赢得人心，死后却一度被神格化，被列于诸神之中，丧失了原有的精神。池田大作还原了佛的最初面貌，视佛为一个觉悟了

---

① ［日］池田大作：《法华经的慈光》，香港创价学会译，明报出版社有限公司1998年版，第39页。

的充满大智慧的人。他认为，佛教不承认有超越众生的全能的、超绝对的神，如基督教的上帝之类的存在，佛教世界中的神灵都跟人一样只是"众生"之一。心、佛、众生三无差别的平等观，以及自作事业、自受果报的因果法则，更与"创世主权利高于一切"的迷信说法完全相反。

（2）他整合了宗教与世俗的关系，把避世与入世有机结合起来，把此岸与彼岸有机结合起来，对世俗进行改造和提升，使之逐步摆脱低劣，走向高尚。

通常在人们心目中，宗教，尤其是佛教总是与消极避世的思想联系在一起的。面对个人力量很难与之抗衡的现实的苦难，更多的人把希望寄托在"来世"，寄托在"彼岸"。其实这是一种误解，真正的佛法并非教人远离凡尘、不问世俗，也并不无视健康、安宁、成功、幸福等人生追求。大乘佛法尤其如此，四摄六度、悲智双运、入世救世、自度度人，是典型的人间佛教。释迦世尊教弟子对国言忠、对亲言孝、对子言慈、对友言信，守五戒、行十善、修六度万行，在在处处都是要人先处理好一切俗世的事务，再去修出世的法门。池田大作弘扬佛法的目标，其实也正是在此岸而不在彼岸，在今生而不在来世。他说："我们并非追求远在彼岸的理想。让我们使自身放射光辉，在可称为自己立足地的家庭和工作岗位显示信仰的实证，成为社会的灯塔。"① 他通过佛法研究和弘法实践，不仅为世俗提供了一种认识世界的方式、一套评判世俗行为的价值观念和道德体系，同时把创价学会作为一种社会实体，为世俗提供了一种组织社会的形式，一套整合力量、凝聚会员的机制和体系。

池田大作所倡导和奉行的创价精神，体现了 21 世纪人类理想中的宗教精神。其中涵盖着几种尤为伟大的精神，是池田大作格外重视并着力推行的。

其一，强调人的尊严，每个人都应该在没有战争、疾病、贫

---

① ［日］池田大作：《新人间革命》第 5 卷，创价学会译，天地图书有限公司 1999 年版，第 177 页。

困、倾轧的社会环境下平等地享受资源、享受生活，生命的尊严高于一切，它不仅仅是生存权，更是安宁权、幸福权。"生命的尊严就是绝对的标准。维护这种生命的尊严，为这种生命所追求的幸福尽最大的努力，这就是善，反之则为恶。我认为这是任何时代、任何社会都不变的标准。如果有一种社会把破坏生命当做善——这种社会在各个地方、各种时代确实有过——那就应该说这个社会本身就是恶。"①

其二，倡导人们学会感恩，用释尊的话说就是要报四重恩——国土恩、父母恩、众生恩、佛恩。池田大作认为当代社会很多弊端的产生都是由于感恩精神的失落，所以他一直称"中国是日本的大恩之国"、一直对牧口先生和户田先生言必称"恩师"、一直带着一颗感恩的心去观照大千世界和芸芸众生。这种感恩能让人与世界建立符合系统良知的连接，拥有更多的虔敬精神和奋斗勇气。

其三，坚持不懈奋斗的精神，直面各种邪恶和苦难。与传统中的消极避世观完全相反，池田认为不同权利魔性、邪佞势力及自身与他人的各种恶习作斗争就无法使正法广布，无法建立和谐的秩序和有尊严的生活，所以必须要立下大目标，要发出"狮子吼"，要生气勃勃地燃烧着生活。

其四，自利利他的价值取向。他教导会员首先要维护好自己最大的利益——健康，让自己过上富足、满意的生活，同时要尽力奉献，在减恶生善的行动中获得自他一同幸福的随喜功德。

其五，注重发挥女性的作用，认为女性是 21 世纪的太阳，是家庭幸福、社会和谐的决定性力量。女性的美丽、慈爱、坚忍、平和，应该在现实生活中发出灿烂的光辉。

正是这种种创价精神，净化并提升着现实中的世俗生活。事实证明，他所领导的宗教团体没有形成封闭自足的圈子，没有丝毫脱离现实生活的倾向，而是充满着浓浓的人间烟火气，与社会有着广泛深入的联系。他们就生机勃勃地扎根在大众之中，以自己的虔敬、昂扬、

---

① 蔡德麟：《东方智慧之光》，清华大学出版社 2003 年版，第 107 页。

乐观、从容的幸福姿态昭告世人这种信仰的力量。

（3）他升华了《法华经》的哲学内涵，把爱和美作为根本，从"人"这一原点出发，启发人的内在觉悟，挖掘人的潜能智慧，进行创造价值的人间革命，使人摆脱异化，回转自身。

当尼采惊呼"上帝死了"的时候，人们可能并没有感受到歧路亡羊的现代文明在歧路上走得有多远，直到 21 世纪的钟声震荡而来，越来越多的人发现，不仅上帝死了，而且"心"也死了。"理论信仰"、"制度信仰"、"效率信仰"等纷纷步上神坛，而活生生的人，则被物质异化、被技术异化、被权利异化，被各种各样使人徒增烦恼的欲望所异化。

池田大作深刻揭示了文明发展中的悖论，揭示了现代人当下心灵状况的深层根源。他认为无论是宗教还是政治、经济，都是为实现人的幸福的"手段"而已。"离开具体的人，以'抽象化的思想'独唱于天下，反而会发生予人伤害的不幸情况。总之，为人民、为国家、为民族、为自己，也为世界，不管有否利益或是其他什么，人的幸福总是比抽象的'真理'或'意识形态'更为重要。"①

要改变这种"神死"与"心死"的状况，池田认为必须从人这一原点出发，首先实现人自身的革命，继而以人自身的改变带动社会的变革。

佛教对人生和社会有着深刻的洞察，认为"人人皆为佛子"，每个人都平等地具有"佛性"，即具有形成理想人格的种子、可能性。这种佛性，超越感性与理性的存在，是和大宇宙生命相连接的秩序感，是和深层次意义相沟通的清白感，是对生存的根本规范的确知感。当其得以开显时，它就能作为"自身之主人"，决定人生幸福。人间革命就是要唤醒人的生命中所蕴藏的"佛性"、"大生命力"，摆脱生老病死的烦恼，获得圆融丰满的喜悦，实现平衡自足的人生。"尊重每一个人，使内在的善性和创造性生命得以发挥，不被欲望和

_____

① ［日］池田大作、金庸：《探求一个灿烂的世纪》，北京大学出版社 1998 年版，第 40 页。

环境支配，筑起百折不挠、坚如磐石的自身，我们就称之为'人间革命'。"①

当然，仅止于此还不够，从"人间革命"走向"社会革命"，才能真正实现世界范围内的和平与幸福。池田指出，要坚决建设起以"人性尊严"为基石的"希望"与"调和"的文明，要通过"软能"协调社会，改变世界。基于这种观点，他提议把迈向21世纪所不可避免的思想改革归纳为三点：第一，"从知识转向智慧"；第二，"从单元化转向多元化"；第三，"从国家主权转向人的主权"。② 他深信人的现实的实践，是同国家和人类的命运联系在一起的，在一个人的身上所进行的人的革命，很快会使一个国家的命运发生转变。

无论是人自身的革命还是社会的革命，池田大作在进行精神建构和佛法实践时，都是以《法华经》的哲学内涵为基础的，都是以"爱和美"贯穿始终的。他说，《法华经》"摄一切江河为大海"，"是究极的东西，具有扬弃其他东西的本源的哲学意义"③。其根本精神就是抵抗宗教的"非人性化"和"脱离现实"的倾向，一再力求使人回归到原点——人。它把众生作为本佛，把佛陀作为迹佛，颠覆了神在人上的宗教传统，发出了最彻底的"以人为本"的宣言；它的"空"的概念，囊括了跃动不息、蓬勃盎然的"生命活力"，指示着超越小我投向大我、跳脱有限进入无限的阔达境界；它的很多教义，综而括之便是"智慧"与"慈悲"，让人彻底觉悟生命的意义，极力释放生命的能量，让爱和美的花朵绚丽地绽放。

（4）他高扬佛法民主主义的旗帜，以文化、艺术、教育等为载体，介入社会政治生活，提供间接的精神指导，对国家和社会发展产生良性推动作用。

---

① ［日］池田大作：《新人间革命》卷五，创价学会译，天地图书有限公司1999年版，第11页。

② ［日］池田大作：《21世纪文明与大乘佛教：海外诸大学演讲集》，创价学会编译，台北正因文化事业有限公司，第65页。

③ ［日］池田大作：《我的佛教观》，潘桂明、业露华译，四川人民出版社2001年版，第191页。

　　备包有无的佛法，不仅对于政治有精辟的主张，其他方面亦有详说细举。它给受欲望困扰和生老病死折磨的人们带来希望，鼓励人们平等相待、慈悲为怀，通过彻悟产生大智慧，使一切烦恼迎刃而解，因此它具有积极性、平等性、包容性、互摄性、圆融性等特质，对政治、经济、教育、科技、伦理道德、环境保护等产生积极影响。

　　池田大作深刻认识到佛法无边的特性和佛教的济世功能，总是在思考并实践如何"投入"、"参与"、"变革"现实社会。他旗帜鲜明地提出创价学会的理念——佛法民主主义、人性社会主义、地球民族主义，也就是所谓"第三条道路"、"第三文明"，并以创价学会为母体组建了公明党，成立各种教育、文化、科研机构，更广泛更深入地介入国家和社会生活。

　　他从不把目光局限在日本国内，而是一直心怀天下、关注全球，他采取对话的方式，与各国政要和杰出人士一同探讨全球性的问题群，对环境污染、生态破坏、物种灭绝、人口爆炸、新疾病产生、淡水资源缺乏、不同文化冲突等提出自己独到的见解。他说："所有这些世界性的危机，有一个共同点，那就是全球性和整体性。面对共同危机的人类，已经逐渐意识到超越民族、国家和地区的人类共同利益。人类的所作所为已经使 20 世纪末的人类走到了文明的十字路口，人类必须以维护人类一致的、根本的利益为出发点。"①

　　为实现世界和平、人生幸福的理想，以"投入社会"、"在社会里脉动"为宗旨的创价活动，并不局限于政治层面。他们的运动跨越社会一切领域，经济就是其中之一。他曾形象地比喻"文化是波，政治是船，经济是载荷物"，以各种方式激励会员战胜贫穷，开创殷实富足的生活。另外，从幼儿园一直到大学的创价教育体系，为孩子和青年们提供了富有活力的教育；鼓笛队、文化节、运动会等丰富多彩的文化体育活动，使会员在交流中凝聚力量，在习练中提高修养、获得精神愉悦；东洋哲学研究所、民主音乐协会、东京富士美术馆等文化

　　① 季羡林、蒋忠新、〔日〕池田大作：《畅谈东方智慧》，（香港）商务印书馆 2004 年版，第 229 页。

教育机构的设立以及广泛开展的各种文化艺术交流，包括遍及世界各地区、各领域的对话与慈善活动，打开了广阔的研究和交流空间，为学会走向世界、实现人类和平与幸福的理想开辟了通衢。

（5）他把和平作为世界未来发展的基础，为此而奔波演讲、对话交流，并收到实效。其形而上的思想与形而下的实践都从不同方面提升了佛教的社会功能。

池田先生一生所致力的，是以佛法为基础的和平、文化与教育的运动。他把地球本身当成一个生命体来认识，把全部热情、智慧、财富、精力都付之于使这个生命体和谐共荣的实践，付之于为实现世界和平而进行的战斗。

他的和平观念深深根植于佛教这种为全人类谋求幸福的无缘大慈、同体大悲之中。佛法本来就是万物偕协、平等大慧之法，带有非暴力的和平的特质。秉持佛法的本意，就不能不把"和平"摆在第一位。池田大作继承了佛法的和平主义思想，同时发展了牧口与户田两位恩师"利、善、美"的价值论，随着时代的发展和实践的深入，池田的和平主义思想有了更完善的系统和更深入的发展。

池田大作所倡导的世界和平，首先是要"缔结一个保障将来没有战争的状态，即将来不会发生战争的世界"；"废除所有的常备军"；"从根本上变革人与人互相残杀的生命的倾向"；"超越现代的'国家'的概念，地球上所有的民族自治体一方面发挥各自的特性，同时组成世界联邦政府，从而在制度上建立一种永久保障真正和平的体制"。[①]他对战争已经达到深恶痛绝的程度，以多种方式描述过战争的反人类性质、残暴与恐怖的景象，尤其是对非正义的、侵略性的战争进行了义正词严的谴责，决意要在地球上消灭战争。

其次，和平还要使人权受到重视，使人的尊严得到彰显。贫困、饥饿、环境破坏、人权压制等和战争一样是戕害人性尊严、威胁人生安全稳定的各种形态的暴力。池田认为不行善便是助长恶，一定要与

---

① ［日］池田大作、［日］松下幸之助：《人生问答》，（香港）商务印书馆 2001 年版，第 486 页。

这些战争以外的暴力进行斗争，并在根除暴力的过程中实现自己。他说："人类所要解决的课题，不单是实现没有战争这一消极的和平，而是要实现积极的、一种能从根本上改变威胁人性尊严的社会构造的和平。只有这样，我们才可以明白并享受到和平的真正意义。"①

最后，和平要达到"灵魂和精神的文明状态"②，使"每一个人都光辉灿烂"③。也就是说，安全、稳定、温饱、彼此尊重只是部分地实现了和平的理想，最高的和平状态其实就是我们所倡导的整个社会的和谐与繁荣、每个人的全面自由的发展，这是成功幸福的终极状态。

为了实现这层层深入的和平理念，我们每一个人都要播撒和平的种子、幸福的种子、信赖的种子和成为真正的人的存在的人类的种子。④ 从就任日本创价学会会长开始，池田的和平思想便稳固确立，20世纪60年代他提出"建立世界不战和持久和平"的口号；70年代广泛开展起以佛法为基调的渐进的和平文化运动，数次倡言废除核武器、否定一切暴力战争；80年代池田开始更广泛地出访世界各地，出席国际裁军会议，开展各种文化活动，提升了自身的国际影响；90年代直至今天，池田对世界和平问题给予了更广泛、更深切的关注，其影响力也日渐扩大。除了每年在SGI纪念日，在创价学园、创价大学开学典礼等各种场合不断强调和平思想、倡导世界和平之外，从1960年起，池田就开始与各国政要、文化与学术界代表人物进行对话、交流，怀着敞开心扉、把对方作为同样的人来对待的态度，阐述自己对和平的见解，消除彼此的文化差异及政治、种族等隔阂，力求从人这一原点出发建立更多的共同价值观，谋取世界范围内的和平。同时，他还在各国家、各地区进行演讲，倡导祈愿世界和平，成为举

---

① ［日］池田大作：《第25届SGI之日纪念倡言：和平文化、对话硕果》，2000年1月26日。

② 裴彻、［日］池田大作：《为时未晚》，杨傼译，淑馨出版社1992年版，第70页。

③ ［日］池田大作：《希望对话——给21世纪的青少年》，香港明报出版社有限公司2003年版，第179页。

④ 参见［日］木村惠子《我眼中的池田大作》，（香港）商务印书馆有限公司2002年版，第121页。

世公认的"民间外交家"、"和平使者"。可以说,池田大作一直走在实现世界和平的使命之路上,他以推行"菩萨道"的大无畏的勇气、伟大的目标和精力,推动人类不断地从"分裂"迈向"结合"、从"对立"迈向"统一"、从"战争"迈向"和平"。

随着社会的发展,人类面临的共同的问题群扩大,他的和平思想与和平运动也在不断丰富和发展。不管时代风云怎样变幻、新情况新问题如何增多,池田大作始终以佛法中的非暴力的和平主义为基轴,紧扣时代脉搏、洞察时势变化,既进行了高瞻远瞩的战略思考,又开展了广泛多样的和平实践。也就是说,他的和平运动,同样浸透着佛教现代化的精神。

西方现代物理学之父阿尔伯特·爱因斯坦曾对佛教有过很高的评价,他认为,佛教具有人们所期望的未来宇宙宗教的特色:它超越个人化的神,无需教条主义和神学,它涵盖自然和精神两个方面,而它的基础是建立在将所有的自然和精神世界作为一个有意义的整体来经历时所获得的那种宗教意识之上。这即是说,佛法精神是无始无终地弥散在宇宙时空中的,它将在促使国家和社会打破樊篱走向融合方面、在促使人与自然和谐共荣方面、在促使人们追求终极真理并以此建树人生方面,发挥极大的作用。池田大作不仅意识到这种作用,并且探索出一条行之有效的道路,这就是以和平、文化、教育为核心的创价之路,是以非暴力的方式与权力魔性、黑暗势力不懈斗争的道路,也是打开心灵传播美与爱的道路。正是这条道路,提升了宗教慰藉人生、教化民众、整合并稳定社会、完善价值体系、协调人与自然的关系、进行组织动员和社会控制等一系列功能,这是从理论到实践进行得全面而透彻的佛教现代化之路。

(曲庆彪)

# 池田哲学与和谐理念的复权

在与季羡林博士的对谈《话说东洋的智慧》的末尾，池田先生讲道："目前我们所追求的是'大同'、'共生'和'和谐'，这些都是地球范围的价值的创造。"①

这里提到的三个词，对于生活在东洋传统中的人来说并不陌生。特别是"'和谐'这一词，对我们日本人来说非常亲切。随之，我们往往会凭着日常的感觉来理解其意义，但是要具体地解释的话并不那么容易"。"和谐"这一词是非常重要的概念，正如贾蕙萱老师所说，池田先生在对谈和谐讲演的重要部分经常使用这个词语，并把"和谐"作为解决诸问题的关键概念。

我们的课题就是在研究池田先生的哲学的基础上，尽量明确其概念和意义，同时还要研究其概念在现代的发展和展望等问题。

本文首先回顾"和谐"的概念和历史，其次分析此理念如何消失等问题，最后再讨论和谐理论的复权对于现代所持有的意义。关于这些问题的正式的讨论有待于今后继续研究，在这里我仅希望大家能够加深对文章的序言所提到的"地球范围的价值的创造"的理解。

## 一 "和谐"概念的历史

首先我们来探讨一下"和谐"这一词的意义和内容。

① 季羡林、蒋忠新、［日］池田大作：《话说东洋的智慧》，东洋哲学研究所2002年版，第421页。

"和谐"这一词的意思就是"音乐的拍子非常协调"或"（菜肴的）味道非常适当"或"（身心等）非常清秀、端正"或"停止纷争"等（见自诸桥辙次《大汉和词典》，括号内是笔者添加的）。"和谐"这一词的现代日语的解释如下："非常均衡，全体非常整齐，无矛盾"，例如"与房间很搭配的家具"、"取得平衡"等（见《广辞苑》第5版）。

把英语的 harmony 翻译成日语就是"和谐"。词源是希腊语 harmonia。古代的毕达哥拉斯学派认为"万物因和谐而组成"，诸天体的运行也构成和谐（音阶）。毕达哥拉斯说，听到了天体的和谐的音乐。作为相反的事物取得和谐的例子，赫拉克利特举出了弓和竖琴，而且说道："比起露骨的和谐，不露骨的和谐更为出色。"① 柏拉图也很重视和谐。

和谐包括秩序（小宇宙、理念）。作为宏观世界的宇宙和作为微观世界的人类，就因为拥有同样的秩序而相互理解、相互和谐，并由理性来把握其秩序。可以说，重视秩序的古希腊和古罗马的世界观就是志向和谐的世界观。众所周知，欧洲中世纪时期也非常重视秩序（但是与古代的秩序有所不同，是阶级的上下秩序）。在文艺复兴时期，横向和纵向的秩序相互碰撞，因此和谐显得非常生动。

与"和谐"相近的概念还有"中庸"。"中庸"就是"不偏之谓中，不易之谓庸"（见南宋朱熹《四书章句集注》）。即不偏向一方而刚好合适，守护适当性的中正的道。《论语·雍也》中讲道："中庸之为德也，其至矣乎。"即中庸之道在道德中也是属于最高的道德。

儒教认为坦率的言行是一种野蛮的行为，他们推崇的是三思而后行的做法，而中庸正是意味着这种做法。而且，这并不是某个特定的优秀的人才能做到的，而是谁都可以达到的境界。宇野哲人讲道："中庸就是在某个场合、某个时间最为适当的言行。所以真正意义上的中庸并不是轻而易举的，能得到中庸的人就是圣人。但是，另一方

---

① 参照［日］山本光雄编《初期希腊哲学家片断集》的《毕达格拉斯及毕达格拉斯的徒弟》部分，岩波书店1969年版。

面中庸的'庸'意味着普通、正常等，平凡的、正常的才是中庸，因此任何人都可以得到中庸。"①

在西方，相当于汉语"中庸"一词的是亚里士多德论理学中的重要概念——"中庸 mesoēs"。中庸是选择正确的中间的意思，这些都是需要丰富的经验和见解的伦理性的道德。例如，"勇气"是胆怯和粗暴的中庸，"节制"是快乐和禁欲的中庸。而且"勇气"和"节制"并不是胆怯和粗暴、快乐和禁欲的简单折中，而是将其提升到道德的高度。

亚里士多德区分了"事物的中间"和"对我们而言的中间"。所谓"事物的中间"就是"从两端等分"的意思，而所谓"对我们而言的中间"就是"不多不少"的意思。随之又指出："中庸并不仅仅是一个，而是对于所有的人都是同样的。"

"中"并不仅仅是中间的意思，而是最适当的状态。即并不仅仅是计算上的中间，而是基于现实和经验而产生的智慧的"中"。亚里士多德指出："在适当的时候，基于适当的事情，对于适当的人们，寄予适当的希望，用适当的方式感受情感才是中庸。"他又指出："这样的伦理道德的获得，必须从年少时期开始积累。"②

从对"和谐"和"中庸"的释义中，我们发现了两个概念在古代的东西方都是非常重要的，而且在东西方拥有相当相似的意思。即"和谐"和"中庸"作为万物通用的状态意味着非常出色。③

而且，特别重要的是，无论是"和谐"还是"中庸"都是由人类来感受并判断的。如果没有人类也就不会存在此概念。这种概念是表示主体的人类和对象的关系的"关系概念"，而且在此概念中产生价值，所以又是"价值概念"。在文章的开头提到的池田先生的话语中，

---

① ［日］宇野哲人译注《中庸》，日本讲谈社 1993 年版，序文第 3 页。

② 关于亚里士多德的引用，根据加藤信郎译《尼各马可伦理学》（《亚里士多德全集》13）岩波书店 1977 年版，第 50　54 页。

③ 这里并没有涉及佛教的"中道思想"，但是"中道"如同"和谐"、"中庸"，不仅仅是事物的中间，而是基于深刻的智慧的立场。池田先生指出："'中道思担'绝不是走在路的中间的意思。'与道和谐'，即这是走向人类救济的大道的思想。"（参见《第三文明》，日本第三文明社，2006 年 7 月号）

"和谐"与"大同"、"共生"并列，是作为"地球性的价值"来体现的。[①]

用浅显的例子来说明的话，评价一道菜肴味道好的时候我们会说："这道菜肴的咸淡正合适。"这时判断"咸淡正合适"的人，或是做菜肴的厨师或是品尝菜肴的人，怎样调节料理的咸淡与调料本身无关，而且与不品尝料理味道的人也毫无关系。有品尝料理味道的人，才会产生"合适"这一概念。所以"合适"这一概念就是在与主体的关系中成立的经验概念和价值概念（包含价值的概念在以下的文章中称为理念）。

与其他的概念相同，价值、经验性的"和谐"也会丧失其本来的意义。即离开人类存在"和谐全般"，如同培根所判断的"市场的先入的偏见"，是个只因语言的形式而存在的幻影。这犹如远离现实的理想，和谐理念会成为欠缺具体性的孤立的抽象的概念。

## 二 和谐理念的丧失

离开人类而成立"一般的协调"，就等于失去经验性的内容。和谐作为经验性的概念而成立，并且拥有具体的内容。在"A 与 B 和谐"这样的说法中，如果没有 A 和 B 的话，则根本就不会存在和谐。没有 A 和 B 的和谐犹如没有面和汤的拉面，根本就不能吃。换言之，和谐必须有相对应的事物。

但是已成立的一般概念会自己运行。即人们会想到无个别性的一般的概念。这是抽象的普遍，"和谐"这一概念也扩展到了独立运行。我们来研究一下会出现什么样的事态。

---

① 这里作为"关系概念"、"价值概念"的是把牧口价值论放在心上的概念。在牧口理论中将主体和客体的关系作为价值。为了明确本稿序言的意义，包括之前的文章作为一节。"创价学会的第一任会长——牧口常三郎会长主张：'人生的目的是创造价值，教育就是开发创造价值的力量。'我认为人类的目的和文明的目的都是创造价值。因此现在所追求的是'大同'、'共生'、'和谐'等地球性的价值的创造。"（参见《话说东洋的智慧》，东洋哲学研究所 2002 年版，第 420—421 页。）

首先，个别 A、B 与普遍 C（在这里将抽象概念"和谐"用普遍 C 来记载）的关系。因这两者分离、对立而产生的关系是 A、B 排斥 C 或 C 支配 A、B。C 主张普遍的权威，但是对于 A、B 来说，C 并不是必要的存在。

其次，个别 A 与个别 B 的关系。因普遍 C 与两者分离，因此 A 与 B 的结合也被解除，个别 A 与个别 B 也会分离、对立。在这里个别 A 与个别 B 作为原子的形式存在，在某种场合互相排斥，成为"万人对万人的战争状态"（霍布斯语）。

我们把这种状态放到人类社会里思考一下。如果将 A、B 作为个别的人，将 C 作为社会的话，看到的就是一般性的暴力构造。这就是约翰的"构造的暴力"（Structural Violence），所谓构造的暴力不同于存在特定的行为者的直接暴力，把不存在特定的行为者或存在者是匿名的暴力编入社会构造的暴力性，在这里肯定会欠缺对他者的理解并失去共感。池田先生讲道："正如约翰先生非常确切地提到的，各种各样的暴力的基础上欠缺其'共感'。"① 即暴力的背景里包括和谐理念的崩溃。

池田先生在《第 31 次"SGI 日"纪念提案》中讲到，创造了自由的个人的近代文明，在另一方面所失去的就是"人与人之间的羁绊"。失去羁绊的人类就是"赤裸裸的个人"。

池田先生又指出："假如人类存在于人与人之间的话，'赤裸裸的个人'就没有'同伴'，所以在他的眼里不存在'他者'。随之，'他者'和'同伴'的平衡中存在的欲望的调节也失去其效应。"②

就这样，在"和谐"理念被破坏的社会里，人类之间的纽带被割断的结果，就是存在孤立的个人的匿名社会（Anonymous Society）。在这种社会里，支配孤立的个人的力量只有自己的欲望。这种欲望是以自我为中心的，他人只是手段。

---

① ［日］池田大作：《创立者的话语·纪念演讲篇Ⅲ》，创价大学学生自治会，2004年，第24页。

② ［日］池田大作：《第31次"SGI 日"纪念提案（上）》，2006年1月25日《圣教报》。

我们将上述的情况试放到西洋近代初期的历史发展中。

中世纪的统一（和谐）被解体，个别（个人）与普遍（共同体）分离，形成绝对主义国家的过程就是经过中世纪末期、文艺复兴时期而形成的近代社会。

中世纪的统一被解体的结果是个人作为市民而独立，之前非常坚固的纽带消失了，相互扶助也削弱了，逐渐变成以个人的愿望为中心的竞争社会。之后发展到了货币经济、国际贸易等，其倾向越来越强烈。而且中世界的共同体所拥有的普遍性（和谐理念），从具体的概念转换成抽象的概念，但是其抽象的普遍性仍存在。其抽象的普遍性与"君主＝权利"结合在一起，将分散了的个人作为国民进行重组。就这样诞生了近代的绝对主义国家。

在无纽带的世界里，与其说个人作为主体而存在，不如说是作为原子而孤立的。这正是"万人对万人的战争状态"。18世纪后半期，康德在这种人类孤立的状态中发现了失去和谐理念的人类的存在方式，他主张道德法则，主张人类之间相互尊敬的"目的的国家"的存在方式，并力图恢复人类的纽带。

继失去了和谐理念的近代社会，现代社会而且因为科学技术进一步发展，不仅人类之间的和谐，人类和自然的和谐也正在被破坏。众所周知，因伦理的崩溃随之产生了环境问题。现代社会是丧失和谐理念的社会，其负面影响非常之大。虽然人类在抽象的"和谐"基础上，努力地解决相互对立的问题，但是这些与其说是和谐，不如说仅仅是一时的"调停"。

和谐是表示万物的好的存在方式的有益（善）的价值概念，和谐的中心是人类自身，万物的好的存在方式就是人类自身的好的存在方式。和谐理念丧失的主要原因就是人类与自身的存在方式割裂，一个个的事物也失去其统合变成了原子化，曾经的理念仅仅是抽象的概念，这是因为在和谐的中心里已失去了人类。我们考虑和谐的恢复的时候，首先应将和谐作为人类自身的问题来考察并把握。

在现代，和谐理念的复权非常紧迫而必要。池田先生在各种场合呼唤现代和谐，其意义也在于此。

# 三　"和谐"理念的复权

### 1. 以人类为主角

池田先生在与于格的对谈中，对人类与和谐的关系作了以下讲述："人类本来作为宇宙的和谐的一部分，但是发觉了作为个人的独立性之后，为了维持自我的存在和欲望的满足而改变总体的和谐，并创造社会与文化。其原因之一是，人类越过了单个的生物学的固体的状况而成为精神的存在。这些就经常蕴含着破坏整体的和谐的危险性。"①

和谐并不是固定的（抽象的）普遍的概念，而是在作为主体的人类与环境关系的动感中形成的。因此，和谐必须是一个发展的概念，并且人类也不是固定的统一体，即人类的成长、个人的成长会改变固定的老一套的和谐。换言之，因为人类成长，所以和谐也会经常更新。这是非常重要的。

和谐的回复并不是同样的事物的复活，也不是从外部引进好事物而拼合的，更不是过去的状态的恢复。法国的卢梭感叹时代的变迁，远离了人类的本来的面貌的事态，提出"回归自然"的口号。伏尔泰批评卢梭的主张说："难道让我们用四条腿走路吗？"但是卢梭也并不是说原始的状态最好。卢梭所说的"自然"就是"本来该存在的状态"并"符合本性（mature）的存在方式"。我们考虑和谐的回复的时候，必须想到："我们所生活的时代——现代社会里再构成本来的存在方式。"

必须把这些问题作为人类自身的问题来对待。其主体始终是人类，人类自身必须选择和谐的存在方式。这样人类本性（human nature）与自然本性（nature）才会和谐，才能弹奏和谐的音符。

总之，和谐理念的复权就是人类自身的复权。如果说在过去的世

———————————

① ［法］于格、［日］池田大作：《黑暗追求光明》，日本讲谈社 1981 年版，第 278—280 页。

界里人类被遗忘了的话，那么从今以后的世界必须是人类作为主角的世界。用康德的话来说，就是"从他律到自律"。和谐理念的复权，因"创造性人类"、"整体人类"而成立。

2. 从单样性到多样性

作为和谐理念的复权，重要的是人类的主角作用和珍惜每个事物的观点。

在夏威夷的《东西中心》纪念演讲中，池田先生指出，在21世纪必须改变思想，其中之一就是"从单样性到多样性"的转换问题。

提到单样性人们就会想到现代的IT产业和网络的普及、都市的生活方式、经济的国际化等外在的事物。关于人类，单样性就是个人的生活方式和个性的单样的见解，而不承认个人的人格。这种单样性就存在非常严重的问题。

多样性的尊重和对差异性的尊重，在表面上看起来被承认，但单样性依旧普遍存在。现在正是打下多样性基础的时候，而这个基础正是池田先生所提倡的"和谐"理念。

在单样性中成为问题的是，吞噬个性和差异的划一性的问题，即"吞并清浊"的态度才被认为是宽大的、宽容的。难道让人类失去个性的态度就是宽大和宽容的吗？远离个别的普遍就成为抽象的普遍和暴力。重要的是不离开个别而尊重个性和多样性。

在这方面佛教的立场就是尊重个别，永守多样性。池田先生指出："我认为在多样性方面也是佛教的智慧里包含着很多提示。佛教所说的普遍的价值彻底地追究内在，所以不可能划一化和单一化。"[1]真正的理念就是有效地利用个别的事物的理念，这就是佛教所尊重的"内在的普遍的价值"。这是与单一性相反的，而且拒绝负面的单样性的理念。

关于佛典的"樱梅桃李，各呈异姿，不改己容"[2]的说法，池田先生解释道："没有必要全部都成为樱花或全部都成为梅花，这是绝

---

① ［日］池田大作：《创立者的话语·纪念演讲篇Ⅲ》，第21—22页。

② 《礼仪口传》，见《日莲大圣人御书全集》，创价学会1966年版，第784页。

对不可能的。樱花就是樱花，梅花就是梅花，桃花就是桃花，李子就是李子，各自拥有丰富的个性就是最正确的。"① 一个个的个性的事物，就因为有个性所以才会发光，才会和谐。在和谐理念中差异（多样性）是最理想的，这样才会有真正充实的、幸福的世界观。

而且在这和谐的社会里犹如每个人都是"自我照射"，将自己的本来的个性从内部提高到最高水平。其个性并不是与其他的个性徒然碰撞或牺牲其他而形成的，相互尊重各自的个性才能形成花园般的和谐。②

佛教教义中有"境智冥和"的和谐原理。"境（对境）"就是"万法的体"，"智（智慧）"就是"自体显照的姿态"（明确地照射自己而觉悟）。"境智冥和"就是境与智紧紧地连在一起。一个个的事物互相尊重个别性，这样整体才会发光。就这样"尊重相互的差异而组成花园般的和谐"③，"境智冥和"就是和谐理念（除此之外佛教里还有"依正不二"、"色心不二"等很多和谐原理）。

3. 克服利己主义并尊重他人

和谐理念中最如实地表示的是人际关系。人类不仅仅是个别的存在，同时又是共存体。基于这样的事实，从古至今人际关系（伦理）一直成为话题，并且人们对其进行了研究。这些用现代的语言来说就是"他者论"。

在澳门东亚大学的演讲中，池田先生指出："在笛卡儿的哲学中存在着彻底的个性的独立，但是几乎没有提出'他者'。这就是与包含在中国思想里的自由主义和个人主义完全相反的地方。犹如'克己复礼'，在这里内在的自我通过'礼'的社会束缚与'他者'联系。这是个非常明确的观点……我在这样的观点中发现了中国传统的、优秀的、现实的宇宙观念，即对人类和社会发展的责任感和义务感。"④

---

① ［日］池田大作：《创立者的话语·纪念演讲篇Ⅲ》，第22页。

② 莱布尼茨认为一个个的单元照射着宇宙，主张整体协调的和谐的世界观和乐观主义世界观。

③ ［日］池田大作：《创立者的话语·纪念演讲篇Ⅱ》，第24页。

④ 同上书，第99页。

西方的个人主义把他者当成同样于自己的独立的个人。这样虽然不会产生误会，但是不能进入自己与他者的微妙的关系中。这就是西方个人主义的局限性。

池田先生所指出的包含在中国思想里的"内在的自我"的存在，在西方是不明确的，并且没有通过其"内在的自我"而与他者联系的观点（这里有天造人类的基督教的观点的影响，即人类可以完全理解自己的这一思想一开始就被拒绝了）。

《论语·颜渊》记载孔子回答学生颜渊问仁时说："克己复礼为仁。"意即抑制自己的欲望，使言行都合于礼，就是仁。《论语》中解释"仁"的还有"己所不欲，勿施于人"（《论语·卫灵公》）。从这里也可以了解"内在的自我"的作用，而且"不患人之不己知，患不知人也"（《论语·学而》）中也同样作用着"内在的自我"。池田先生把这种本质上包含着他者的心里的作用当成东洋思想中根深蒂固的思想，并将其倾向命名为"共存的道德意境"。"这些排除对立、分裂、自我，相对以和谐、结合、大家为基调，人类之间、人类和自然之间，要相互支持，共同生存，共同发展的倾向。"①

所谓"共存的道德意境"可以说是个人克服自我中心主义的原理，也就是能充分发挥"共存"即多样性的原理，而且在佛教思想中这一观点非常明确。

《法句经》指出："对于所有的（生物）其生命是非常可贵的。不能拿自己来比较而杀其生物或不能让其生物杀人。"②

佛教的观点之所以被人们接受就是因为承认自我的爱，并从自我的爱出发。论伦理和道德的大部分的说教中，连自我的爱也当成是自我中心主义的原理，并把自我的爱的限制作为道德。但是，佛教绝不会限制自我的爱。包括人类的所有的生物都拥有自己的爱，而且这绝不会有害处。只是佛教拥有回避因相互的自我的爱而发生冲突并变成

---

① 参见［日］中村元译《佛陀的真理的话语·感兴的话语》，岩波文库1987年版，第28页。有此认识的人就是施伟策，他从"我是一个被众多生命体包围着的生命个体"的事实中推出了"生命的敬畏"的伦理。

② ［日］池田大作：《创立者的话语·纪念演讲篇Ⅲ》，第62页。

"战争状态"的原理。这就是"相比较自己"的"内在的自我"的作用。①

佛教的观点指出:"人类没有比自己更为重要的,因此'比较自己的处境'、尊重'他者'的这适当的自然的话语中,我们相互共感'他者'的存在、站在'他者'的立场才是慈悲的第一步。"②

关于上述的"共感"或"共苦",池田先生在与汤因比的对话中作了如下的解释:"假如没有'共苦'的思想的话,根本就不会产生对对方的同情和与对方渡过难关的实践活动。而且,可以说这种'共苦'的感情由优秀的才智的发展而产生。即看到他人的痛苦而自己也感到痛苦,这是由相当发展的、高级的智慧的作用为基础的想象力。"③

通过内在的自我的作用而产生"共感"和"共苦",并产生生命物之间相互尊重的态度,在这种情况下,欲望并不是自我中心的,而是变成有效地利用的欲望。世界就会变成开放的共感的世界。池田先生指出:"根据孕育这种'开放的共感',充分地发挥多样性和想象力,打下'共荣'的时代、'共存'的文明的基础。"④——在这方向中,和谐理念在现代展现了新的发展趋向。

## 四 结语——对话的共生

以上考察了和谐理念的复权,此理念给我们指明了今后的方向,那就是孕育"开放的共感"的运动的扩大。此实践描绘了全球的和平世界建设的蓝图。

池田先生指出:"不仅仅是没有战争的状态才是和平。所有的人

---

① [日]池田大作、[英]汤因比:《二十一世纪的对话(下)》,圣教宽文库,第221页。

② [日]池田大作:《创立者的话语·纪念演讲篇Ⅲ》,第25页。

③ [日]池田大作:《第31次"SGI日"纪念提案(下)》,2006年1月26日《圣教报》。

④ 同上。

都没有受到威胁、最大地发挥其作用、构筑幸福的生活的社会才是真正的和平社会。"① 所有的人都构筑幸福的社会才是实现了和谐理念的社会,这样的社会里才会活跃相互尊重对方的"开放的共感"。

为何对话如此重要呢?并不仅仅是因为与对方亲密接触,相互理解对方而需要对话,真正重要的原因就是自我的成长。池田先生引用了蒙田的话:"我认为锻炼精神的最有效、最自然的方法就是相互协商。在人生中最快乐的事情就是协商。"② 并不仅仅是与他者心灵相通,而是通过对话锻炼和成长自己,这一点就是对话的喜悦和重要性。

在对话的海洋里"人类才会成长"。对话与其说是改变他者,不如说是改变自己的重大的挑战。没有对话的人生就是"封闭的自己",不会产生变化,也不会成长,犹如无思索的生活。"人类并不是改变他人,而是因自己的力量而变化"。教育的基本也是对话。对话唤醒思索并增强想象力,而且通过对话可以认识到对自己非常重要的他者,这样"人类才会成长"。

对于对话重要的态度是:"不要把对方当做说服的对象,而是当做学习的对象来尊敬。这才是在所有的对话的立场上最重要的态度。"所谓"所有的对话的立场"就是:"无论什么时候、什么场合、与谁、怎么样的话题"。即他者都是我们要学习的存在。"我以外皆我师"是日本著名的文学家吉川英治的观点,这样的态度就是在对话中必要的态度。将所有的他者都当成自己的老师,这才有助于自己的成长。

如果用逆向思维进行思考的话,就没有比对话更难的事情。这是因为,与想要封闭自己的人类的愿望、顽固的自我中心的思考、行为相碰面而转换其倾向,即从无他者的、表面上平稳的世界,迁移到与他者共存的世界。与他者共存的世界才是"人类"世界,讲自我变革的行为被称为"人类革命"。

---

① [日]池田大作、[美]杜维明:《对话的文明》,《第三文明》,2005 年 9 月号,第 57 页。

② 同上书,第 61 页。

　　所谓和谐理念的实践就是，通过这种对话的人类革命的实践，相互学习、共同成长、共同生存的实践。我认为"地球的价值的创造"也会从这里诞生。

　　（作者：石神丰，创价大学；翻译：李俄宪、金英丹）

# 人生・人性篇

# 文化危机与人性复苏

## 一

　　20世纪科学技术的发展，诚然创造了灿烂辉煌的现代物质文明，并且或多或少提高了亿万人的物质生活水平；但就精神文明与伦理道德而言，人类付出的代价也是极为惨重的。我们曾经历了史无前例的两次世界大战，局部战争至今连绵不绝，高科技用于现代战争所造成的人类生命财产损失则更远远超过历史上任何恐怖时代。在这一百年中，环境破坏、资源浪费、吸毒与犯罪率的剧增，在规模与危害程度两方面也是史无前例的。

　　1968年英国史学大师汤因比以85岁高龄与日本学者池田大作进行长时间的谈话，即对现代文明的严重缺失表示深沉的忧虑。他说："近代初期的乌托邦理论几乎都是乐观的，这是因为，没有明确地把科学进步和精神上的进步看成是截然不同的两回事。他们错误地认为，累积科学和技术上的进步，会自然地累积精神上的进步。……近代西欧的这种幻想，被第一次世界大战所动摇。接着，又为第二次世界大战末期制造和投下的两颗原子弹所粉碎。长寿的 H. G. 韦尔斯，他有幸看到了这种幻灭，尝到了这个苦果，因而韦尔斯以后的乌托邦理论就变成了带有讽刺味道的反乌托邦思想，这些乌托邦理论发展到极端，就变成悲观的了。这是因为，从近代初期到1914年，四个世纪期间发表的乌托邦理论都过于乐观，反而成了对于这种过于乐观情况的一种反动。"①

汤因比进一步论述了科技与伦理的关系："科学的进步，通过技术的应用，给人带来统治别人、统治人以外的自然力量。所谓力量，在伦理上是中性的，可以用于善的方面，也可以用于恶的方面。力量只是增加善恶行为所带来的实质性影响的程度。""原子弹如果用于恶的方面，一瞬间就可以杀死几百万人。然而，人的力量在一对一的战斗中，即或使用金属武器，一次最多也只能杀死一个人。相反，医学的进步给医生带来的力量，现在可以拯救几百万人免遭细菌和病毒的戕害。这同一科学力量，如果被用于细菌战，就会像原子弹一样，使几百万人丧生。如此看来，科学技术力量对人生命的影响，取决于使用这种力量的人的伦理水平。"②

汤因比自我剖析，他作为西欧人，在某种程度上接受了德国哲学家、历史学家施宾格勒的影响，相信 20 世纪注定人类要目睹"西欧的没落"。施宾格勒《西方的没落》(Der Untergang des Abend-landes)，其第一卷《形式和现实》和第二卷《世界历史的透视》，先后出版于 1918 年和 1922 年，正好是在第一次世界大战之后。作者认为西方已处于机器控制之下，金钱主义与追求享乐成为时代的特征，因而无可避免地要走向衰落。其实早在这部名著正式出版之前 12 年，章太炎在《民报》第 7 号（1906 年 9 月 5 日出版）发表《俱分进化论》一文，即已发表过类似的见解。此文是对在中国风靡一时的进化论的深刻反思。章太炎并非全盘否定进化，而是告诫人们不可盲目迷信进化，把进化变成一种绝对的信仰。他认为：（1）进化终极未必能达于"尽美醇善之区"。（2）其所以如此，是由于进化"非由一方直进，而必由双方并进"。以道德而言，"善亦进化，恶亦进化"；从生计而言，"乐亦进化，苦亦进化"。（3）而且，随着经济、文化的发展，以及知识与科技水平的提高，善恶、苦乐亦将不断同步增长。

---

① ［日］池田大作、［英］汤因比：《展望二十一世纪——汤因比与池田大作对话录》，荀春生等译，国际文化出版公司 1985 年版，第 408—409 页。

② 同上书，第 410 页。

"曩时之善恶为小，而今之善恶为大；曩时之苦乐为小，而今之苦乐为大。"这与 60 多年以后汤因比所说的"（科技）力量只是增加善恶行为所带来的实质性影响的程度"，可谓英雄所见略同。

在对于现代文明弊端的批判方面，章太炎或多或少受到日本维新思想家中江兆民的影响，他在《俱分进化论》中甚至誉中江为"东方师表"。正是在 20 世纪初，中江怀着对文明发展前途的深沉忧虑离开了人世。他在临终前发表的名著《一年有半》，颇为生动地描述了日本近世文明发展中相互伴随的两种趋向：明治维新以后，一方面是社会进步、经济发展与生活水平的提高，一方面则是物欲泛滥、习俗败坏与社会道德的沦丧。他说："人人都希望追求超过自己的经济力量的娱乐，千方百计想得到它。于是乎，做官吏的人就接受礼品及贿赂以养肥自己，经营工商业的人就钻营奔走、投靠背景、互相勾结，寻找牟取暴利的机会。再加上日本西部的武士，数百年来，受尽了苛刻死板的法律与制度的束缚，到了日本明治维新的时候，忽然做了大官，参加国家的政治活动，好像放射出去的箭一样，急速地趋向骄奢淫逸，大大地造成和煽起了城市的荒淫和糜烂的风气，成为日本全国吃喝玩乐的样板。从官僚资本家、富商大亨，到其余的中产阶级以下的人们，也都相继沉沦，以为这是自己的阔气。这就是现代我们日本帝国的官民上下、贵贱贫富，一般人等所以造成了奢侈、淫逸的习惯的历史。"①

这些先贤当时都是站在时代潮流的前面，为社会进步和国家富强发挥了思想先导作用。他们并非盲目地排拒现代文明，而是清醒地看到现代文明日益暴露的弊病，并且为人类文明发展的前途感到忧虑。如果说是悲观，那就是一种深沉的悲观；而深沉的悲观比肤浅的乐观，在思想境界上至少要高一个层次。

---

① ［日］中江兆民：《一年有半》，商务印书馆 1982 年版，第 62 页。

<h1 style="text-align:center">二</h1>

汤因比曾经寄希望于东亚精神文明的复兴，借以弥补人类现代文明的严重缺失。但是他却未曾料到，第二次世界大战以后，特别是20世纪六七十年代以后，亚洲一些国家和地区先后也走上了这条重物质而轻精神的西方现代化道路，且其负面影响及所造成的危害有愈演愈烈之势。正如池田大作所说的那样："从根本上用长远的目光来看，不能不令人痛切感到现代人在经济方面犯了多么愚蠢的错误，日本人对 GNP（国民生产总值）的信仰，可称为最。众所周知，第二次世界大战后的日本，把 GNP 的增长看成绝对的东西，以赶上欧美发达国家的水平为目标，然而，结果如何呢？人民始终在完全无视人性的条件下劳动，情况一直没有好转的征兆。在狭长的国土上，公害像火山的岩浆一样到处喷发出来。还有，日本产品打入世界市场，最初使人惊叹，可是最近倒不如说在加剧人们的反感。"① 汤因比对 GNP 的抨击更为激烈，他进一步发挥说："GNP 连作为衡量一个国家中人们的经济繁荣程度的指标都不能算。统计工作者用一个国家人口去除 GNP 所得的商数作为'国民每人平均收入'，这种想法是没有意义的。把这件事数字化本身就是难以想象的错误。毋宁说，把这作为'每人平均物质上受损'的指标，可能还有些意义吧。因为在经济上自由竞争的社会，随同 GNP 的增长而受害的分布，虽然在住宅方面是不平等的，但在空气、土地、水及其他自然环境的物质污染，一个国家的人民都是同等受害的。污染，无论对贫穷母亲的孩子，还是富裕母亲的孩子，都是同样有害的。"② 汤因比的批判相当深刻，但他却忽略了一个事实，即这些国家的人民并非同等受害。受害最大的还是贫苦民众，至于那些显贵豪富，无论自己国家的环境污染程度

---

① ［日］池田大作、［英］汤因比：《展望二十一世纪——汤因比与池田大作对话录》，荀春生等译，国际文化出版公司 1985 年版，第 117 页。

② 同上书，第 117—118 页。

如何严重，他们却都可以住在阳光充分、空气新鲜、山清水秀的佳胜地区，并且享受充分供应的有益于人体健康的各种真正的绿色食品。

汤因比与池田大作并非绝对反对 GNP，他们承认 GNP 有其应有的意义，但其弊端却是以平均数字掩盖了贫富悬殊，而且是只看重物质利益而忽略了精神利益。所以池田试图提出一种新的国民经济的基本指标 GNW，W 即 Welfare（福利）。这种指标应反映一个国家的经济力量为国民福祉作出多大贡献，而且还要"把比重放到了提高精神福利水平上"。汤因比则对衡量福利的尺度提出四点考虑："第一，社会成员的协调程度和相互间的亲切程度。第二，平均每人的精神福利，这决定协调程度和相互间的亲密程度。第三，自我克制的平均水平，这是精神福利的关键。第四，社会为防止物质和精神污染而对追求利润的控制程度。这最后的尺度是检验一个社会在使精神福利优先于物质福利方面，在多大程度上取得成功的试金石。"①

但是，GNP 迄今仍是许多人的至爱，特别是被某些高官看做自己政绩的集中表现，现代文明的弊病于是泛滥全球，愈演愈烈。

古人说："仓廪实而知礼节"，就存在决定意识而言，知礼节固然需要仓廪实作为基础，但仓廪实并非必然导致知礼节。因为人的物质需求总是很难完全满足，如果缺少良好的制度与机制，特别是缺少足够的思想教育与健康的文化氛围，就有可能出现饱暖思淫欲乃至如上所述物欲横流的严重社会病态。市场经济诚然优越于自然经济，也优越于旧时的计划经济，且改革的潮流不可逆转；但市场经济毕竟是以个人利益为主要驱动力，而这就不可避免地要带来拜金主义和损人利己行为的泛滥。"资产阶级在它已经取得了统治的地方把一切封建的、宗法的和田园诗般的关系都破坏了。它无情地斩断了把人们束缚于天然首长的形形色色的封建羁绊，它使人和人之间除了赤裸裸的利害关系，除了冷酷无情的'现金交易'，就再也没有任何别的联系了。它把宗教的虔诚、骑士的热忱、小市民的伤感这些情感的神圣激发，淹

---

① ［日］池田大作、［英］汤因比：《展望二十一世纪——汤因比与池田大作对话录》，荀春生等译，国际文化出版公司 1985 年版，第 118 页。

没在利己主义打算的冰水之中。""资产阶级抹去了一切向来受人尊崇和令人敬畏的职业的灵光。它把医生、律师、教士、诗人和学者变成了它出钱招雇的雇佣劳动者。"① 马克思、恩格斯在150多年以前所作的描述并未过时,他们对资产阶级的刻画仍然可以用于对市场经济的刻画,而150多年以前在西方呈现的图景,如今又在新的条件下和不同基础上重现于亚洲若干新兴国家和地区。

个人利益的追求是没有止境的,如果没有合理的制度加以规范,没有健全的机制加以调节,没有正确的道德风尚加以导向,那么建立在贫富悬殊基础上的社会不平等现象势必愈演愈烈,而所谓社会稳定也就缺乏起码的保障。市场经济的发展有两个杠杆:一是社会需求的增加,一是为满足日益增长的社会需求而不断提高的生产力水平。一般说来,社会需求总是不断增长的,因为人们对物质生活的追求永无止境,再加上各种各样商业广告的诱惑与刺激、形形色色所谓高消费的奢靡导向,很容易造成物欲横流的现象,以及与之相伴随的贪污腐化等社会病态。但对于许多见利忘义的投机者来说,这却是发财的大好时机,他们并不在乎自己发财的后果究竟是为社会造福还是造祸。正如恩格斯早曾说过的那样:"在资产阶级看来,世界上没有一样东西不是为了金钱而存在的,连他们本身也不例外,因为他们活着就是为了赚钱,除了快快发财,他们不知道还有别的幸福,除了金钱的损失,也不知道还有别的痛苦。"② 于是这些人变成金钱的奴隶,而更多的人不仅饱受金钱匮乏之苦,还要承受被这些金钱的奴隶巧取豪夺之苦。为满足社会需求增长而提高的生产力水平,其福祉并未真正为社会所共享。我这样说绝非提倡平均主义,而只是对于贫富悬殊造成的社会严重不公平提出警告。揭露社会病态并非都是理想主义者的道德说教。

为满足日益增长的社会需求,当今社会更为倚仗生产力中最活跃

---

① 《马克思恩格斯选集》第1卷,人民出版社1972年版,第253页。
② [德]恩格斯:《英国工人阶级状况》,《马克思恩格斯全集》第2卷,人民出版社1957年版,第564页。

的因素——科技，而所谓知识经济的科技含量之大更属有目共睹。科技是人类智慧高层次的结晶，但必须经过开发投入市场才能形成社会效益。科技本身是中性的，但它一经纳入市场运行之后，既可以为善也可以为恶，因为它只能从属于掌握者（或集团）的意志，是掌握科技的人决定其价值取向。高科技由于能为掌握者（或集团）赢得滚滚而来的财源，因而便顺理成章地成为社会的骄子，受到极大的尊重与优厚的回报。这种社会效应反过来更加速了高科技的发展、各大资本集团之间的激烈竞争以及各个国家的国力之间的激烈竞争，高科技发展的速度让人目瞪口呆，而其负面影响便是重科技轻人文与重物质轻精神的短视功利主义的恶性泛滥，更为严重的后果则是社会伦理的急剧低落乃至人性渐趋泯灭。

人文学者并非反对科技的迅速发展，我们所担心的乃是社会病态的日益严重和人类自身的堕落。汤因比说："迄今为止，人的伦理行为的水准一直很低，丝毫没有提高。但是，技术成就的水准却急剧上升，其发展速度比有记录可查的任何时代都快。结果是技术和伦理之间的鸿沟空前增大。这不仅是可耻的，甚至也是致命的。……面对这种现状，我们应感到耻辱。同时，我们不要失掉这种耻辱感。为确立尊严（没有它，生命就没有价值，人生也不会是幸福的）必须作进一步的努力。人所熟悉的东西，的确是在技术领域，但那里是不会确立尊严的。评价是否达到这种伦理上的目标，要看我们的行动在多大程度上不受贪欲和侵略心所支配，在多大程度上把慈悲和爱作为基调。"① 汤因比把生命的尊严看做一种绝对的最高的价值，或是"普遍的价值基准"。不仅人有尊严，宇宙整体及其万物，包括大地、空气、水、岩石、泉、河流、海，等等，都有自己的尊严，不容许任意侵犯。而人只有在没有私心的、利他的、富有怜悯的、有感情的、肯为其他生物和宇宙献身的情况下，才会有自己真正的尊严。

其实，具有这种认识的不仅是人文、社会科学学者。爱因斯坦早

---

① ［日］池田大作、［英］汤因比：《展望二十一世纪——汤因比与池田大作对话录》，荀春生等译，国际文化出版公司 1985 年版，第 431—432 页。

就说过："青年人在离开学校的时候，应是作为一个和谐发展的人，而不是作为一位专家。否则，他连同他的专业知识就像一只受过训练的狗，而不像一个和谐发展的人。而要成为一个和谐发展的人，就要培养全面的自我辨别力，而这取决于自由而全面的教育。"按照我的理解；所谓"和谐发展的人"，就是我们一贯主张的德、智、体、美、劳全面发展的人，而这就意味着绝不能片面侧重科技教育，还必须加强人文、社会科学教育。那些不尊重自然的尊严从而也失去自己做人的尊严、只具有狭隘专业知识的"专家"，就如同"一只受过训练的狗"，他们只能为雇用自己的老板服务，而不能从社会伦理的层面辨明自己工作的方向。

现今的科技专家对于这个问题可能体会更深，他们更多的是从自身与科技的关系发表独特感受。2000 年 8 月 21 日《今日美国》曾发表一篇著名的文章《技术专制激起人们的反抗》，反映了硅谷一部分科技工作者对于科技泛滥的强烈不满。他们虽是因特网的高级专家，但对那些"不断发出嘈杂的噪音、闪着亮光的仪器"渐感厌倦，而宁愿远离无处不在的因特网的影响以及越来越数字化的生活方式。他们承认"高科技的进步推动了经济发展，提高了劳动生产率，并且使很多人过上富裕的生活；然而它的阴暗面也正在渐渐失去控制，对我们产生强大的影响。它成日成夜地侵犯我们的生活，把我们束缚在计算机跟前，并且不断消磨我们的人性"。有位在大公司担任顾问的心理学家说得更为坦率："技术本来是解放我们、使人们生活得更轻松的工具，然而现在它却起了相反的作用。它给我们的生活带来了灾难，每个人都被它征服了，不堪重负。幸运的是，人们最终觉醒了，他们正在高喊'停止吧，我们受够了！'"

当然，我们不是复古主义者或文化保守主义者。科技的高度发展是当代不可阻挡的潮流，人们生活水平的进一步提高和落后地区的脱离贫困，都需要科技日新月异的发展。犬儒主义式的返璞归真，不仅是荒诞的而且对大多数人来说也是做不到的。但更为严重而又更为迫切的问题是，环境不能再继续污染，资源不能再继续浪费，贫富不能再继续悬殊，社会不能再继续缺乏公正，人类不能再继续互相残杀，道德不能再继续沦落下去……一句话，我们不能再盲目干那些既对不住祖宗也对不住子孙后代的蠢事。我们这样慷慨陈词，决不是悲观失望，而是急切吁求更多的人赶快醒悟过来。

## 三

历史与现实都清楚地表明，物质文明与精神文明、科学技术与人文科学，仿佛车之双轮、鸟之双翼，缺一不可，单纯依靠科技绝不能建立合理而完善的社会。现今的人类社会，自然还不能说是缺一轮或缺一翼的社会，但至少可以认为是跛足的或倾斜的社会。如果任其恶性发展，也许有一天人类将会走上自己毁灭自己的道路。

时代呼唤人文精神，精神文明急需健康发展，而关键仍在于人类的自我完善，首先在于人性的复苏。正如汤因比所说的那样："我们人类自命为灵长类（Homo Sapiens），可并没有自命为技长类（Homo faber），如果我们能通过目前科技革命的考验，我们才配得上灵长类的称呼。"这当然是针对 20 世纪 40 年代兴起的科学技术决定论（scientific and technological determinism）而言，因为科技决定论者把生产力仅仅归结为科学技术，认为历史发展的动力只有单一的科学技术要素，而只有科技专家才能掌握人类的历史命运。汤因比反对这种观点，他所说的灵长类并非等同于哺乳动物的分类，而是突出人类所独有的智慧。他把人类的才能分为两大类：所谓"技长"指的是科技才能与管理才能，而"灵长"则是艺术才能与宗教才能。汤因比对才能层次的区分是否精当，自然大可商榷；但他希望人们不要把科技绝对化，应该加强人性的复苏并培养德、智、体、美全面发展的新人，则是显而易见的。

我们没有必要害怕科技的发展，更不应在新世纪的严峻挑战面前束手无策。科技绝不是从潘多拉盒子中释放出来的妖魔，人类既然能够创造科技，便必定可以掌握科技。关键仍在于人，在于由健全的人组成的健全的社会，只有这样的社会才能保证科技为人类造福而非造祸。

理解所谓健全的人，首先就要认识人的价值与人的尊严，而这种价值与尊严又是在人与人相处的过程中体现的。维新志士谭嗣同在《仁学》一书中早已指出："仁从二从人，相遇之义也。元从二从儿，儿古人字，是亦仁义。无许说通元为无，是无亦从二从人，亦仁义。故言人者不可不知元，而其功用可极于无。能为仁之元而神于无者有三：曰佛，曰孔，曰耶。"又认为仁充满宇宙之间："孔谓之仁，谓之元，谓之性；墨谓之兼爱；佛谓之性海，谓之慈悲；耶谓之灵魂，谓之爱人如己，视敌为友……"谭嗣同对基督教的理解虽然不尽确切，但他把基督教与孔、墨、佛相提并论，力图发掘其相通相近的精义以谋求救人救世，在当时历史条件下却是极为难能可贵的。我认为，现今为了复苏人性和纠正人类文明的偏失，就应该具有这种兼容并包的博大胸怀，努力发掘包括基督教与其他优秀宗教在内的历史文化遗产中有益的精神资源，营造人与人、人与自然和谐共处的新文化，共同挽救整个人类的沉沦！

如同世界上其他历史悠久的大宗教一样，基督教本来就不属于某一国家或某一民族。它由东而西又由西而东，向全球逐渐传布的过程也就是不断移植于一个又一个新的社会文化环境的过程；而教会人士世世代代梦寐以求的非基督教地区的"基督化"，实际上也就包含着基督教在这些地区的本土化。正常的文化交流本来就是一种双向的互动过程，即使是先进文化与落后文化的交流，也不会完全没有这种互动，只不过程度与形式有所不同而已。以历史学家的眼光来看，基督教的普世性，不仅因为它的神学内核，而且也是千百年来各种各样语言和文化的诊释发挥，逐步磨合融通而形成的。

对于中国来说，基督教诚然是外来宗教，但明清以来，特别是20世纪20年代和30年代，经许多中外基督徒的不懈努力，基督教在教会与神学两方面的本土化都已取得有目共睹的进展。尽管国内外众多的基督徒与非基督徒学者，特别是宗派林立的外国教会，对本土化这一概念的理解与态度各有不同；但无论如何，对于流传如此长久、信徒如此众多而且影响如此深远的基督教，再也不能笼统地称之为外来宗教了。在历经数十年磨难之后，基督教之所以能够在城乡各地迅速发展，在一定程度上满足了社会转型期许多迷茫的人们寻求精神家园的需要，弥补了他们在现实生活中的失落感与飘零感，自有其内在的原因。

因此，在中国大陆、中国台湾、中国香港乃至海外各地对于中国基督教研究的蓬勃发展，现今更加显示出其学术意义与社会意义。由于好几位学者即将就各地研究现状作详尽的专题报告，因此我只从背景方面作上述阐发，希望得到各位同行的指正。

（章开沅　华中师范大学教授）

# 池田大作人性善恶与伦理
# 实践思想探论

池田大作是一位十分关注伦理实践并渴望世界变得更美好的著名哲学家和伦理学家。在池田大作伦理实践的论述中，人性善恶问题一直是一个基础性的话语。总体来说，他认为人的本性既不是善的，也不是恶的，而是善恶并存的，与中国古代的"性善恶混"或"性二元论"颇为类似。正是这种性善恶混的认识视角，使他对伦理实践既持高度肯定的态度，又表现出某种现实的忧思。他渴望通过伦理实践使人性变得更美好，但又意识到人不可能完全战胜人性中恶的因素，因此主张不断地进行自我修养，认为"解决欲望问题，的确是终生的课题"。①

## 一

人性善恶问题是伦理学史上极为重要的理论和实践问题。道德的学说和伦理学的理论是要从"人是什么"出发，来回答"人应当做什么"的问题。

人性论一直是中西方伦理文化，特别是儒家伦理文化和基督教伦理文化谈论的中心话题。关于人性问题，自古代至现代，许多思想家均对此提出了自己的认识，并形成了多种理论或学说。在与汤因比的

---

① 〔日〕池田大作、〔英〕汤因比：《展望二十一世纪——汤因比与池田大作对话录》，荀春生等译，国际文化出版公司1985年版，第393页。

对话中，池田大作首先对中国和西方的人性论作了一番总体性的界说，认为人的本性究竟是善还是恶，是自古以来许多人竞相关注并引发了各种形式争论的重大理论问题。"众所周知，在中国的儒教思想中，就有两种相互对立的观点：荀子主张'性恶说'，'而孟子则主张'性善说'。基督教主张'原罪说'，这种观点接近于性恶说，而卢梭的思想则很接近于性善说。从性恶说的观点来看应该从外界约束人性；而性善说则极力排斥来自外界的约束，强调听其自然。"① 这一段话，对中西方有代表性的人性理论作出了定性的分析，不仅言简意赅、高屋建瓴，而且概括得当、深得要领。中国历史上的人性论，大而言之，有孟子的"性善论"、荀子的"性恶论"、告子的"无善无恶论"、世硕的"有善有恶论"、董仲舒的"性三品论"、李翱的"性善情恶"论、宋儒的"性二元论"以及王夫之的"性日生日成论"等。在先秦儒家中，孔子最早论及人性问题。孔子论性，因时代限制比较简略，但具有创造性。《论语·阳货》载："子曰：性相近也，习相远也。"这里所谓性，指人类天生的本性。孔子认为，人性本来是相近似的，并不存在根本的差异。人们的善恶智愚差别，是由于后天习染不同而形成的。孟子从人的本初才质出发，认为人性善。"孟子道性善，言必称尧舜。"孟子是在批驳告子"性无善恶论"中阐述自己人性善的理论的。他认为，如果照告子"生之谓性"，"食色性也"的说法，那么人性自然无所谓善恶，而这么一来就等于抹杀了人和禽兽之间的根本差别。而人与禽兽显然是有本质区别的，这本质区别正在于人为"万物之灵"的人性；它先天具有所谓"四端"。

孟子说："恻隐之心，人皆有之；羞恶之心，人皆有之；恭敬之心，人皆有之；是非之心，人皆有之。""仁义礼智，非由外铄我也，我固有之也。"② 认为性善是自然的现象，至于人有时为恶，乃是受到环境的影响，并非出于人类的本性。孟子以善规定人性，强调人都

---

① ［日］池田大作、［英］汤因比：《展望二十一世纪——汤因比与池田大作对话录》，荀春生等译，国际文化出版公司1985年版，第385页。

② 《孟子·告子上》。

应该认识自己的善性，培养内在的善端，扩充天生的良心，使自己成为道德高尚的人。与孟子的人性善有别，荀子则认为人性是恶的。他将人天生而有的利欲之心视为人的本性，指出："今人之性，饥而欲饱，寒而欲暖，劳而欲休，此人之情性也。""今人之性，生而有好利焉，顺是，故争夺生而辞让止焉。生而有疾恶焉，顺是，故残贼生而忠信止焉。生而有耳目之欲，有好声色焉，顺是，故淫乱生而礼义文理止焉。然则从人之性，顺人之情，必出于争夺，合于犯文乱理，而归于暴。故必将有师法之化，礼义之道，然后出于辞让，合于文理，而归于治。用此观之，则人之性恶明矣，其善者伪也。"① 社会的教化、礼义、法度，是为了防止和节制人性之恶，使人向善以便共同生活而制定操作的。善是后天人为的，人的天性是恶的。人性既恶，为什么又会讲求道德，立志向善？荀子作出了自己的解释，人性为天生而来，不是人为造成，但这并不是说人注定要为恶，会成为恶人。人可以通过后天的主观努力来改变自己恶的本性，可以发挥自己的辨知之能，学习圣人所制定的礼义法度，来节制自己的利欲之心，使自己的心畏行为合于仁义礼智，从而成为善人。荀子主性恶，孟子主性善，然而他们都是为仁义道德寻找根据，其根本的出发点和最后归宿，都是教人为善。孟子曾提出"人皆可以为尧舜"，荀子亦提出"途之人可以为禹"。

西方历史上的人性论，也有性善论和性恶论两种传统，大体而言，基督教的人性论和近代霍布斯等人的人性论属于性恶论，卢梭、康德等人的人性论属于性善论。基督教以上帝造人、灵魂不死、灵肉对立为其理论前提，认定人的现实本性为恶，其原罪说认为，人类的祖先亚当、夏娃偷吃了上帝的禁果，被上帝逐出伊甸园，尘世中的人往往受物欲的影响，不能很好地赎罪，因此只能成为上帝的弃民。只有尽心信奉上帝、诚心赎罪的人，才有可能得到上帝的恩宠，成为上帝的选民。基督教所提出的种种宗教戒律，都是建立在人性恶的基础之上的。文艺复兴时期的马基雅维利和英国近代思想家霍布斯、曼德

---

① 《荀子·性恶》。

威尔等人的人性论也是主张人性恶的，他们揭示了"人对人像狼一样"的人性真实状态。马基雅维利认为，由于"人性恶劣"，总是以自我为中心，趋利避害，"人性易变"，所以人的好恶情感也在不断变化，人性总是靠不住。他建议君主宁愿被人畏惧也不要受人爱戴，因为民众的"爱戴"之心是靠不住的。

18 世纪法国启蒙思想家卢梭认为，人类就其本性来说是善良的，在自然状态下人具有两种自然的、本能的秉性，即对自身生存的关切和对他人的怜悯，前者就是自爱心，后者就是怜悯心。自爱和怜悯是自然人的两种自然情感，在自然状态下两者相互联系，各自起着特殊的作用。由于自然人具有本能的怜悯心，使得个人谋求满足需要的欲望和自爱心也会受到限制。这种怜悯心调解着自然人的欲望和感情，同时也起着使人类全体相互保存、维持和平的作用。卢梭把人类生而具有的怜悯心称为人类所具有的"唯一的自然美德"。在卢梭看来，人性本善，而人类文明的发展使人性受到污染；人是生而自由的，而人自己创造的文明却束缚了自己。土地私有制的产生标志着人类文明社会的开始，同时也是人类精神走向没落的开始。私有制使富人和穷人、主人和奴隶的心灵都失去主宰，受到极大的破坏，富人和主人变得贪婪、冷酷、虚伪、奸诈，穷人和奴隶也丧失了独立人格。整个社会充满着竞争和倾轧，人们时时刻刻都怀藏着利己之心。人类的本性随着文明和科技的发展而日趋堕落。

池田大作提出了自己的人性论观点，认为人的本性既非善，也非恶，而是两者兼而有之，即性善恶混论。人性既有可能成为善的，又有可能成为恶的。"佛教也认为，在生命中是善恶并存的。就连在佛这一最高人格中，也包含着善与恶。"① 性善恶混论在人性讨论思想史上占有非常重要的地位，本质上是对性善论和性恶论思想的一种综合与超越。

在中国，宋明理学家将人性区分为"天地之性"和"气质之性"

①　[日]池田大作、[英]汤因比：《展望二十一世纪——汤因比与池田大作对话录》，荀春生等译，国际文化出版公司 1985 年版，第 385 页。

两种。"天地之性"是指人性中先天性的因素,"天地之性"是纯善;"气质之性"是指人性中后天性的因素,"气质之性"有善有恶。人之修身养性的过程,就是通过学习和实践用以变化气质、从而恢复人本来的善性即天地之性的过程。所以张载说:"形而后有气质之性,善反之,则天地之性存焉。"① 张载的人性论,既重视人性中先天的因素,又重视人性中后天的因素,他将孟子的性本善与荀子的"化性起伪"结合起来、统一起来。张载在宇宙本体论的基础上描述了人性中善恶的二元对立。在"天地之性"和"气质之性"的人性学说中,"天地之性"被当成是善的本原,代表着天理;"气质之性"是恶的来源,表征着人欲。这样,恶就以人欲为内含而被实体化,进而形成善恶的永恒角逐。气质之性决定人有情欲(人欲),有了人欲的蔽障、引诱,便阻碍了天理的发展,因而使人由善变恶。为了存善去恶、保存天理,就必须去掉物欲,排除蔽塞。二程曾说:"论性不论气,不备;论气不论性,不明。二之则不是。"② 所谓"不备",是说不完备、不完全;所谓"不明",是说不明了、不能说清楚。性与气、先天与后天,既相互关联,又相互补充,但却不能把它们各自孤立起来,所以"二之则不是",它们二者是必须结合在一起的。以往的性论往往只注意一个方面,而忽视另一个方面。张载的二性说解决了这一问题,从而结束了历史上人性善恶的争论。朱熹对此有很高的评价:"气质之说,起于张、程,极有功于圣门,有补于后学,前人未曾说到。故张、程之说则诸子之说泯矣。"③

在西方,柏拉图最早把人性分成不同的等级。这种人性上的等级差异来自构成不同等级的人在材料的质地上的先天差异。按照柏拉图在《理想国》中提出的"性三品"说,构成统治者的材料质地是金,其特点是理智、智慧;武士的质地等而下之,是银,其特点是意志、勇敢;奴隶(劳动者)的质地是最次的,是铜铁,其"性能"特征是

---

① 《正蒙·诚明》。
② 《程氏遗书》卷六。
③ 《张子全书》卷二,朱熹注《正蒙·诚明》。

"欲望与节制"。柏拉图指出，正像在国家中有统治者、卫士和工农群众一样，个人的灵魂也有三个部分，即理智、激情和欲望。其中，理智是智能的，起着领导的作用；激情服从它，成为它的助手；欲望在灵魂中占据最大部分，它贪得无厌，必须受到理智和激情的控制。如果理智、激情与欲望三个部分和谐相处，理智起领导作用，激情与欲望服从而不违反它，这个时候灵魂就处于最佳状态，这个人就是能够自制的人。因此，柏拉图认为，如果理智、激情与欲望三个部分做到各司其职、和谐协调，那么灵魂便能够自己主宰自己，秩序井然，这就是个人灵魂的正义和健康的表现；反之，如果它们不守本分，相互斗争，都想争夺领导地位，就造成了灵魂的不正义。亚里士多德指出，人性中不光有理性、社会性等特性，而且还包含着欲望与兽性的因素。他说："人类所不同于其他动物的特性就在他对善恶和是否合乎正义以及其他类似观念的辨认，而家庭和城邦的结合正是这类义理的结合。"① "人类由于志趋善良而有所成就，成为最优良的动物，如果不讲礼法、违背正义，他就堕落为最恶劣的动物。"② 又说："人类的欲望原是无止境的，而许多人正是终生营营，力求填充自己的欲壑。财产的平均分配终于不足以救治这种劣性及其罪恶。"③ 只要是人，就难免会有欲望，只有加以理性的引导和调节，才能使其达于正常、合理；如果不加节制，就可能造成危害。亚里士多德把这种能够造成危害的欲望称为兽欲或兽性的因素，指出："至于谁说应该让一个个人来统治，这就在政治中混入了兽性的因素。常人既不能完全消除兽欲，虽最好的人们（贤良）也未免有热忱，这就往往在执政的时候引起偏向。法律恰恰正是免除一切情欲影响的神祇和理智的体现。"④ 亚里士多德认为，人性中不仅包含社会性、趋善性、理性，而且还包含有欲望与兽性，其中，理性与趋善性是最根本的特性，但欲望与兽性又是根深蒂固的。所以，亚里士多德强调指出，"必须用

---

① ［古希腊］亚里士多德：《政治学》，商务印书馆 1981 年版，第 8 页。
② 同上书，第 9 页。
③ 同上书，第 73 页。
④ 同上书，第 169 页。

法律来订立有效的教育，人欲没有止境，除了教育，别无节制的方法。"①

在池田大作看来，性善和性恶只是各自强调的侧重点有所不同。我们可以把性善论视为一种应然判断，即人性应该是善的；把性恶论理解为一种实然判断，即人性在事实上常常趋恶，那么我们就能比较好地理解人性善恶混的真谛。人性在本质上既有向善的可能性，也有趋恶的一面，这就决定了人始终有趋善避恶、扬善抑恶或弃恶从善等问题。性恶论往往忽视了对善的动机的强调，性善论则往往忽视了善良的动机可能带来的罪恶后果。所以，对人性的判断应包括实然和应然两个部分。对行善之应有的强调必须建立在对人的欲望之本性充分承认的基础上。同时，对人之欲利本性的强调也不应停留在简单的实然描述上，更不能鼓励人们为趋利而不择手段，而是要提升，使行善成为义务性的伦理规范。

池田大作的性善恶兼而有之，既强调了扬善抑恶的内在意义和价值，又凸显了道德修养的艰难，诚如人要消除自我是不可能的一样，人也没有办法彻底根除性恶的一面，最多只能将其"冥伏"。在池田大作看来，"'魔性的欲望'本来就存在于人的生命内部，是不能彻底消除的。只能反复削弱其作用，不断地使其冥伏。这种战斗，是人的宿命"。② 也许如同恩格斯所说，人来源于动物界决定了人不可能完全脱离兽性，问题的关键在于兽性在人性中是被保持得多些还是少些。在论及人的动物性时，池田大作指出："所谓人类是怎样的一种存在？并且应该是怎样的呢？当我们考虑这个问题的时候，不能无视人类也是一种动物，并具有种种本能的欲望这个事实。"③ 这种本能的欲望可以列举出很多，比如说"食色"。池田大作与汤因比的谈话专门探讨了性欲问题，认为在文明社会中"性是应当隐秘的。但是，现代的倾向是要重新认识人类的真实面目，尤其要排除这种对于性的

---

① ［古希腊］亚里士多德：《政治学》，商务印书馆1981年版，第70页。

② ［日］池田大作、［英］汤因比：《展望二十一世纪——汤因比与池田大作对话录》，荀春生等译，国际文化出版公司1985年版，第393页。

③ 同上书，第3页。

禁忌看法，与传统的观念产生了矛盾"。当今，性解放成为世界性的潮流，其汹涌之势从根本上动摇了现代社会。"正确地理解性的问题当然是必要的，无益地将其隐秘禁锢起来也难以令人苟同。那样做也许反会促使性向不健康转化。但是至于今天性解放的状况，能不能夸夸其谈地如一些人所说是通向人类解放的道路，这是个很大的疑问。我深感这其中有某些重大的缺陷。"① 在这里，池田大作既认为过分地压抑性之本能不利于人的健康发展，但又对性解放的思潮表示出深度的担忧。最好的办法是既要承认其存在的正当性，又不能放任自流，任其泛滥。因此，既需要道德的规范和引导，又不能一味压抑甚或采取过分武断的做法。这就决定了道德修养既要尊重人性又要提升和健全人性。应该说，池田大作的这一认识是符合现代伦理文明的趋势和要求的。

池田大作从自己对人性善恶的认识出发，强调人性的改造与提升。在他看来，"既然在人性中善恶并存，那么就应重视使人性中善的一面得以自由发展，而对恶的一面，必须加以抑制"。② 正是人性中的善恶并存决定了人性的修养和社会教育的必要性。池田大作与汤因比共同探讨了欲望的克制和伦理实践的问题，总体来看，他们既不约而同地肯定克制欲望和伦理实践的意义与价值，认为应当使"追求爱的欲望"战胜"魔性的欲望"，但同时他们又认识到克制欲望是极其困难的，不可能真正完全克制或战胜"魔性的欲望"。

首先，池田大作认识到伦理道德和宗教是人在内心开展"爱的欲望"战胜"贪欲"或"魔性的欲望"的重要力量，认为人是可以凭借伦理道德和宗教的方式来开展积极的思想斗争，克服利己主义，朝向利他主义。在池田大作看来，在人的内心纠葛当中，能使人"爱的欲

---

① ［英］汤因比、［日］池田大作：《展望二十一世纪——汤因比与池田大作对话录》，荀春生等译，国际文化出版公司1985年版，第3页。

② 同上书，第385页。

望"战胜"贪欲"的，"只有道德和伦理，而最根本的是宗教"。① 又说："宗教的真正任务是给人以克服欲望的力量和勇气，是开发'人性'。这种宗教使人感知到存在于人内部深处的生命这一存在，进而必须使人具有把它以及宇宙生命相融合的力量。"② 佛教将人的小我与大我有机地联系起来，主张将小我融入大我中，认为大我就是宇宙生命本身，人的生命就是宇宙生命的个体化、个性化了的东西。道德伦理和宗教都特别强调人自身的修养，强调人类个体开展积极的思想斗争，突破小我的局限，达到人我合一和天人合一。

其次，池田大作认识到道德知识和道德行为在人性修养中的不同作用，强调道德行为比道德知识更加重要。面对现代社会许多的不道德现象，池田大作忧心忡忡，他主张唤醒人们的道德良知，加强伦理道德教育。他指出："可以通过学校、父母以及书籍等教育，把一些有关道德的知识，灌输给比较年轻的人。"③ 但是，光靠道德教育和道德知识是远远不够的，人的道德品质既是道德知识和道德教育的结果，更是道德行为和道德实践的结果。同时，人的道德行为并不是只要认识和懂得就能自动发生的，在现实生活中还存在着"人人都知道不许做不道德的事，而为什么不道德的事却杜绝不了"的矛盾现象，"道德知识并不能直接变为行动的规范，常常仍然发生一些违反道德知识的行动"。究其原因在于人并不只是一个纯理性的动物，在人身上还存在着许多非理性的因素，比如情感、欲望、本能、冲动等。"人的行动是顺应理性的，同样或在更大程度上是受感情所支配的。因此，常有感情伤害伦理观念的情况。这些伦理观念，主要是以理性为基础的。"④ 对构成感情基础的东西予以深入的探索就会发现生物学意义上的利己主义，即人总是竭力不断满足自己的欲望并希望自己生存下去。池田大作对人之所以"虽知善，而做不到；或者虽知善却

① ［日］池田大作、［英］汤因比：《展望二十一世纪——汤因比与池田大作对话录》，荀春生等译，国际文化出版公司1985年版，第386页。

② 同上书，第399页。

③ 同上书，第386页。

④ 同上。

做了坏事"的理由进行了分析，指出"归根结底都是由于把爱护自己置于第一位的结果"。① 道德行为从某种意义上说就是要挑战利己主义，并在挑战利己主义的过程中培养起利他主义和整体主义的精神。"很多有心人，为了战胜自己的利己主义作了很多的努力。其中有些人确实做到了；有些人为了抛弃一切欲望而寻求生路；也有些人想用博爱去克服自己的利己主义。我不否定这些人是人类精神史上的伟大明灯。但是能够做到的人终归是有限的少数。严重问题就在这里。"② 如何把道德知识付诸行为实践，这个问题的核心就在于如何处理人的自我问题。总体上看，"消除自我是不可能的。因此要正确地看待它，有时要积极地运用它，有时要抑制它。这样自觉地进行控制，才是真正把道德知识付诸行动的良好办法"。

再次，池田大作认识到道德修养和克制自己欲望的过程是极为艰难的，惟其如此才弥足珍贵。在池田大作看来，人有各种欲望，有作为生物传种本能的欲望，有对名誉和权力的欲望，还有对知识和美好事物的欲望，等等。他还提出了"本源的欲望"的概念，认为"本源的欲望"是一种冲动的能量，是一种"追求和宇宙生命合一的欲望"，它从宇宙生命的底流吸取创造生命的能量，"向着创造人的生命的方向发展"。"本源的欲望"供给人的生命以全部感情，传送生存的活力，并使其高涨起来。可以说人的生命引起的各种欲望都同"本源的欲望"密切相关，同时它还在不断强化新的创造性。但是另一方面在人的生命内部深处，还存在着一种推动的力量，"这种力量可以使本来为了维持生命而存在的各种欲望盲目发泄。这种力量似乎在寻找征服、破坏别人和自然的方向"。③ 德国现代哲学家尼采和阿德勒所说的"掌握权力的意志"，西方马克思主义者马尔库塞、精神分析学派创始人弗洛伊德所指的"走向死亡的本能冲动"，也都是从接近这种生命深处活动的思想中发现并提出的。"把各种欲望改变成以自我为

---

① ［日］池田大作、［英］汤因比：《展望二十一世纪——汤因比与池田大作对话录》，荀春生等译，国际文化出版公司1985年版，第386—387页。

② 同上。

③ 同上书，第391页。

中心的欲望，并推动其发展，使其潜伏在生命内部的这种力量"，池田大作称之为"魔性的欲望"。"所谓'魔性的欲望'就是人想统治别人，或以自然的统治者姿态出现。这一切都可以看做是被'魔性的欲望'所迷惑的各种欲望发生作用的结果。'魔性的欲望'也可以说是切断'本源的欲望'跟各种欲望之间的联系、把各种欲望置于自己统治之下的那种欲望。"① 怎样把"魔性的欲望"转变为"追求爱的欲望"，怎样恢复"本源的欲望"跟各种欲望之间的联系，这就需要自我克制和积极的思想斗争。池田大作主张积极的思想斗争，指出："人们有必要为使'魔性的欲望'冥伏、为发现'本源的欲望'而进行反复不断的战斗。'魔性的欲望'本来就存在于人的生命内部，是不能彻底消除的。只能反复削弱其作用，不断地使其冥伏。这种战斗，是人的宿命。"② 道德修养和积极的思想斗争说到底是人对自身生命内部所产生的欲望的一种斗争，诚如古希腊哲学家赫拉克利特所说的，"与心作斗争是很难的，因为每一个愿望都是以灵魂为代价换来的"。③ 或如德漠克利特所说的，"和自己的心进行斗争是很难堪的，但这种胜利则标志着这是深思熟虑的人"。④ 德漠克利特还说："如果对财富的欲望没有膺足的限度，这就变得比极端的贫穷还更难堪。"因此，"我们应该不仅把那对敌人取得胜利的人看做勇敢的人，而且也把那对自己的欲望取得胜利的人看做勇敢的人"。⑤

池田大作继承并发展历史上许多先贤的思想，他说："对大多数人来说，完全做到克制自己是极为困难的。妨碍克制自己的力量，是属于比欲望等意识的领域更深的东西。因此，克制自己是十分艰难的，简单地把它归结为缺乏毅力的说法是不恰当的。如果妨碍克制自己的东西在意识底层，那么也要从这意识底层去寻找克制自己的力

---

① ［日］池田大作、［英］汤因比：《展望二十一世纪——汤因比与池田大作对话录》，荀春生等译，国际文化出版公司 1985 年版，第 392 页。

② 同上书，第 393 页。

③ 周辅成编《西方伦理学名著选辑》（上卷），商务印书馆 1987 年版，第 13 页。

④ 同上书，第 85 页。

⑤ 同上书，第 83 页。

量。我相信所有的人，都存在着完成这项艰难工作的潜力。问题在于如何把这种潜在能力引导出来。"① 道德修养和积极的思想斗争，从本质上讲，"不是切断欲望、消灭欲望，而是试图使'魔性的欲望'冥伏，并从它的枷锁中把各种欲望解放出来"。他明确表示不赞成切断欲望的那种尝试，主张"寻求使'魔性的欲望'冥伏的实践方法"，认为无论是对人还是对社会和宇宙，必须而且应该有必要"把欲望引向创造生命的方向"。人类生命的特质，可以说是具有生命的能动性、激发性的力量，人的生命是宇宙生命的个体化，应当使"小我"与社会宇宙的"大我"有机地结合起来。自我的生存方式，"必须经常把自己献身于宇宙"。

　　最后，池田大作认识到现代文明使人的欲望无限增大而造成的种种危机，主张对人进行全面彻底的改造，即开展"人的革命"。池田大作指出："现代文明似乎把各种欲望，尤其是本能的欲望、权力欲和所有欲，从人的生命中无限制地诱发出来，似乎还要增大。欲望的放纵会产生人们之间的对立抗争，导致生命和自然的破坏。这似乎是现代的一个横断面。"② 人的欲望无限膨胀，导致了对自然界掠夺式的开发利用，使自然生态系统失衡，产生了严重的生态危机。"随着人类征服自然，进而不断破坏自然，自然界固有的节奏开始紊乱。受到创伤的自然界开始向人类进行报复。现代文明之所以走到破坏自然这一步，其根本原因归根结底是如下两条：一个是认为自然界是与人类不同的另一个世界，他们忘记了自然也是保持一定规律的'生命的存在'。尽管与人类生命的形式不同，但在本质上是与人类生命相互关联的。另一个原因，正如博士（指汤因比——引者注）所指出的，犹太一神教认为人类是最接近神的存在的，所以理所当然地要征服其他生物和自然，使其为人类服务。这种思想深藏在现代思潮的底部。"③ 人类所面临的种种危机，都起因于人的贪欲性和侵略性，是

---

　　① ［日］池田大作、［英］汤因比：《展望二十一世纪——汤因比与池田大作对话录》，荀春生等译，国际文化出版公司1985年版，第389页。

　　② 同上书，第390页。

　　③ 同上书，第32—33页。

自我中心主义的产物或结晶。因此，摆脱这些危机的办法和路径最后还应归结到人性的改造上来，归结到对"魔性的欲望"的冥伏和对自我中心主义的克服。池田大作既表现出了对人类摆脱困境的希望和信心，但也不时地透露出某种忧思和担心。"如果人类发挥聪明才智，竭尽全力，我相信是能够使造成地球污染的文明本身来一个本质性变革的，而且也必定能够开辟出一条永远无需动用核武器的道路。但是，只要人类仍然愚昧地为欲望和自私自利所俘虏，继续抱着一种虚幻，那么就永远无法挣脱人类灭绝论。"① 为了避免悲剧性命运的发生，人类必须转换和改善自身的宿命，正确处理人类生命内在的利己性与种种欲望的关系，做到使利己性受制于道德与宗教，使"魔性的欲望"冥伏于"本源的欲望"，并在道德修养中将自我融入社会和宇宙的"大我"之中，实现"小我"与"大我"的有机结合。

## 二

探讨人性善恶，不是要揭示人的难堪或人本身的矛盾，而是要通过人性善恶的揭示为人的安身立命、处世做人特别是伦理实践提供价值的引导和精神的武装。因此，人性论大多与伦理实践论或修养论有着最为紧密的联系。池田大作也不例外。他在与汤因比的对话中从人性善恶的探讨出发专门论述了伦理实践的问题，就如何培育和提升人类的爱与良心发表了自己的看法，提出了不少具有真知灼见的观点和主张。

首先，池田大作特别强调"爱"的意义和价值，将"爱"视为"终极的精神之存在"，认为人的命运取决于怎样培育"爱"或对待"终极的、精神之存在"。他说："如果'终极的精神之存在'是爱的话，因为爱本来是人内心中的东西，那么'终极的存在'存在于宇

---

① ［日］池田大作、［英］汤因比：《展望二十一世纪——汤因比与池田大作对话录》，荀春生等译，国际文化出版公司1985年版，第52页。

宙，同时也就存在于人体内部了。"①"爱"贯通天地与宇宙，是人可以"与天地参"的内在精神品质。这种观点深受中国伦理文化天人合一和儒家仁学思想的影响。孟子的心性学说，特别是他所谓"万物皆备于我，反身而诚"的思想，对后世影响极大。宋代理学家张载明确地把他的伦理道德思想的重点置于博爱上。他说："性者万物之一源，非有我之得私也。惟大人能尽其道。是故立必俱立，知必周知，爱必兼爱，成不独成。"② 张载所谓"兼爱"，当然不是墨子所说的兼爱，后者所说的兼爱是功利主义的，而且是无差等之爱。但张载这里所讲的"兼爱"，其重点又确实不在于强调差等，而在于强调不仅爱己，而且要爱他人。这是从原始儒家"泛爱众"思想的一种转移：是由差等之爱向平等之爱的一种过渡。张载从人类万物都是天地所生的观点出发，提出"民吾同胞，物吾与也"的命题，要求爱一切人如同爱同胞手足一样，并进一步扩大到"视天下无一物非我"。在《西铭》中他指出："乾称父，坤称母，予兹藐焉，乃浑然中处。故天地之塞，吾其体；天地之帅，吾其性。民吾同胞，物吾与也。"③ 乾坤是天地的代称，天地是万物和人的父母，天、地、人三者混合，处于宇宙之中，因为三者都是"气"聚而成的物，天地之性，就是人之性，因此人类是我的同胞，万物是我的朋友，万物与人的本性是一致的。张载还说："大其心则能体天下之物。物有未体，则心为有外。……圣人尽性，不以见闻梏其心，其视天下无一物非我。"④ 所谓"能体天下之物"之"大心"，也就是一种能破除人与人、人与物之间的限隔而能体悟自己与天下万物为一体之境界。由此出发，凡能体悟到天地万物中，不仅人与人之间，而且人与物之间，都有息息相通、血肉相连的内在关系之人，便必然能达到"民吾同胞"、"物吾与也"的结论。池田大作关于爱存在于宇宙和人体内部的思想，与张载所说的"民胞

---

① ［日］池田大作、［英］汤因比：《展望二十一世纪——汤因比与池田大作对话录》，荀春生等译，国际文化出版公司1985年版，第405页。

② 《正蒙·诚明》。

③ 《正蒙·乾称》。

④ 《正蒙·大心》。

物与"有着惊人的类似，这是一种宇宙和人间的大爱，也是贯通天地万物和人类的一座桥梁和纽带。池田大作对儒家和墨家的"爱"作出了自己的分析，认为两者都为现代社会所必需。我们要从儒家的爱家人出发来爱世人。他说：儒家的爱以父子、君臣关系为中心，有亲有疏，由近及远。相反，墨子的兼爱说则不承认这种差别，主张爱人如爱己，爱他人之父如爱自己之父，爱他人之国如爱自己之国。儒家主张的仁爱是今天社会所必需的。"现在从个人角度来看，不仅有不爱骨肉双亲、兄弟的人，甚至也有不爱自己的子女的人。我想这种风气，跟轻视自己的生命、自杀或者发展到自杀暴行的倾向，不是没有关系的。虽说要'爱人如爱己'，可是现在却常有失去自爱的人。我认为爱的产生，除了深刻理解自己的生命、理解宇宙的生命外，没有别的办法。有了对自己生命的深刻理解，才能产生对其他生命的理解和尊重。"① 在池田大作看来，人的生命是没有什么东西可以替代的，它具有内在的价值和尊严。生命的尊严还与主体的修养和行动实践密切相关。为了使生命真正成为有尊严的东西，人自己的自重以及对尊严负责也是不可缺少的。只有把自己生命的作用变成美好的东西，去怜悯并尊重一切其他生命，才能使自己的生命在事实上成为有尊严的。如果人总是为贪欲所蔽而去侵犯他人的利益，甚或无视他人的生命，就很难使自己的尊严得到真正的确立。他特别强调对全人类普遍的爱，认为"对全人类普遍的爱是不会为偏见狭隘的爱所束缚的。所以不立足于普遍的爱，即偏见与狭隘的爱，大概其本身就不会是真正的爱。因此，为了体验到普遍的爱，有必要首先对从亲骨肉的偏见与狭隘的爱的羁绊中解脱出来。从中得到的爱，才是对亲骨肉的真正的爱"。② 由此种认识出发，池田大作特别推崇墨子的"兼爱"，认为墨子的"兼爱"比孔子的"仁爱"更为现代人所需要。他还比较了墨子"兼爱"与佛教"博爱"，说道："指出普遍爱的重要性的是墨子，而

---

① ［日］池田大作、［英］汤因比：《展望二十一世纪——汤因比与池田大作对话录》，荀春生等译，国际文化出版公司 1985 年版，第 425 页。

② 同上书，第 427 页。

指出怎样使每个人从自己的内部产生普遍爱的是佛教。释迦牟尼能跨越时间和空间的障碍，受到很多人的崇敬，其原因就是因为释迦牟尼本身体现了普遍的爱。他度过了这样的一生，他的人格至今仍然在光辉灿烂地照亮着人们的心。"① 人类历史上有许多伟大的宗教家如释迦牟尼、耶稣基督、穆罕默德等，都是具有博爱品德的人。他们的爱体现了宗教家的伟大和力量。

其次，池田大作批判了生物进化是有目的的观点，论述了爱和良心是进化的结果之一，并探讨了爱和良心在人类历史上的种种表现。在池田大作看来，爱和良心是后天习得的，与其说是由于生物进化，不如说是受社会历史的影响更为恰当。人类进化并不是为了产生爱和良心，不能说生物进化有自己的道德目的。从历史上看，"由于爱，由于良心，人类犯下了许多暴行。比如，在欧洲的历史上，十字军远征和宗教战争中所看到的残暴行为，可以设想是为了向神表示爱，是为了执行神的正义，是受良心的命令进行的。看来，爱和良心本身是具有价值内容的概念。然而实际上，爱和良心本身并不是善。大概可以说，爱的对象不同，良心的原理不同，它可能成为善，也可能成为恶。"② 只有当爱的对象向整个人类、向地球上全部生命扩展，只有当良心树立在对生命尊严的无限敬畏上，"才可以说是作为善表现出来。但是，即或这时，如果有宇宙人的话，我们的善也可能作为'恶'降临在他们头上。因此，所谓绝对的善，无论如何也是不可能有的"。③ 因此，爱和良心，只要不是以全人类、地球以及其他天体上的全部生物，甚至整个宇宙作为对象，就有可能产生偏弊，形成它们的不完善性。这就决定了爱与良心。永远有一个培育和提升的问题。培育和提升人类的爱与良心，是人类道德修养和道德教育的重要任务。

再次，池田大作探讨了爱与慈悲的意义和价值，主张扩充爱的领

① ［日］池田大作、［英］汤因比：《展望二十一世纪——汤因比与池田大作对话录》，荀春生等译，国际文化出版公司 1985 年版，第 428 页。

② 同上书，第 114 页。

③ 同上。

域，尊重生命的尊严。在池田大作看来，现代社会最缺少的是深刻的"人类之爱"，因此强调深刻的人类之爱对现代人来说尤为重要。"但是，不管怎样强调'爱'的珍贵，只是强调是不够的。现实中，在其深处却往往隐藏着'憎恨'，或者戴着'爱'的假面具的利己主义，在那里徘徊着。"①"爱"在现实的生活中总是同占有的欲望联系在一起，"给予"意义上的"爱"正在不断丧失。"爱正在变成一种不是扎根于个人感情，而是将被制度化了的东西。"② 爱的非个人化表现为慈善。池田大作认为，"慈善本身作为社会行为，的确是善的，而伴随它的心理上的问题是复杂的。如同缺乏爱的慈善就失去本来高尚意义一样，不付诸实践的、观念上的爱，不也就是毫无意义的东西了吗？"在池田大作看来，对爱赋予实践性意义，如同佛法所说的"慈悲"概念一样，它应当建立在"拔苦与乐"的基础之上，"拔苦"就是把他人的痛苦当做自己内心的痛苦去感受，充满着感同身受的意识和情怀。"如果没有'同苦'，就不能产生对对方的关怀，也不可能有想除掉痛苦的实践。还可以说，这种'同苦'的感情，是由于发达的优秀智能而产生的。就是说，看到了自己以外的存在的痛苦，于是自己也同样感到痛苦。这是需要相当发达的智能活动而产生的想象力。所以，对其他个体的痛苦而感到强烈的痛苦，这是人的一种特质。"③ 与他人产生相同感受的痛苦，实际上是人类同情心和爱心的重要表现，这样的"同苦"，无论对于爱还是对于慈悲都是最基本的情感前提。培育"同苦"的观念，形成"同苦"的感觉，才能为伦理实践提供强大的精神动力和心理支撑。池田大作不仅主张"拔苦"，而且主张给他人创造更多的快乐，想方设法使他人幸福并活得更美好，是真正的人类之爱的重要内容。

池田大作既是一位对人类深怀敬意和同情的伟大的人道主义思想家，又是一位致力于人的革命和改造、渴望通过各种路径和手段使人

---

① ［日］池田大作、［英］汤因比：《展望二十一世纪——汤因比与池田大作对话录》，荀春生等译，国际文化出版公司 1985 年版，第 417 页。

② 同上书，第 418 页。

③ 同上书，第 419 页。

变得更美好的伦理实践家和宗教活动家。他对人类的前途在抱有希望的同时又满含忧虑，在充分意识到人之局限性的基础上又对人的主体能动性特别是人自己拯救自己的力量予以高度肯定。他的人性论思想最大的特色是既不忽视先天因素，又强调后天的人为，而其所追求的理想状态，就是天与人的融注与贯通，就是通过伦理道德的实践而与宇宙大我相融合。他既承认人因为自身的动物性和自然性而使人性在现实生活中每每具有趋恶的倾向，人性的事实性决定了人的道德修养的困难性和长期性；也揭示了人性毕竟有着向善的可能，人可以通过后天的修养和伦理实践使事实上有诸多缺欠的人性获得较大的改进和提升，只要人们认识人与宇宙天地相贯通的道理，超越一己的私欲或小我的局限，人就可以成为"与天地参"的万物之灵。这种源于人性而论改造人性，既认识到人性在事实层面的为私性和圆满性而感觉到人的渺小和脱俗之困难，又认识到人无论如何还有崇尚伦理道德的伟大之处，人可以凭借其对价值的向往来改造和提升现有的人性，因而使得人自有高出于万物之上的精微茂美之所在。这是池田大作人性论思想的精深博大之处。同时，池田大作的人性论和伦理实践思想立足于东西方伦理文明的制高点上博采广纳，显示了"坐集千古之智"的特点，并把目光始终集注于当代人的需要和未来的伦理道德建设，体现了向历史扎根、向未来探求和服务现实的伦理品质，其境界之高远、视野之开阔、人文精神之厚重，亦不能不使人深受鼓舞和感召，使人产生正视现实和朝向未来的伟岸而卓绝的力量。就此而论，池田大作的人性论和伦理实践思想不愧为人类在新的世纪创造伟大伦理文明的价值源泉和精神动能！

（作者简介：王泽应，男，1956 年生，湖南祁东人，哲学博士，湖南师范大学伦理学研究所副所长，教授，博士研究生导师，中国伦理学会会刊《伦理学研究》副主编，主要从事伦理学教学与研究）

# 创价教育学中的人的价值

## ——与冯契哲学的比较

## 一 序 言

一般来说，价值判断是人的喜好问题，是对事物价值的评价。因此，我们在日常生活中总是考虑着各种价值。但是，在价值问题中，对各个特定事物问题的价值判断不是最重要的，重要的是更高层次的问题，即有关生活方式的问题、人的价值问题以及日常生活中的价值标准问题。这些问题自古以来就与人为何生活、善是什么等问题联系在一起被讨论。

众所周知，价值哲学自 19 世纪后半期德国的新康德学派成立后，就形成了以探求价值问题为主的学问，其代表人物之一的文德尔班探求以真·善·美·圣为中心的普遍价值，要把体现其价值的文化价值作为价值哲学的主要命题。但是，后来主观主义价值论与客观主义价值论纷纷开展，前者成为主流，也就是以主观的需要、欲望、情感、兴趣等价值来决定价值，而事物本身就没有价值的学说。在这种场合，就把价值看成随意的、相对的，从相对主义的立场来规定价值的意义。另外，还提起了直觉主义价值论、现象学价值论、神学价值论等客观主义价值论，但这些价值论的影响十分有限。

另一方面，19 世纪末尼采宣布了"上帝死亡"后，当时基督教的神学价值论以及源于柏拉图主义的绝对主义价值观渐渐崩溃。有人说其主要理由是，随着科学方法的影响以及工业城市社会的发展，以上帝为代表的绝对性信仰急速衰变。尼采把它叫做"颠倒价值",主张改换西方传统的价值观。

中国从近代以来,以传统的儒教天命论为代表的绝对价值观也逐渐衰落。中国哲学认为,因为人的本性是由天赋予的,把人性赋归于天理就可以到达"天人合一"的境界。但是宋明理学把人道的社会规范和天道的自然规律同等看待,强调服从社会规范,从而导致否定意志、欲望、感情等个性。到了近代,以龚自珍为首的思想家觉醒了"自我",主张唯意志论;到了五四运动时期思想界又批评作为天命史观和道德宿命论的传统的绝对价值观。就是说,要强调的不是传统的道德决定论,而是唯意志主义。

中国受到西方思想的刺激,激烈地进行了意志自由问题的争论,但有关价值相对主义与价值绝对主义的问题,是近代以后在东西方尚未解决的。[①] 有人说现代是相对主义的时代,不同时代、不同地区、不同文化确实有各自的价值观及道德标准的存在。但是如果价值判断因不同喜好而随便承认其标准的所有价值,不同的个人、社会、文化之间就不能建立交流关系,也不能避免互相之间的冲突;如果是这样,就不能保持个人的平安和社会的安定。没有人和社会的存在,就无所谓绝对价值和相对价值的争论,这是因为虽然有绝对价值和绝对真理,但如果没有能够认识并运用它的人的存在,就不能成立人所进行的议论本身。并且,如果不能证明它,也不能解决不同价值标准之间的对立。另外,如果只能承认相对价值,就失去了社会的存在基础。

那么,我们应该如何克服这些相对主义和绝对主义之间的问题呢?从某种意义上说,这一问题是自苏格拉底时代以来就存在的难题,当然在本论文中也不可能简单地解决。但是,信奉大乘佛教的牧口常三郎和以唯物辩证法为基础的冯契,这两个东方思想家得出了一个结论,即价值相对主义和价值绝对主义相克的问题最终归结于人的

---

① J. Hinkley, *Conflict of Ideals*, *Changing Values in Western Society*, Van Nostrand Pinhold Company, New York, 1969.

问题。主客体是相对的，因此价值是相对的。所以，要通过为实现理想人格而奋斗，并加强人的精神，那么不管客体如何都能够创造价值。也就是说，他们追求的绝对性不是在人的表面显现，而是实现在自己内部构筑的绝对性价值。冯契把它表现为"天人合一"，牧口表现为"大善生活"①。这样看来，我认为，冯契和牧口这两个东方思想家虽然依据的哲学不同，但能够找到重要的类似点。

但是，还有未解决的问题，而且是主体的问题，就是冯契所说的"我"和牧口说的"生命"的本身价值的问题。也就是说，既然在有限的人的内部能够显现绝对性，那么，其主体的"我"和"生命"里为什么能够找出绝对性价值、其根据是什么等问题。因此，为探求主体本身价值的根据，本文就牧口和冯契两人对人的生命看法进行了比较和考察，以明确两者所说的人内部显现的绝对性的差别和含义。

## 二 主体的本身价值

冯契认为，因为"我"是在创造的价值领域或"我"所享受的精神境地的主宰者，价值是"我"的精神的创造，也是"我"精神的表现，并且，德性的主体是"我"，它也是性情所依据的"体"，因此"我"就有了本体论的意义。另外，心本来是"用"而不是"体"，但在性与天道的交互作用中变为德性的主体，于是就有了安定性、一贯性。就在这个个性化的自由精神角度上承认本体论的意义②。如果具有德性的主体是"我"，那么，对没有显现德性状态应该如何考虑呢？冯契在本体论上支持"存在决定意识"的唯物论，但是这个"我"所看到的本体论是指价值领域所说的本体论。就是说，冯契把作为存在论的本体和价值领域的本体区别考虑。但是，如果是这样，没有显现

---

① 参阅［日］樋口胜《牧口价值论与冯契哲学中的辩证法》，载《创大中国论集》第11集，2008年。

② 冯契：《人的自由和真善美》，《冯契文集》第3卷，华东师范大学出版社1996年版，第320—325页。

德性的人心就不会成为道德价值判断的主体。在价值领域中如果面对创造价值，也许把具有德性的主体看做"我"是可能的。那么，不是正价值，而是产生反价值时，在哪里找出其评价主体呢？冯契说："（道德的主体）一个一个的人都是主体，都是目的，所以要肯定人的尊严、人的价值。"①，道德的观点，即从具有德性的主体方面来讲，也可以承认要肯定人的尊严的逻辑。但是，人有时感到反价值，并会进行非道德行为，在这种情况下，冯契的理论就不能解释主体的概念。

但是，冯契对此认为，应把"自我"或"我"区别为具体的存在和自我本质。他认为，作为主体的"我"首先是实践主体，也是在实践中改变周围的物质环境的实在的主体。各个实体性的"我"就具有作为本体论意义的同一性和自身的连续性。就是说，昨天的我和今天的我在情绪上有变化，在那里也有贯穿于同一的"我"。从本体论的意义来讲，"我"是具体的、单一的，所有的"我"都是独特的实体、是具体存在的、具有自我意识的，而且即使时间和心情不同也不会变化的、作为主体的"我"。在这里可以承认"我"本身连续的同一性和自我意识。这是自我本质的特点之一。就这样，"我"有存在和本质的侧面，要认识"我"，应该需要知觉和概念的统一、存在和本质的统一。②

对于这个存在和本质问题，冯契比较了儒家和老庄而进行考察。据此说，在儒家的《大学》中所说的三纲领八条目，培养自我人格的目的在于实现社会的价值，并追求自我价值和社会价值的统一。但是，两者总是不能统一，自我价值往往服从于社会价值，个人存在服从于本质。孟子提倡性善论，把善的人性看做与禽兽不同的人的本质，认为人的具体存在服从于其本质；而道家认为人的自由与社会没有关系，强调自我价值并轻视人的社会价值。就是说，儒家强调把握

---

① 冯契：《人的自由和真善美》，《冯契文集》第 3 卷，华东师范大学出版社 1996 年版，第 208 页。

② 同上书，第 187—188 页。

本质，道家强调把握存在；或者说前者强调社会价值，后者强调自我价值。但是，冯契认为，不要强调这些本质主义和非本质主义的方式，而应该统一存在和本质。[①] 这就像 1930 年代以来的中国强调阶级和集团，但是轻视个性和人的具体存在，其结果就陷入了很大的错误。

可见，冯契要把作为具体存在的人的"我"和作为人本质的"我"区别来考虑。说起自我价值时的"我"就意味着包含双方意义的"我"的价值。就是说，我认为，存在和本质的统一就可以还原为现象和本质的统一。如果是这样，冯契所说的自我是指整个一个人。这时，作为人本质的"我"主要用于说明人的精神方面。存在和本质、现象和本质不能明显地区别，但是以人为例时，把身体作为存在、把精神作为本质而说明。那么，没有显现德性的主体不是在价值领域中所说的主体，而且可以解释为在本体论上说的作为存在的主体。但是，在价值领域所说的主体是具有德性的主体，缺乏没有显现德性状态的主体概念，如果存在价值领域不能承认的行为主体，那么，"自我"本身的价值根据在哪儿能找到呢？就是说，我认为，冯契说的"自我"或人本身虽然可以承认包含能够创造可能性的内在价值，但是不能承认本身价值。

那么，牧口的看法怎样呢？我认为牧口的理论也有同样的问题。牧口说"能够称为价值的唯一的价值是生命"[②]，但是在牧口前期价值论中，因为把评价主体和对象的相关力作为价值，从而不能导出"生命"本身的价值。就是说，对叫做生命的评价主体来讲，如果把有利于其伸展的对象视为价值，就不能成立作为评价主体的生命本身具有价值的逻辑。反过来说，假如在自己内部存在生命以外的评价主体，并评价作为对象的生命，那么这些逻辑也不能成立。在这种情况下，如果生命有利于其评价主体，那么也许有成立的可能性。但是，

---

① 冯契：《人的自由和真善美》，《冯契文集》第 3 卷，华东师范大学出版社 1996 年版，第 189—191 页。

② ［日］牧口常三郎：《创价教育学体系》第 2 卷《价值论》日文版，圣教文库 1972 年版，第 40 页。

问题是到底能否存在这种评价主体，或者说生命是什么的问题应该解决才行。但是，在前期价值论没有明确的这种议论，因此，前期价值论把"生命"作为评价主体，并对作为其评价主体的"生命"有用的对象，即对"生命"的发展有用的对象有价值。实际上，牧口这样解释不是"生命"的本身价值的承认或其证明。

那么，对于"能够称为价值的唯一的价值是生命"，即对于生命主体的本身价值问题，牧口是怎么对待的呢？我认为，这个问题也许是牧口自身也要摸索的问题，牧口谋求从主观价值观转换为"生命的伸展"的客观价值观，再到以日莲佛法的"法"为中心的绝对性价值观。在此意义上，牧口价值论从前期到了后期，才确立对人的生命的概念，并获得对主体生命的本身价值的解答。另一个方面，冯契也把作为个体的人看做有机的全体、活生生地发展的生命、具有延长同一性的精神，[①] 并且在存在和本质的统一中要找出人的全体像。因此，下面就要寻求本身价值，比较冯契和牧口的看法从而讨论二者对于人的生命的见解。

# 三 佛教的"一念三千"论

牧口的生命论是以日莲佛法的"一念三千"理论展开的。这个"一念三千"的理论是由天台的《法华经》而来，但牧口所依据的是以同一《法华经》为依据而建立宗派的日莲重新解释的。天台和日莲的最大差别在于，天台根据观念来实践而体会"一念三千"的理论，但是日莲把天台的"一念三千"看做"理"而排除，并把作为"事的一念三千"对象的正尊具体化并要皈依于此。尽管教义各有不同，但"一念三千"概念的基本内容是一样的，因此，我们应在讨论冯契对天台"一念三千"的评价和牧口对日莲"一念三千"的理解，以及日莲的作为唯识的"九识论"和表示存在的认识方法的"三谛论"的基础上来考察牧口对生命的看法，然后再与冯契的人学进行比较。在此

---

① 冯契：《冯契文集》第 3 卷，华东师范大学出版社 1996 年版，第 187 页。

我们可以参考一下池田大作对日莲佛法的现代性解释。如上所述，牧口缺乏对教义的哲学议论的资料而且我们也不是重点讨论牧口对教义的理解。严格来讲，牧口和池田当然不会有完全一致的理解，但是牧口是创价学会的初任会长，池田是第三任会长，要考虑到这一点，就不难理解池田对牧口是有所发展的。但是，有一个要说明的是，牧口的门生、第二任会长的户田城圣是池田的老师，这个户田所领悟的"佛就是生命"的法华经解释，与牧口和池田对法华经的理解都有很大不同。就是说，在法华经所宣扬的各种逸话、佛的姿容、说法等都是究明人的生命而解释的，这种看法在牧口那里还没有形成并被意识到。这一点需要考虑，但是因为现在的创价学会认为在牧口、户田、池田那里所看到的生命论，都是自池田的解释中总结出来的，因此本论文也理解为池田的解释是牧口及创价学会的看法。

那么，冯契对天台的"一念三千"理论怎么评价呢？首先，冯契把天台宗的特点看做对南北朝时期分为南北两派的佛教学派的统一。冯契认为，北朝佛教原来着重于"禅定"而提倡修养，南朝着重于理论而探求理论和智慧。天台宗统一了这些学说，并提出"止观"而"定慧双修"，即不能偏于止（定）和观（慧）二者中的任何一方。然而，从慧思的"般若诸慧皆从禅定生"和天台的"以是空慧，照诸禅定，种种法门，无染无著"的话语来看，天台宗认识论的特点就在于禅定中进行内省或反思的方法和获得的道理。[①] 在此基础上，冯契对天台宗中心教义的"一心三观"、"三谛圆融"、"一念三千"的理论进行考察。冯契认为，"一心三观"是由认识主体来讲的，"三谛圆融"是从认识的对象来看的，但两者是一回事。天台认为，一切事物是虚幻不实，无有自性，这就是"空观"、"真谛"。诸法虽"空"，却又"因缘"凑合而显现为"假有"，这就是"假观"、"俗谛"。"空"即"假"，"假"即"空"，不执"空"、"假"，亦不离"空"、"假"。就是说，本体与现象合一，这就是"中道"。天台宗以为，"一心"在同一

---

① 冯契：《中国古代哲学的逻辑发展》，《冯契文集》第 5 卷，华东师范大学出版社1997 年版，第 262—268 页。

时间观照得"空"、"假"、"中"三种实相，相即不离，无有先后，所以说它们"圆融"。"三谛"是精神本体的属性，是人们天生就具有的。冯契认为，通过"止观"来获得"三谛圆融"的道理，不过是破除迷惑，唤醒"天然之性德"罢了。因此，天台宗主张用"显性"的方法、肯定的方法来说明"三谛"统一于心体（佛性）。①

对于"一念三千"，引用天台的《摩诃止观》来说明。"夫一心具十法界，一法界又具十法界，百法界。一界具三十种世间，百法界即具三千种世间。此三千在一念心。若无心而已，介尔有心，即具三千。亦不言一心在前，一切法在后；亦不言一切法在前，一心在后。……若从一心生一切法者，此则是纵；若心一时含一切法者，此则是横。纵亦不可，横亦不可，只心是一切法，一切法是心故。"冯契认为，天台以为，"一念心"即具三千世间，每个人心中都具备宇宙万象，只不过或隐或现。这是"空"、"假"、"中"具于"一心"的应有的推论。按照"一念三千"的理论，"一心"与"一切法"不能分时间上的前后，也不能有空间上的包含关系。因此，不讲其他佛家所说的"法性"和"阿赖耶识"等依持的本体，如"心是一切法，一切法是心"，三千世间本来具备于一念心中，只是由于业感缘起而有隐有显。冯契认为，当人们用内省方法来考察自己的精神活动时，确实可以体验到精神（心）与精神现象（心相）是统一的，并没有一个在先或在外的精神实体作为精神现象的依持者。冯契对这些见解给予了很高的评价。但是，天台以为内省所见就是一切，一心统一一切法，泯一切法，立一切法，此外并无客观实在。冯契对这些看法批评为"神秘主义的幻觉"。②

另外，冯契引用慧思的《大乘止观法门》对"中谛"为"体用不二"进行考察。据冯契的理解，天台所说的"体用不二"，是指每一事物、现象都是本体的完全的显现。本体即是现象界，所以本体包摄

---

① 冯契：《中国古代哲学的逻辑发展》，《冯契文集》第 5 卷，华东师范大学出版社 1997 年版，第 268—270 页。

② 同上书，第 270—271 页。

一切现象，每一现象也包摄一切现象，本体和现象统一于真心。心外无事，心外无法。心虽是本体虚静，但以无明作缘，就显出种种互相差别的现象。就是说，每一现象都是心体的直接显现。然而，根据这种唯心主义的"体用不二"，一念包摄三世和十方世界，即时间和空间，就被看做"一念三千"说的引申。冯契对于这种根据内省之所见批评说，包含着一些貌似辩证法的东西，能给人以似是而非的满足。冯契认为，人的思想按其内容来说可以不受时空限制，一念可概括三世而包摄十方。人的思想按其活动来说常常要求全神贯注，可以说对象的大小都包摄在心里。用这些内省能见到的精神现象来揭示思想与客观实在之间的矛盾，是有意义的。但是，他又批评说，利用它们来论证唯心主义，就成了诡辩。[①]

除此之外，冯契把天台第九祖湛然的"无情有性"说看做天台宗"体用不二"论的发展，也是"一念三千"论的必然结果。冯契认为，因为"一念三千"是把一切有情、无情都包括在三千世间之内的，所以有情、无情都是心体的显现，是平等的。因此，每一对象，不论有情无情，都具有佛性。冯契说，湛然认为，精神实体囊括一切，内在于一切领域；佛性无所不在，佛性就等于自然界。[②]冯契这里指出湛然设定精神实体，那么，它指的也许是有情无情的心体或佛性。如上所述，冯契对天台不讲精神现象依持的精神实体给予很高的评价。天台讲的这一点是精神和精神现象的关系，所以其主体是精神本身。但是湛然所说的是世界观的层面，两者说的不是一回事，所以不能说有矛盾。如冯契所说，佛性到底是不是精神实体呢？冯契把湛然的这个见解沿着黑格尔的"绝对观念"来解释，但是他没能阐释得很明确。对此，在讨论牧口理解的"一念三千"论时要再次考察。总之，冯契把天台宗的"一念三千"和"三谛圆融"等理论作为唯心主义而批评。

---

① 冯契：《中国古代哲学的逻辑发展》，《冯契文集》第 5 卷，华东师范大学出版社1997 年版，第 272—274 页。

② 同上书，第 274—275 页。

概观冯契的宗教观，他的批评如下：放大了人的依赖心；轻视现实社会，宣扬了彼岸世界；宣扬了非科学的迷信，从而阻碍了人的本质力量的发挥；让人们求望在彼岸世界的幸福而逃避现实，阻碍了社会改革；被封建统治者利用，促进了权威主义，宗教理论就成为独断论，等等。[①] 再整理一下这些批评，可以分为人的问题、社会的问题、理论的问题。总之，因为宗教宣扬了彼岸世界，它是非科学的独断论，人信仰这些宗教就会增加依赖心，不能发挥人的本质力量而想寄托彼岸世界，从而失去进行社会改革的意欲。如果是这样，冯契所批评的宗教问题就归结于宗教理论和教义，而且其根本原因是因为宗教陷入了只重视精神的唯心论。就此意义而言，冯契对天台的"一念三千"论的评价与对其他宗教的评价一样，重点就在于宗教特有的唯心论的缺陷上。

那么，牧口怎么解释呢？后藤隆一总结了牧口对日莲佛法的理解。[②]（1）三世生命的因果概念是业思想，但法华经的不是宿命论，而是可以把业转换，就是把业转换为自由的转换论。（2）因为过去世和未来世都不可知，在三世因果论中重要的是现在。继续三世的永远凝缩在现在。一念三千是指现在的全体世界凝缩在一念。（3）通过对显现佛界正尊的信仰和实践，显现内在于自己的佛界（一念的变革），以此可以把生活改为大善生活。就是说，以现在一瞬间的生命一念的变革，能够实现以一念为因的生活的变化，这就叫做因果俱时的生命法则。（4）因果俱时是指在一瞬间的生命中，因相互因果关系而统一于主体和对象，就显现幸不幸、喜怒哀乐的生活空间。（5）一念三千的因果法则在生活中能够确认。总结一下从（1）到（5）的看法，可以说牧口认为在一念三千的理论，即在因果俱时的生命法则中，通过变革生命的业、一瞬间的生命（一念）的倾向、一念能够改善生活。我认为，这些看法与日莲佛法的教义相对应，业对应"九识论"，生

---

① 冯契：《冯契文集》第 3 卷，第 139—150 页。

② 参照［日］后藤隆一《牧口价值论与法华经》日文版，《东洋学术研究》第 25 卷第 2 集，东洋哲学研究所 1986 年版。

命倾向对应"十界论",而且因为生活改善是包含身心问题的改善,所以就与认识存在方法的"三谛论"有对应关系。因此,下面,要根据池田的见解按"九识论"、"三谛论"、"十界论"的顺序来简单地说明一下。

1. 九识论

古代印度的无著、天亲等唯识论不只是认识论,而且是把其认识主体的生命当做问题的存在论。据此说,人的认识作用是由根据五官的感觉意识、统一五官作用的第六识的意识、深层心理次元上的第七识的末那识、第八识的阿赖耶识来进行认识的。唯识的识还意味着认识主体的心本身。就是说,认识论和存在论就是这样变成不可分的一体,这说明认识主体心的变革会给认识作用带来影响。另外,佛教认为人的生命行为是五个因素的结合,即色(肉体)、受(感觉)、想(表象)、行(意志)和识。其中核心当然是"识",它既是主观的认识作用,同时又是其主体。

人首先通过五官来认识外界,并由意识来统一这些认识。意识就是认知事物和思考的心,但是它只是与外界的对应,对于不经过五官、五识的自己的内在世界完全无能为力。因为西方的知性一向放眼于外部的世界,所以可以说重点在第六识的领域。但是,佛教为了从第六识进一步掌握五官的识所不能掌握的内在世界,又转向第七识。它称为"末那识",即凝视自己内面的心。可以说它是深刻内省的、冥想的思考作用,又是进行这种思考的主体。换言之,指进行深刻思考的理性意识,笛卡尔倡导的"我思故我在"大概就包含在其中。不过,它同时还是产生强烈的自我意识所带来的冲动和情念的源泉。所以佛教又深入可以称为这种冲动和情念的种子的、积累着业的第八识——阿赖耶识。所谓阿赖耶识是指内藏的、冷静思索人类生命法则的精神的作用。一般认为,唯识论讲到第八识的阿赖耶识,但是天台提出在第八识"阿赖耶识"更深的内层存在心的实体,这是产生一切精神作用的本源。这就是第九识"阿摩罗识"(根本净识)。第九识是针对到第八识为止的、形成个体生命的部分而言的,它是与宇宙合为一体的普遍的大我的领域。而且佛教最重视的是觉知并显现第九识,从这里可以建立对包括第八识在内的个人命运的支配。天台的佛教理论即由此展开的。①

2. 三谛论

佛教的认识事物存在的方法之一，是对部分和全体、具体和抽象等诸原理，用综合的、动的观点来把握的认识论。"谛"是真实和"明确"的意思，是指真理，观察一切东西的面目、本质时，从空谛、假谛、中谛三方面的立场上来把握东西的真相。假谛就相当于显现在该物的表面，通过人的感觉能感知的映像。空谛是指一切现象的特征而言。所谓中谛是指包括假谛和空谛在内的本质上的存在，它是使形象显现出来，或者决定该物特性和天性的生命本源的存在，外貌形态有所变化，它也不变而贯彻始终。虽说如此，它却只有在假谛、空谛中才能表现出来，离开它们，不能存在独立的中谛。在佛教，万物的真相可以认为是空、假、中三谛形成的一体而存在。对三谛论的说明，汤因比把柏拉图和亚里士多德引为例证，与其说这跟柏拉图关于永久的形象和一时的现象之间的关系的概念相似，不如说它相当于重视现象的亚里士多德的概念；还指出这个三谛论跟黑格尔的正反合的辩证法的类似性。他说因为在辩证法中存在在时间范畴里是被看成变化的，至少跟佛法中相应的理论一样都是属于动的观点。②

3. 十界论

这是指把根据机缘和条件表现出来的一瞬间的生命分为十个范畴的整个生命的"生命感"。从人的角度来讲，因为表现出人的生命状态水平，就可以表示幸福感的状态。这十种范畴从最痛苦的一端排列如下：地狱、饿鬼、畜生、修罗、人、天、声闻、缘觉、菩萨、佛。地狱就是受生命原来就有的魔性的冲动所支配，处于痛苦最深的状态；饿鬼是受欲望支配的状态；畜生，是在比自己强大的东西面前恐怖、战栗的状态；修罗，是为斗争欲望和竞争心所驱使和胜利骄傲的

① ［日］池田大作：《法华经的智慧》第 4 卷，日文版，圣教新闻社 1998 年版，第349—352 页。

② ［日］池田大作、［英］汤因比：《展望二十一世纪》下卷，日文版，文艺春秋1975 年版，第 278 页。

心理状态。把前三者叫"三恶道",再加上修罗就叫"四恶趣",都是指人精神的不幸的状态。人,是精神上平静的状态;天是欲望得到满足、充满欢乐的状态。但是,这种天的幸福是指物质的欲望、荣誉心、快乐等得到满足,不过是一刹那的幸福。从地狱到天叫六道。一般的生命活动不会从六道出去,所以叫"六道轮回"。佛教的所谓实践就是超越虚浮无定的生,去追求永恒的幸福。接着六道的是声闻,是学习人生的永恒真理而感到喜悦的状态。缘觉是通过宇宙和自然的现象,自己醒悟,因而感到喜悦的生命状态。但是,声闻和缘觉都只是自己的喜悦。菩萨是对利他,即因拯救别人而感到的喜悦。基督教的爱、佛教的慈悲,都具有实践的特征。佛,指的是菩萨修行的结果而达到的境界。认为这个境界已经穷尽了宇宙和生命的"终极的真理",达到自己跟宇宙、整个生命存在融为一体的感觉。它是一种醒悟到生命的永恒性,是绝对的幸福境界。就这样,把生命状态分为十种,但十界论的特点在于各界又具有各十界之处。因此,各十界中具有十界,就等于一百界。这就叫十界互具。[①]

池田把十界的特点总结为三点。第一点,认为十界中的佛界不同于基督教以人格和神格为本,而是以法为本。只要如基督教的以人格神格为本,就只能在离开现实的人生、社会和世界去寻求其存在;而佛界的法是在这个现实的人生、社会和世界现象的深处,并且包括这些现象而存在着的,因此,佛界并不存在于离开现实社会的某一地方,而是永远存在于人的每一生命之中,永远存在于这个宇宙之中。第二点,认为不是如小乘佛教那样否定"小我",而是教导人们通过利他而扩大自己跟法这个"大我"的本质合为一体,克服欲望、愤怒并保存自己的本能。所以,大乘佛教是在肯定"小我"的同时,使"小我"向"大我"扩大。第三点,认为佛的境界,就是这个生命通过知觉而感知的内部状态。在显现于外的具体现象的范畴中,它或者是菩萨界、天界、人界等九界。就是说,小我和大我是连续的,通过

---

① ［日］池田大作、［英］汤因比:《展望二十一世纪》下卷,日文版,文艺春秋1975年版,第280页。

树立大我，反过来使小我得以苏生。总之，十界论主张所有生命本来就包含着全部十界（十界互具）。因此，这里就产生出"所有生命都潜藏着'佛'这个生命、都是宝贵的"这样的思想，并且包含着所有的人通过实践佛法都能够悟出"佛界"的生命这个人类变革的原理。①

"一念三千"论，除十界外，还讲"十如是"、"三世间"。"十如是"是在某一瞬间中十界的某一界生命出现时，生命跟外界怎样联系，肉体表现出什么变化、什么特点并怎样进行流转等关于生命动态的一个运动法则。"三世间"是事物的三种差别法，即"五阴世间"（按众生五阴不同）、众生世间（众生的生命具有十界的差别）、国土世间（十界众生的住处有差别）。总之，十界互具等于一百界，再乘上"十如是"和"三世间"的数目，就成为三千。一念三千是指人的一念（一瞬间的生命）中具有三千的诸法（现象世界的一切），因此，池田主张通过变革一瞬间的生命，改变所有现象世界。②

这里要指出的重要一点是，虽说一念具有三千的诸法，但并不否认客观实在。按上述解释，对于这个问题可以有两点说明。第一个是从"三谛论"看的事物的存在方式。就是说，把事物存在方式解释为现象的假谛、其特性的空谛以及统一两者而维持一贯性和安定性的中谛。那么，不否认独立于人的意识而存在的事物本身。第二点，我认为，"一念三千"所讲的是从人的主体角度来看的世界存在方式。"十界论"是生命的主观性的"生命感"，"十如是"是有关其生命动态的运动法则之一，"三世间"讲的是生命的差别方式。因此，人通过变革一念，给具有显现三千生命现象可能性的生命以影响，并显现人本来具有的佛性，从而积极推动客观实在的各方面进而推进现实变革。在这一意义上说，人的一念具有三千的诸法的意思是，通过主体的变革而达成客体的变革，即统一主客体，这绝不是唯心论。

---

① ［日］池田大作、［英］汤因比：《展望二十一世纪》下卷，日文版，文艺春秋1975年版，第284—285页。

② 同上书，第289—290页。

冯契把"一念三千"和"一心三观"看做唯心主义和类似于黑格尔绝对精神的概念。但是,在一念三千论,没有讲自己之外有"绝对精神",并把它规定为人和宇宙。绝对性存在就是人生命中的佛性,而不是把离开人的存在作为绝对。再者,佛教如九识论所看到的那样,确实讲人之外存在的"法",但是这个"法"或大我的领域也是贯穿于人的法。就是说,它与各个生命的本源实体,也与宇宙森罗万象根源的宇宙生命融为一体。黑格尔所说的绝对精神,是指把支撑世界的根源实体等同于主体的(绝对者)把握而表现的精神,以其绝对精神来觉悟自己和绝对者融为一体。而且把绝对者以表象的方式来表现的是"上帝",在基督教那里明确表示上帝就是绝对精神。①  就是说,黑格尔把绝对精神设定为在人之外作为实体的绝对者,在与绝对者融为一体中要找出人的精神的最高阶段。那么,绝对者与人的精神本来是隔绝的,但是,佛法所说的法是内在于每个人的生命中的,因此,不是讲与人隔绝的绝对者。在这一意义上,我认为,冯契所理解的一念三千论与牧口所信奉的一念三千论,不仅内容有差异,两者的理解方式也不同。

## 四　人的生命的诸相

那么,根据一念三千论,我们在这里要讨论一下牧口和池田所考虑的人生命的方式。首先,就人而言三谛论,假谛是因为显现于外面的物质存在,所以它是身体;空谛是现象的性质,所以它指的是人心、性格或精神;中谛是统一身心的生命,是即使身体和精神变化它也不变的一贯的实体。人(比如 A 先生)总是反复新陈代谢,按科学的看法,人身体的细胞七年的时间中就会全部更新,而身体是由细胞构成的,因此七年前的 A 先生和现在的 A 先生,在身体上和物质上是完全不同的两个人。在这七年的过程中,心、精神、想法等当然也会变化,那么,七年前后他会是不同的人吗,当然不是。按照佛法

①  〔日〕岩佐茂等编《黑格尔词语事典》,日文版,未来社 1991 年版,第 55—57 页。

的说法，这是因为贯串于 A 先生的身心而统一的生命是一贯的，而且，这个生命的实体不是独立于身体和精神而存在的，结合身体和精神而生命也存在。生命存在，作为现象的身体和精神也存在，这就是相即不离的关系。

佛教一般主张生命的永远性，那么以这个"三谛论"应该如何解释呢？身体（假谛）、精神（空谛）、生命（中谛）三者是统一和相即不离的关系，身体一死而灭，通过身体显现的精神也会失去其显现的场所，并失去生命的统一机能。因此，考虑佛教上的生命永远性时，一般认为中谛的生命是以如灵魂的存在形式来永存的。朱熹也在批判佛教时指出了这一点。如佛教所说，如果像灵魂的实体永存下去，人类的灵魂就填满了这个世界，朱熹这样理解了佛教的灵魂不灭说（生命的永远性）。[①] 对于生命永远性的看法与灵魂在空间上是否填满的问题要分开讨论，但包括佛教徒在内的很多人多多少少都会有这种想法。但是，池田说不是只有中谛的生命是永远的，他把永远的生命解释为中谛、假谛、空谛的一切永存下去。池田认为，死亡时，人的身体的、精神的倾向性刻在包含于生命的业里。然而，接触机缘而作为现象再诞生时，符合于刻在业的身体的、精神的、生命的倾向性，从宇宙汇集必要的物质而再诞生。即具体存在的人是"五阴假和合"。因此，生命不仅是只有中谛具有永远性，而且包括身体和精神的整个空假中是永远的，[②] 就这样展开了大乘佛教的现代性解释。

朱熹理解的佛教所说的死后生命是伴随物质质量的灵魂，但是根据一念三千论来解释，就不是这么回事了。池田则认为，生命作为生命能量，死后融合到宇宙生命中，因此，在如芥子的极小空间也没有太狭窄，在如宇宙的广大空间也没有太宽广。这就相当于佛教所说的"空"的概念。就是说，佛法上把我们死后生命存在的方式，用"空"这个概念表示。所谓"空"是指无可争辩的存在状态，即使它不是作

---

① 参照〔日〕樋口胜《考察朱熹的佛教批判——以祭祀感格为中心》，日文版，《东洋哲学研究所纪要》第 5 集，1989 年版。

② 〔日〕池田大作：《御义口讲义》下卷四集，日文版，圣教文库 1975 年版，第 292—295 页。

为现象出现。说是存在，而眼睛又看不到，所以也可以说，它和"无"没有区别。但是，既然是存在，遇到机缘时，就要作为肉眼能看得见的现象出现，这样一来，又不能叫"无"。他把生命能量看作以"空"的存在方式永存，因此，可以说佛教所说的生命的本质表现为"生"即"有"和"死"即"无"，就是佛教所说的"空"的状态，是永远存在下去的一种超时间的存在。① 这个"空"的状态融合到宇宙生命中的生命能量，不是指如物理能量的伴随质量的实体。关于这个问题要说明两点。

第一点是十界论的生命倾向的问题。人遇到机缘就产生各种生命现象，有时是天界的喜悦，但也有可能下一瞬间就转变为地狱的痛苦。有时遇到机缘，也会感到嫉妒和贪婪，或者出现想帮助他人的心情。同一人即同一的生命主体，也会瞬间在心理出现各种各样的生命现象。比如，充满喜悦时，突然得知坏消息，一瞬间变得不安和苦恼，就消除了刚才显现喜悦的生命现象，哪里也找不到喜悦的心情。此际虽然没有喜悦的心情，但也不是归结于"无"的，因为再遇到机缘时还会出现。因此，所谓生命能量是指，虽然不是作为现象出现而能看见，但它是遇到机缘会显现出来的实体。它与物理上的能量不同，它是生命主体的生命现象。②

第二点，佛法上考虑生命的诞生和死亡时，生命的诞生不是由无创造有，而是原来作为业能量而永存的生命遇到机缘而显现的。就是说，包含着空状态的业的生命能量，从宇宙汇集需要的物质而显现作为现象的假谛形象。这是生命诞生的佛法解释。池田认为，生命绝不是被动的存在，而是能动的。生命在地球上从诞生到现在，一直持续地使自己显现出来，使自己向个别化的方向发展着。但是，给这种个别化的生命以能动性，也可以称之为"生命能量"的力量，一定早在无生命的地球本身就存在着了。就是说，生命的诞生是地球内部原来存在着的生命能量显现的结果。与此相反，汤因比认为，生命的起源

① ［日］池田大作：《法华经的智慧》第 4 卷，第 343—346 页。
② 同上书，第 349—352 页。

不是由显现而产生，而是从无创造有的。汤因比说，生命和意识都是完全的新产物，这种新产物跟显现本来就潜在的某些东西显然不同。这是因为人们的思考受到以空间和时间为基准的思想方式的限制，不是人们所能理解的。就是说，新产物在逻辑上无法解释，但是，比起"显现"说，"创造"说更容易理解。①

在解释人的死亡问题上，比较容易看出两者的区别。如汤因比所说，如果生命诞生是从无到有的创造，那么，死亡后有机体的人就解体为无机体，并且生命也同时消灭，这是唯物论的看法。但是，汤因比讲在宇宙背后的"终极存在"，并也认为人的前世报应的业对这个"终极的精神之存在"的影响。但是，人的生活是在时间的范畴上展开的，而这个"终极存在"设定在了超越时间范畴。就是说，人一旦死亡，在时间范畴里作为身心统一体的生命也就结束了，这是因为我们从经验所知道的唯一有意识的生命存在只是现世中的身心统一体的生命。但是，汤因比认为，不能把时间范畴外存在可能性的"终极存在"和"灵魂"作为否定根据。② 那么，我认为从逻辑上看，与其说生命是由无创造有的，显现作为空的状态而存在的看法更有说服力。因为死亡后不是全归结于无，只有作为空的状态的生命能量永存，才会保持能够"显现"的逻辑上的一贯性。这个生命能量不是伴随时间范畴的质量，而是说只有作为超越有无的概念、包含向往有的可能性的无状态的"空"状态，才能够设定超越时间范畴的概念。

我认为，这样看来就可以理解与唯心主义的生命"不灭"说的差别。唯心论讲如灵魂的存在永存下去，也许是作为时间范畴的延长来解释生命的永远性。假定人的生命是存在于时间范畴里，人的智能也就能够理解它。把本来在时间范畴里不能够理解的人的生命放在时间范畴里理解，唯心论因此被唯物论批评为非科学的。池田认为，大乘佛教本义并非如此，而是说生命的生和死这一时间和空间范畴的现

---

① ［日］池田大作、［英］汤因比：《展望二十一世纪》下卷，日文版，文艺春秋1975年版，第212—216页。

② 同上书，第222—224页。

象，是生命这一超越时间和空间的存在的两种不同显现方式。就是说，各个生命体都是生命的显现状态，所谓死就是生命的"冥伏"状态，"冥伏"不能归结为无，而是以空的状态永存下去。这种持续着的生命本质，用现代哲学来表达，就是和最根本的"自我"这种表现是相通的。①

那么，现在活着的生命在时间范畴里又该如何理解呢？池田说，现在活着的生命，在其本质的存在中，也可以认为是超时间的范畴。池田认为，生命本身是不存在过去、现在、未来这种现象上的时间划分的，时间、空间是人创造的概念，是人的生命在其活动中设立的框子。就是说，时间、空间是人通过宇宙生命的活动和变化才能感觉到的，而不是绝对的存在。这是因为处于人类精神的意识之下的深层的生命与露于表面的意识现象不同，是超越时间和空间范畴的。② 我认为，这是"因果俱时"想法的现代性解释，即过去、现在、未来都凝聚在现在的一瞬间的生命，也就是牧口所理解的三世因果论的说明。牧口认为：（1）三世生命的因果概念是业思想；（2）继续三世的永远凝缩在现在；（3）以现在一瞬间的生命一念的变革，能够实现以一念为因的生活的变化；（4）主体和对象统一于一念中。如池田所说，现在活着的生命假如在时间范畴里能够理解，那确实就不能成立永远凝聚在现在的逻辑。这是因为在时间范畴能够理解的现在的生命与不能理解的过去和未来的生命之间会产生断绝，从而就不能问生命的永远性。如果是这样，因果俱时的理论也不能成立，牧口所理解的从（1）到（4）的说明也会破裂。可以说，池田和牧口所思考的超越时空的"自我"是指在"空"的状态存在的、身心统一体的深层生命。

那么，对空间范畴的宇宙生命与个别生命的关系应该怎么考虑呢？这是在九识论中展开的。如上所述，从九识论来讲，业是属于第八识的阿赖耶识的，这个领域是个别人的深层心理的范畴。但是，池

----

① ［日］池田大作、［英］汤因比：《展望二十一世纪》下卷，日文版，文艺春秋1975年版，第231—232页。

② 同上书，第229—231页。

田认为，按现代心理学说，阿赖耶识的领域相当于荣格所说的集团深层心理的领域。人的记忆也包含在"藏识"的这个领域。那么，阿赖耶识的领域就成为个别的业和记忆以及超越个别的民族和国家等集团性领域。池田还说，"所谓第九识'根本净识'就是每个生命的本源实体，同时也和宇宙生命融为一体"①，他把第九识根本净识看做超越集团性、具有普遍性的宇宙生命，而且认为这个集团性和普遍性贯串于个别性中。就是说，个别的人的生命里具有集团的倾向性和宇宙生命。

这个九识论所说的根本净识相当于十界论的"佛界"。十界论讲每个生命的精神境界的同时，也讲宇宙生命也存在的法。而且十界的最高境界"佛界"也是作为法而实存在个别的生命和宇宙生命中的。从而，佛是指显现具有人的生命佛性的样子，在此意义上，就会导致"佛就是生命"的逻辑。这是牧口的门生，也是池田的老师户田在监狱里认真读《法华经》而领悟的一部分。户田被认为提起了原点，即把日莲的法华经解释展开为现代性的。从来法华经的解释倾向于经典表现的内容是荒诞无稽的故事，因"佛就是生命"的觉醒，佛教，特别是法华经讲人生命充实的经典，也不是设定从现实离去的终极的实体，而是说明现实的人本身之中最尊贵的法。因此，池田把户田的领悟看做宗教焕发于现代的原点。

这样看来，池田和牧口所理解的佛法一念三千论中的生命概念，可以看做实体和作用、个别性和普遍性的相即关系。辩证法把这个实体和作用、个别和普遍作为重要的原理而对待，这里，首先要对以唯物辩证法为基础的冯契对人的存在方式看法进行讨论。唯物论者一般认为精神依存于物质，是人脑的作用或者功能，是生命发展到一定阶段的产物，也是一种特殊的物质运动形态。精神有其物质基础，人的心灵依存于人脑的活动。唯物论者当然不能承认上述的佛教生命观。反过来说，因为他们认为佛教属于唯心论的范畴，把佛教看做绝对唯心论，即宇宙精神或天地之心作为宇宙万物的本体、本源，因此，佛

---

① ［日］池田大作：《法华经的智慧》第 4 卷，第 351—352 页。

教就是被他们批评的对象。

冯契认为，精神依存于身体，但是在考察精神领域问题时，把精神作为精神活动中间的一贯之体而立精神主体。就心依存于物来说，心，并不是像物质一样的实体。但就像黄宗羲讲的，"心无本体，工夫所至，即是本体"，"工夫"即能动的精神活动分形成的一种秩序、结构，有种一贯性的东西，所以把它叫做"心之体"。人的精神活动中有意识和无意识。无意识的活动，作为本能只有在意识照亮了的时候才能真正被注意，并得到研究。它被注意、研究到了，即进入意识的领域。在此基础上，就意识领域来说，主体不仅对知有所觉，人的意识中还有情感、意志等。就知来说，人具有动物所没有的理性，也就是思维。人的认识也不只是理论理性的活动，还包含有评价，认识就与人的需要结合着，与人的情、意相联系着。情、意、直觉虽本是非理性的，但随着人的意识的发展，这些能力都越来越理性化了。因此，人的意识活动可以理解为理性和非理性的统一，人的精神活动可以理解为意识和无意识的统一。[①]

另外，关于人性，冯契的看法是从性与天道的关系来导出的。冯契认为，人根据自然的可能性来培养自身，真正形成人的德性。真正形成德性的时候，就会习惯成自然，德性一定与天性融为一体了。也就是说，真正要成为德性，德性一定要归为自然，否则它就是外加的东西，就不是德性了。因此，复性说没有道理。人是要复归自然的，人类在实践与意识的交互作用中，其天性发展为德性，对自我的认识越来越提高。并且，主体意识不仅意识到自己的意识活动，而且意识到主体自我，人们能够以自己为对象来揭示自己的本质力量，来塑造自己，根据人性来发展德性。人类活动是自然界的活动，人本身是属于自然界的；天道是自然，人的德性也出于自然，只有顺着自然天性来培养发育人的德性，而不能违背人的自然性。[②]

---

① 冯契：《认识世界和认识自己》，《冯契文集》第 1 卷，华东师范大学出版社 1996 年版，第 355—357 页。

② 同上书，第 390—391 页。

冯契认为，这些问题是"存在与本质"的"类"的范畴问题，而"实体与作用"问题，即"存在与其作用"问题是关于"为什么"的"故"的范畴问题。① 要把握本质，在"类"和"故"之外，还需要从关于"如何"的"理"的范畴来探讨，这里要考察"故"范畴的"实体与作用"问题。首先，冯契认为，从客观辩证法讲，物质实体自己运动，运动的原因在于物质自身，而不是外力的推动。在这一意义上，马克思和黑格尔也同意斯宾诺莎所说的"实体是自身原因"的命题。从而，各种物质形态的相互作用就是以自身为原因的实体的运动。但是，相对主义者把实体理解为现象或偶性的集合体，以为实体不过是虚构，也就是说世界上只有现象或偶性，并无实体。冯契还指出，在中国哲学史上这个争论就是"或使说"和"莫为说"的争论。"或使说"讲超验的形而上学的本体，"莫为说"认为实体是虚构、世界是偶性的集合，是相对主义的。通过这些争论，中国古代哲学得出"体用不二"的结论。这就是说，实体自己的运动就在于它本身包含矛盾，矛盾是一切实体自己运动的原则。②

但是，冯契认为，只有表面上说"体用不二"，因为佛教、玄学、儒学的许多哲学家把世界的第一原理即本体说成是虚静的，这就是把本体看成是超验的。特别是，佛家认为，事物是由因缘和合而成的，所以是假象，并非实有，所以世界的本体只能看成是虚寂。因为从变化和因缘的"用"来说明一定要有一实体，它超乎变化，超乎因缘，所以就不能说"体用不二"。就是说，假如像佛教的看法，即只承认一个变化、互为条件的世界，那么实体就是虚构。而只承认实体，那么实体应该超乎条件和变化，即超验的。然而事实并非如此，世界的事物就是相互关系而成的，有条件的才是实有，客观实在就是一个相待而成的网。当条件具备的时候，事物就运动，就生长发育，并经历若干阶段，推陈出新。这样一个过程是真实的运动过程，有它的恒常

---

① 冯契：《逻辑思维的辩证法》，《冯契文集》第 2 卷，华东师范大学出版社 1996 年版，第 351—352 页。

② 同上书，第 357—358 页。

的规律，而这个规律就是运动发展过程本身，就是生生不已的过程本身。因此，冯契主张，不能像庄子那样说变化无常就没有了实在，变化的才是实在，发展变化有恒常的规律。① 冯契认为，依据这样的一个唯物主义的体用不二的观点，物质自己运动的原理要从两个方面把握。一方面是要从普遍联系、变化发展中来把握实体，这是"由用得体"，另一方面是要从实体来考察运动变化，把变化发展过程理解为实体由内部矛盾引起的必然的自己运动，这可以说是"因体显用"。然而，他批判把实体看成超验的形而上学，也批评把实体看成虚构的相对主义。②

这样看来就可以理解为，冯契所考虑的人的方式是因为唯物主义，首先是以物质实体即人的存在为前提而考虑的。就是说，不是实体如何成立，而是站在经验论，即以经验可以把握的范畴来看问题。在这一意义上，就否认超越人的意识和经验存在的实在论，也否认佛家、玄学、儒学把本体看作虚无的看法。冯契结合经验论，从人存在的事实出发，不是讨论存在本身，而是尽量把握人的内面而展开人本质的议论。在此意义上，我认为，冯契说存在和本质的统一时，把存在作为自明之事，而着重于把握作为本质的精神的一面。对于实体自己运动的原理，不是从实体构造方面的把握，而是从作用面和自己运动的发展过程方面的考察。这是因为唯物论是以实践为基础来认识运动的，因此，一切知识是经验的积累，是后天生成的。这也是因为事物的个体化和事实的特殊化，是与特定的时空有关联的。但是，冯契认为抽象的知识不受特殊时空限制。如"人"的概念就是指人类的共相、一般，它不受特殊分子的时空关系的限制。但是，这样的思维形式和概念具有不受特殊时空限制的超越性，但概念若是与科学和现实结合时，它就具有现实性和实在性。因为现实性和实在性总有时空秩序，归根结底不能离开现实的时空。另外，因为时空秩序有先验的理

---

① 冯契：《逻辑思维的辩证法》，《冯契文集》第 2 卷，华东师范大学出版社 1996 年版，第 359—360 页。

② 同上书，第 360—361 页。

想性，冯契把时空秩序的经验的实在性和先验的理想性统一理解为一个过程，<sup></sup>① 那么，要考察受时空限制的人的存在时，不能承认如佛教那样的不受时空限制的生命论。这是因为冯契认为时空秩序是经验与概念、理论与事实之间的媒介。

那么，从池田的生命观来讲，对这个"实体与作用"的关系如何考虑呢？从池田解释的三谛论来说，空、假、中的整个生命是实体，其实体本来具有其作用。从认识存在的角度来说，空、假、中的生命不是空、假、中各自独立而存在，应该说，有空就有假和中，有中就具有空和假，即有了现象，就一定有实体的存在。说明这个生命实体时，如十界论和十如是所表示，还说明生命境界和随之而来的与外界的关联，是解释生命实体的作用。就是说，存在生命实体之处就有现象和作用，有了现象和作用的地方就存在生命，这就是"体用不二"。在此意义上说，池田同意马克思主义和黑格尔所承认的、斯宾诺莎说的"实体是自己原因"的命题。冯契说，佛教因为事物是由因缘和合而成的，所以是假象，并非实有，因此，世界的本体只能看成是虚寂。他还批评说，如果承认有实体，其实体应该超乎条件和变化，即超验的。确实，池田所说的生命实体，不是时间范畴的伴随质量的实体，假如把伴随假谛身体的体现为活着的生命，那么在本质上也被看做是超越时间范畴的。汤因比认为，因为辩证法把实体在时间范畴里看成变化的，就这一点来说，三谛论对生命的看法类似于辩证法。<sup></sup>② 但是，三谛论认为生命是超越时间范畴的，与辩证法对实体的看法明显不同。如上述，冯契强调时空秩序的媒介的必要性，三谛论就超越其思维方法。在这一意义上，如冯契所批评的那样，不得不说它是超经验的。

---

① 冯契：《逻辑思维的辩证法》，《冯契文集》第 2 卷，华东师范大学出版社 1996 年版，第 360—364 页。

② ［日］池田大作、［英］汤因比：《展望二十一世纪》下卷，日文版，文艺春秋 1975 年版，第 278 页。

# 五　总结

综上所述，本文以佛教的一念三千论为中心，比较冯契和创价思想的看法从而讨论了对于人的生命的两者的见解。冯契和牧口（以及池田）所追求的绝对性显现在人的内部。因此，为了寻求其绝对性的根据，我们讨论了两者对人的看法，即冯契所说的"我"和牧口所考虑的"生命"，并通过这些讨论来求证对主体本身价值的看法。这是因为，虽然价值是相对的，但要克服相对性价值与绝对性价值的相克，首先必须承认其本身价值，否则不能解决这个相克问题。

那么，冯契和池田是如何考虑生命或主体的本身价值的呢？池田把人的存在看做包括空、假、中的生命，认为其生命具有叫为佛界的终极实在，因此可以显示人存在的尊严性的根据。冯契认为，自我是独自的实体，也是具体存在，并具有自我意识，而且它是时间和心情有了变化也不变一贯的主体。在那里可以认出自我的同一性和自我意识，需要由存在和本质统一来把握它。冯契的"人性论"把人的意识活动作为理性和非理性的统一，把人的精神活动作为意识和非意识的统一，认为价值领域是在精神活动的过程中能够实现的。从"体用不二"的观点来说，人的存在不要区别身体和精神，自我也可以看成人存在的全体，只不过是把价值领域作为精神方面的问题而对待。因此，我认为，可以承认人的存在本身具有能够创造价值的可能性，但是不能承认人存在的本身价值。如果是这样，还是不能明确地显示人存在根本的尊严性的根据。在此意义上，从生命尊严的本身价值问题来说，逻辑上池田对生命的看法更有说服力。

但是，问题在于池田认为，超越时间范畴的生命是超经验的范畴。那么，用经验论能否阐明所有的事情？哪里作为经验的范围呢？科学确实是经验范畴的研究，对超越经验范畴的问题是不能识别的。但是，现代科学也有界限，经验范畴问题也有限。世界上仍然有很多现象是现代科学不能阐明的，生命问题就是现代科学还没有解决的问题之一。但是，池田所说的生命实体是与独立于经验的、承认外界实在的实在论不同，因为这个问题是与科学和宗教问题有关联的，因此今后再改写讨论。

（樋口胜　日本创价大学教授）

# 池田大作新人本主义思想对地球
# 市民教育之重要性

## 一 前言

21世纪全球教育更普及，高科技加速发展，企业全球化、经济区域化深入发展，国与国相互依存日益密切，"世界和平与人类幸福"是全世界人民追求的目标。但国家、民族、宗教信仰等文化差异造成国与国间爆发冲突事件、国际经济崩溃等问题，究其实质，这些都因人民对"智慧与共生精神"之缺乏、伦理道德教育之不足，是世界各国教育的偏失所造成。如何才能疏解此问题为本研究之目的，探讨今后的大学教育，能从池田会长"新人本主义思想"落实于"地球市民教育"之重要性获得启示。

### （一）缺乏和平共生精神之世界问题

因民族、宗教信仰等文化差异，以及伦理道德缺乏，2001年美国发生9·11恐怖事件。2001年12月惊爆美国第七大企业"安隆破产"丑闻，隐藏公司150亿美元巨大的负债，造成9000名员工失业。2008年因宗教种族思想差异导致巴以战争。2008年美国最大的金融公司"雷曼兄弟"破产（该公司已有154年历史）造成百年首见的全球经济大萧条，失业人数高达百万人以上。

### （二）和平共生人类才有幸福

世界各国都认识到"和平共生"之重要性，"东盟"与"欧盟"也本着"和平友好条约"，达成克服"国际的相对立"之共识，同意在区域内"和平解决分歧或争端，反对诉诸武力或以武力相威胁"（池田大作，2006倡言）。展望今后地球的"和平"与"共生"，企业领导者必须持有"和平文化经营理念"，以和平共生精神加强企业伦理、产业道德，融合本土化与全球化，获得异文化、异民族的支持与团结，才能提高国际市场竞争力，使世界经济繁荣、人类幸福（林彩梅，2006）。

池田博士是佛教徒，德拉尼安博士是回教徒，对于不同宗教信仰造成冲突事件两位大师都认为，文明的冲突与共生，不是因民族、种族、宗教文化等不同而导致人类的"对立"、"分裂"或战争，真正造成人类对立或分裂的是"人心"。人类的一切不幸皆起因于"人生价值观的差异"，忽略了"人类共生"理念。制造宗教间文化冲突问题的并非宗教教义之差异，而是被"不善的人"所利用，导致很多无辜的人死亡。因此要发扬彼此不同的文化，并将其转变为"创造价值之泉源"才是最重要的。

池田会长强调欲解除国家、民族之间纷争的先决条件，就要互相要以"慈悲、宽大的心胸"进行"对话"，令人类迈向和平共生的新世纪。人类只有"和平共生"才有幸福，"多样性文化的融合"才是智慧教育的本质（学是光，2009年1月）。

## 二 伦理道德对人民、企业、国家发展之重要性

21世纪为世界经济发展，无论联合国、各国政界、学术界、企业界都已深感"伦理道德"对企业发展、经济繁荣、人类幸福之重要性。

近十年来，OECD国际组织、NGO非国际组织、联合国以及IBLF、WBCSD等对于国际企业经营已有跨国界的社会责任要求。分

析如下：

### （一）联合国对多国籍企业之道德规范（1972，2004）

①对待工人的伦理；②对待消费者的伦理；③保护地主国环境伦理；④对待地主国的伦理；⑤尊重基本人权及基本自由等一般伦理。

### （二）伦理道德为基础对企业、社会发展之优势

1. 政府、企业和人民持有伦理基础之重要性

就伦理和经济、制度发展之关系，英国 J. H. Dunning（2003）博士认为，若政府、企业和人民缺乏伦理基础，将会导致企业和国家经济失败。分析如下：

（1）不适当的商业根基，常与贿赂、贪污腐败和过度自利与贪心有关。

（2）不适当的"总体组织层级政策"，常与不诚实、欺骗、缺乏信任、自制、合作及团队忠诚度有关。

（3）不适当的"法律制度"，有关预防犯罪常和黑金党与赌场资本主义有关。

（4）不适当的"财政、金融、责任制度"有时会成为投机主义、懈怠和缺乏纪律筑巢之基础。

（5）不适当的"社会结构"，漠视他人的需求，起因于个人责任和社会责任的缺乏。

（6）不适当的所有权保护，常和草率、不负责任的态度、自由意志论有关。

2. 公司管理对伦理知能之必要性

德国 Hans Kung 博士（全球伦理基金会主席，2003），强调公司之管理若能以伦理基础为管理准则，对企业的下述内容将会有正相关：①长期绩效；②社会、政府的接受和形象；③产品质量（包含环境友善质量）；④有能力去招募及留任有"生产力"和"尽忠职守、团结合作"精神的优秀员工。

3. 企业伦理为基础管理之优势

德国 Wolfram Freuden berg 博士提出"伦理基础管理优势"（2003）：

（1）致力于获利的前提，须"自发性顾及企业伦理"，而不是迫于规定，"长期目标"比短期目标更重要，可增加公司在社会上的接受度。

（2）在公司文化和社会多元文化的全球经济环境中，协调一致和适合的行为之前提，因"具伦理基础是有改善的"。

（3）将"伦理标准置入实践"，强调企业长期的目标，在管理上强调公司和其利益关系人的基本权益和策略则是"有利于企业成长"的。

（4）具"专业"也具"伦理知能"的员工，是最受企业欢迎的，公司不景气时也会被优先保留。

（5）以"伦理为基础的管理"，对价格、目标和利害关系人的特质皆有正面的影响。

（6）依据企业伦理基础的管理原则来经营企业，供货商和购买商之间的关系必更稳定、可靠与长久。

（7）如果公司有良好的形象并且长期承诺伦理准则，企业全球化必能快速发展。


（三）企业领导者之社会责任

1. 国际企业领导者会议（简称 IBLF）

2002 年于英国举办"国际企业领导者会议"，超过 50 个国家以上的大企业领导者，共同提出"企业公民"应具备四点伦理道德理念：

（1）具有好的公司治理与伦理。

（2）善尽对人类的责任。

（3）善尽对环境影响的责任。

（4）对未来发展要作出更多的贡献。

2. 世界企业永续发展协会（简称 WBCSD）

主要包括：①人权；②员工权益；③环境保护；④小区参与；⑤供货商关联；⑥监督（透明化与揭露）；⑦利害相关人的权利。

综合上述，联合国的观点、学术界的观点、企业界的观点均高度认为"伦理道德"对人民幸福、企业发展、国家经济繁荣有高度相关，但如何落实均无人提起方案，唯有池田会长强调要从加强各国教育"人本主义思想"入手，落实于"地球市民教育"才能达到期望之目标。

# 三　池田大作新人本主义思想对教育的重要启发

## （一）人本主义思想（SGI 倡言，2001）

池田会长认为人类历史中所面对的问题有三，即战争与暴力、经济榨取或环境破坏、精神伦理层面的危机。克服这些欠缺人性的精神病理，唯有"人本主义"思想才能疏解。池田大作"人本主义"思想的内涵可以归纳为四点：①生命价值的肯定；②以中道人本主义为基础；③和平共生精神；④以佛教为基础的人性主义（刘焜辉，2008）。兹分析如下：

### 1. 生命价值的肯定

重视"人的价值"、"民众"、"对话"等。池田会长认为人的目的是"价值的创造"，现代人所追求的是创造"大同"、"共生"、"调和"的全球性的价值。换言之，要从"以物为中心"的社会转变为"以人为中心"的社会。

### 2. 以中道人本主义为基础

"生命尊严"、"人性尊严"以及"绝对和平主义"是池田会长"中道主义思想"的核心，其特征有三：①强调事实的相对性、可变性，"社会事实不是定型化而是需要实质地把握时代与情境变化"；②需要养成认清社会事实的相对性、可变性的能力，规律自己，避免受到社会动态的纷扰而能确立主体性；③彻底的无差别、平等的生命观、人性观。无论是种族、阶级、民族、国籍或宗教、思想、性别差异都不例外。

池田大作 SGI 倡言（2002）主题"人本主义——地球文明的黎明"集牧口常三郎、户田城圣对创价学会"人本主义"理念之大成，提出完整的"中道人本主义"构想。其包括三个要点：第一，只有人本主义的哲理才能拯救陷于不安与苦闷的现代人的危机；第二，中道人本主义的旨趣是"替人设想，对于他人不能冷漠不关心"，亦即人应该关心他人生命，"透过心内的挣扎和自律，道出善的力量，以此善的力量做生命活动的基础"；第三，当人站在中道人本主义的精神上，养成"无差别的、平等的生命观和人性论"，培养"见识事物或社会现象中相对性或可变性的洞察力"时，才能在"极恶中"发现冥伏的佛性极善的可能性，处于"残虐的战争中"也能发现"和平的因素"。因此能够"尊重差异"、"超越差异"，通过文明间的"对话"，在黑暗中也能开拓"人本主义"的丰穰的世界。

3. 和平共生精神

池田会长的"和平共生"理念，包括时间轴观点之共生和空间轴观点之共生。前者重视因果关系，认为现在的瞬间的事件和将来的事实有关联；后者认为共生要从人与人的关系及人与环境的关系的层面去把握事实。共生就是人要重视超越种族、民族、宗教、国家孤立的状态，强调互相交流、互相理解、互相尊敬的重要性。他强调人本主义与和平共生的理念成败的关键在于"人"，而"教育"才能达成"人的变革"，唯有人的变革才能实现"和平共生"的理想，尤其对于"地球市民教育"寄予厚望。

他认为"共生的精神气质"之基本方针，就是"协调"胜于"对立"、"结合"胜于"分裂"、"我们"胜于"自己"。人与人、人与自然共同生存、互相支持、共同迈向繁荣的精神。

4. 以佛教为基础的人性主义（2008 年的 SGI 倡言"以人性的宗教创建和平"）

一切都是变化而互相依赖（缘起）、和谐、统合性是必然的。其内涵有三：①以人原始真实的心；②发现共同性；③具有共同目标。

### （二）新人本主义思想（SGI 倡言，2005）

池田会长强调，如果没有人本主义思想，和平共生就是缘木求鱼，将流于空谈。为此，池田大作又倡导"新人本主义"，其内容有三项：①所有现象都是相对的、可变的；②所以要培养能看透现象的相对性、可变性的观察能力和不为其迷惑的强韧主体；③以此观察能力和主体为基础的人本主义，不会根据思想形态、种族、民族而将人"定型化"，进行压迫或歧视，也不会拒绝对话。

### （三）人道竞争基于人道精神（SGI 倡言，2009）

人道竞争是日本创价学会首任会长牧口常三郎之观点。他认为"若以武力或权力去做一件事，倒不如以无形的力量自然去熏陶，即是使人'心服'取代以'威力'的制伏"（《牧口常三郎全集》第 2 卷）。

池田会长认为，"社会主义"曾经为了消除资本主义的弊端，是因社会主义标榜"平等"与"公正"等价值观，立足于"人道主义"。然而，社会主义会衰竭的原因，是由于不重视"人道竞争"的价值，认为只要消除"阶级"存在，就可以实现一个美好的人类社会。无论是自然或人与事物，若没有"自由竞争"，就会变得沉滞、停顿和退化，竞争是人类社会活力的源泉。

若是放任自流的"利己主义"之自由竞争，会陷入弱肉强食的自然淘汰主义；而以"适当的结构"及"规律"为基础的自由竞争，将为人与社会带来活力，"人道竞争"的价值正在于此。此概念在认同竞争存在的必要性时，也确保竞争不与"人道精神"脱节。换言之，"人道竞争"是基于"人道主义"的，这正是 21 世纪所需的"主流思维模式"。

## 四　地球市民教育

### （一）地球市民精神

"地球市民教育"是人本主义与和平共生思想、达成人类幸福的关键。池田会长认为"地球市民"的含义有三点：第一，深刻认识生命相关性的"智慧之人"；第二，对种族、民族、文化的差异不畏惧、不排斥，予以尊重、理解，并视这些差异为自我成长重要资源的"勇敢的人"；第三，对受苦受难的人，无论远近，都会给予关怀提携的"慈悲的人"（池田大作，1997 倡言）。他认为地球市民教育就是生命的变革，强调只有彻底变革现代人的自然观、生命观、价值观，才能阻止人类走向毁灭，创造人类更有价值的生命。为达此目的，大学教育的改革最为重要。

### （二）教育之目的为人类幸福

1. 教育目的以培育完善人格为目标

池田会长（教育倡言，2000）强调"教育目的"应以"完善人格"为目标，培养能建设和平国家及社会、能热爱真理和正义、尊重个人价值、富有自主精神的人格。

大学为教育的发展，正确的改革应重视"正确智育"。为此必须对学生进行"内在的改革"教育，克服现代教育危机之道，要加强内发性教育的"伦理道德"。近年来，大学教育偏重"专业课程"，愈益忽视基础"教养科目"。

2. 崇高圣业的经师、人师

（1）真理与人格陶冶之教养。池田会长强调为达改革教育之目标，大学必须有"经师与人师"之传授。追求"真理与人格陶冶的教养"才是教师根本，卓越的"研究者"，同时也是"最好的教师"。唯有自己从事专业、知识与智能之研究，才能在"学术真理"与"人格陶冶"本质上学习获益，也才能传授有教养的学生。

（2）经师与人师之素养。遇到"经师"容易，遇到"人师"难。"经师"是传授专门知识的，人师要教育"德"是人的人格基础，教导人的生存方式和处世之道。因此大学教师应具备"经师"与"人师"之素养。

要开发人生命中之"内在智慧"与"教育者的人格"高度相关，因为"能磨砺石"的只有"钻石"。教育是人类最崇高的圣业，是太阳之下最光辉的工作。教育者不只影响一名学生，而是能影响全体社会之发展。学生们能在大学文化教育的熏陶中，感受温馨的人文精神，呼吸自由的空气，享受智慧之光及仁爱之美，以及兼备"人德"与"才能"教师之教育，是大学生最大之幸福。

（3）开启学生善性的智慧。池田会长认为教育的本义是"知识"与"智能"，如何能成为人们的幸福、社会的繁荣、世界的和平，其主体即是"善性的智慧"，唯此，才能从"生命内心"获得最大的启发，是生命的无上至宝。因此教育者必须是最优秀的，因"智育"是人生至高至难的技术，同时更是一门艺术。

**（三）专业性知识与教养性智能教育并重**

1. 优良教师传授专业性知识需与智能性伦理教育并重

教师撰写专业教科书的重点在于专业知识的增长，多数教师欠缺"智慧教育"之内容，尤其是欠缺以人为本、伦理道德、和平共生精神之教育。应培育读者具有"专业知识以及智能教育并重"。教师传授专业知识之外，需同时加强智慧性伦理教育，对个人与企业、社会发展将更有利，是教师教育的重要使命。

2. 加强伦理道德教育

企业的社会责任；以伦理基础管理对企业发展之优势；联合国对多国籍企业之道德规范：①对待工人的伦理，②对待消费者的伦理，③保护地主国环境伦理，④对待地主国的伦理，⑤尊重基本人权及基本自由等一般伦理等。为此大学优秀教师对学生之教育，必须是"专业性知识教育"与"教养性智慧教育"并重。

3. 池田大作新人本主义思想教育

（1）人本主义思想。①生命价值的肯定：要从"以物为中心"的社会观念转变为"以人为中心"的社会。②以中道人本主义为基础：以"生命尊严"、"人性尊严"以及"绝对和平主义"为核心。③和平共生理念：池田会长的"和平共生"理念，"共生"就是人要重视超越种族、民族、宗教、国家孤立的状态，强调互相交流、互相理解、互相尊敬的重要性。人本主义与和平共生的理念成败的关键在于

"人"，而"教育"才能达成"人的变革"，唯有人的变革才能实现和平共生的理想，尤其对"地球市民教育"寄予厚望。"共生的精神气质"之基本方针，就是"协调"胜于"对立"、"结合"胜于"分裂"、"我们"胜于"自己"。是人与人、人与自然共同生存、互相支持、共同走向繁荣的精神。④以佛教为基础的人性主义：以人原始之心，发现共同性，具有共同目标。

（2）新人本主义思想之教育。如果没有人本主义思想，和平共生将流于空谈。池田大作倡导"新人本主义"，其内容有三个项目：①所有现象都是相对的、可变的；②所以要培养能看透现象的相对性、可变性的观察能力和不为其迷惑的强韧主体；③以此观察能力和主体为基础的人本主义，不会根据思想形态、种族、民族而将人"定型化"，进行压迫或歧视，也不会拒绝对话。

（3）人道竞争基于人道精神思维之教育。无论是自然还是人或事物，若没有"自由竞争"就会变得沉滞、停顿和退化，竞争是人类社会活力的源泉。若是"利己主义"之自由竞争，会陷入弱肉强食的自然淘汰主义；而以"适当的结构"及"规律"为基础之自由竞争，将为人与社会带来活力，"人道竞争"的价值在于竞争不与"人道精神"脱节。换言之，人道竞争是基于人道精神。

综合上述，大学教育改革为落实"地球市民教育"之目标，需做到：①专业性知识教育与教养性智能教育并重；②要加强伦理道德教育；③必须深入教育池田会长的"新人本主义思想"以及人道竞争之精神，人类才能和平共生，幸福、繁荣。

"伦理道德"虽有法律规范，但仅能限于人的行为，唯有"新人本主义思想"启发人心内发性的"和平共生"精神，才能落实"地球市民教育"。

# 五　结论

21世纪大学教育为"世界和平与人类幸福"之目标，为疏解各国因民族、宗教信仰等差异，造成国际冲突以及国际经济崩溃等问题，今后大学为落实地球市民教育应有改革内涵如下：

### （一）地球市民教育

"地球市民教育"是人本主义与和平共生思想、达成人类幸福的关键。池田会长认为"地球市民"的含义有三点：第一，深刻认识生命相关性的"智慧之人"；第二，对种族、民族、文化的差异不畏惧、不排斥，予以尊重、理解，并视这些差异为自我成长重要资源的"勇敢的人"；第三，对受苦受难的人，无论远近，都会给予关怀提携的"慈悲的人"。他认为地球市民教育就是生命的变革，强调只有彻底变革现代人的自然观、生命观、价值观，才能阻止人类走向毁灭，创造人类更有价值的生命。

### （二）经师与人师之素养

为达到"地球市民教育"之目标，大学必须具有经师与人师，持有"真理与人格陶冶教养"的教师。从事专业知识与智能之研究，才能在学术真理与人格陶冶本质上学习获益，也才能传授有教养的学生。教育者不只影响一名学生，而是能影响全体社会之发展。

### （三）专业性知识与教养性智能教育并重之教育

1. 专业性知识教育与智能性伦理教育并重

优良教师撰写教科书应融合专业知识与智能教育，传授专业性知识需与智能伦理教育并重。对学生传授专业知识教学，需同时加强智慧性"伦理道德教育"、人本主义思想教育以及人道竞争教育，对个人与企业发展、社会繁荣更有利。

2. 加强伦理道德教育

（1）以伦理基础管理对企业发展之优势；

（2）企业领导者之社会责任；

（3）多国籍企业跨国经营之道德规范：①对待工人的伦理，②对待消费者的伦理，③保护地主国环境伦理，④对待地主国的伦理，⑤尊重基本人权及基本自由等一般伦理。

3. 池田大作新人本主义思想之教育

（1）人本主义思想。池田会长认为克服这些欠缺人性的精神病理，唯有"人本主义"精神才能疏解。"人本主义"思想的内涵可归纳为四点。①生命价值的肯定：重视"人的价值"、"民众"、"对话"等。②以中道人本主义为基础：重视"生命尊严"、"人性尊严"以及"绝对和平主义"。③和平共生精神：共生就是人要重视超越民族、宗教而互相交流、理解、尊重。人本主义与和平共生的精神关键在于"人"，而"教育"才能达成"人的变革"，唯有人的变革才能实现"和平共生"的理想。对"地球市民教育"寄予厚望。④以佛教为基础的人性主义。

（2）新人本主义思想之教育。池田会长强调，如果没有人本主义思想，"和平共生"将流于空谈。为此，又倡导"新人本主义"，其内容有三项：①所有现象是相对的、可变的；②所以要培养能看透现象的相对性、可变性的观察能力和不为其迷惑的强韧主体；③以此观察能力和主体为基础的人本主义，不会根据思想形态、种族、民族而将人"定型化"，进行压迫或歧视，也不会拒绝"对话"。

（3）人道竞争基于人道精神之教育。池田会长认为，若是"利己主义"之自由竞争，会陷入弱肉强食的自然淘汰主义；而以"适当的结构"及"规律"为基础的自由竞争，将为人与社会带来活力，"人道竞争"的价值正在于此。无论是自然或人与事物，若没有"自由竞争"，会变得沉滞、停顿和退化，竞争是人类社会活力的源泉。换言之，自由竞争是基于"人道精神"的，这正是 21 世纪所需的"主流思维模式"。

综合上述，21 世纪大学教育为"世界和平与人类幸福"的教育，是全世界人民追求的目标。为此大学教育必须改革，不仅专业性知识教育与教养性智能教育并重，加强伦理道德教育，更须深入教育池田会长之"新人本主义思想"、"人道主义精神"，如此才能落实"地球市民教育"。法律仅能限于人的"行为"，只有"新人本主义思想"才能启发"人心"。

## 参考文献

### 一、中文

1. ［日］池田大作：《畅谈二十一世纪的人与教育》，第三文明社，1997 年。

2. ［日］池田大作：《建设"为教育的社会"21 世纪与教育》，《教育倡言》，2000 年。

3. ［日］池田大作：《恢复教育力，绽放内在精神性光辉，人本主义思想》，《教育倡言》，2001 年。

4. ［日］池田大作：《人本主义——地球文明的黎明》，《教育倡言》，2001 年。

5. ［日］池田大作：《新人本主义思想》，《教育倡言》，2005 年。

6. ［日］池田大作：《通向新民众时代的和平大道》，《教育倡言》，2006 年。

7. ［日］池田大作：《以人性的宗教创建和平》，《教育倡言》，2008 年。

8. ［日］池田大作：《人道竞争——历史的新潮流》，《纪念倡言》，2009 年。

9. ［日］池田大作、［俄］V. A. 沙德维尼兹：《畅谈教育与社会》，《新人类、新世界》，刘焜辉译，正因文化事业有限公司 2006 年版。

10. ［日］池田大作、［印］马吉特·德拉尼安：《21 世纪的选择》，正因文化事业有限公司 2006 年版。

11. ［日］池田大作、［俄］V. A. 沙德维尼兹：《文明与教育的未来》，《学是光》，刘焜辉译，正因文化事业有限公司 2009 年版。

12. 林彩梅：《池田大作共生文化与人类幸福》，《池田大作思想国际学术研讨会论文集》，湖南师范大学 2006 年。

13. 林彩梅：《论专业性知识与教养性智能教育并重之重要性——池田大作和平与教育思想之启示》，《池田大作思想研究论文集》，台湾中国文化大学池田大作研究中心，2008 年。

14. 林彩梅：《企业伦理、和平共生对企业全球化发展之重要性》，《多国籍企业学术研讨会论文集》，台湾中国文化大学商学院 2009 年。

15. 叶保强：《企业伦理》，五南图书公司 2007 年版。

16. 刘焜辉：《人本主义是和平共生的基础——池田大作观点的探讨》，《池田大作思想研究论文集》，台湾中国文化大学池田大作研究中心，2008 年。

### 二、英文

1. J. H. Dunning, "An Ethical Framework for the Global Market Economy", *Marketing Globalization Good* , Oxford University Press in the UK，2003.

2. 同注 1，Wolfram Fruden Berg《伦理基础管理之优势》。

3. 同注 1，Hans Kung 的《伦理架构与知能》。

4. 同注 1，《OECD 对企业伦理的指针》。

5. 同注 1，《Robert Davies 企业社会责任》。


（作者简介：林彩梅，台湾中国文化大学商学院、池田大作研究中心教授兼院长；专业：国际企业管理）

# 和平·交流篇

# 池田大作的和平思想
# 与孔墨学说

　　池田大作先生是一位虔诚的佛教徒，更是一位具有世界影响力的思想家、教育家和社会活动家。他毕生从事人类的和平事业，以佛教的慈爱情怀宣扬人类和平，以儒学的入世精神身体力行去追求和平、宣扬和平、实践和平，可谓"生生不息为和平"，从而受到国际社会的普遍好评和尊敬。本文就池田先生和平思想的孔、墨学说意涵及其普世价值作一粗浅的探讨，以就教于同道师友。

## 一　孔子的"仁者爱人"与池田的"以生命的眼光"看人

　　自古迄今，就思想学说对人类社会的影响而言，孔子可以说是中国乃至世界最伟大的思想家之一。中日两国一衣带水，比邻而居，自古以来经济文化交流频繁密切，中国文明对日本的影响源远流长。池田先生曾明确指出："日本自古代国家统一以来，不，严格地说，从更加遥远的以前，一向在中国文明的影响下，不断地获得生机勃勃的发展。我国的佛教也是从中国传来的。我们在做'勤行'时所念诵的佛经也是用汉文写的。政治哲学与道德等都是直接吸取了中国的儒教。就连今天已经完全日本化了的各种风俗习惯，如果要追根溯源的话，大多也是起源于中国。"①

池田先生这番饱蘸感情的肺腑之言道出了这样一个事实：包括孔儒学说在内的中国文明自古以来对日本社会产生过普遍而深远的影响。而笔者亦认为，池田和平思想所极力阐扬的对生命的尊重和"以生命的眼光"看人，虽根源于佛教教义，但也鲜明地体现了儒学仁爱精神的意涵，折射出孔子"仁者爱人"的熠熠光芒。

孔子学说的核心是"仁"。"仁者，人也"②，即人之所以为人，就在于他怀具仁爱之心。"仁"，在这里是为人之道，即做人的道理；而所谓"仁者爱人"的"人"，既包括自己，更强调他人，意思是能够仁爱"人"的人，就是仁者，而能够爱人就是仁的集中表现。故此，孔子还说，"夫仁者，己欲立而立人，己欲达而达人"③；"己所不欲，勿施于人"④。也即怀具仁爱之心的仁者，应该以爱人为本，而爱人必先爱己。作为仁者必须首先自己做好，己立己达，才能为他人效仿，以立人达人。在孔子看来，己立己达即是爱己，不能爱己，也就不可能爱人。因此，孔教儒学一贯强调必须自己欲立欲达，才能推己及人，以立人达人。此外，《大学篇》所倡导的"明德亲民"，所谓明德，就是爱己；而所谓亲民，就是爱人，爱自己与爱他人两者是一致的。由此推展开来，孔子的"仁者爱人"的实质就是提倡爱己爱人的一种普遍的爱，即"明明德必在于亲民，而亲民乃所以明其明德也是故亲吾之父，以及人之父，以及天下人之父，而后吾之仁，实与吾之父、人之父，与天下人之父，而为一体矣，实与之为一体，而后孝之明德始明矣"⑤。从爱己爱人的"明德亲民"到"亲吾之父，以

---

① ［日］池田大作：《光荣归于战斗的学生部》《1968年9月8日在东京日本大学讲堂举行的创价学会第十一届学生部大会上的讲演》，转引自《日中恢复邦交秘话——池田大作与日中友好》，卞立强译，经济日报出版社1998年版，第56—57页。

② 朱熹：《四书章句集注》，《中庸》（顾美华标点），上海古籍出版社1995年版，第39页。

③ 朱熹：《四书章句集注》，《论语·雍也》（顾美华标点），上海古籍出版社1995年版，第111页。

④ 同上书，第196页。

⑤ 王阳明：《王阳明全书》第一册，中正书局1979年版，第120页。

及人之父，以及天下人之父"，提倡的就是一种普遍的人类之爱。可见，孔子儒学的"仁者爱人"精神是以人为中心，以"爱人"为旨归的。

而池田强调对生命的尊重和"以生命的眼光"看人，其落脚点同样以人为中心，以"爱人"为旨归。其"以生命的眼光"看人为核心的和平思想有如下三个特征。

第一，强调普遍的人类之爱。

作为虔诚的佛教徒，池田认为佛法中所谓的"佛"，意味着生命的内在尊严，而"生命的尊严是普遍的绝对的准则。生命的尊严是没有等价物的，是任何东西都不能代替的"①。虽然作为社会的存在的人因时代、民族和国家的不同而有所不同，但"人要像人一样生活，首先必须要承认自己的基点——生命的存在这一大前提，并把立脚点放在这里"②。因此，他强调要"以生命的眼光"看人，即对人的认识要回到他的原点——人之所以为人的基点上，而不是"以国家的眼光看人"，因为"'国家的眼光'只会企图利用生命来当权力的后盾，将生命当成数量和物品来计算。'生命的眼光'则会视生命为无上的存在而加以珍惜"③，并从这里真正激发出普遍的人类之爱，这就是人之所以为人的本质所在（即仁者，人也）。

为此，池田高度赞扬"极为纯正"的女性的爱，他认为女性有着一种特有的强烈的爱，如果她能超越个人的局限，用开阔的眼光去看待自己所爱的对象，这种"特有的强烈的爱"，就是推动社会前进的力量源泉。④ 他说："在女性身上有着保护和防卫生命——这个世界上存在的最宝贵的本能。因为女性产生生命，所以她有比男性更爱惜生命，更憎恶破坏生命的斗争和战争的特质。"如果女性能从狭隘的、

---

① ［日］池田大作著、卞立强编选：《池田大作选集》，北京大学出版社 1988 年版，第 312—313 页。

② 同上书，第 90—91 页。

③ ［日］池田大作：《法华经的智慧》，（香港）明报出版社有限公司 1997 年版，第 34 页。

④ ［日］池田大作、［英］汤因比：《展望二十一世纪——汤因比与池田大作对话录》，苟春生等译，国际文化出版公司 1985 年版，第 422—423 页。

个人的爱中解放出来，扎根于面向世界的普遍的爱，虽然这种思想是质朴的，但一定会汇成规模极大的反对战争、争取和平的洪流。"①

可以看出，正是在"人之所以为人"这一原点或基点上，池田的"以生命的眼光"看人与孔子的"仁者爱人"思想是完全相通的，这也是他宣扬普遍的人类之爱而力主世界和平的思想基础所在。

第二，强调实践意义上的人类之爱。

池田在与汤因比的对谈中，特别谈到关于爱和慈悲的实践问题。他说："现代社会最缺少什么？我想是深刻的'人类之爱'。但是，不管怎样强调'爱'的珍贵都是不够的。现实中，在其深处却往往隐藏着'憎恨'，或者戴着'爱'的假面具的利己主义，在那里徘徊着。"② 那么，为什么会出现这种情况，又怎样去克服它呢？汤因比认为，由于现代社会是以极大的规模活动着的社会，为了应付现代社会巨大的"数量"和"规模"，一方面形成了非个人化的组织，另一方面也造成了人与人之间的非个人化，原本从个人生命的实践中产生的"给予的爱"，"正在变成一种不是扎根于个人感情，而是将被制度化了的东西"③。原本以爱心为基础的慈善事业往往被扭曲成没有爱的施舍，从而造成人与人之间心理的分裂。"在慈善施受上，在伦理方面或者在经济方面，或者在这两方面，往往是接受的一方没有施舍的一方光彩。在这种心理状态下，慈善的施受，接受的一方往往产生对慈善的憎恨。"④

对此，池田认为，慈善本身作为一种社会行为，它是善的，但伴随它的心理上的问题则是复杂的。如果对爱也仅仅限于抽象的叫喊，而没有赋予实质性的东西，其结果就如同缺乏爱的慈善已失去其高尚的意义一样，也将变成毫无意义的东西。

在强调普遍的人类之爱的实践意义上，池田对于孔子后学的墨子

---

① ［日］池田大作、［英］汤因比：《展望二十一世纪——汤因比与池田大作对话录》，荀春生等译，国际文化出版公司1985年版，第423—424页。

② 同上书，第417页。

③ 同上书，第418页。

④ 同上。

赞赏有加。他说："儒家的爱以父子、君臣关系为中心，有亲有疏，由近及远。相反，墨子的'兼爱'说则不承认这种差别，主张爱人如爱己，爱他人之父如爱自己之父，爱他人之国如爱自己之国。"① 他把墨子的兼爱学说看成是追求和平、反对战争的理论先导，但更注重墨子身体力行的实践精神。1986 年 6 月 5 日，池田先生在北京大学以"通向和平的康庄大道"为题发表演讲时，指出："墨子的这种行动的和平主义现在仍然是打开突破口、通向和平道路的关键……用言论和行动来争取和平——这种'动'的启发工作，看起来似乎是绕了远道，但它是变不信任、憎恨和恐怖为信任、慈爱和友谊的'通向和平的康庄大道'，我深信从这里一定会发现沟通心与心之间的渠道。"他还讲述了有关墨子"非攻"的典故，来表达身体力行致力于世界和平的决心。②

第三，在同苦的心理层次上激发人类之爱。

作为一位佛法宏深的宗教思想家，池田在强调对爱赋予实践性意义就是佛法所说的慈悲的同时，进一步说明在佛法上"慈悲"就是"拔苦与乐"的意思。而"拔苦"是建立于"同苦"（使痛苦相同）的基础之上的，是"把对方的痛苦的呻吟，作为自己内心的痛苦去感受。在这样共同感受的基础上，来根除这种痛苦"③。

池田认为，对其他个体的痛苦而感到强烈痛苦的"同苦"是人类共有的心理特质，这种心理特质能够激发出普遍的人类之爱。他认为，没有"同苦"，就不能产生对对方的关怀，也不可能有想除掉痛苦的实践。这种"同苦"的感情，即对其他个体的痛苦而感到强烈的痛苦，是人的一种特质，也是人与其他生物的根本区别所在。正是在这个意义上，"同苦"，无论对爱对慈还是对慈悲，都是最基本的前

---

① ［日］池田大作、［英］汤因比：《展望二十一世纪——汤因比与池田大作对话录》，荀春生等译，国际文化出版公司 1985 年版，第 425 页。

② ［日］池田大作著、卞立强编选《池田大作选集》，北京大学出版社 1988 年版，第 149 页。

③ ［日］池田大作、［英］汤因比：《展望二十一世纪——汤因比与池田大作对话录》，荀春生等译，国际文化出版公司 1985 年版，第 419 页。

提。只有"有了这种'同苦'的根基，才可能建立起人类的集体连带关系的"①。因此，作为人类，虽然每个人的自我意识都极为强烈，但有"同苦"这一最基本的心理前提，就能激发出普遍的人类之爱，而有意识地保持着集体的团结。②

从上述池田"以生命的眼光"看人的三个思想特征，我们能够明显地感受到其思想中所体现的对生命的尊重，对人的尊重及其与孔子学说仁爱精神相沟通的深刻内涵，这就是他一贯强调的把"人"当作一切事物的坐标轴的人学观。

池田曾多次高度赞扬中国一脉相承的"尚文"的历史文化传统。他认为这种"尚文"传统的历史背景在于中国是世界上最重视历史的国家。在它浩如烟海的史籍中，充满着强烈的伦理性和伦理感，而这种伦理性和伦理感就是中国具有"尚文"历史文化传统的原因所在。因为"中国总是把人当作看问题和思考问题的出发点"③，一切都是以人为出发点，去关注人生，理解人生。他告诉人们说："我国（指日本）一位熟悉中国思想的新进学者说：'中国的哲学一向是探索人生的目的。哲学家的思索始终没有离开过对人的关心这一领域……（中国的）哲学首先是人学……是为人的哲学、为人的宗教、为人的科学和为人的政治。在如同交织着祸与福的大河一般的中国的历史中，人的这个坐标轴恐怕始终都没有动摇过。"④

当然，这里还需要指出的是，以往的观点，包括池田先生在内都认为，孔子思想因建立在"以农立国"的农业家族社会基础之上，其伦理观以父子、君臣关系为中心，故"仁爱"思想似亦有远近亲疏之分。但正如笔者上述所言，"仁者爱人"是孔子学说的核心，追求"仁"是其做人的最高理想，而"爱人"是其实现"仁"的现实途径，

① ［日］池田大作、［英］汤因比：《展望二十一世纪——汤因比与池田大作对话录》，荀春生等译，国际文化出版公司1985年版，第419页。

② 同上书，第419页。

③ ［日］池田大作著、卞立强编选《池田大作选集》，北京大学出版社1988年版，第142、146页。

④ 同上书，第146页。

在"仁者爱人"这一基本点上，孔子实际上对所有人都是一视同仁的。他在自述其做人的志向时说，要做到"老者安之，朋友信之，少者怀之"①，这种"安之"、"信之"、"怀之"的博大胸怀就是对仁爱天下所有人而言的。因此，当孔子的学生子贡问他："如有博施于民，而能济众，何如？可谓仁乎？"子曰："何事于仁，必也圣乎！"② 也就是说，能做到博施于民，而且能救济所有的苍生大众，何止是在实践仁，还可以成为圣贤哩！这些都充分而鲜明地体现了孔子仁爱为怀的淑世精神。与此同理，池田"以生命的眼光"看人所追求和阐扬的普遍的人类之爱，也同样凸显了极其可贵的普世价值。

## 二 墨子的"兼爱非攻"与池田的世界和平

与孔子基本同一时代的墨子，虽然没有孔子那么出名，但他提出的"兼爱非攻"思想却因其理想主义的永恒价值而受到人们的崇敬，并与同一时期的先秦诸子百家学说一起构成了中国传统思想文化的主导源流。

墨子比孔子晚生数十年，《淮南子要略》说他"学儒者之业，受孔子之术"③ 但他的"兼爱非攻"主张对孔子的仁爱思想既有继承，更有发展。墨子针对春秋战国时期战乱纷争的局面，指出："当今之时，天下之害孰为大？曰：'若大国之攻小国也，大家之乱小家也，强之劫弱，众之暴寡，诈之谋愚，贵之傲贱，此天下之大害也人与为人君者之不惠也，臣者之不忠也，父者之不慈也，子者之不孝也，此又天下之害也；又与今人之贱人，执其兵刃、毒药、水火以交相亏

---

① 朱熹：《四书章句集注》，《论语·卫灵公》（顾美华标点），上海古籍出版社 1995 年版，第 100 页。

② 朱熹：《四书章句集注》，《论语·雍也》（顾美华标点），上海古籍出版社 1995 年版，第 110—111 页。

③ 刘康德撰《淮南子直解》卷二十一"要略"，复旦大学出版社 2001 年版，第 1216 页。

贼，此又天下之害也。'"① 也就是说，墨子认为天下之大害，在于人之互争，而人之所以互争就在于现在"天下之人皆不相爱，强必执弱，富必侮贫，贵必傲贱，诈必欺愚。凡天下祸篡怨恨其所以起者，以不相爱生也"②。这种"天下之人皆不相爱"是社会纷争祸乱的根源，理应遭到有仁爱之心的人的坚决反对，即"是以仁者非之"。因此，他极力提倡兼爱非攻，"以兼相爱、交相利之法易之……（即）视人之国若视其国；视人之家若视其家；视人之身若视其身；是故诸侯相爱则不野战，家主相爱则不相篡，人与人相爱则不相贼……凡天下祸篡怨恨可使毋起者，以仁者誉之"③。

由上可知，墨子对孔子的仁爱思想表述得更加明确，也有所发展，而且正是在肯定"仁者"这一基础上，墨子倡导"非攻"，强烈反对一切战争，认为当时所有的"攻国"战争都是"不仁义"的行为，是天下之大害，必须予以消除。而天下之大利，则在于人之兼爱。"若使天下兼相爱，（爱）人若爱其身，恶施不孝，犹有不慈者乎？不孝亡有，犹有盗贼乎？故视人之室若其室，谁窃？视人身若己身，谁贼？故盗贼无有，犹有大夫之相乱家、诸侯之相攻国者乎？视人之家若其家，谁乱？视人之国若其国，谁攻？故大夫之相乱家、诸侯之相攻国者亡有。若使天下兼相爱，国与国不相攻，家与家不相乱，盗贼无有，君臣父子皆能孝慈，若此，则天下治"。故他大声呼吁"仁人之事者，必务求兴天下之利，除天下之害。"④

应该说，在战乱纷争不断，大小诸侯并起的春秋战国时代，不论是孔子的"仁者爱人"思想，还是墨子的"兼爱非攻"主张，虽然都不同程度地体现了中国古代思想家浓厚的理想主义色彩，但却为后世的人们开启了人道主义和平思想的智慧之门。因此，在这一点上，池田的世界和平思想受墨子学说的影响更加明显。他在与汤

---

① （清）毕沅校注、吴旭民标点《墨子》，《兼爱下》，上海古籍出版社1995年版，第56页。

② 同上书，第52页。

③ 同上。

④ 同上书，第51页。

因比的对谈中，非常赞同汤因比对墨子学说的评价。汤因比说："在家庭关系中强调义务的儒家主张，今天再合适不过了。同时，把普遍的爱作为义务的墨子学说，对现代世界来说，更是恰当的主张。"池田回答说："我完全赞成博士（即汤因比）所说的墨子的主张，即普遍的爱。这种精神最切合时宜。墨子关于舍去利己，树立爱他的兼爱学说，是反对侵略战争的理论先导。就是说，正如谴责侵害他人牟取私利的强盗行为一样，也应该谴责大国侵害小国，大量屠杀以及破坏经济的行为。"他还认为，墨子的"这种理论是极为现代化的。只是墨子主张的兼爱，过去只是指中国，而现在应作为世界性的理论去理解"①。

从佛法"以生命的眼光"看人的基点出发，又受到孔墨"仁者爱人"、"兼爱非攻"学说的启发和影响，池田先生对所有残害生命的战争均持坚决反对的态度。他主张："要坚决摒弃克劳塞维茨的战争肯定论。战争是绝对的坏东西，是向人的生命尊严的挑战。"因为，从历史上看，虽然不能否认战争一直是经济发展的巨大因素，但战争会造成反复不已的恶性循环，而且人们必定要受到战争的报复。不论是谁，只要发动战争就"不仅对敌国而且对包括自己国家在内的地球上的整个人类的生存构成了威胁"，而那些以保卫国家为借口而要求青年们牺牲生命的侵略战争，更是"把别国的国民和自己国家的国民都推入苦难的深渊"②。由此，他大声疾呼："现代人经历了太多的战争。我们必须消灭破坏文明，夺走宝贵生命进而招致人类灭绝的可怕的战争。"③

此外，对于所谓正义和非正义战争的说法，池田也认为必须予以认真的反思。他说，爱国心作为一个人的至关重要的问题而言，可以称之为一种美德，但如果这种"爱国心"一旦被利用来卷入国家与国家的对立中，就会带上邪恶的色彩。"在国家主义的影响下，不知有

---

① ［日］池田大作、［英］汤因比：《展望二十一世纪——汤因比与池田大作对话录》，苟春生等译，国际文化出版公司 1985 年版，第 425 页。

② 同上书，第 238—239 页。

③ 同上书，第 231 页。

多少青年的纯真的爱国心被歪曲、被利用、被蹂躏……本来对自己生存社会的纯真的爱，却变成了对其他国家国民的憎恶或蔑视。本来是自己和社会共存的理念，不知不觉变质成为为国家和社会而牺牲自己了。"① 因此，就这个意义而言，"现在不可能有什么保卫正义的战争，就是说战争本身已消灭了正义。"② 作为坚决反对日本军国主义的有识之士，池田先生还以明治维新后的日本为例，认为把"神国日本"的信念作为国民的精神支柱会使国家走上歧途，带来战争的灾难，从而无情地鞭挞了军国主义的罪行，显现了一位正直的宗教思想家的坦荡胸怀。

基于阐扬普遍的人类之爱和追求世界和平的坚强理念，与墨子的"兼爱非攻"思想一样，池田关爱生命，反对战争，而且也与墨子一样身体力行去追求和平、实践和平。他认为，现代人的生活基础已经扩展到世界规模，人的生存基础和生存观念都不应自我禁锢在狭隘的国家这一有限的框框里，"在现代，所谓自己生存的国土，也可以说那就意味着世界。因此，如果在现代寻求相当于过去本来意义上的爱国心这个理念的话，我想那一定就是把全世界看成'我的祖国'的人类爱、世界爱。那时，国家规模的国土爱可能就相当于现在所说的乡土爱了。"③

当今世界正处于一个贫富差距不断加大，民族宗教文化矛盾冲突的社会转型期，如何通过全人类的共同努力，填平鸿沟，化解冲突，消灭战争，缔结普世的和平，无疑是摆在我们面前的一个极为严肃紧迫而又极具普世价值的时代课题。正如汤因比所指出的："爱知己比爱无故的人更为容易。这是为任何人的经验所熟知的。但是，爱自己不熟悉的他人，把普遍的爱落实到行动上，并满足这种伦理上的困难要求，那才是现代的绝对要求。"池田也说："对全人类普遍的爱是不会为偏见狭隘的爱所束缚的。所以不立足于普遍的爱，即偏见与狭隘

---

① ［日］池田大作、［英］汤因比：《展望二十一世纪——汤因比与池田大作对话录》，荀春生等译，国际文化出版公司 1985 年版，第 225—226 页。

② 同上书，第 235 页。

③ 同上书，第 227 页。

的爱，大概其本身就不会是真正的爱。"① 而他所生生不息、孜孜以求的世界和平就牢牢地建立在这全人类普遍的爱的基础之上。从孔子的"仁者爱人"、墨子的"兼爱非攻"到池田的"以生命的眼光"看人及其追求人类普遍之爱的世界和平，我们既可以清楚地看到东方思想家那一脉相承的思想源流，又可以深切地体悟到两者所共同具有的普世价值。

## 三　孔儒的忠恕之道与池田的人生哲学

孔子曾对他的学生说："吾道一以贯之。"这里所说的一以贯之的"道"，简要言之，可以用"忠恕之道"加以概括。由于儒家学说非常注重修身养性，明道力行，因此"忠恕之道"实际上就是为人处世所必须遵守的人生信条和道德准则。孔子对"忠"、"恕"的解释很多，但不外乎"忠信"、"宽恕"之意，《如学而篇》说："曾子曰'吾日三省吾身：为人谋而不忠乎？与朋友交而不信乎？传不习乎？'"又说："与朋友交，言而有信。"② 还说"臣事君以忠"③、"孝慈则忠"④ 等等，即强调为人要心存忠信，做事要笃守信用。对于"恕"则一言以蔽之，子贡问曰："有一言而可以终身行之者乎？"子曰："其恕乎！己所不欲，勿施于人"⑤，意思是作为一个人，终身需要信守而遵行的是要能够理解人、关爱人，宽容、宽恕他人，不要把自己的主观意愿强加给他人。

可以看出，孔子的"忠恕之道"实由其"仁"的核心思想衍发而来，是在"仁者爱人"的基础上强调对人的理解和对人的尊重。只有理解人，尊重人，"己所不欲，勿施于人"，才能"忠"发之于内，

---

① ［日］池田大作、［英］汤因比：《展望二十一世纪——汤因比与池田大作对话录》，荀春生等译，国际文化出版公司 1985 年版，第 426—427 页。

② 朱熹：《四书章句集注》，《论语·学而》（顾美华标点），上海古籍出版社 1995 年版，第 62、64 页。

③ 同上。

④ 同上书，第 74 页。

⑤ 同上书，第 196 页。

"恕"施之于外，这也是孔子之所以为圣人的、终身遵守的人生信条和道德准则，故他的学生曾子说："夫子之道，忠恕而已矣。"① 孔子儒学这种闪烁着人性光辉的忠恕之道至今仍然是哲人智者永恒的圭臬。在这方面，池田人生哲学所受儒学的影响及其儒学意涵同样非常明显，而这种人生哲学也是构成其和平思想的基础之一。

池田在他所著《我的人学》一书的中文版序言中指出：中国—她是"人学"的宝库。《中庸》云："道不远人。"自古以来，人们认为在中国，真理不远离于人。对人，始终寄予莫大的关注，并致力于人的探索。他认为中国的历史，实际上就是记载人的历史，一部《史记》全书130卷，竟用了70卷的篇幅撰写个人传记（即"列传"），说明了中国文化传统对人的重视。在"人学"故乡的中国，记载历史的目的主要是"述以往，思来者"，"是在于后世的人们，可以从先人的事迹中发现人的普遍价值，并当作人生之龟鉴吧。这正是'人学'的先觉者"②。

为此，池田先生通过对许许多多著名历史人物的解读，论述了他的人生观和世界观，其中贯穿全书的思想主轴就是从不同的角度、不同的层面去探索"人应如何处世、生活"这一人生的大问题。例如在讨论朋友之道中谈到鲁迅与瞿秋白的友谊时，他赞叹"这种宝贵的情谊的纽带，才是为青春和人生添加光彩的最宝贵的'镶宝'。支持这种友情的，是尊敬和信任的感情，是永不背叛朋友的'真诚'"。③ 在谈到为人处世哲学中的信用问题时，他认为，"对于人来说，再也没有比信用更重要的了。而且信用这种东西，不是一朝一夕就能建立起来的。它积累起来很难，失掉却很容易。费了十年工夫积累起来的信用，在关键时刻，也会由于一件小小的言行而整个失掉。"只有毕生以极大的耐心坚持信用，"通过坚毅的实践和努力，在各自不同的环

---

① 朱熹：《四书章句集注》，《论语·里仁》（顾美华标点），上海古籍出版社1995年版，第89页。

② ［日］池田大作：《我的人学》上册，铭九等译，北京大学出版社1992年版，第1页。

③ 同上书，第35页。

境与立场上取得周围的信任"，个人的学识与才智"在信用的土壤中才能成为真正的力量"，而且"更能随着时间的流逝变成人生的无价之宝"①。

此外，他还以中国史籍《三国志》、《贞观政要》中众多的风云人物为例，广泛探讨了王道、霸道、是非、善恶；忠诚、背叛，知恩、忘恩，忠义与仁德，智谋与胆略，道德与节操等问题，尤其对千古忠义之士的关羽相当推崇，认为关羽的"高尚人格，甚至使敌方的主帅曹操都为之心服"，感叹"一个人物的高洁人格，的确是会超越敌我、超越时间，使人们受到感动，激发人们向上的……不管什么时代，像关羽这样重节操、讲信义的厚重的生涯，在乱世中将会大放异彩"；同时，也使生活在现代的人充分了解到一个人格所产生的力量是多么伟大。他还借用日本学者吉川的话说，"这种以一个人格来熏染他人，它的影响，必将及于后世的一千年、两千年的吧"②。

对于稀世名臣诸葛亮，池田也是敬仰有加，他说："《三国志》后半部中的英雄诸葛孔明，使任何时代的人都会对之崇敬不已。他那不朽的光彩，可以说是《三国志》中任何人也不可能与之比肩的。"这其中的原因，是在孔明身上，到处体现出类似人所憧憬的理想"智慧"的明晰性，是一种"在后汉已经倾颓、群雄割据的混乱时代，为了那些饱尝涂炭之苦的民众，企图建立一个公平正义的社会——从这样一种人道主义迸发出来的实践的智慧"，"是人的睿智的究极的出发点"③。在这里，池田画龙点睛般地指出，诸葛亮之所以永远受到人们的崇敬，就是他那令人感佩的智慧既不是束之高阁的、象牙塔内的"智慧"，也不是尔虞我诈、钩心斗角的"权谋"，而是一种由深切关心民众疾苦、追求社会公平正义的人道主义所迸发出来的实践的智慧，是由于他终身面对理想，公正无私，鞠躬尽瘁、死而后已的伟大人格和高尚情操，而这种人道主义的关怀和人生哲学的彰显正是池田

①　[日]池田大作：《我的人学》上册，铭九等译，北京大学出版社1992年版，第88页。

②　同上书，第250页。

③　同上书，第271页。

人道主义和平思想的理论基石。

值得注意的是，在题为"二十一世纪与东亚文明"的演讲中，池田精辟地指出东亚文明的特征可以简要地概括为一句话，即"共生的道德气质"（共生的 ethos）。他认为，东亚"在比较温和的气候、风土里孕育出一种心理倾向，就是取调和而舍对立、取结合而舍分裂、取'大我'而舍'小我'。人与人之间、人与自然之间，共同生存，相互支持，一起繁荣。而这种气质的重要源头之一，不用说就是儒家"①。在这里，池田虽然强调指出，不能用"共生的道德气质"来等同与儒家的"三纲五常"等道德伦理，但"东亚精神的升华——'共生的道德气质'，像地下水脉般贯通于数千年历史，对新中国的社会主义思想系统等，也投映着它独特的人道主义光彩"，而作为一个"共生的道德气质"的典型理想人物，就是已故的周恩来总理。他把周总理誉为"20 世纪的诸葛孔明"，认为周恩来"取调和而舍对立、取结合而舍分裂、取'大我'而舍'小我'的心理倾向，成为这种'共生的道德气质'的非常珍贵的榜样"②，是现代世人崇敬的人生楷模，是任劳任怨、鞠躬尽瘁地推动中国历史大转换——从乱世转向太平，并进而转向繁荣的、本世纪最具代表性的大政治家。③

由上所述，两千多年前的孔墨学说的仁爱、兼爱精神和忠恕之道，因其永恒的普世价值至今还深深地影响着现代社会的智者，而池田先生"以生命的眼光"看人为基石的人道主义和平思想所具有的孔墨思想意涵及其普世价值也同样必将长存于世。在当今中日关系进入一个重要而复杂的历史时期之际，我们在这里摘录一段池田先生以此为题所作演讲的精彩论断作为本文的结束语：

"时代的潮流揭开日中交流的新篇章，同时也导致从根本上重新审视日本对中国的态度。无须赘言，日本的教育思想等全部文化都蒙受了贵国（指中国）的大恩，我们应如何报答这种恩泽呢？

---

① ［日］池田大作：《和平世纪的倡言》，（香港）国际创价学会译，香港天地图书有限公司 1997 年版，第 10 页。

② 同上书，第 10 页。

③ 王永祥主编《周恩来与池田大作》，中央文献出版社 2000 年版，第 85 页。

"我认为答案就在日中交流这一点上。个人方面固不用说，在今天的全球性时代里，国家也不能孤立地存在。只要生存在这世界上，就会领受无数人们、国家的恩惠。所谓'恩'，乃是在生活里互相支持帮助的一种精神的表露、人性的精髓。

……日中两国在地理上如此相近，自古以来习惯地称为'一衣带水的邻邦'。一想到两国有这样渊源深厚的关系，我便相信，彼此共同致力实现真正的和平与安定，可以为亚洲，进而为世界和平做出巨大的贡献。

友谊，只有贯彻下去才能变为真正的友情；日中友好也只有坚持下去，才会成为真正的友谊。不管两国之间出现什么样的迂回曲折，我们决不从友好的缆绳上撒手。"①

（作者简介：黄顺力　厦门大学历史系）

---

① ［日］池田大作：《世界市民的展望》，（香港）国际创价学会译，参见《池田大作选集》，三联书店（香港）有限公司 1993 年版，第 74—76 页。

# 大公、大智、大信

## ——论周恩来与池田大作的情谊

在中日关系史中，周恩来与池田大作的情谊是一段值得仔细品味、需要认真思考的个案。他们一个是中国人，一个是日本人，年龄相差 30 岁；一个是国家总理、政界要人，一个是社团会长、社会领袖；一个是马克思主义者，一个是宗教人士；他们都经历了 20 世纪的中日战争，却各自处于相互敌对的阵营；他们的人生，也仅在 1974 年 12 月 5 日，有过 30 分钟的短暂交集。他们的不同是如此之多，面对面的交流是如此短暂，但是，他们的情谊，却如大海般宽广、深厚，超越了时空、超越了意识形态、超越了生死，对中日和平、世界友好事业产生了深远影响，成为中日关系史中一段难以磨灭的佳话。是什么原因使他们以如此之多的不同，获致如此之深厚友谊，产生如此之深远影响？笔者认为，周恩来与池田大作的情谊，并非随处可见的私人之谊，而是植根于中日友好、世界和平事业的大公之谊；更有进者，他们在追求和平友好事业的交流过程中，贯穿着以人为本、求同存异、真诚交流的理念，体现出在多元文化中构建和谐世界的大智慧、在差异中建立友谊的大信赖。因此，探讨周恩来与池田大作的情谊，不仅是展现一段令人感动的历史往事，对于在新的世纪构建代代相传的和平友好事业，亦有促人思考的指导价值。本文拟就此进行初步探讨。

# 一 大公结缘

中日友好与世界和平事业，是联结周恩来和池田大作的重要纽带，也是他们的友谊之基。

20世纪60年代初，周恩来注意到：池田大作领导的创价学会是推进中日友好"不能忽视"的力量。他由此开始关注池田大作和创价学会。

1960年，池田大作就任创价学会第三任会长后，在短短的3年时间里，创价学会会员由150万户成倍地增长到300万户①，引起了日本各界的高度注意。1962年9、10月间，日本著名政治家松村谦三和经济界领袖高碕达之助在访华时先后向周恩来建议，要重视创价学会和池田大作，"交个朋友"。② 在此前后，时任中日"备忘录"贸易中方首席代表的孙平化在访日归来后，也向周恩来特别汇报了池田大作和创价学会的情况。③ 周恩来由此知道池田大作"年轻勤学，通读了《毛泽东选集》"④。

当时日本各界对创价学会毁誉不一，中国国内对于创价学会的认识也有分歧。据孙平化回忆："我们曾经以为创价学会是日本一个可怕的团体，一支非常有组织的部队，人数很多，具有相当大的实力，动员力也很了不起。当时正在讨论日本军国主义会不会复活，觉得这样的团体是很可怕的、很危险的。"⑤ 时任中国人民外交学会日本处处长金苏城在回忆时也表示，当时相当一部分研究者认为，创价学会是军国主义复活的社会势力，特别是创价学会的组织机构、编制是军

---

① 《日中恢复邦交秘话——池田大作与日中友好》，经济日报出版1998年版，第13页。
② 孙平化：《我的履历书》，世界知识出版社1998年版，第250页。
③ 《日中恢复邦交秘话——池田大作与口中友好》，经济日报出版1998年版，第26页。
④ 孙平化：《我的履历书》，世界知识出1998年版，第250页。
⑤ 《日中恢复邦交秘话——池田大作与日中友好》，经济日报出版社1998年版，第26页。

队的形式，从班、排、小队、中队到大队、旅团、师团，而且各地区都有创价学会大队部，"我们感到奇怪"。① 中国人民外交学会在周恩来的指示下专门研究了创价学会，客观记述了日本各界对创价学会的评价，但没有对创价学会的性质得出明确的结论。②

在看了各方面材料和了解了不同观点后，周恩来敏锐地注意到，创价学会在历史上一直反战、追求和平，并非军国主义复活的社会势力，而是"从民众中涌现的团体"，"人数几乎占日本人口的一成"，是推进中日友好"不能忽视"的力量。③ 因此，他多次指示对日外交人员要尽快和创价学会的干部接触④，同时希望中国佛学界的权威人士赵朴初寻找机会"和创价学会建立关系"⑤。与此同时，周恩来委托日本著名作家有吉佐和子邀请池田大作访问中国。显然，周恩来对创价学会及其会长池田大作的友好态度从一开始就非常明确。曾长期在周恩来身边从事对日工作的林丽韫证实：我们通过调查，"认识到创价学会是一个以群众为基础，争取中日友好的团体"⑥，对创价学会，"周总理一直在考虑如何设法进行交流"⑦。

无独有偶，池田大作担任创价学会会长后，即密切关注日中关系的现状，思考如何推动日中关系走上正常化的轨道。1963 年，高碕达之助造访池田大作，殷切期望池田大作能够成为日中友好的新动力，进一步坚定了池田大作为"日中友好架设金桥"的决心。池田大作深信，能够打开日中友好之窗的，唯有政治的力量。因此，他于1964 年创立了公明党，并将"致力于正式承认中华人民共和国，和

---

① 王永祥主编《周恩来与池田大作》，中央文献出版社 2001 年版，第 196 页。
② 同上书，第 200 页。
③ 《日中恢复邦交秘话——池田大作与日中友好》，经济日报出版社 1998 年版，第 13 页。
④ 同上。
⑤ 同上书，第 28 页。
⑥ 同上书，第 113 页。
⑦ 同上书，第 108 页。

中国恢复邦交"确立为公明党最为重要的外交政策。①

1966 年，周恩来与池田大作通过有吉佐和子有了第一次的间接交流。在获悉周恩来邀请其访华的口信后，池田大作非常感动，表示："这份情谊不会忘记。"② 随后，奉周恩来之命与创价学会接触的工作也取得了实质性进展，孙平化、《光明日报》驻日本记者刘德有在日本东京与创价学会青年部的负责人进行了初次会面，由此打开了中国政府与创价学会的交流之门。周恩来的诚意令池田大作深感"正式推动日中友好的时机到来了"③。

在此基础上，鉴于日中关系趋于紧张的现实，为推动日中关系打破僵局，走上正常化的轨道，池田大作于 1968 年 9 月 8 日，在有 2 万人参加的创价学会学生部大会上公开发表"日中邦交正常化倡言"，石破天惊地提出了三点解决中国问题的途径，在世界各地产生巨大反响，并产生了深刻的历史影响。此后，池田大作继续为推动中日友好作贡献。1969 年 6 月，池田大作在《圣教新闻》连载小说《人间革命》，进一步呼吁要缔结"日中和平友好条约"，千方百计地促进日中友好。④

应该特别指出的是，池田大作的"日中邦交正常化倡言"刚一发表，立即引起了周恩来的高度重视，给予了非常积极的评价。林丽韫说："1968 年池田先生关于中国建议的内容，我想立即就传到了周总理的手头。至于对建议的感想，我没有直接听总理说过，无法详谈。不过，周总理对池田先生的建议给予非常积极的评价，这是确定无疑的。当时的状况是中日两国之间还没有恢复邦交，从真正的意义来说，两国的战争还没有结束。而且世界的状况是中华人民共和国在联合国中也没有自己的代表。在这样的形势下，池田先生的建议中认为'日中友好是世界和平的关键'，我想这是特别引人注目的。周总理一

①　[日]池田大作：《新人间革命》第 13 卷，天地图书出版公司 2005 年版，第 15 页。

②　同上书，第 18 页。

③　同上。

④　同上书，第 49—50 页。

向争取中日友好的实现。他对日本新闻媒体的信息，每天都是认真过目的。当时我们看到日本最大的宗教团体创价学会终于开始开展中日友好活动，也感到非常高兴。"① 值得注意的一个情况是，池田大作的倡言，在中国外交部与日本公明党访华代表团会谈中，曾作为重要材料之一印发。据亲自参加 1971 年 6 月与公明党代表团会谈的黄世明先生回忆："1971 年 6 月份，把我从干校调回来，接待公明党代表团时，从准备的材料中……看到这个演讲内容。"② 周总理在会见公明党代表团时充分肯定并称赞他们的五项原则，并表示"相识虽晚，相知甚深"。③ 从中不难发现，周恩来不仅对池田大作奋不顾身地致力于中日友好是完全了解的，而且清楚公明党是以池田大作提倡的中日邦交正常化作为外交政策的支柱。这既是周恩来从 60 年代初期即关注、了解创价学会的结果，也是对池田大作"日中邦交正常化倡言"的肯定。此后，他对池田大作和创价学会更加重视。1970 年 12 月 8 日，周恩来在会见来访的长野大学名誉教授菅沼正久时，特意询问了"创价学会有什么特色"、"这个学会通常有什么样的活动"等问题，有关创价学会的话题，谈了约 30 分钟。④

周恩来对池田大作和创价学会高度重视，显然是从如何推进中日友好事业的战略性视角出发。他注意到：创价学会自成立迄今的全部历史表明，它是一个在日本民众中有着广泛影响的以平民为基础的群众团体；是追求和平、反对战争、尤其反对日本军国主义对中国进行过的侵略战争的团体；是一贯坚持和推进中日友好的团体；是有着正确的历史观并长期用这种正确的历史观教育其成员的团体；是为确立和发展中日友好关系、推动中日民众之间的友好交流和为中日两国人民世世代代友好下去做出杰出贡献的团体。而创价学会这种宗旨和性质的形成，与其历届会长特别是与长期担任领

---

① 《日中恢复邦交秘话——池田大作与日中友好》，经济日报出版社 1998 年版，第 106—107 页。

② 王永祥主编《周恩来与池田大作》，中央文献出版社 2001 年版，第 204 页。

③ 同上书，第 205 页。

④ 《圣教新闻》2000 年 10 月 23 日。

导职务的池田大作的英明决策和指导密不可分。这就是周恩来长期密切关注创价学会并且即使在病危时刻仍强烈坚持一定要亲自会见池田大作一行的内在原因。纵观这一历史进程，完全可以说，周恩来与池田大作和创价学会之间的联系与交往，建立在中日两国要世代友好下去的共同目标之上。这样的大公之心，是周恩来与池田大作深情厚谊的根本基础所在！

## 二　大智立业

中日两国有长达 2000 多年的友好交流史，但是近代以来，日本多次侵华给中国人民造成了极大的伤害，加之受冷战背景下中日两国各处不同阵营的政治现实等因素影响，中日关系正常化成为常规的政府间外交难以破解的难题。周恩来与池田大作以其追求真理的精神、理性的态度和不同寻常的智慧，通过民间外交的途径，完成了这一难以想象的重任，他们的情谊也在这一过程中不断深化。

周恩来将民间外交作为推进并保障中日两国人民世代友好的关键途径，多次强调：中日两国关系，从根本上说必须建立在两国人民友好的基础上。20 世纪 50 年代，周恩来为打破中日关系僵局，提出了"民间先行，以民促官"的独特外交思想。他说："要打破中日邦交的困难局面应该采取什么步骤呢？……我们的想法是，先从中日两国人民进行国民外交，再从国民外交发展到半官方外交……总有一天……中日会恢复邦交。"[1] 进而，周恩来提出了"以民促官"的民间外交思想，他认为，在处理中日关系时，"不但人民要来往，人民还要影响政府，改变政府的态度，两国才能友好。"[2] 为推进对日民间外交，周恩来身体力行。据统计，从 1953 年 7 月 1 日到 1972 年 9 月 23 日，周恩来共会见、接见日本客人 287 次、323 个代表团次（或批量客

---

① 《周恩来外交文选》，中央文献出版社 1990 年版，第 228—229 页。
② 同上书，第 146 页。

人)。① 偌大精力与心血的付出，换来了日本人民对周恩来的衷心爱戴。日本前首相三木武夫曾说："没有一个外国政治家，像周恩来总理那样在日本各阶层人民中间有那么多的朋友，得到那么多的尊重。"②

作为一名社会人士，池田大作以天下为己任，特别重视民间外交活动，希望通过构筑民间层面的交流，使普通人民大众本着团结合作的精神来推动世界和平。在中日关系方面，他认为，中日两国人民才是真实的，只有将视野放在"民众与民众"而不是"国家与国家"之间，才能突破现状。基于这样的思想，1968 年 9 月 8 日，池田大作在中日关系处于生死存亡的关键时刻，豁出性命公开发表"日中邦交正常化倡言"，在中日邦交正常化问题如山的复杂情况下，池田大作充满智慧地主张按照演绎的方法寻求问题的解决。他指出：中日"两国总理，两国的最高负责人通过对话，确认对待和平的基本共识，从对大局的看法、从基本方针政策入手，加以落实。然后再涉及细节问题"。此外，他还提出了解决中国问题的"三位一体"的完整的方案，即包括实现中日邦交正常化，恢复中国在联合国的合法席位，扩大日中贸易这三个不可分割的内容。日本著名的中国文学理论家、评论家竹内好深刻指出：这一倡言，"形式上是一个宗教团体的内部发言，但实质上是提出了关系全体国民的重大问题，应该当作超越信仰立场的共同的课题。"③

总之，周恩来与池田大作都坚信：中日两国要世代友好下去，关键在于两国人民、两国民众之间的友好关系，这是发展中日关系的根本基础所在！池田大作对此形象地指出："总理所重视的第一是民众，第二仍然是民众，就日中友好来说，总理也是'以大众为基础'来推进的。"正是这样的共识，构成了周恩来与池田大作致力于中日世代友好伟大事业的共同基础！

---

① 陈答才：《周恩来与中日民间外交》，载《中外学者再论周恩来》，中央文献出版社1999 年版，第 648 页。

② 《举世悼念周恩来总理》，人民出版社 1978 年版，第 4 页。

③ ［日］竹内好：《看到了光明》，（日本）《潮》，1974 年 12 月。

在推进中日邦交正常化的具体过程中，也时时闪烁着周恩来与池田大作智慧的光芒。

众所周知，日本公明党在中日邦交正常化进程中承担着为中日政府牵线搭桥的重任。公明党担此重任，源自于松村谦三邀约池田大作一同访华，并明确表示要把池田大作"介绍给周恩来总理"①。对松村谦三的愿望与期待，池田大作完全理解。但是，他认为，推进恢复邦交，基本上是政治问题，站在前台的若不是政治家，就不能有效地推波助澜。同时，他担心以自己宗教人士的身份，在"文化大革命"如火如荼进行之时访问中国，可能会给松村谦三和中方友好人士带来麻烦，进而影响日中邦交正常化大业。因此，他婉言谢绝，同时他强烈希望由他创建的公明党充当日中邦交正常化的旗手。池田大作的建议得到了松村谦三的理解。② 在松村谦三的引荐下，1971 年 6 月公明党代表团实现了第一次访华，并取得了发表"中日友协代表团与日本公明党访华代表团联合声明"的具体成果，确立了中日邦交正常化的"复交五原则"，为日后日中政府间的谈判树立了路标。1972 年 7 月，公明党代表团第三次访华，在恢复邦交问题上担当起了沟通中日政府的管道作用，直接推动了日本政府田中角荣首相作出亲率代表团访华的决定。

公明党能发挥出如此重大的作用，也与周恩来的睿智密不可分。

在公明党第一次访华谈判过程中，公明党方面提出 5 点主张③，但中方代表团坚持在共同声明中明确提出反对美帝国主义，令公明党代表团难以接受，谈判陷入破裂的边缘。周恩来获悉此事后，立即把参加谈判的中方代表团和有关方面负责人找去谈话，他严肃地指出："中日邦交正常化最关键，台湾问题最关键，他们这点最明确，这不

---

① ［日］池田大作：《新人间革命》第 13 卷，天地图书有限公司 2005 年版，第 53 页。

② 同上书，第 54—55 页。

③ 分别是：1. 承认中华人民共和国政府是代表中国人民的唯一合法政府；2. 反对"两个中国"或"一中一台"论调；3. "日台条约"是非法的，必须废除；4. 美国武装力量必须撤出中国台湾和台湾海峡；5. 恢复中华人民共和国在联合国的一切合法席位。

是很好嘛。"并谆谆教导：要抓住关键，抓住主要问题，不要计较某些提法。① 随即，周恩来打破外交惯例，在谈判没有结果的时候立即接见公明党代表团。会谈一开始，周恩来就郑重地说：请向池田会长转致问候。这使得公明党代表团成员深感惊讶。接着，周恩来说："公明党成立以后，我一直注意你们的主张。关于中日关系，你们有很好的意见，我们也高度评价。这次我们邀请你们也出于这一点。"② 周恩来的会见和重要谈话，使得双方的谈判峰回路转，很快就达成一致。1971 年 7 月 2 日，中日友好协会代表团和公明党代表团签署共同声明，提出了引人注目的恢复中日邦交的 5 项主张，即：1. 中国只有一个，中华人民共和国政府是代表中国人民的唯一合法政府，坚决反对制造"两个中国"和"一中一台"的阴谋；2. 台湾是中国的一个省，是中国领土不可分割的组成部分，台湾问题是中国的内政，坚决反对"台湾归属未定"论；3. "日蒋条约"是非法的，必须予以废除；4. 美国占领中国台湾和台湾海峡地区是侵略行为，美国必须从台湾和台湾海峡地区撤走它的一切武装力量；5. 必须恢复中华人民共和国在联合国的一切组织和安全理事会常务理事国地位的合法权利，把蒋介石集团的代表驱逐出联合国，坚决反对一切阻挠恢复中国上述合法权利的阴谋。③ 这个明确了邦交正常化基本条件的共同声明被称为"复交五原则"，成为日后中日政府间谈判的基础。

从中日邦交正常化的过程看，最终中日两国政府之所以能够发表共同声明，一是公明党提出了符合中日友好原则并切实可行的"复交五原则"，二是周恩来以务实、灵活的外交方针，及时纠正了中方具体谈判人员的"左倾"错误，使几乎破裂的谈判转危为安，推动中日邦交正常化迈出了关键一步。

在这一过程中，周恩来与池田大作的情谊也更加深厚。池田大作

---

① 王永祥主编《周恩来与池田大作》，中央文献出版社 2001 年版，第 205 页。

② ［日］池田大作：《新人间革命》第 13 卷，天地图书有限公司 2005 年版，第 57—58 页。

③ 《人民日报》1971 年 7 月 3 日。

虽然因宗教界人士身份而刻意避免走到前台，但中国方面很清楚他在公明党访华中所起的决定性作用。据黄世明回忆，池田大作的"倡言"，在中日友好协会代表团与日本公明党访华代表团会谈中，曾作为重要材料之一印发。他分析说："公明党是池田大作会长创立的政党。他们之所以正式访华，是因为有池田大作会长 1968 年的讲话。当时公明党提出的中日复交五原则，里面有重要的一条，就是恢复中国在联合国的席位，就是池田大作在学生部大会上讲的。首先在群众大会上正式呼吁恢复中国在联合国的席位，是池田大作先生。所以公明党在和我们谈判的时候，除了中国方面关于中日邦交正常化的三原则，还明确提出恢复中国在联合国的席位，美军要从中国台湾和台湾海峡地区撤出去。这是很不容易的。"① 而周恩来在接见公明党访华代表团时，所说的第一句话就是希望公明党代表团转达他对池田大作的问候。在 70 年代初期担任《朝日新闻》社驻北京记者的秋冈家荣认为："周总理是将公明党代表团作为池田大作会长的使者看待的。"②

## 三　大信传世

1974 年 12 月 5 日，周恩来抱重病之躯，不顾医务人员的反对，与池田大作进行了半个多小时的亲切交谈。这是周恩来与池田大作唯一的一次面对面交流，但其影响甚为深远。

在会谈中，周恩来说："池田会长一再提倡必须发展中日两国人民之间的友好关系，我对此感到很高兴。创价学会和公明党都为这一目标积极奔走，这符合我们的共同愿望，中日友好能发展到今天，是我们共同努力的结果，希望我们双方还要继续努力下去。"随后，周恩来又满怀深情地说："20 世纪的最后 25 年，对世界是最重要的时期，要彼此站在平等的立场，互相合作，共同努力。"周恩来还特意

---

① 王永祥主编《周恩来与池田大作》，中央文献出版社 2001 年版，第 204 页。
② 《圣教新闻》1999 年 5 月 29 日。

对池田大作说："你还年轻，多多保重，一定有希望见到新世纪。"①

这次历史性会见的直接参加者、担任周恩来总理日语翻译的林丽韫在 20 年以后，还对这次会见记忆犹新。令她印象极为深刻的，一是彼此"相见虽晚，相知甚深"。刚刚见面时，池田大作"用手抓住总理的臂肘，像拥抱似的握着总理的手。总理也深情地凝视着池田先生，始终是一副打内心里感到高兴的神情"；在会谈中，"他们俩开怀畅谈，简直令人觉得不是初次见面。"二是重病中的周恩来，对池田大作为中日友好所作的贡献给予了高度赞扬，并滔滔不绝地谈了中日友好以及亚洲和世界的和平，仿佛"是在向池田先生托付中日友好交流的重任"②。

这次短暂的会谈，也给池田大作留下了难以磨灭的深刻印象。周恩来抱重病之躯，坚持接见自己，在感动之余，池田大作深感责任重大。他深信，这是周恩来在生命之火熄灭前，豁出性命向年轻的一代传递一个信息，那就是"中日世世代代友好、万代不战保卫和平"③。他感叹周恩来"是真正懂得政治的人"，"真是连接人心的人"，因为"遇到难题时，他总是首先打开相互的心扉，以诚实的、坚韧不拔的精神予以解决"④。周恩来的托付，使池田大作感到肩负着促进中日友好的重大责任，"在心中深深发誓要对中日两国的友好、亚洲民众的幸福作出贡献"⑤。他多次表示："我在有生之年中，一定会牢记总理对我的托付，全心全意地为中日两国人民世世代代友好下去而努力。"⑥ 在池田大作看来，"'以民促官'——这是总理对日本的一贯方针，不管何时何地，他始终将中日友好的基础放在以民众为根本的

---

① 王永祥主编《周恩来与池田大作》，中央文献出版社 2001 年版，第 72—73 页。
② 林丽韫：《回忆周总理与池田先生的会见》，《国际创价学会画报》，1997 年 7 月。
③ ［日］池田大作：《理解、友谊、和平——池田大作诗选》，作家出版社 2002 年版，第 38 页。
④ 王永祥主编《周恩来与池田大作》，中央文献出版社 2001 年版，第 79 页。
⑤ 《黎明圣报》2004 年 11 月 8 日。
⑥ 王炳根：《与池田大作对话》，《福建论坛·人文社会科学版》2004 年第 7 期，第 75 页。

方针中。"①

　　基于对周恩来民间外交思想的深刻理解，池田大作强调，中日关系"最重要的就是互相信赖、互相贯彻信义、身为人的相互理解和尊重，并以此为基础，一起面对未来。政治和经济虽然重要，但能在更深层的民众意志受到重视之下而进行交流，才能加深真正的相互理解"②。因此，从 1974 年到 1997 年，池田大作先后十次访问中国大陆。这一时期，日中关系已经走上正常化的轨道，但基础尚不巩固；21 世纪日中友好的曙光已经出现，但尚需进一步努力以拥抱光辉灿烂的朝阳。在这样一个事关日中友好未来的关键时期，池田大作的十次访问每一次都意义非凡。这十次访华，集中在 20 世纪的最后 20 多年，正是周恩来在会见池田大作时所着重强调的对世界来说最为重要的"20 世纪的最后 25 年"。我们有理由相信，池田大作以文化交流和教育交流为重点的十次访华，正是为了完成周恩来总理关于继续推进中日友好的托付而不断努力的具体行动。

　　不仅如此，池田大作坚信："文化的交流中可以培育出相互的理解，精神的交流可以萌生出相互的信赖"，这种人民与人民的"心的交流"的培养开发工作，"能将不信任感和彼此憎恶之心转换为信赖与友情"③。因此，他领导的创价学会，创办的民主音乐协会、东京富士美术馆、创价大学等机构 30 余年来一直围绕日中友好事业开展了丰富多彩的文化、教育交流活动。对于这些友好活动，前中国驻日大使陈健作了下述评价："池田大作先生曾经几度率领大规模代表团访问中国，在两国之间架筑一道友好的'金桥'，并且在教育、文化领域的交流上倾注了巨大的热情。创价大学先于日本的任何一所大学，接受了新中国第一期留学生，在中日友好人才的培养上做出了巨大努力。这些发展事实切实地告诉我们，只有民间的教育、文化的交

---

　　①　王炳根：《与池田大作对话》，《福建论坛·人文社会科学版》2004 年第 7 期，第 75 页。

　　②　《黎明圣报》2004 年 6 月 21 日。

　　③　王炳根：《与池田大作对话》，《福建论坛·人文社会科学版》2004 年第 7 期，第 76 页。

流才是中日关系发展的重要基础，才是原动力。现在，创价学会的各位正在教给我们进行重大交流的方法。"①

为使日中友好世代相传，池田大作对日本青年寄予厚望，特别重视培养日本青年学生对中国的感情，以此构建日中世代友好的基础。为教导日本青年学会与中国友好交往，他专门写了《青春对话II》。在书中，池田大作阐述了正确认识历史的重要性和必要性，以及日本青年对待中国所必须持有的态度。他指出："日本与中国之间，有佛教传来以及遣唐使等，很久以前就有人与人之间的往来历史。让我们超越战争的不幸历史，以长远的展望，真诚地建立友好关系才是最重要的。创价大学是邦交恢复后最先接受中国留学生入学的学校。中国有句谚语说：'十年树木，百年树人'，以百年的规模来思考的话，焦点放在肩负两国未来的青年身上，方能建构万代友好的基础。所以展望未来，必须要积极推动两国的青年交流。"②在池田大作的指导下，创价学会成员以及创价大学和创价学园的青年学子普遍受到了关于日中关系真实历史的教育，树立了正确的日中关系史观。在此基础上，日中民众间通过文化与教育交流培育友情、增进友好关系的意识正在深深地扎根，已经并将继续对日中关系产生深远影响。

通过如上考察，我们不难发现，周恩来与池田大作的情谊，并非寻常私谊，而是体现着胸怀世界的大视野、追求人类和平友好的大公大爱之心、在多元文化中构建和谐世界的大智慧、面对困境舍我其谁的大勇气、直面差异坦诚交流的大信赖。这是周恩来与池田大作情谊的精髓所在。在全球化浪潮迅猛来临的今天，如何于各种差异中寻求共性，如何在错综复杂的利益诉求中构建和谐，已成关涉整个人类社会能否继续生存并持续发展的重大课题。由此观之，周恩来与池田大作的情谊，不仅是中日关系史中一段值得珍藏的佳话，对于构建代代

---

① 《SGI画报》（国际创价学会画报），1999年10月号。

② 《圣教新闻》2001年12月30日。

相传的和平友好事业，更有促人思考的指导价值。

（作者简介：纪亚光，1969 年 4 月出生，男，河北省人，博士，副教授，南开大学马克思主义教育学院副院长，南开大学周恩来·池田大作研究会指导教师。电子信箱：jiyaguang @ gmail. com）

# 池田大作废核思想与
# "无核世界"的构建

## 前　言

2009 年 4 月 5 日，美国总统奥巴马在捷克首都布拉格发表重要演说，提出了"无核武器世界"（简称"无核世界"）的倡议。奥巴马在演说中强调美国"有道义上的责任"，提出了美国推进"无核世界"的具体措施：缩小核武器在美国国家安全战略中的作用，谋求他国采取同样措施，年内与俄罗斯谈判达成《第二阶段削减战略武器条约》，谋求所有有核国家参加这一进程，谋求美国国会批准《全面禁止核试验条约》，缔结一项禁止用于核武器制造的核裂变材料生产的新条约，谋求强化《防止核扩散条约》，建立国际燃料库等核能民用合作的新框架，为在 4 年内控制全球敏感核材料而构建新的合作机制，决不让恐怖主义者掌握核武器，2010 年美国主办全球核安全峰会等。[①]

奥巴马提出的"无核世界"倡议，引起了国际社会广泛的关注。世界各国的官方和民间对"无核世界"倡议纷纷作出回应，"无核世界"成为当今国际社会的热门话题之一。

在上述新形势下，深入研究池田大作先生的废除核武器（简称废核）思想与实践，具有重大的现实意义。池田大作是国际著名反核和平人士，长期以来积极主张和平，坚决主张废核。对废核做了

① 参见 http://tokyo.usembassy.gov/j/p/tpj-77.html。

大量深刻的论述，为废核进行了许多重要的活动，为构建"无核世界"做出了卓越的贡献，得到国际社会的高度评价。池田大作废核思想与实践为构建"无核世界"提供了重要启迪，探讨池田大作废核思想与实践，有助于"无核世界"的构建，有利于人类社会的和平与发展。

本文以池田大作废核思想与"无核世界"的构建为主题、从世界和人类的视角出发，深入探讨池田大作废核思想与实践。首先考察池田大作废核思想的时代背景，其次分析池田大作废核思想的形成及其理论基础，然后阐明池田大作废核思想的基本立场以及具体主张，进而探讨池田大作废核思想对构建"无核世界"和人类社会的影响。

# 一 池田大作废核思想的时代背景

思想是时代的产物。池田大作废核思想是核时代反核和平运动的产物。为了理解池田大作废核思想，必须了解战后核时代的实际状况。

1. 冷战期间的核竞赛和核裁军

1945 年 7 月美国首次原子弹试验成功，揭开了人类历史上核时代的序幕。1945 年 8 月美国在广岛、长崎投下两枚原子弹，迫使日本迅速接受《波茨坦宣言》并宣告投降，加快了第二次世界大战的结束。具有巨大杀伤力的原子弹在瞬间夺走了数十万无辜的宝贵生命，显示了核武器对人类生存的威胁。

第二次世界大战结束不久，1947 年美苏冷战开始。冷战初期美国依仗其核垄断的地位，耀武扬威，到处扩张。1949 年 8 月苏联首次核试验成功，打破了美国的核垄断。20 世纪 50 年代到 60 年代核武器开发和核竞赛愈演愈烈。英国于 1952 年 10 月，法国于 1960 年 2 月，中国于 1964 年 10 月相继获得核试验成功，形成了美，苏，英，法，中等五大国拥有核武器的格局。1962 年古巴导弹危机是美苏两个核大国之间激烈的"核豪赌"，将世界推到了核战争的边缘。

冷战期间美苏核战争的可能性成为人类社会的重大威胁。[①]

在美苏为中心的核竞赛的危局下，国际社会展开了核裁军的行动。首先是联合国的核裁军。1945 年 10 月联合国成立后，1946 年 1 月第一届联合国大会上设立了原子能委员会，1952 年原子能委员会与联合国常规军备委员会合并，设立了联合国裁军委员会，但是由于东西方对立的激化，未能发挥什么作用。1957 年成立了促进原子能和平利用和进行监察的国际原子能组织（IAEA）。1960 年在日内瓦设立了联合国专门机构裁军委员会，1984 年发展成为裁军会议。每年联合国大会上都提出和通过有关核裁军的决议，尤其是 1978 年、1982 年、1988 年的联合国裁军特别会议，围绕核裁军等展开了讨论，通过了决议。

美苏在核竞赛的同时也进行了核裁军谈判。古巴导弹危机后，核管理与避免核冲突提上了美苏的日程。70 年代冷战走向缓和的进程中，美苏进行了限制核武器的谈判，1972 年签署《第一次限制战略武器条约》（SALT Ⅰ）。1979 年签署《第 2 次限制战略武器条约》（SALT Ⅱ），由于苏联入侵阿富汗，美苏关系恶化，该条约没能生效。1985 年戈尔巴乔夫上台后，美苏关系改善，1987 年美苏签署《中程导弹条约》（I. F），于 1988 年生效。还进行了多边核裁军谈判。1963 年美英苏三国签署《部分禁止核试验条约》（PTBT），1968 年签署《防止核扩散条约》（NPT），该条约于 1970 年生效，现有 190 个缔约国。[②]

2. 冷战后的核裁军与核扩散

冷战结束后，美俄两国的核竞赛告一段落，国际社会核裁军的呼声日益高涨。1991 年美俄签署了《第一阶段削减战略武器条约》（START Ⅰ），1994 年 2 月生效。1993 年美俄签署了《第二阶段削减战略武器条约》（START Ⅱ），由于布什政府的否决没能生效。1996 年联合国大会通过了《全面禁止核试验条约》（CTBT），但是美国等

---

① 俞正梁、汪鸿祥等编著《战后国际关系史纲》，世界知识出版社 1989 年版。

② ［日］黑泽满：《核裁军与国际和平》，有斐阁 1999 年版。

国至今尚未批准，因此至今没能生效。2002 年美俄签署了《削减战略武器条约》（SORT）。

现在美俄两国依然拥有大量的核武器，世界上依然存在庞大的核武库，人类社会依然面临着核武器的威胁。据 2009 年 1 月有关统计，世界实际配置的核弹头中，美俄两国占 90%（美国现配置核弹头 2702 枚，其中战略核弹头 2202 枚。俄国现配置核弹头 4834 枚，其中战略核弹头 2787 枚）。① 由于国际防扩散机制的不健全，核技术的扩散和核开发成本的降低，核扩散的危险性不断加大。有核国家从过去的 5 国扩大到现在的 9 国。除了美、俄、英、法、中 5 国以外，还有以色列，印度，巴基斯坦，朝鲜 4 国拥有核武器。② 伊朗的核疑惑仍未消除。（南非曾经拥有核武器，1991 年废除核武器，成为非核国家。）最令人担忧的是国际恐怖主义者可能获得核武器，将对人类社会的和平与安全构成新的严重威胁。

## 二　池田大作废核思想的形成及其理论基础

1. 池田大作废核思想形成的主客观原因

池田大作废核思想的形成有其主客观多方面的原因。首先是战争的教训。池田大作少年时代正是第二次世界大战时期。池田大作的四个哥哥都被送上战场，大哥死于缅甸战场。池田大作从父兄处了解到军国主义在亚洲各国的野蛮行径，深感战争的残酷性。另外，战争末期美国在广岛和长崎投下两枚原子弹，瞬间夺走了数十万无辜的生命，使池田大作认识到核武器的危害性。因此池田大作特别憎恨战争，特别憎恨核武器，积极主张和平，坚决主张废除核武器。战争的实际感受成为池田大作废核思想的历史基础。

其次是佛教的指引。在战后新形势下，17 岁的青年池田大作积

---

① SIPRI 年鉴，2009 年。
② 据有关统计，美俄以外的其他有核国家拥有核弹头状况是：法国 300 枚，英国 185 枚，中国 186 枚，以色列 80 枚，印度 60～70 枚，巴基斯坦 60 枚，朝鲜 5—6 枚。

极追求人生真谛，寻到了佛教之光。1947 年池田大作加入创价学会，成为佛教日莲正宗的信徒。池田大作对佛教哲学造诣很深，认为佛教是和平之源。指出："自古以来，佛教具有和平的形象，最大的理由就在于摒弃暴力，彻底重视对话"；"只有从理论上和实践上认识和深化，完美地说明了这种生命法则的佛法，才能彻底维护地球和宇宙的和平"。[①] 佛教哲学成为池田大作废核思想的哲学基础。

再次是恩师的影响。创价学会第一代会长牧口常三郎和第二任会长户田城圣都因反战而被警察逮捕入狱，牧口常三郎死于狱中。战后户田城圣出狱后积极开展了创价学会的复兴和传教活动。1947 年池田大作与户田城圣相识之后，就以户田城圣为师，在"户田大学"求得了佛教哲学等大量学问。尤其是户田城圣于 1957 年 9 月 8 日在日本横滨 5 万人大会上发表了《禁止原子弹宣言》，[②] 尖锐指出"核武器是威胁生命的恶魔"，提出废核等一系列的主张，对池田大作废核思想的形成产生了重大影响。池田大作废核思想是继承户田城圣反核论基础上的一种理论创新。[③]

除了上述原因以外，池田大作自身的不断探索尤为重要。1960 年池田大作就任创价学会第三任会长后，不仅注重理论钻研，而且强调实践行动。将佛教和平思想传播到世界上 190 多个国家和地区的数亿民众之中，同时又从广泛的国际民间交流之中吸取新的思想营养。在追求和平，宣传和平，实践和平的过程中，逐步形成了具有池田大作特色的废核思想。池田大作对和平的不懈追求，是池田大作废核思想形成的主观原因。

2. 池田大作废核思想的理论基础

池田大作废核思想是其和平思想的重要组成部分。池田大作废核思想与其和平思想同样都是以佛教哲学为基础，主要有以下两个基点。

---

① ［日］池田大作：《佛法与宇宙》，经济日报出版社 1997 年版，第 63 页。
② 参见日本《圣教新闻》，2007 年 1 月 1 日。
③ ［日］池田大作：《人间革命》第 2 卷，圣教新闻社 1966 年版。

首先是生命尊严的思想。佛教哲学认为一切生命都是至高无上的尊贵存在。池田大作指出:"生命的尊严是普遍的绝对的基准,生命的尊严没有等价物,是任何东西都难以替换的。"池田大作将 21 世纪称为"生命的世纪",强调了生命的尊严性。核武器是对人类生命的威胁,池田大作指出"核武器是侵犯人类生存权利的绝对恶"。[①] 尊重生命意味着必须保护人的生存权利。为了维护生命尊严就必须废除核武器,必须使人类社会彻底消除核武器的威胁。因而池田大作废核思想的基点就是生命尊严的思想,根本在于佛教的生命论。[②]

其次是非暴力的思想。佛教哲学在强调生命尊严的同时,还强调不杀生的理念。不杀生就是意味着非暴力。池田大作强调:必须"根绝一切暴力"[③]。而核武器就是暴力的化身,核武器的行使就是暴力的行使,就是杀伤生命。为了实现非暴力,就必须废除核武器。因而池田大作废核思想的另一个基点就是非暴力的思想。暴力是和平的死敌,作为暴力化身的核武器当然是和平的死敌,只有根除所有的暴力,包括废除一切核武器,才能实现真正的和平。非暴力思想要求人类社会必须全面彻底地废除核武器。

## 三 池田大作废核思想的基本立场及具体主张

池田大作废核思想内容丰富,范围广泛。1978 年向联合国第一届裁军特别会议提出了《核裁军及废除核武器的倡议》,1982 年向联合国第二届裁军特别会议提出了《裁军及废除核武器的倡言》。从 1983 年起,每年 1 月 26 日 "SGI 纪念日"(即国际创价学会纪念日)池田发表的"纪念倡言"都对废核提出了具体主张和建议(参见附表 1)。在《和平的选择》、《21 世纪的选择》、《希望的选择》,《地球和平的探求》等许多著名对话集和大量演讲中,对废核也作了具体论

① [日]池田大作:《人道竞争的新潮流——SGI 日纪念倡言》,创价学会广报室,2009 年 2 月。

② [日]石神丰:《调和与生命尊严的社会》,第三文明社 2008 年版。

③ [日]池田大作:《池田大作全集》第 2 卷,圣教新闻社 1999 年版,第 24 页。

述。根据池田大作的一系列倡言,对话,演讲中的有关内容,对池田大作废核思想的基本立场及具体主张进行粗浅的探讨。①

1. 池田大作废核思想的基本立场

池田大作从佛教哲学的生命尊严和非暴力思想出发,关于废除核武器表明了基本立场。

首先,必须转变人类的思维。池田大作指出:"现在人类必须从基于武装的和平这种野蛮愚蠢的思维方法,向放弃武力的和平这种文明人的思维方法进行脱胎换骨的转变。即必须从基于恐怖的战争抑制这样的考虑,向基于互相理解和信赖的树立真正的和平这样的考虑进行根本观念上的转变。……作为其第一步,为禁止任何国家的核武器的制造、试验、储藏,并为将核武器从地球上一扫而净,必须倾注最大的努力。"② 池田大作强调了进行和平文明思维的重要性,还强调了互相理解和信赖的重要性,反映了池田大作废核思想的积极性。

其次,必须认识核武器的危害。池田大作指出:"在瞬间大量杀人的核武器是'绝对恶',对其使用必须以人类的名义定罪,任何理由都不能使核武器正当化,必须废除核武器。这也是户田先生的遗愿。"③ 池田大作强调了核武器本身就是罪恶,还强调了使用核武器更是反人类的罪行,反映了池田大作废核思想的彻底性。

再次,必须完全禁止核武器。池田大作指出:"最终有必要缔结禁止一切核武器的开发、生产、拥有,配置的《完全禁止核武器条约》。"④ 换言之,即实现人类社会无核化。池田大作不仅主张缔结《完全禁止核武器条约》,而且对"核抑制理论"进行了深刻的批判,还对以往有核国家的核裁军作出了尖锐的批评。池田大作强调必须完

---

① 〔日〕高村忠成:《废核才是地球和平的条件》,《创始人池田大作先生的思想与哲学》,第三文明社 2007 年 7 月版。

② 〔日〕池田大作:《池田会长演讲集》第 7 卷,圣教新闻社 1966 年版,第 10—11 页。

③ 〔日〕池田大作:《迈向"第三个千年":世界市民的挑战——SGI 日纪念倡言》,创价学会广报室,1996 年 2 月。

④ 同上。

全禁止核武器,不是部分领域的禁止,也不是部分国家的禁止,而是全球化禁止。反映了池田大作废核思想的全面性。

另外,池田大作对核裁军未能进展的原因从四方面作了分析。[①]第一,国家之间的互不信任。过去美苏之间的不信任,促进了核竞赛。现在不仅美俄之间,而且有核国家之间依然存在不信任。第二,国家的利己主义。尤其是核大国的利己主义根深蒂固。一面限制他国的核扩散,一面继续保持本国的核威胁。第三,核武器迟钝症。许多人对核武器的威胁麻木不仁或漠不关心,这是和平的隐患。第四,核超级大国国内的原子能资本,研究队伍,官僚机构等庞大化。一些国家军事产业与军部勾结,促进了核扩军。

池田大作废核思想具有积极性、彻底性、全面性,因而对于构建"无核世界",实现人类社会无核化具有重要的意义。

2. 废除核武器的具体主张和实践

池田大作关于废除核武器的具体主张和实践,主要可归纳为以下几点。

第一,美俄应该率先行动。池田大作指出:"首先,为了削减核武器,拥有世界核武器95％的美俄两国应该立即开始裁军谈判"并"尽快举行'美俄首脑会谈'……两国应该诚实地向世界明确表示对待裁军的姿态。"作为美俄核裁军的具体行动,池田大作提出美俄缔结一项新的核裁军条约,该条约要远远超过 2009 年末到期的START I 的削减规模,将两国核弹头削减到 1000 枚。还敦促美国尽快批准 CTBT,尽快进行禁止用于核武器制造的核裂变材料生产条约(FMST)的谈判等。[②]

第二,有核国家都应积极行动。池田大作指出:"NPT(《防止核扩散条约》)并不是永远承认有核国家的地位",他引用 1996 年国际法庭关于核武器的使用和威胁是违反国际法和人道的劝告意见,以

---

① [日]池田大作:《核裁军及废除核武器的倡议——池田会长向联合国裁军特别会议的倡言》,创价学会,1979 年。

② [日]池田大作:《人道竞争的新潮流——SGI 日纪念倡言》,创价学会广报室,2009 年 2 月。

及 NPT 第 6 条"为了核裁军进行诚实的谈判"的规定中包含核裁军义务的解释，指出："NPT 的信赖性建立于有核国家诚实的行动之上，鉴于其重要性，没正当理由而不进行裁军谈判的状态，从根本上与诚实性相矛盾"。[1] 强调了所有有核国家都负有核裁军的义务。池田大作要求有核国家保证不首先使用核武器，保证不对无核国家使用核武器，还提出在美俄首脑会议的基础上，举行"五大国核裁军峰会"，设立有核国家旨在废除核武器的专门机构"国际核裁军组织"等。

第三，积极发挥联合国的作用。池田大作历来重视联合国在维护和平中的重要作用，在废核问题上也主张积极发挥联合国的重要作用。[2] 希望以联合国为主导，加快废核的进程。池田大作提出在联合国的主导下召开"世界有核与无核国家的共同峰会"，进行核能的安全管理，缔结不使用核武器协定，缔结禁止新型战略武器开发的国际协定，推进无核和平区域的设置和扩大，提出具体的核武器削减计划，设立联合国裁军机构，开展废核的讨论、研究、展览、出版等各种活动，还提出了在联合国主导下进行《禁止核武器条约》（NWC）的谈判，构建核武器非合法化的框架。指出："NWC 是禁止核武器的开发、试验、生产、储藏、转移、使用及使用的威胁的条约。……必须建立全面禁止核武器的国际规范"。[3]

第四，充分发挥民间的作用。池田大作认为在废核的进程中，民间力量包括各国的非政府组织（NGO）将发挥日益重要的作用。[4] 池田大作提出在民间广泛开展核裁军的讨论、研究、倡议，为此在广岛或长崎设立国际民间研究机构，发挥 NGO 的作用，通过 NGO 的活

---

① ［日］池田大作：《人道竞争的新潮流——SGI 日纪念倡言》，创价学会广报室，2009 年 2 月。

② ［日］池田大作：《迈向"第三个千年"：世界市民的挑战——SGI 日纪念倡言》，创价学会广报室，1996 年 2 月。

③ ［日］池田大作：《核裁军及废除核武器的倡议——池田会长向联合国裁军特别会议的倡言》，创价学会，1979 年。

④ ［日］池田大作：《裁军及废除核武器的倡议——池田会长向联合国第二届裁军特别会议的倡言》，创价学会，1982 年。

动增强民众反核意识，在各国设立反核和平展览馆，以 NGO 的行动促进有关国家的行动等。2006 年 9 月，池田大作呼吁联合国制订"为了废除核武器的世界民众行动 10 年"的计划。[①]

第五，大力推进国际反核和平运动。1957 年户田城圣发表《禁止原子弹宣言》以来的 50 多年期间，池田大作高举反核和平大旗，为废核展开了一系列卓越的实践活动。在池田大作的指导下，创价学会长期以来坚持不懈地推进了国际反核和平运动。1975 年 1 月，创价学会青年部募集了 1000 万人的废除核武器的署名，并将署名册提交联合国秘书长，在国际社会引起了积极反响。1982 年 6 月，创价学会在纽约的联合国总部举办了《核武器——威胁世界》的展览，并在世界 25 个城市进行了巡回展出，120 多万人参观了展览，在世界各地产生了积极影响，促进了国际反核和平运动的发展。

## 四 池田大作废核思想对构建"无核世界"和人类发展的影响

1. 池田大作废核思想与"无核世界"

池田大作一直关注着国际社会关于"无核世界"的动向，指出："亨利·基辛格博士等美国原政府高官四人连续两年发表谋求'无核武器世界'倡言"。[②] 其实这是奥巴马"无核世界"的理论来源。进入 21 世纪以后，随着国际局势的变化，美国一些战略家有关核威慑的观点开始发生变化。曾身居美国外交安全决策要职的亨利·基辛格原国务卿，舒尔茨原国务卿，佩里原国防部长，纳恩参议员四人于 2007 年 1 月和 2008 年 1 月连续两年发表了"无核世界"的共同倡议，在美国社会引起积极反响。在美国民意调查中 70％的人赞成废除核武器，这些为奥巴马"无核世界"倡议的出台提供了一定的理论与舆论的基础。

---

① ［日］池田大作：《倡言——世界期待的联合国》，创价学会广报室，2006 年。
② 日本《外交论坛》杂志，2009 年 8 月。

池田大作废核思想与奥巴马的"无核世界"倡言既有共同点又有不同点。作为共同点，池田大作废核思想的终极目标就是要建立一个和平安全的"无核世界"，实现人类社会无核化。这与奥巴马的"无核世界"的终极目标是一致的。但是两者之间也有不同点。首先，奥巴马的"无核世界"倡议反映了美国军事外交战略的调整，而池田大作废核思想反映了战后国际社会反核和平的呼声，奥巴马的"无核世界"倡议在本质上是为了确保美国的安全利益和领导地位，而池田大作废核思想是为了确保人类生命尊严和人类社会和平。

2. 池田大作废核思想与日本反核运动

日本是世界上唯一的核武器受害国，日本国民尤其是广岛和长崎的民众对于核武器的恐怖和危害有深刻的认识，对于废核有着强烈的愿望。池田大作废核思想在日本社会有较大的影响，尤其在占日本人口约 10％的创价学会 1000 多万会员中有广泛的指导性影响。

对于"无核世界"的倡议，日本作出了积极的反响。日本外相中曾根弘文表示坚决支持奥巴马"无核世界"的倡议，并提出了推进全球核裁军的 3 大支柱和 11 项具体指标。[1] 日本预定 2010 年主办"世界核裁军会议"。日本民间展开了声势浩大的反核和平运动。广岛和长崎等许多地方的民众纷纷表示支持"无核世界"的倡议，许多民间组织通过展览会、演讲会、研讨会等多种方式推进反核和平运动。

3. 池田大作废核思想与中国的核政策

中国政府早在 20 世纪 60 年代就提出了世界无核化倡议。奥巴马"无核世界"的倡议在中国引起一定反响。[2]《2008 年中国的国防》白皮书中对中国政府的核政策作了阐述。[3] 中国是有核国家之一，中国核政策的直接目标是打破超级大国的核垄断和核威胁，实施反核威慑。但是中国核政策的终极目标是消灭核武器，即实现人类社会无核化。这与池田大作废核思想的终极目标是一致的。而且，中国是唯一

---

[1] 日本《外交论坛》杂志，2009 年年 8 月。

[2] 杨俏珍：《奥巴马"无核世界"倡议及其对中国的影响》，《现代国际关系》，2009 年第 6 期。

[3] 《2008 年中国的国防》，http://www.chinamil.com.cn。

向国际社会公开承诺不首先使用核武器，并且无条件不对无核国家和无核地区使用核武器的国家。还提出了缔结相关国际法律文件的建设性倡议。这与池田大作废核思想具体主张中两个保证的要求不谋而合。

池田大作是中日邦交正常化的掘井人、中国人民的好朋友，在废核问题上与中国政府的立场有许多相同之处，池田大作废核思想对中国核政策的实施具有积极意义。

中国提出构建"和谐世界"的目标与"无核世界"的目标没有根本性的冲突。[①] "有核世界"不可能成为"和谐世界"，"无核世界"有可能成为通向"和谐世界"的必经之路。为了构建"和谐世界"，中国应该支持"无核世界"的构想，积极推进关于"无核世界"的国际对话与合作，加快人类社会无核化的进程。

# 结　语

国际社会有人出于国家安全利益的考虑，认为"无核世界"只是一种"空想"。[②] 但是在全球化时代，不仅需要考虑国家安全利益，更应考虑人类社会的共同安全利益。"无核世界"并不只是一种"空想"，应该成为人类社会的共同理想和共同目标。

池田大作废核思想与实践对构建"无核世界"，实现人类社会无核化，具有重大而积极的意义。必须进一步开展对池田大作废核思想与实践的研究。

构建"无核世界"不是一年两年的事，需要长期的坚持不懈的努力。也不是一国两国的事，需要人类社会共同的努力。正如奥巴马所指出的"所有国家必须团结起来，建立一个更强大的全球性机制"[③]。

纵观当今人类社会，风云激荡，变化剧烈。展望未来人类社会，

---

① 汪鸿祥：《构建和谐世界的重要启迪》，载《和平·文化·教育》，中国社会科学出版社 2008 年版。

② 谭宏庆：《试析奥巴马政府的军事战略调整》，《现代国际关系》2009 年第 5 期。

③ 参见 http://tokyo.usembassy.gov/j/p/tpj—77.html.

充满变数，充满希望。人类社会无核化的潮流不可阻挡！构建"无核世界"任重道远！

**附表1** 　　　　　　　　池田大作 SGI 纪念日倡言

| | 年份 | 纪念日 | 倡言标题 |
|---|---|---|---|
| 1 | 1983 | 第 8 届 | 和平与裁军的新倡言 |
| 2 | 1984 | 第 9 届 | "世界不再战"的大潮流 |
| 3 | 1985 | 第 10 届 | 世界的世纪的和平浪潮 |
| 4 | 1986 | 第 11 届 | 永久和平的对话大道 |
| 5 | 1987 | 第 12 届 | "民众世纪"的对话光彩 |
| 6 | 1988 | 第 13 届 | 和平的鼓动　文化的彩虹 |
| 7 | 1989 | 第 14 届 | 新全球主义的曙光 |
| 8 | 1990 | 第 15 届 | 希望的世纪与"和平的凯歌" |
| 9 | 1991 | 第 16 届 | 大人类世纪的黎明 |
| 10 | 1992 | 第 17 届 | 希望与共生的复兴 |
| 11 | 1993 | 第 18 届 | 新世纪的人道主义旗帜 |
| 12 | 1994 | 第 19 届 | 人类历史的早晨　世界精神的大光 |
| 13 | 1995 | 第 20 届 | 不再战世纪的人类共和潮流 |
| 14 | 1996 | 第 21 届 | 迈向"第三个千年"：世界市民的挑战 |
| 15 | 1997 | 第 22 届 | "地球文明"的新地平线 |
| 16 | 1998 | 第 23 届 | 万年远征——从无秩序到有秩序 |
| 17 | 1999 | 第 24 届 | 和平的凯歌——宇宙论的复兴 |
| 18 | 2000 | 第 25 届 | 和平的文化 |
| 19 | 2001 | 第 26 届 | 生命世纪的大潮流 |
| 20 | 2002 | 第 27 届 | 人间主义——地球文明的黎明 |

续表

| | 年份 | 纪念日 | 倡 言 标 题 |
|---|---|---|---|
| 21 | 2003 | 第 28 届 | 时代精神的波浪　世界精神的光芒 |
| 22 | 2004 | 第 29 届 | 内在精神革命的万丈波浪 |
| 23 | 2005 | 第 30 届 | 世纪的天空　人间主义的旗帜 |
| 24 | 2006 | 第 31 届 | 新民众时代的和平大道 |
| 25 | 2007 | 第 32 届 | 生命的变革　地球和平的坐标 |
| 26 | 2008 | 第 33 届 | 和平的天地　人间的凯歌 |
| 27 | 2009 | 第 34 届 | 人道竞争的新潮流 |

（作者简介：汪鸿祥，男，复旦大学研究生班毕业，曾在复旦大学国际政治系任教，曾任日本东京大学客座研究员。现任日本创价大学教授、日本庆应大学兼职教师、复旦大学日本研究中心兼职研究员等，主要从事国际关系研究。电子信箱：xiaowang@soka.ac.jp）

# 池田大作和平思想与岳麓
# 书院精神研究<sup>*</sup>

池田大作先生几十年如一日，致力于中日友好与世界的和平事业，他反对战争、暴力、核武器，主张共生、调和、对话、交流，促进了不同民族、不同党派、不同国家、不同宗教间的相互理解与信任，推进了亚洲与世界的和平事业。池田大作在思想、理论、哲学、宗教、文化教育、艺术等方面贡献巨大，在物质文明、精神文明、政治文明、生态文明这"四个文明"的理论与实践中上下求索，"先天下之忧而忧，后天下之乐而乐"。他所推动的人性教育与"文明对话"，以及促进和平的行动，在世界上受到很高的评价。1983年池田先生获得了"联合国和平奖"以及中国人民对外友好协会的"和平友好使者"称号等，并获得不同国家、机构颁授的2200多项奖项；获得不同国家的大学以及学术机构240多项荣誉教授、博士等称号。

本文从岳麓书院精神与"儒佛不二"的和平文化、敢为天下先与"先见之明的挺身而出"、经世致用与"行学二道"的视角入手，分析池田大作先生的和平思想与理论，并且结合天台宗山外派代表人物孤山智园的中庸之道、朱熹融合佛释之说的理论、天台大师智顗将儒教的"仁"与佛教的"慈悲"融为一体、池田大作所揭示的孔子"正名"与智顗"作名"以建立秩序等方面的内容，围绕岳麓书院的"对话"

———————————

\* 本文得到了日本创价大学"日中友好学术研究助成金制度"的资助。在日本创价大学两个月（2008年7月7日—9月7日），池田大作先生的亲切关怀与指导、一流的研究条件与学术氛围让我终生难忘与受益，在此特表示衷心感谢！

与各种理念，首次分析并提出了池田大作的和平思想是建立在"儒佛不二"的基础之上这一观点。在敢为天下先的岳麓书院精神与"池田倡言"对比中，揭示了1968年9月8日"池田倡言"不是偶然的冲动，而是具有先见之明的挺身而出。池田大作所强调的佛教应该站在和平的立场，"行学二道"，以人才的力量拯救社会与民众，构建和平文化的要塞，从民众本位的角度以"异体同心"的方法来维护人类和平的理念，在社会变迁的背景下来推动宗教的改革与发展。这与岳麓书院的"共生和谐"，"楚才蔚起、奋志安壤"，经世致用的精神异曲同工。

# 一　岳麓书院精神与"儒佛不二"的和平文化

坐落在长沙湘江之滨、南岳之麓的岳麓书院，其前身可追溯到唐末五代（公元958年）智睿等二僧办学。北宋开宝九年（公元976年），潭州太守朱洞在僧人办学的基础上，正式创立岳麓书院。岳麓书院与嵩阳书院、睢阳书院、白鹿洞书院并称中国古代"四大书院"。从岳麓书院到清末的湖南高等工业学堂，再到今日的湖南大学，一脉相承，故有"千年学府"之称。①

本人认为，岳麓书院精神是指：岳麓书院在千年办学的历史过程中，形成的以综合儒、佛、道为特色的理学思潮，以"心忧天下，敢为天下人先"，"传道济民，经世致用"，"格物致知，实事求是"为精髓，以"为天地立心，为生民立命，为往圣继绝学，为万世开太平"的气派，所构建的通变求新、兼收并蓄、科学发展的一种湖湘文化的独特秉性与气质。

岳麓书院历经千年弦歌不绝，育天下豪杰尽显风流。宋真宗大中祥符五年（1012年），在经学家周式担任山长主持岳麓书院后，书院得到迅速的发展，周式本人还得到宋真宗的召见和鼓励。大中祥符八年（1015年），宋真宗赐"岳麓书院"额。乾道年间，岳麓书院进入鼎盛时期。著名理学家张栻主持岳麓书院，他的办学理念是：反对科举利禄之学，培养传道济民的人才。他提倡"传道"、"求仁"、"率性

---

① 中华五千年网，www.zh5000.com。

立命"。在教学方面他要求"循序渐进"、"博约相须"、"学思并进"、"知行互发"、"慎思审择"。这个时期培养了吴猎、赵方、游九言、陈琦等经世之才。

当时，在岳麓书院讲坛上，来自不同地域、不同宗派的学者都能够放言论，传道解惑，传播其学说。南宋另一位大理学家朱熹两度在这里讲学，举行了驰名天下的"朱张会讲"。明清之际，著名思想家王夫之在此求学，他在集千古之智的基础上，另辟蹊径，将湖湘文化乃至整个中国古代哲学推进到新的高度。[①] 近代以后，这里涌现出众多的人才群体：魏源、陶澍，曾国藩、左宗棠、胡林翼、郭嵩焘、李元度、谭嗣同、唐才常、蔡锷、陈天华、杨昌济、蔡和森等。青年毛泽东也曾数次寓居岳麓书院。正所谓"惟楚有才，于斯为盛"。池田大作在2006年4月3日湖南大学名誉教授授予仪式暨新生开学典礼的报告中指出："湖南大学的渊源可上溯到公元976年，在日本当时是平安朝的时代。与我曾演讲过的西洋最古老的意大利博洛尼亚大学相并提，湖南大学的岳麓书院是世界大学的发源地。作为千年学府的湖南大学穿越时代的激流，照耀中国的原动力是什么呢？其中之一就是以人才的力量拯救社会与民众。这种精神体现在'楚才蔚起、奋志安壤'的湖南大学的校歌之中。"[②] 池田大作在这里所强调的人才的气质与"人才的力量"，就是岳麓书院精神的核心部分。岳麓书院之所以能够名扬千古，正如岳麓书院赫曦台的对联所云："合安利勉而为学，通天地人之谓才。"[③] "院以山名，山因院盛，千年学府传千

---

① 肖永明：《湖湘文化的会通精神》，http：//www. hnol. net。

② ［日］池田大作：《千年学府开创的精神：以人才的力量拯救民众》，圣教报，2006年4月4日.

③ "合安利勉而为学，通天地人之谓才。"语出《中庸》"或安而行之，或勉强而行之，及其成功，一也。"这一对联，是由清代进士、曾任湖南布政使的左辅撰写，当代书法家王超尖所书。上联中的"安"是指安然自得，"利"指利益，"勉"指勉强，"安利勉"代表了人们为追求成功而付出努力的三种不同状态。意思是：有的人是安然自得地去实践，有的人是看了有利才去实践，还有的人是勉强自己去实践。不管初衷如何，等到成功，就都一样。下联的意思是说：要通晓天、地、人的道理，才能称得上"才"，也就是说要博学以至成才。这副对联表达了古代学者的人才观念。

古；人因道立，道以人传，一代风流直到今。"正是一代又一代的人才群能够"德冠生民，溯地辟天开"；"觉世庸民，诗书易象春秋"。岳麓书院以人才的核心竞争力、人才群的高能与大势，集合一股摧枯拉朽的力量，从而能够"振我民族，扬我国光"。各个时代的人才站在风口浪尖上，拯救社会与民众，为了真理而献身。

池田大作先生在 2007 年 10 月 13 日湖南大学国际学术研讨会的致辞中指出："湖南自古辈出气魄宏大的逸才，彪炳青史。长沙是充满诗情的'人才城'。长沙的岳麓书院，是具有千年历史的知识学府，也可以称之为世界大学的源头。在这所世界性学问殿堂，朱子学始祖、杰出的教育家、名垂千古的朱熹向济济一堂的学究之徒论述大宇宙与人的精神哲学。传闻当时朱熹和另一位老师，两把椅子相并，一起在讲台上讲学……生动的'对话'开启新的智能世界，通过开放的'对话'培育变革世界的新人才。"[①] 池田大作由此进一步导出了千年学府的"对话"的重要性，并且从朱熹与张栻会讲的"对话文明"阐述"和平文化"的必要性和必然性。他比较了儒教的"五常"（仁、义、礼、智、信）与佛教的"五戒"（不杀生戒、不妄语戒、不偷盗戒等），池田认为在现代要展开与"五戒"相呼应的儒教"五常"精神，并且从"儒佛不二"的视角提出了如下"五项规范"：[②]

（1）（仁）坚持不可侵犯他人，对和平解决问题绝不丧失信心。

（2）（义）保卫一切生命的尊严，不忽视他人的苦恼或社会问题。

（3）（礼）尊重彼此的差异，保持互相学习文化传统之心。

（4）（智）立足于人类利益、地球利益，谋求交流，集结智慧。

（5）（信）立足于人以及生命这一共同基础，不放弃信任对方的人性，尤其要努力启发青年的善性。

池田大作在上述五项规范之中，将佛教的"慈悲"与儒教的"仁义"融合在一起，升华为和谐、共生、互惠互荣的"和平文化"。池

---

① ［日］池田大作：《致函湖南师范大学国际学术研讨会》，《创价大学消息》2007 年 12 月 4 日。

② 《圣教报》2007 年 4 月 13 日。

田大作这种"儒佛不二"的和平文化思想正如 2007 年 4 月温家宝总理赠送给他的墨宝所述："慈航创新路,和谐结良缘。"① 池田认为:儒教的"大同"思想与佛教的"缘起"思想是相通的。他说:"'缘起'思想明示了这样的世界观,即一切存在都是互相关联、相辅相成的,要发挥多样的个性,能动地造成全体和谐。由这一世界观培育的文化就是彼此尊重多样性,共同向荣的'和平文化'。"②

宋元时期从佛教方面提倡佛儒交融之最著名者当推天台宗山外派代表人物孤山智园。智园自号中庸子。智园指出:"岂知夫非仲尼之教,则国无以治,家无以宁,身无以安。国不治,家不宁,身不安,释世之道何由而行哉!故吾修身以儒,安心以释,拳拳服膺,罔敢懈慢,犹恐不至於道,况弃之乎!呜呼!好儒以恶释,贵释以贱儒,岂能庶中庸乎?"③ 这段话的意思是说,因为如果没有儒教,则不能治国、宁家、安身,既然国不能治,家不得宁,身无以安,那佛教以什么为依托呢?所以,他提倡用儒修身,以释治心,拳拳服膺,不敢有丝毫懈怠,目的正在于至于理而达于道,怎么能说是放弃佛道呢?至于好儒而恶释,或者贵释而贱儒,二者都是违背中庸之道的,换句话说,他所以用"中庸"为号,就是表明他在儒释之间采取了一种不偏不倚的"中庸"立场。④

朱熹折中融合儒释之学,为理学之集大成者。钱穆在《朱子学提纲》中指出:"朱子于老庄两家颇多发挥,亦不全废弃。其于释氏,尤其于禅宗,则特他精辨,于理学家朱子辟禅之语最多。后代理学家所辨儒释疆界,其说几本于朱子。"朱熹在梳理"理一分殊"思想时借用了佛学"一月普现一切水,一切水月一月摄"的喻语,以佛之"万殊"思想与传统德教思想相联系,指出:"天覆地载,万物并育于其间而不相害,四时日月,错行代明而不相悖。所有不害不悖者,小

---

① 《中庸子传》上,《续藏经》第一辑,第二编,第六套,第一册,卷一九。

② [日]池田大作:《千年学府开创的精神:以人才的力量拯救民众》,《圣教报》2006 年 4 月 4 日。

③ 同上。

④ 赖永海:《宋元时期佛儒交融思想探微》,《中华佛学学报》1992 年第 7 期。

德之川流；所以并育并行者，大德之敦化。小德者，全体之分，大德者，万殊之本。"

中国佛教自隋唐之后，就受到儒家心性、人性学说的深刻影响，各种佛教理论本身已在相当程度上被儒学化、理论化。[①] 佛儒交融是由于求道所致。

池田大作"儒佛不二"的和平文化思想，是深受中国佛教思想影响的结果。他说："湖南出生的中国佛教哲学泰斗天台大师智顗，将儒教的'仁'与佛教的'慈悲'融合相通。"他指出："只有从理论和实践上认识和深化，完美地明了这种生命法则的佛法，才能彻底维护地球和宇宙的和平。"[②] 总之，池田大作的和平文化思想建立在"儒佛不二"的基础之上，与岳麓书院的宋明理学有着千丝万缕的联系。

关于池田"儒佛不二"的和平文化思想，还可以从池田大作1999 年 10 月 14 日在荣获中国社会科学院名誉研究教授称号之纪念演讲中进一步找到论据。池田指出："将中国天台大师智顗在《法华玄义》中所说的'劫初万物无名，圣人观理准则作名'，与孔子的说话对比一下。孔子以'正名'摸索秩序，智顗以'作名'创秩序，儒教与佛教之表现虽然有所差异，他们同样对'名'极为重视，认为是对于万象交错组成的秩序的'画龙点睛'。"[③] 池田还指出："孔繁教授所说的佛教思想等也只有借助儒学，与儒学融合，才能在中国社会中发展……我相信，这种变化并非意味着佛教的变质，而是一种继承的发展。"[④] 池田还说："日本从中国吸收了儒教和佛教，本民族的传统民俗神信仰也保存下来了。这样，三种文化形态就产生了大致的自然分工：儒教是负责君臣、父子、兄弟、朋友等人际关系的伦理；祈祷农业的丰收和其他行业的顺利发展由民俗神信仰承担；佛教的主要任务在于寻求死后的幸福以及为死者祈祷。当然，把佛教仅看做是追

---

① 赖永海：《宋元时期佛儒交融思想探微》，《中华佛学学报》，1992 年第 7 期。

② ［日］池田大作：《佛法与宇宙》，经济日报出版社 1997 年版。

③ ［日］池田大作：《和平世纪的倡言》，创价学会译，天地图书有限公司 1997 年版。

④ 同上书，第 15—16 页。

求死后幸福的宗教是一种偏见。"①

由此可见，池田大作的和平文化思想是在儒佛二道融合即"儒佛不二"中产生与发展起来的。

## 二　敢为天下先与"先见之明的挺身而出"

敢为天下先是岳麓书院精神的重要组成部分之一。"心忧天下、敢为天下先、百折不挠、兼收并蓄。"远迹屈子，中经贾谊，他们率先唱响了忠君爱国、忧国忧民的动人篇章；从岳麓书院师生抗元到王夫之抗清、同光时期洋务派的师夷长技以图强、谭嗣同救国变法，再到毛泽东等老一辈无产阶级革命家领导的新民主主义革命，无不闪烁着爱国主义的光辉。特别是近代以来，湖南人民以"若道中华国果亡，除是湖南人尽死"的壮志捍卫国家尊严。② 岳麓书院是孕育湖湘文化的摇篮，"流风所被，化及千年"。③ 敢为天下先的岳麓书院精神是屈原在《国殇》里所歌颂的为国牺牲的献身精神，是杨度在《湖南少年歌》里张扬的类似斯巴达的"勇士精神"和普鲁士的"铁血精神"、"死士精神"，正如毛泽东主席所说"为有牺牲多壮志，敢教日月换新天"。当西方列强用坚船利炮打破闭关锁国的中华帝国时，湖南人以天下为己任，为国为民谱写了可歌可泣的篇章。岳麓书院的学子魏源率先喊出"师夷长技以制夷"，最先将这一主张付诸实践的是岳麓书院的门生曾国藩、左宗棠。左宗棠抬棺西行，经过两年苦战，以赴死的决心和勇气，收复新疆，捍卫了祖国的统一。④ "路漫漫其修远兮，吾将上下而求索"，秉承岳麓书院敢为天下先的精神，郭嵩焘第一个出使西方，带着学习西方的明确目的亲身考察学习西方政

---

① ［日］池田大作、［美］威尔逊：《社会变迁下的宗教角色》，梁鸿飞、王健译，香港三联书店（香港）有限公司 1995 年版，第 395—396 页。

② 《文化湖北·中部崛起的文化定位》，http：//www.culture.cnhubei.com。

③ 刘庆选：《湖湘文化精髓之我见》，湖南省院士专家咨询委员会工作网，2006－09－20。

④ 蒋祖煊：《湖南辣椒与湖南人》，http：//hxwh.hunnu.edu.cn。

治、经济、军事、文化和教育。在 20 世纪初的留学活动中，湘籍学生成了一支主力军，足迹遍及日本和欧美各国。据 1904 年《清国留日学生会馆》第五次统计，当时中国留日学生有 2395 人，湘籍学生占 373 人。1921 年至 1929 年间，全国留法勤工俭学者约 1600 人，湖南人占 346 人，居各省之首。① 湖南人志存高远，为探索宇宙与人生之道，"不仅承朱张之绪，而且取欧美之长"，勇于漂洋过海，寻道天涯，虚心向西方学习取经。

当辛亥革命的胜利成果被袁世凯窃取，袁世凯为了实现其独裁的野心，继续大肆宣扬封建礼教、蛊惑人心的时候，杨昌济较早地意识到中国仅有政治革命还不够，必须深入进行思想革命，才能拯救中国。他在 1914 年发表的《劝学篇》中说："个人必有主义，国家必有时代精神……吾国近来之变革甚为急激，而为国民之根本思想者，其实尚未有何等之变化。正如海面波涛汹涌，而海中之水依然平静，欲唤起国民之自觉，不得不有待于哲学之昌明。"② 杨昌济在这里揭示了中国正在思想层面上酝酿着"人间革命"。《劝学篇》发表后的第二年，即 1915 年，以《新青年》出版为标志的五四新文化运动开始，杨昌济热情地支持和宣传了新文化运动。③ 正是在杨昌济的指导下，在《新青年》的传播影响下，以毛泽东、蔡和森为代表的一大批湖南"五四"青年"恰同学少年、风华正茂，书生意气、挥斥方遒"，领导中国革命，使中国人民从此站起来了。

20 世纪 60 年代，中国正在轰轰烈烈地进行"文化大革命"。在日本各界对中国的前途与命运感到不是很乐观，甚至有极少数日本人敌视与反对中国的时候，池田大作先生敢为天下先，不顾生命危险，于 1968 年 9 月 8 日在东京日本大学讲堂举行的第十一次学生部大会上，面对两万多名学生代表发表演讲，提出中国问题是实现世界和平的关键。池田先生主张，要改变国际社会对中国的敌视政策，为此必

---

① 周兴旺：《湖南人，凭什么》，http：www.hnmrw.net，2006－12－22。

② 杨昌济：《杨昌济文集》，湖南教育出版社出版 1983 年版。

③ 王兴国：《湖湘文化与湖南现代化》，http：//culture.hn.cn/index.htm，2006－12－22。

须"第一是正式承认中国政府的存在。第二是在联合国（为中国）准备好正当的席位（应恢复中国在联合国的合法席位）。第三是广泛地推进日中两国经济和文化的交流"①。这在当代中日友好交流史上被称为"池田倡言"。池田先生为什么敢于置生命于不顾，振臂高呼，敢于冒着极大的政治风险，要恢复中日邦交正常化，以推进世界的和平事业呢？本人认为：这不是偶然的，更不是一种冲动，绝对不是匹夫之勇。"池田倡言"首先是深受牧口常三郎（1871—1944）与户田城圣（1900—1958）两位先生主张世界和平、反对战争的思想影响的结果。牧口站在世界历史的高度着重考察了家乡、国家和世界三者之间的关系，提出了世界各国如同邻居、人生系于世界的观点。牧口还指出了异（各）民族间和平共生应以人道主义为出发点、各民族协调共存的必要性。② 正是两位先生为了和平，敢于投身于反对日本帝国主义的斗争，不怕坐牢不怕受迫害的精神，为池田先生树立了人生的坐标。师弟不二，作为学生的池田继承了牧口、户田先生的风骨，才有不怕牺牲、敢为天下先的胆识、魄力与眼光。

其次，家庭的影响使池田为和平而心忧天下。池田 13 岁那年，太平洋战争爆发，他 21 岁的长兄池田喜一，穿上军装被派往中国。在中国，喜一亲眼目睹了日本军人的残暴行径，良心受到极大震撼。一次回家，喜一对家人说："日本太过分了！对中国人真是太狠毒了！"兄长的话，让少年时代的池田大作非常吃惊，他开始反思日本的战争行为与当时日本政府所提倡的军国主义政策。1945 年 8 月，日本军国主义发动的太平洋战争结束，当时，池田大作刚满 17 岁。他的四位兄弟被征兵去打仗，长兄战死，捧回的是一盒骨灰。他的家园也在空袭中被烧毁。③ 战争给池田大作一家带来了不幸，池田大作从这一刻起树立了为人类的和平与幸福而精猛勇进的信念与主脉。正如池田大作本人所说："正是这些战争中的体验，以及从师于户田会

---

① 杜雪巍：《池田大作与中国》，《社会观察》2005 年第 2 期，第 15 页。
② 冉毅：《"人性革命"——池田大作"人学"思想研究》，四川人民出版社 2005 年版。
③ 杜雪巍：《池田大作与中国》，《社会观察》2005 年第 2 期。

长，成为我和平行动的宝贵原点。"①

为了和平，为了民族，岳麓书院敢为天下先的精神使湖南儿女视死如归，泣鬼神而感天地。在抗日战争中，四次长沙会战，日本人三次败北，伤亡惨重。正如有学者指出："长沙会战，湖南人以宁死不妥协的精神，誓与湖南共存亡的劲头，给了不可一世的日本军以沉重的打击，让以武士道精神自居的日本人领教了湖南人死士精神的厉害。长沙失陷后，没有出现汉奸维持会。湖南人在最危难的关头，宁可舍生取义，也决不苟且偷生，表现出了视死如归的气概。"② 这种视死如归的气概是一种正义与邪恶的较量，也是中华民族能够立于世界民族之林的"软能"。池田大作指出："为了阻止人类走向原教旨主义，我主张人性主义不应该躲避和放弃与恶的正面对抗。"③ 当今世界，在战争与暴力、多种价值观与单一价值观、世界均衡制约因素还受制于单极的"硬能"的时候，我们不仅需要池田先生所提倡的"战斗性人道主义"④，更需要池田先生奋不顾身、勇于奋进的精神。同时，岳麓书院的"师弟不二"，视死如归、抛头颅洒热血、舍生忘死为和平的气质也将永远如同彩虹般亮丽。

再次，基于先见之明的挺身而出。池田大作除了 1968 年的"池田倡言"之外，还"为亚洲的和平而建桥"⑤。"1965 年 2 月，美军大规模轰炸越南北部，把整个国家卷入战争的漩涡之中。为了要尽早结束战争，在 1966 年 11 月，我提出了要求即时停战及有关国家召开和平会议的倡议。又在 1967 年 8 月，强烈要求停止对北越的轰炸。"⑥
"1974 年至 1975 年，我接连访问了中国、苏联和美国，直接与各国

①　［日］池田大作：《生命的变革——地球和平的路标》，《2007 年 SGI 日和平倡言》，第 31 页。

②　周兴旺：《湖南人，凭什么》，http：www.hnmrw.net，2006-12-22。

③　［日］池田大作：《以人性的宗教创建和平》，《2008 年 SGI 日和平倡言》，第 13 页。

④　同上。

⑤　［日］池田大作：《生命的变革——地球和平的路标》，《2007 年 SGI 日和平倡言》，第 32 页。

⑥　同上书，第 33 页。

首脑进行对话，以民间人士的立场摸索缓和紧张局势的途径。"① 池田大作为了达成亚洲的永久和平，排除来自国内各方面的冷嘲热讽，顶住各种压力，为消除悲惨的战争，推动世界不战的潮流而奔走。这不仅要有《三国志》中张飞、关羽的勇气，还要有诸葛亮的先见之明。敢为天下先，不仅要有横刀立马的英雄气概，更要有"风物长宜放眼量"、深思熟虑看世界的胆识。

池田大作在《我的人学》中写道："'一个人豁出性命可以战胜万人'，这是我喜爱的一句名言……那种缺少'豁出性命的个人'的团体，即使表面看去一时有所扩大和发展，到头来还是会走上衰颓之路。只有不断一个人、一个人地培养出严肃认真的个人，才能由一个中核，构成粗大的车轴，不断扩展，形成二波、三波乃至万波。"② "'一个人挺身而出'才为发动大家准备了基础。"③ 池田大作认为仅"豁出性命"与挺身而出还是不够的，这只是敢为天下先的基础。正如，有了张飞、关羽之勇，还要有诸葛亮的先见之明，才能达成曹操的"王道"。"那种经常捉摸时间动向、体察时代脉搏、具有先见之明的人，才能取得胜利。"④

综上所述，池田大作基于先见之明的挺身而出与岳麓书院的敢为天下先的精神，可以说是一种开拓进取、锐意创新、甘于奉献、一往无前、为追求理想与信念坚忍执著、洞察秋毫、舍"小我"而求"大我"的一种气势、一种风骨、一种品格、一种价值观念。

## 三 经世致用与"行学二道"

"经世"最早出自《庄子》"春秋经世，先王之志"；"致用"出自

---

① ［日］池田大作：《生命的变革——地球和平的路标》，《2007 年 SGI 日和平倡言》，第 34 页。

② ［日］池田大作：《我的人学（上）》，铭九译，北京大学出版社 1990 年版，第 111—112 页。

③ ［日］池田大作：《生命的变革——地球和平的路标》，《2007 年 SGI 日和平倡言》，第 118 页。

④ 同上书，第 128 页。

《周易》"精义人神，以致用也"。"经世致用"作为一种思潮，发端于
宋代。中国从宋代逐渐形成一种提倡研究当时社会政治、经济等实际
问题，要求经书研究与当时社会的迫切问题结合起来，并从中提出解
决重大问题方案的治学方法。其特点是以解释古代典籍为手段，从中
发挥自己的社会政治见解，并用于社会改革。南宋浙东学派中以吕祖
谦为首的金华学派提倡经世致用，主张治经史以致用，反对当时的理
学家奢谈心性命理的空疏之学。明末清初，经世致用成为一种精神，
形成了有影响的思潮，其代表人物有顾炎武、王船山、黄宗羲、颜元
等。这些学者在总结明朝灭亡经验教训的基础上，深感明朝的学风空
疏不实，对国家、民族造成极大的危害，"书生徒讲义理，不揣时势，
未有不误人国家者"。顾炎武、王夫之他们要求学术反虚就实，提倡
经世致用的真学问和"以实为宗"的新学风。由此可见，这种反对
"只注六经"、"六经唯上"的做法，是转变"六经为用"的行学结合。
从本质上讲，这种"六经为用"的"经世致用"是儒家文化实用主义
特征的总结与概括。儒家文化的价值坐标就是孔子所谓的"行"，就
是强调人世。①

池田大作主张："从宗教对社会生活产生影响的角度进行透视，
把着眼点放在生活在急剧和彻底变化着的世界中的人类方面。"② 他
非常重视"经世致用"，将佛教应用到人类的和平文化的理论建设及
其推进人类的和平事业的实践之中。

他在与牛津大学社会学教授威尔逊的对话中说："西方的学者往
往把上座部佛教的彼岸志向当作佛教的全部。因为这使他们想起基督
教的圣礼仪式、救赎论、末世论以及某些神话。对于佛教的这种理
解，也许是只从社会学独特的视角去观察的结果，即把观察的焦点只
放在宗教的社会任务方面。还有可能是出于错误的想象。但实际上，
佛教的理论完全与此相反。日莲大圣人的佛教理论从根本上说有着非

---

① 刘庆选：《湖湘文化精髓之我见》，湖南省院士专家咨询委员会工作网，2006－
09－20。

② ［日］池田大作、［美］威尔逊：《社会变迁下的宗教角色》，梁鸿飞、王健译，三
联书店（香港）有限公司，1995 年版，第 10 页。

常重视现世的倾向，他把宗教作为一种社会现象来把握。"① 池田大作从宗教应当与人及社会相联系的立场出发，反对遁世者及其超脱社会的态度和生活方式。他认为："应当通过'菩萨道'的慈悲的实践，使现实社会朝着好的方向变革。"② "佛教致力于人性的深化和完善，它所告诉人们的，是'作为一个人应有的智慧'，因此，不信仰佛教的人们也能接受佛教的影响。我认为，由于佛教站在和平与文化的立场上，因此，它所教导的智慧，不论是否信仰佛教，都能使人们觉悟和实践。"③ 池田大作将《法华经》应用于追求和平、从事和平文化建设的实践之中。他从《法华经》"皆与实相，不相违背"这一经文开始，援引天台大师"世间一切治生产业（政治、经济等）皆与实相不相违背"的观点（《法华经玄义》卷一上），然后又指出："日莲圣僧又遵循这一观点，明快地说：'所谓智者，除世间之法外，不行佛法。'"④ 池田大作将"经学"落实到现实生活的"行"之中，还体现在他的《和平世纪倡言》这一著作之中。池田大作指出："因为只有重视现象世界，才能汲取、升华奔流于东亚精神深处的'共生的道德气质'；无视这一点，佛教'普度众生'的本义也不能实现。四年半前，在东京会见以中国社会科学院副院长刘国光为团长的'中日友好学者访日代表团'的各位时，我曾谈及天台大师智顗的思想，说过：'真实的佛法并不会游离这不断变化、进步的社会风云变幻的现实。它与经济、政治、生活、文化是不可分的，并常常为之灌注蓬勃的活力，导向有价值的方向，这同时是佛法的重要使命。'"⑤ 明清之际著

---

① ［日］池田大作、［美］威尔逊：《社会变迁下的宗教角色》，梁鸿飞、王健译，三联书店（香港）有限公司，1995 年版，第 9 页。

② ［日］池田大作、季羡林、蒋忠新：《畅谈东方智慧》，卞立强译，四川人民出版社，2004 年版，第 191 页。

③ ［日］池田大作、［美］威尔逊：《社会变迁下的宗教角色》，梁鸿飞、王健译，三联书店（香港）有限公司，1995 年版，第 241 页。

④ ［日］池田大作、季羡林、蒋忠新：《畅谈东方智慧》，卞立强译，四川人民出版社，2004 年版，第 191—192 页。

⑤ ［日］池田大作：《和平世纪的倡言》，创价学会译，天地图书有限公司 1997 年版，第 15—16 页。

名思想家顾炎武、王船山的"经世"的内涵是"经国济世",强调要有远大的理想抱负,志存高远,胸怀天下,侧重"形而上";"致用"的内涵是"学用结合",强调要理论联系实际,脚踏实地,注重实效,侧重"形而下"。

很明显,从上述池田大作的论断中可以发现:他将"形而上"与"形而下"有机地结合在一起。务当世之事,康济时艰,反对佛教一味地追求彼岸、与现实社会相脱离的主张。佛教不再定位于追求死后的幸福以及为死者祈祷,而是探索超越生死的生命本质、提倡经世致用、体现生命价值的一种宗教。池田大作借助于《法华经》的德目大义,发挥了自己社会改革、人性革命的思想。

池田大作不仅弘道传道,而且知行合一,育德立人,精思践履,以道言政,为和平而"勇猛精进,名称普闻"①。池田大作在物质文明、精神文明、政治文明、生态文明这"四个文明"的理论与实践中上下求索,"先天下之忧而忧,后天下之乐而乐"。他所推动的人性教育与"文明对话",以及促进和平的行动,在世界上受到很高的评价。他作为佛教团体国际创价学会(SGI)的名誉会长,领导其会员为构建新的和平秩序,提出"不是依赖财富、权力等硬手段,而是靠组织、规则等软手段"②的新思维。他认为:"只有把联合国这不完全的国际组织及规则改造得更广泛、更紧密,才是通向和平的途径。作为 NGO(非政府组织)的一员,我们一贯协调、支持联合国。"③ 池田大作为了建设和平文化,并让和平理念扎根于世世代代,让和平成为推动人类可持续发展的动力,创办了以人和学生为主体的一贯教育。从幼儿园到研究生院,从全日制大学到函授教育,使和平教育思想贯穿于人的整个生涯。在日本、马来西亚、新加坡、中国香港、韩国开办有幼儿园,在巴西也有从小学到初中的创价学园,在日本东京

① 〔日〕池田大作:《法华经的幸福生命观——方便品·寿量品现代诠释》,创价学会译,2002 年版.

② 〔日〕池田大作:《和平世纪的倡言》,创价学会译,天地图书有限公司 1997 年版,第 3 页。

③ 同上。

和大阪则有男女合校的初中、高中，以及日本创价大学、创价女子短期大学、美国创价大学。此外，他还注重通过艺术、音乐、哲学来创造和平、友好的氛围，推动民间的交流。为此，他创办了波士顿 21 世纪中心、东洋哲学研究所、户田纪念国际和平研究所、民主音乐会、东京富士美术馆等国际非营利的和平文化机构。

"行学二道是人性最亮的极光。"① 2006 年 9 月池田大作在《大白莲华》的卷首语中如上所云。他认为："如果没有行学二道的话，犹如飞机连方位、高度、目的地都不明确，也不进行燃料补充就进行飞翔，其结果是失去速度、遇到乱气流就会坠落。"② 王阳明对知行的统一关系也有明确的说法："知是行的主意，行是知的功夫。"③ 王阳明从知行合一说出发，特别批判了两种行为现象：一种是"懵懵懂懂任意去做，便不能思维省察，只是个冥行妄作，所以必说一个知方才行得是"④。另一种是"茫茫荡荡，悬空去思索，全不肯着实躬行，只是个揣摩影响，所以必说一个行方才知得真"⑤。

综上所述，"经世致用"、"行学二道"、"知行合一"都贯穿了中国传统哲学与管理思想，这三者对于构建和平新秩序、推进和平文化建设与人类的和平事业都具有极为重要的理论与实践意义！

（作者简介：陈晓春、陈文婕　湖南大学）

---

① ［日］池田大作：《行学二道人性最亮的极光》，《大白莲华》2006 年第 8 期。
② 同上书，2006 年第 9 期。
③ 王阳明：《王阳明全集Ⅰ·知行录·〈传习录〉·上中下》，红旗出版社，1996。
④ 同上。
⑤ 同上。

# 池田大作国际和平活动的起源

## 前　言

　　2005 年创价大学与北京大学池田大作研究会共同举办第一届池田大作思想国际学术研讨会以来，到 2010 年 11 月与中山大学共同举办第六届池田大作思想国际学术研讨会为止，每年都举行了池田大作思想国际学术研讨会。其规模日益扩大，质量不断提高。为何有如此众多的中国学者专家对池田大作思想感兴趣并将其作为研究对象呢？笔者认为，这是因为池田大作先生不只是宗教家、思想家，也是根据大乘佛教的生命观和人间观，在现实世界中为实现人类共同价值而行动的实践家。

　　2009 年 9 月 8 日，池田大作为了纪念恩师户田城圣先生 110 周年诞辰，发表了《为了废除核武器，实现民众大联合》的倡言。追寻池田大作的足迹，留下了很多像这次选择 9 月 8 日这个日子发表倡言那样的重要业绩。这天是恩师户田城圣逝世前一年的 1958 年作为遗训发表《禁止原子弹宣言》的日子。选择这个日子反映了池田大作的明确意图，即表明不让恩师的遗训成为妄言的决心。在这个意义上可以说池田大作的人生事业就是为了实现恩师的遗训。回顾池田大作为了实现恩师遗训、实现和平的活动，1968 年 9 月 8 日发表《中日邦交正常化倡言》，1974 年 9 月 8 日初次访问苏联等，池田大作有意识地选择了 9 月 8 日这个日子。

　　回顾池田大作的足迹，以 1974 年这一年为开端，此后在国际社会展开了积极的活动。在这个意义上可以说 1974 年是池田大作为了

实现和平的征程中的重大转折点。本文着眼于初次访华和初次访苏的
1974 年的意义，并着眼于成为访华和访苏契机的池田大作与汤因比
博士的对谈，考察池田大作国际和平活动的起源。

# 一　池田大作的初期海外活动

首先，简要回顾一下池田大作就任创价学会会长以后的海外活
动。1960 年池田大作 32 岁时就任了佛教团体创价学会第三任会长。
同年，池田大作迈出了走向世界的第一步，访问了北美和南美的 9 个
城市，了解各地的创价学会的情况并对学会成员进行鼓励。此后，到
1967 年为止 13 次赴海外访问，其主要目的是构建和调整创价学会的
海外组织。（参照表 1）

**表 1　　　　　池田大作海外访问纪录（1960 年—1967 年）**

| No. | 日期 | 访问的国家和地区 |
| --- | --- | --- |
| 1 | 1960.10.2—10.25 | 美国、巴西（9 城市） |
| 2 | 1961.1.28—2.14 | 香港、印度、缅甸、泰国、斯里兰卡、柬埔寨 |
| 3 | 1961.10.4—10.23 | 欧洲（9 国） |
| 4 | 1962.1.29—2.12 | 伊朗、伊拉克、土耳其、希腊、埃及、巴基斯坦 |
| 5 | 1963.1.8—1.27 | 美国、欧洲（6 国）、黎巴嫩、印度、中国香港 |
| 6 | 1964.5.12—5.24 | 澳大利亚、印度、斯里兰卡 |
| 7 | 1964.10.2—10.19 | 中国香港、伊朗、欧洲（7 国） |
| 8 | 1965.8.14—8.25 | 美国、墨西哥 |
| 9 | 1965.10.19—10.31 | 法国、西德、意大利、葡萄牙 |
| 10 | 1966.1.13—1.17 | 美国 |
| 11 | 1966.3.6—3.23 | 美国、巴西、秘鲁 |
| 12 | 1966.8.20—8.22 | 美国 |
| 13 | 1967.5.13—5.29 | 美国、法国、意大利、瑞士、荷兰 |

资料来源：《池田大作年谱》，第三文明社 1981 年版。

从这一时期的池田大作的行动记录可以看到，相当频繁地会见海外记者和在东京的各国大使馆有关人员。这是在创价学会迅速发展，尤其公明党成立的情况下，为了了解其领导人所追求的目标而进行的采访。1967 年和 1970 年与欧洲统一之父卡勒鲁奇博士的对谈，与上述采访不同，进行了东西方文明的对比，讨论了世界发展的必经道路，可以说是池田大作与海外有识人士进行的最初的正式对谈。

如前所述，1974 年是池田大作实现和平征程中的重大转折点。促进其转折的契机是 1972 年、1973 年与世界著名的历史学家汤因比博士的对谈。所以，首先要探讨池田大作与汤因比的对谈。

## 二 池田大作与汤因比博士的对谈

### 1. 对谈的由来与背景

1968 年到 1971 年，池田大作没去海外访问。这个时期正是成为池田大作毕生事业的创价学园（1968 年）以及创价大学（1971 年）等创价教育各种机构相继创立的时期。池田大作为这些创价教育机构的创立倾注了大量心血。在这期间，池田大作收到了汤因比博士希望进行对谈的书信。1969 年秋天寄到的这封信中关于对谈的愿望作了如下表达："我 1967 年最后访问日本时，听到了有关创价学会以及你的事……对你的思想和著作有强烈的兴趣。因此，你方便的话，如能邀请你来英国，关于现在人类面临的各种问题进行有意义的交谈，将不胜荣幸"。[1]

此后，汤因比博士多次表达了进行对谈的愿望，1972 年 5 月 5 日终于实现了两者的对谈。汤因比博士时年 83 岁，池田大作时年 44 岁。1972 年到 1973 年一共进行了十天时间，约 40 小时的对谈。从各种视角对人类面临的重要问题广泛地进行了对谈。

作为汤因比博士希望与池田大作进行对谈的理由是，文明史学家

---

① ［日］池田大作：《新人间革命》第 16 卷，圣教新闻社 2006 年，第 132—134 页。

的汤因比博士对指导人类未来的大乘佛教思想寄予很大的期望，希望与大乘佛教思想进行文明史的对话。1967 年来日的汤因比博士希望与能够代表大乘佛教思想的人物进行对谈的事实就是明证。希望与作为代表大乘佛教思想的人物，时年四十多岁的池田大作进行对谈，不仅是对池田大作的大乘佛教思想的知识量，而且是对池田大作将佛教思想在现代社会进行发展的实践力量寄予很大的期待。从事汤因比博士《历史研究》翻译的京都大学名誉教授桑原武夫曾与 1967 年来日的汤因比博士进行过对谈，后来谈了如下感想："与教团被政治权力架空的日本不同，西欧知识界认为宗教具有能与政治权利对抗的力量，对于创价学会具有日本知识界所无法相比的强烈兴趣。汤因比也是其中一人"。①

拜读池田大作与汤因比的对谈，令人强烈感到汤因比博士对于现代社会的深刻的危机感，对于作为其思想背景的基督教文明的批判态度，以及对于大乘佛教的旺盛的探究精神。可以想象汤因比博士很早就开始对大乘佛教进行研究，并加深了理解。事实上，可以看到对谈中很多地方是汤因比博士关于大乘佛教向池田大作确认这样理解行吗。汤因比博士为了加深对自己长期探讨的大乘佛教的理解，作为对谈方选择了与其说是理论家还不如说是具有实践家背景的池田大作。总之，经过跨越两年约十天的对谈，1974 年出版了题为《展望 21 世纪》一书。在该书序言中，汤因比博士写道："与其说池田大作认为应该如此，不如说汤因比担心人类史的下一阶段将会变得更加暴力和野蛮的另一个理由是，或许在于两个人的出生和成长的宗教土壤不同。汤因比作为基督教徒出生成长，池田大作是大乘佛教的信奉者。佛教和基督教都在广泛的地区——比迄今广泛传播的任何宗教制度都在更广泛的地区——进行了普及。但是，两种宗教在传教时采取的手段及其造成的影响是不同的。佛教几乎都是通过和平的传播而扩大的。而且在其传教地区与土生土长的原有宗

---

① ［日］桑原武夫：《实践者的对话》，载［日］池田大作、马鲁洛《人间革命与人间的条件》序言，据潮出版社 1976 年版。

教和原有哲学相遇时，毫不犹豫地与那些宗教、哲学和平共处。……然而，尽管两者之间存在这种宗教和文化背景的差异，令人吃惊的是，两人之间进行的对话中，在各自的人生观、目的观方面可以看到许多共同点"。①

从上述论述显而易见，汤因比博士为了实现人类社会的和平，对大乘佛教思想寄予了极大的期待。

2. 对谈的影响

1975 年 5 月 19 日，对谈的最后一天早晨，传来了苏联勃列日涅夫总书记访问西德，与勃兰特总理进行历史性会见的消息。听到这个新闻后，汤因比博士说："与政治家的对谈相比，我们的对谈或许平淡无华。但是，我们的对谈是为了今后人类的对谈。只有这种对话才是开创永远和平之路的对话。"对谈结束以后，汤因比博士希望池田大作今后继续进行这种文明间的对话，并将写有数名对话者名字的纸条交给了池田大作。②

池田大作从汤因比博士那里接下了和平接力棒以后，与法国作家马鲁洛，罗马俱乐部会长贝恰，世界著名美术史家尤伊古等世界著名的有识之士相继展开了对话。池田大作迄今进行了 2000 多次的对谈。对谈者中包括了中国周恩来总理，前苏联戈尔巴乔夫总统，南非曼德拉总统，美国基辛格博士等众多的世界各国领导人。而且，池田大作的对谈扩展到了亚洲、欧洲、北美洲、南美洲、非洲，还扩及伊斯兰圈。真是与世界所有文明的对话！这种为了实现和平的对话，可以说是池田大作与汤因比博士的对谈集《展望 21 世纪》给世界带来的影响。

鉴于上述影响，可以认为这次对谈对于池田大作来说，是以恩师户田城圣的和平思想为基点，为了实现世界和平而广泛展开具体行动的重要契机。广泛展开显著行动的是 1974 年到 1975 年之间。这一时

---

① ［英］汤因比、［日］池田大作：《展望 21 世纪》上册，圣教综合文库 2007 年 9 月第 4 版，第 6—7 页。

② ［日］池田大作：《新人间革命》第 16 卷，218 页。

期，池田大作于 1974 年 1 月访问中国香港，3 月到 4 月访问北美洲和南美洲，5 月 29 日到 6 月 16 日初次访华，9 月 8 日到 18 日初次访苏，12 月 2 日到 6 日第二次访华，1975 年 1 月访问美国，4 月第三次访华，5 月访问英国、法国、苏联，真是席不暇暖，奔走世界各地。（参照表 2）在池田大作的行动中，既有作为创价学会会长参加学会内的各种活动和对会员进行鼓励，也有访问各大学并进行演讲以及会见各国要人等国际社会的积极活动。下面以池田大作访华和访苏为重点进行论述。

表 2　　　　　　池田大作海外渡航记录（1974—1975 年）

| No. | 日期 | 访问的国家和地区 |
| --- | --- | --- |
| 1 | 1974.1.26—1.31 | 中国香港 |
| 2 | 1974.3.7—4.13 | 美国、秘鲁、巴拿马 |
| 3 | 1974，5.29—6.16 | 中国大陆 |
| 4 | 1974.9.8—9.18 | 苏联 |
| 5 | 1974.12.2—12.6 | 中国大陆 |
| 6 | 1975.1.6—1.28 | 美国 |
| 7 | 1975.4.14—4.22 | 中国大陆 |
| 8 | 1975.5.13—5.30 | 法国、英国、苏联 |

资料来源：《池田大作年谱》，第三文明社 1981 年版。

## 三　池田大作初次访华的背景及其意义

### 1. 访华的由来

提到中国，1968 年池田大作发表的主张中日邦交正常化，恢复中国在联合国合法席位即在联合国代表权的倡言非常有名。[1] 这个倡

---

① 南开大学周恩来研究中心王永祥编《周恩来与池田大作》，朝日音响出版社，2002 年 1 月，第 30—45 页。该书中介绍了池田倡言的概要并汇集了各方对池田倡言的评价。

言表明了池田大作立足于整体观和历史观的信念，即不与拥有 7 亿人口的中国实现关系正常化，就不可能有亚洲及世界的和平。1964 年池田大作在创立公明党时就希望将实现中邦交正常化作为政治课题纳入党的纲领。后来的资料表明，由于当时的日本追随美国的方针，承认台湾是唯一代表中国的国家，所以外务省官员在与美国驻日大使，驻日美军司令等的协议会议上表示见解说，这个倡言严重地增强了对中国的错误期待，成为日本政府外交的障碍。① 而且，这个倡言发表后，许多右翼势力在街头宣传中对池田大作进行了攻击。

中国领导人对池田大作在这种情况下的富有勇气的行动给予了高度评价。多次受到中国的访华邀请的池田大作认为中日邦交正常化是政治家的工作，要求自己创立的公明党为实现中日邦交正常化发挥桥梁作用。在公明党的数次访华，并与周恩来总理关于邦交正常化的条件进行事先交涉的基础上，1972 年 9 月田中角荣首相访华，终于实现了中日邦交正常化。

此后池田大作于 1974 年实现了自身的访华。在这次访华之前，池田大作在东京先后与中国驻日大使陈楚以及苏联驻日大使托洛亚诺夫进行了会谈，关于即将进行的访华以及预定秋季进行的访苏事项进行了商量。这一事实证明，并不是通常所说的池田大作访华时感到中国民众对中苏对立的不安心情后才决心接着访苏，而是最初就已计划在访华后访苏。② 作为决心相继访问中苏两国的原因，可以想象池田大作对于日益紧张的中苏对立状况抱有强烈的危机感。1956 年以后以中苏两党的路线对立为契机，中苏两国的对立日益严重，1974 年 3 月发生了中国逮捕入侵领土的苏联直升机驾驶员，强烈谴责其间谍行为的事件，中苏关系处于什么时候发生战争都不足为奇的状况。① 特别是 1964 年中国核试验取得成功，成为有核武器的国家，池田大作认为，两国一旦发生战争，将意味着使用核武器是当时世界上最大的

① 蔡德麟：《历史的丰碑》，《深圳大学学报》1998 年第 4 期。
② 关于 1974 年池田大作访华、访苏，在前一年，即与汤因比博士对谈结束后开始准备。根据当时池田大作秘书的回忆，1973 年 7 月左右，为了准备访华和访苏，分别建立了小组开始准备。关于这点，为了流传后世，需要详细确认。

危险。

2．池田大作初次访华

1974 年 5 月 30 日，池田大作为首的访华团一行，从香港跨过国境步入深圳，迈出了长达十七天的初次访华的第一步。先后周游了北京、西安、郑州、上海、杭州、广州六个城市，访问了北京大学，视察了学校和各种生产现场，与李先念副总理进行了会见，还与各个阶层的中国人民进行了广泛的交流。这次访华期间，周恩来总理刚做完手

---

① 参见下列中苏纠纷年表。

表 3　　　　　　　　　　　中苏纠纷年表

| 1950 年代后半期 | 赫鲁晓夫对斯大林进行批判以后，中苏的路线对立尖锐化，两国关系开始恶化。 |
|---|---|
| 1960 年代末期 | 在政治路线对立的同时，领土纠纷日益紧张。在长达 4380 公里的国境线两边，苏联驻军 658000 兵力，中国驻军 814000 兵力，形成对峙状态。 |
| 1969 年 3 月 2 日 | 中苏在乌苏里江珍宝岛发生武力冲突。据记载，苏联方面死者和伤者 80 人，中国方面死者 800 人。 |
| 1969 年 7 月 8 日 | 中苏在黑龙江八岔岛发生武力冲突。8 月在新疆维吾尔边境地区发生冲突，在远东和中亚地区交战后，两国军队为了预防最恶事态的发生，开始准备使用核武器。 |
| 1969 年 9 月 | 越南胡志明主席逝世后，苏联柯西金部长会议主席出席葬礼后回国途经北京时，与周恩来总理进行了会谈。在寻求政治解决的道路问题上达成共识，两国对立的紧张状况得到缓和，但是国境问题没有解决，两国继续在边境配置兵力。 |
| 1970 年代 | 中苏进行了确定国境线的协议和谈判，但是没有取得有效成果。 |

资料来源：国际记者会议编《事件·事情和编年史》（行政出版）。

术，没能会见，但是，据说将池田大作一行的详细言行都报告了周总理。①

这次访华特别值得一提的有三点。第一，池田大作积极地与各个阶层的中国人民进行了交流。在北京市劳动人民文化宫举行庆祝活动时，陪同的少女问："叔叔，你来中国干什么？"池田大作回答说："是为了来见你"。此话富有象征意义。第二，与陪同的中日友好协会的干部以及政府要人的对话中，关于中国的核问题和为了世界和平应该采取的外交政策等，坦率地表明了自己的见解。第三，在北京的中学以及北京的市区具体地视察了为了预防苏联攻击而建造的防空洞的实际情况，再次确认了缓和中苏紧张关系的必要性。

在北京访问的最后一天，在与李先念副总理进行的长达两小时十五分钟的会见中，获得了李副总理关于中国不首先使用核武器，坚持和平共处五项原则的明确表态。

池田大作在紧张的旅行中，将在中国的所见所闻写成文章，回国后在繁忙的工作中，7月到8月在日本主要的周刊和月刊上发表了访华感想，并汇编成册，同年12月由每日新闻社出版发行了题为《中国的人间革命》一书。

## 四　池田大作初次访苏的背景及其意义

### 1. 初次访苏的由来

访苏前一年的1973年，苏联方面通过民间层次的日苏交流窗口"日本对外文化协会"来探听池田大作是否有访苏的意向，池田大作答复说："为了对促进日苏文化交流，构筑持久和平尽到一份责任，如有机会愿意访苏。"12月苏联科学院院士那洛奇尼斯基博士和基姆博士两位历史学家出席了"日苏历史学学术研讨会"，并趁来日之际，

① 《周恩来与池田大作》，第75页。

访问了创价大学，并希望会见池田大作。① 在两位博士来访之际，创价大学第一届到第三届的学生进行了真诚的欢迎，池田大作自己也与两位学者进行了会谈，为了促进日苏之间的交流，池田大作提出了设立"日苏学生文化交流协会（暂名）"、在莫斯科大学设立东洋哲学的有关科目等四个具体建议。两位博士回国后，详细汇报了访问创价大学的情况，此后就发展为莫斯科大学决定邀请池田大作访问。

1974 年 9 月 8 日，池田大作与创价大学代表团一起初次访问苏联。这个访苏的消息报道后，宗教团体的领导人为何去共产主义国家之类的舆论甚嚣尘上。笔者当时是创价大学一年级学生，反对池田大作访苏的右翼学生团体深夜侵入到创价大学校园，散发传单的情景，至今记忆犹新。或许不仅在日本社会，而且在邀请的苏联方面也有这种看法。关于邀请池田大作时苏联方面的议论经过，当时苏日协会副会长，苏联共产党中央委员会国际部日本方面负责人科娃连科后来撰写了回忆录。根据记录，苏联共产党中央委员会中主张对创价学会和公明党进一步进行调查研究之后再决定邀请，为时尚早论甚强，科娃连科自己坚决主张国家级邀请，最终获得柯西金部长会议主席的支持而决定邀请。②

2. 从托洛宾副校长的回忆录看柯西金会见

当时欢迎池田大作的莫斯科大学里，托洛宾副校长是担任接待的核心人物，参与了所有的活动。1995 年出版了《相逢二十年》的回忆录，回顾了池田大作在苏联的行程。回忆录中生动地描写了池田大作在苏联与各种人物见面的情况。其中，访苏最后一天在克里姆林宫会见柯西金部长会议主席时的情景颇有意义。根据托洛宾副校长的回忆，柯西金不是对任何事物抱有幻想的人物，认为与池田大作会见也不期待有什么收获，按照惯例表示欢迎之后，过几分钟柯西金就会发出结束会见的信号。但是实际上超过预定时间后，继续展开了"充满

① ［日］池田大作：《新人间革命》第 20 卷，圣教新闻社 2009 年 10 月，第 157—162 页。

② ［日］中泽孝之：《戈尔巴乔夫与池田大作》，角川书店 2004 年版，第 76—78 页。

人情味的对话"。柯西金觉得与日本人会见只谈归还北方领土之类的
话，所以改善日苏关系无可期望。但是，池田大作向柯西金谈了自己
以及日本人对俄罗斯文学、民谣、芭蕾、音乐的爱慕之意，还真诚地
谈了访问柯西金的故乡列宁格勒的印象，以及与法西斯战斗的历史和
永不再战的愿望。转达了访华时李先念副总理托付的口信，自己耳闻
目睹的中国人民追求和平的愿望，为此，表达了应该促进中苏两国的
教育文化交流，加深两国人民的相互理解的信念。进而提到军备的话
题时，柯西金痛切地说"现在制造了一瞬间就将全人类毁灭的武器，
世界上没有生存的保证"这个发言直接否认了"苏联持有核武器是世
界和平的保证的一贯理论"。最后，柯西金明确表示：坚决不能将世
界陷入核武器的威胁，苏联自身绝对不会那样，绝对不攻击中国，也
绝对不在国际社会中孤立中国。同一个民间人士池田大作的对话，成
为出乎意料的会见，使在场的人员都大为吃惊。①

3.《我的苏维埃纪行》

这次访苏期间，池田大作积极地展开了与民众及各界代表人士的
对话，与访华时一样，将坦率的印象写成文章，回国后就发表，第二
年1975年2月出版了《我的苏维埃纪行》一书。无论是中国还是苏
联，对于当时日本民众来说，被体制不同的厚壁所阻，无法知道在那
里生活的民众的真实情况。池田大作通过转达访问中国和苏联时接触
的人们所自然流露的希求和平的话语，描绘了与我们自己没有什么不
同的百姓的生活气息。这也是池田大作关于没有民众的相互理解就不
可能有和平构建的信念的明确表示。

# 五 池田大作第二次访华以及与周恩来总理的会见

1974年12月，池田大作应北京大学的邀请进行了第二次访华，
在与邓小平副总理会见时转达了柯西金的口信。当天深夜，因病住院

---

① ［日］托洛宾：《相逢二十年》，据潮出版社1995年版，第66—84页。

的周恩来总理不顾周围的反对，会见了池田大作。[①] 当时，周恩来对池田大作为中日邦交正常化所作出的贡献表示感谢，并说："你还年轻，今后中日友好也托付你了。"为了报答周恩来总理不顾重病，希望"无论如何也要会见"的情义，池田大作一贯强调中日友好的重要性，先后 10 次访华，与周恩来以后的历代领导人的友好交流现在仍在继续。池田大作为了缓和中苏紧张关系，作为民间人士与中苏两国首脑进行了坦率的对话，为了中苏之间相互信赖和直接对话进行了各种努力。不仅此后继续访问两国，而且通过自己创立的创价大学和民主音乐协会，多方面地展开了教育和文化的交流。

中苏两国的关系 1975 年以后虽然没有马上改善，但是更没有发展到严重的武力对抗的状态。1982 年以后两国渐渐地开始接近，1989 年 5 月戈尔巴乔夫访华，与邓小平进行会谈，宣告了中苏关系的正常化。

## 六　池田大作 1975 年访美与国际创价学会（SGI）的成立

1975 年 1 月池田大作访美，与当时的联合国秘书长瓦德海姆及美国国务卿基辛格博士进行了会谈，转达了与中苏两国首脑会谈的内容。在访美的最后日子，为了成立国际创价学会（SGI），在关岛举行了世界 51 个国家的代表出席的"第一届和平会议"。会议上，池田大作讲了与汤因比博士对谈中谈到的人类社会的展望、现代世界的战争危机，还提到了核武器的威胁、环境问题、南北问题等。并宣告国际创价学会（SGI）的目标是为了克服这种超越国家的问题，实现超越国家利益和民族利益的团结。

池田大作 1960 年就任创价学会会长以来，不断对世界各地的会

---

① 《周恩来与池田大作》，第 87－102 页。该书中关于 1974 年池田大作第二次访华做了详细论述。

员进行鼓励，面对自己亲手创立和培育起来的各国创价学会的代表，在成立大会的最后发出了如下的呼吁。

"希望大家不是自身开花的心情，要在全世界传播妙法的和平种子而度过尊贵的一生。我也如此而行。""为了各自的国家，为了尊贵的人类，为了民众，度过灿烂的一生吧。"①

这个发言非常平易近人，典型地表达了池田大作追求世界和平的信念。

# 七　池田大作的人间主义外交

根据以上考察，笔者想把池田大作所展开的民间外交称为"人间主义外交"。并将"人间主义外交"归纳为以下三点。

第一，在为了世界和平的国与国之间的外交中，必须强烈地意识到"人"的存在，这是池田大作考虑的"人间主义外交"的基本。也就是说，不能忘记代表各国的首脑具有体现国家和体制的利害关系的功能的一面，同时也是有血有肉的人。池田大作在与中国、苏联首脑会见中，身体力行的是作为一个人敞开胸襟坦率对话。池田大作所实践的信念是，任何利害对立的国家之间，只要其代表者首先互相努力构建人与人的信赖，就能找到解决问题的渠道。基于这种认识，池田大作一直主张利用一切机会与国家首脑直接见面、坦率交换意见的重要性。

第二，池田大作从国民、民众的舆论对国家决策产生重大影响的现实出发，强调促进民众之间广泛的互相理解的重要性。为此，池田大作在繁忙的日程中坚持亲自执笔，努力反映超越国家和体制的民众的真实形象。作为扩大民众互相理解的努力，池田大作通过自己创立的创价教育机构、民主音乐协会、东京富士美术馆等教育文化交流的窗口，促进人与人的往来。

第三，池田大作行动的最大特征是通过国际创价学会（SGI），

---

① ［日］池田大作：《新人间革命》第 21 卷，SGI 之章。

在世界各地努力扩展与具有共同愿望的人们的团结纽带。上述苏联共产党的科娃连科在其著作中称赞池田大作是"优秀的社会活动家、宗教家、现代的大哲学家","民间外交的名人"① 据科娃连科说，在追求世界和平并向社会提出各种理念和倡言的有识之士中，池田大作特别值得一提的长处是，其发言来源于为了扩大团结纽带的倾注心血的努力。

作为本文考察的结尾，笔者想强调指出，池田大作所展开的"人间主义外交"的所谓"人间主义"，应该从两个侧面进行理解。第一，探索"人的存在"本质的透彻的洞察。第二，彻底实现超越国家利益和民族利益的"人类利益"的不可动摇的信念和行动。

（寺西宏友　日本创价大学教授）

---

① ［俄］科瓦连科著、［日］加藤昭监修《对日工作的回忆》，清田彰译，文艺春秋出版社 1996 年版，第 241—243 页。

教育·文化篇

# 池田大作儿童教育理念解析

池田大作先生是日本著名的宗教思想家、教育家及闻名世界的社会活动家。他长期担任日本创价学会会长，现任国际创价学会会长，日本创价学会名誉会长。池田先生创立了涉及幼稚园、小学、中学、大学的创价教育体系，总结出独特的教育教学方法。同时，他在与世界知名人士的对谈中，谈到家庭、社会对儿童成长的影响，谈到如何保护儿童天性，如何发掘儿童蕴藏的潜力等问题，对儿童教育涉及的方方面面问题提出了精辟的看法。关于此问题，刘琨辉、蒋菊、井上比吕子、乔丽梅等先生的论著中已有所涉及①，本稿即在此前研究的基础上，对池田大作儿童教育论述试作解析，并就教于诸师友方家。

## 一 家庭教育的重要性

家庭是社会的细胞，孩子是国家的未来，儿童教育，历来都是人们关注的重要议题。在谈及家庭教育与学校教育关系时，池田大作先

---

① 有关池田大作儿童教育、家庭教育方面的论作，见于期刊及论文集有，刘琨辉：《池田大作家庭教育理念探讨》，台湾中国文化大学池田大作思想研究中心编《池田大作思想研究论文集》（创刊号，第77—98页），2005。蒋菊：《池田大作的儿童家庭教育观与中国古典家教之渊源探微》，《中外学者论池田大作：和谐社会与和谐世界》，华中师范大学出版社2007年版，第316—322页。乔丽媛：《池田大作的童话的儿童教育观论析》，《肇庆学院学报》2007年第1期。〔日〕井上比吕子：《池田大作的家庭观》，载《多元文化与世界和谐——池田大作思想研究》，人民出版社2008年版，第360—369页。

生认为，"家庭教育中，一方面固然要把重心放在'情'与'意'上，同时恐怕还应当为人的全面发展教育进行不懈努力。如果是这样，那就可以认为，家庭教育是人的教育的基础，在这一基础上，学校教育才有可能很好地开花结果"①。他进一步说道，"家庭教育是教育的原点"，更加需要予以重视，这是因为"对于孩子们来说，既是在学校或朋友们之间得不到的生命憩息的地方，又是培育最深刻人性的最高的教育场所"②。

良好的家庭氛围，是儿童家庭教育的重要环节。池田大作先生强调营造家庭和谐、亲切的氛围，以及良好的家庭氛围对儿童教育的重要性。作为父母，互敬互爱，处处严格要求自己，用自己的嘉言善行、积极进取，创造家庭温馨向上的气氛，让孩子感受到家庭的温暖和不可替代性，领略体会父母崇高的品质与辛勤劳作的伟大。池田大作先生曾经说过，"父母的身教确实是胜过言教"③，当孩子"看到父母一心热衷于某种事物的身影，孩子会自然地感兴趣和关心。要从这样的身影中学到什么——这将成为家庭教育的根本"④。就是说，家庭教育中父母的言行榜样作用是十分重要的，家庭的和谐温馨、乐观向上、奋斗不息，对于孩子的感召和启发作用将是无可估量的，也对孩子最初的人格形成具有重要启迪作用，当然，良好的学习、生活习惯也会因此形成。如果家庭缺乏应有的温暖和谐气氛，或者父亲脾气暴躁、动辄发火，对家庭成员实施家庭暴力，或者母亲喋喋不休，无端纠缠吵闹，甚至父母一方或两方吸毒犯罪，子女无人照管；抑或如20世纪90年代以来，由于国家经济的发展，大量进城务工农民工的出现，我国农村出现所谓的"留守儿童"家庭，孩子和年迈的祖父母

---

① 〔日〕池田大作、〔日〕松下幸之助：《人生问答》，卞立强译，中国文联出版社2009年版，第256页。

② 同上书，第260页。

③ 〔日〕池田大作：《新女性抄》，卞立强译，上海财经大学出版社2004年版，第124页。

④ 〔日〕池田大作：《孩子是"未来的宝贝"——教育箴言录》，卞立强译，中国文联出版社2009年版。

一起生活，造成孩子人格形成过程中难以挽回的损失①；一些父母离异②再婚，个别的单亲家庭等。儿童生活在如此家庭中，可能就感受不到家庭的温暖和亲情，也可能只是部分的享受这些权利，儿童家庭教育因为家庭和谐氛围的缺失就会出现问题，进而不利于儿童的健康成长。虽然我们不能因此得出家庭良好氛围缺失，就会导致儿童性格或者其他方面出现问题，但我国一些地区儿童厌学生事，或者儿童犯罪率增高，如果统计了解其产生原因，不能说和家庭教育氛围的缺陷无关。

家庭教育中，母亲的身份和影响至关重要。中国古代有四大贤母，其中孟子母亲"择邻断杼"的故事千古流传。正是由于这些母亲用自己的言行品德，影响温暖他们的孩子，才造就了享誉古今、泽被后世的伟大历史人物孟子、陶侃、欧阳修、岳飞。池田大作先生曾引用德国伟大的教育家福禄培尔的话，"孩子在 5 岁之前，会学完其一生应该学习的东西"，又引用拿破仑的论述，"孩子的命运，常常是由其母亲造成的"③。池田大作自己认为："子女的健康成长和保持家庭的幸福取决于母亲是否贤惠，所以说妻子的品性贤淑，是一家人最大的幸福。如果家庭中发生了不愉快的事情，能够

---

① 裴小梅：《"留守儿童"犯罪的社会干预——"留守儿童"犯罪引发的思考》，《河南师范大学学报》2008 年第 2 期。

② 池田大作和里哈诺夫曾谈及"大人的坏榜样会成为孩子残酷性的根源"话题。参见［日］池田大作，［俄］里哈诺夫著《孩子的世界》，卞立强、李力译，北京，中国文联出版社 2009 年版，第 106—107 页。池田香峰子夫人也提到日本夫妻离婚率增高的问题，指出父母离异对儿童心理发展和社会的危害。"有的儿童，是因为父母的离婚而导致心灵的荒废。儿童心灵的荒废，一定会导致社会的荒废。我想，这责任在父母身上。"她强调："离婚是父母随心所欲的行为，但却为难了孩子。而且，父母的离婚，会让孩子产生一种负罪的感受，认为自己是他们离婚的原因。从而又造成社会的恶性循环。为防止这种现象，一家人都必须用心地努力。"参见池田香峰子著《香峰子抄》，北京，作家出版社 2006 年版，第 125 页。另见王永丽《父母离异对其子女的影响及教育对策》，《世界教育信息》2007 年第 5 期。

③ ［日］池田大作：《论幸福》，卞立强、张彩虹译，中国文联出版社 2009 年版，第 46 页。

抚平裂痕的只有母亲的微笑，除此之外别无他法。"① 他还说道："幼儿的心灵世界是非常纯洁的，往往会原封不动地接受母亲和周围大人们的言行。这种吸收力是非常惊人的，而且一旦刻印在心上的经验，会成为理解事物的基准而铭记下来"②，强调母亲身份在家庭生活及儿童教育中的重要性。在与杜维明博士谈话过程中，池田大作先生一再推崇杜博士少儿时代良好的家庭氛围，了解到杜博士母亲对孩子"管教很严，但她是个心地善良的人。她不是用威压，而是通过鼓励，期待孩子们成长为具有责任感、对社会有用的人"，而且她本人从小就期望成为中国首位女飞行员，后来又刻苦练习绘画，成为一位艺术家时，赞叹她"是一位极富先驱性、有进取心的母亲"③。在与俄罗斯儿童文学家里哈诺夫对谈时，注意到家庭中的"温情"与"健康"，父母在儿童家庭教育中的地位，家庭教育与当时的社会背景、周围环境的影响密不可分。但无论如何，母亲在家庭教育中的主导地位是不容忽视的，孩子就是通过母亲的言行，体会到如何做人，如何做事。在此问题上，池田香峰子夫人很好地履行了母亲的职责，成为悉心教育孩子成才，精心帮助丈夫事业成功的典范。香峰子夫人最能打动人的就是她的"微笑"。正如台湾中国文化大学林彩梅女士所说，香峰子夫人不仅是池田大作先生的细心护士、秘书，贤惠的娇妻，卓越的妇女领导者，而且"在孩子的心中，她是一位伟大的母亲，凡事持有坚强、落实与慈悲之心，以爱的教育，扮演良母益师，孩子的成长过程充满温暖母爱的高度关怀之幸福"④。显然，无论是中国古代四大贤母，还是现代我们崇敬的伟大女性们，她们在儿童家庭教育

① 贾蕙萱：《池田香峰子——在平凡中闪烁着美丽的女性》，《池田大作研究论文集》，香港，2004 年。

② ［日］池田大作、［俄］里哈诺夫：《孩子的世界》，卞立强、李力译，中国文联出版社 2009 年版，第 135 页。

③ ［日］池田大作、［美］杜维明：《对话的文明：谈和平的希望哲学》，卞立强、张彩虹译，四川人民出版社 2007 年版。

④ 林彩梅：《21 世纪现代女性的典范——香峰子》，载台湾中国文化大学池田大作思想研究中心编《池田大作思想研究论文集》第 2 册，2006 年版，第 121~128 页。

过程中的感召、融化，对儿童成长所产生的超乎寻常的作用，无疑是难以估量和无可替代的。

以享有独立人格的高度，平等地对待孩子。孩子自出生之日起，就逐渐形成自己区别于他人的人格情愫，作为家庭教育的实施者——父母，应该尊重儿童的独立性，平等地对待孩子，尊重孩子。池田大作先生认为，"如果说青年时期是构筑人生的基础、骨骼的时期，那么，幼小时期可以说是形成更深层的、相当于其核心部分，即骨髓的时期。人性的本质层面是在这一时期形成的"①。"尊重孩子的人格，孩子就会学习对人的尊重。在家庭中是培养小的社会人。"② 在这里，我们应当摒除以往津津乐道的家长作风，给孩子人格发展留足驰骋的空间，不要把自己的意志强加给孩子，不要和周围的孩子攀比。另外，池田大作先生认为，"孩子并不是父母的延伸，而是新萌生的嫩芽"，即不要把自己没有实现的理想，或者非分理念转嫁给孩子，使孩子背负从家长那里继承的自己不情愿接受的额外重负。父母应该尽到自己应有的责任，而这个责任就是因势利导，尊重孩子的童心，尊重孩子的选择，尊重孩子的意志。与此相关联，池田大作先生还提到儿童家庭教育中父母的奖励（或表扬）原则、"管束"原则，以及祖母或外祖母在儿童家庭教育中的地位。无论如何，在宽松和谐、充满温情、积极向上的家庭环境中，父母多渠道、多途径的正确引导，不仅能使儿童得到健康成长，而且能使父母与儿童在不同的轨道上共同取得进步，达成家庭教育的双赢效果。无疑，池田大作先生论述中的精髓就体现在这里。

## 二 儿童教育面临的问题

应该说，学校教育是家庭教育的延伸和新的阶段，两者具有不可

---

① ［日］池田大作：《论幸福》，卞立强、张彩虹译，第 32 页。
② ［日］池田大作：《人生箴言》，卞立强译，中国文联出版社 2009 年版，第 71 页。

割裂的关系，但却担负着不同的教育重任。<sup>①</sup> 儿童进入学校将要面对亲爱的老师、同年龄段的学友、童话般的学校生活以及功课超乎寻常的吸引。当然，学校是秩序化、规律化、知识化教育体系的化身，教给学生知识、培养学生的集体意识、友爱理念、尊师重教等。池田大作先生在与世界知名人士对谈过程中，多次提到儿童教育深受社会不良环境影响的事例，发人深省。

电视、网络等媒体的普及对儿童教育的影响。关于此问题，池田大作先生与上述俄国儿童文学家里哈诺夫对谈中，专列"对生活在电视时代的孩子的衷心期望"一章，显示出池田大作、里哈诺夫两位大师对电视强势进入儿童生活的担忧。指出"电视使人远离了读书，让我们看'已经造成'的故事，什么都在画面上映出来，人们可以不必思考、想象了"，特别是孩子"正处在一个人的成长过程中，摇篮边放着电视，就会把世界划一，让他看'已经造成'的现实，就会阻碍孩子的成长，结果孩子成为电视的牺牲品"。不仅如此，电视中宣扬暴力、色情、低级庸俗的节目，在孩子幼小的心灵中投下难以磨灭的阴影，"损害孩子们内发的健全的想象力和审美意识"，孩子可以一动不动坐在电视机前，导致体力的衰退和视力的下降。池田大作先生认为对电视所造成的后果，"发出多么严重的警告也不为过"。上述两位先生对谈于1995年，转眼15个年头飞逝而过。科技进步衍生的新宠儿又迅猛登场，两位先生关注的电视对儿童的影响及危害，已为新的媒体形式——"网络"所替代。显而易见，网络的渗透力更强，网络游戏的杀伤力更大，网络造成的危害绝非电视所能比拟，儿童沉迷于网络，就等于身心残缺、前途暗淡的噩梦的开始。现代儿童教育专家、儿童心理学家要解决的问题常常是网瘾、网恋、网络杀手等问题。对于网络给儿童

---

① 关于家庭教育与学校教育的关系，池田大作先生认为：学校教育把重点放在开发人的生命的智能上。而在家庭教育中，一方面固然要把重心放在"情"与"意"上，同时恐怕还应当为人的全面发展教育进行不懈的努力。如果是这样，那就可以认为，家庭教育是人的教育的基础，在这一基础上，学校教育才有可能很好地开花结果。参见［日］池田大作、［日］松下幸之助《人生问答》，卞立强译，中国文联出版社2009年版，第256页。

造成的危害，儿童厌学及活力的下降，虽未见到池田大作先生的专门论述，但他谈及电视危害时提出了自己的看法。认为，孩子的意志力，抵制诱惑的能力还没有完全养成，电视"入侵"式的介入，剥夺了儿童读书的时间，影响孩子的视力、行走能力、对知识的鉴赏咀嚼能力，如此"家庭和社会环境方面的对应和关心"就显得更加重要了；另外，池田大作推崇创价学会第一任会长牧口先生"半天学习，半天劳动"的半日学校制度，指出"我们要争取实现的教育，是能培养孩子们身心健全发育，幸福生活的力量，开辟希望社会的力量的教育"①。到底如何看待科学技术进步对人类社会发展的影响，是"进步往往会堕落为退化"，物质的繁荣昭示着人类危机的来临，还是紧紧拥抱科技进步带来的方便，追逐最大限度的享受，这些问题引起的争论应当是长期的，其结论也是仁者见仁、智者见智。对此，池田大作先生与松下幸之助对谈过程中，专门列出"对现代文明的反省"一章②，涉及相关联的各种问题，阐述了各自的观点。对于儿童教育来说，池田大作先生的见解应当引起人们的注意。

儿童间和平相处，反对以大欺小、以强欺弱的暴力行为。由于人自身与生俱来的缺陷，加之受社会上弱肉强食现象的侵蚀，儿童中常常看到以大欺小的欺侮现象，造成很坏的影响。对此，池田大作认为，"欺侮人、作恶之类的冲动，本来是人的生命机能中天生具有的，要完全消除是不可能的。重要的是要陶冶自己的内心。换句话说，就是如何控制自己，不引发这种烈马似的阴暗的冲动"。正因如此，诸如儿童逃学、上课注意力不集中、家庭作业效率不高、学习成绩下降等问题，很大程度上都和欺负人、受人欺侮有关。如何解决此问题，他提出几种办法。其一，树立欺侮人者百分

---

① 以上引文未注出者，均见［日］池田大作、［俄］里哈诺夫著《孩子的世界》，卞立强、李力译，中国文联出版社 2009 年版，第 49—58 页。

② ［日］池田大作、［日］松下幸之助：《人生问答》，卞立强译，中国文联出版社 2009 年版，第 271—299 页。

之百错误并承担责任意识，以正压邪。其二，加强儿童自我教育，明确不尊重他人就不会得到别人尊重的意识。其三，提倡扶弱抑强，用正义的力量感化、教育施暴者。其四，大人和社会要承担起应有的责任，提高自己的修养，杜绝自身的暴力倾向，因为孩子的行为很大程度上来自周围事物的潜移默化，"大人动辄就以上下贵贱的眼光来看人，不能平等地对待。这也投影到孩子的身上，对弱者有优越感，傲慢自大；对强者卑躬屈膝。孩子如果也变成这样，那是很可怕的。培养对弱者的关怀，是教育的最大目的之一"①。当然，加强儿童间互助互爱、集体观念教育，也是解决此问题的重要途径之一。总之，学校教育中儿童间的暴力行为，不利于儿童身心成长发展，应该引起父母、学校及全社会的重视。

对儿童创造力的摧残，应试教育的滥觞及其后果。池田大作先生认为："孩子好像是未加工的金刚石。但是，金刚石如不加磨研，也永远是未加工的金刚石。所有的人都内含着这种'可能性'的美丽的光辉。重要的是让他意识到这种光辉。"如何发掘儿童的这种创造性？首先，作为父母、老师，有责任培育开发孩子的这种潜能，激发他们的创造性。其次，相信每一个孩子都蕴藏着这种潜能，信任孩子，在大人的关怀下，让孩子在一定的环境下自由地发挥。不要带有歧视和偏见对待孩子，不要打击孩子的积极性，用欣赏赞许鼓励的理念，让孩子尽情迸发出 21 世纪的希望之火。其三，家长和老师要用耐心、勇气和爱，用自身发出的人性魅力的光辉，启发、熏陶儿童的创造力。那么，池田大作先生为什么会提出保护儿童创造力这个命题呢？这是因为日本国内将发掘、培育孩子创造力的事情"当作次要的存在，觉得不知什么时候孩子们脸上的笑容日益减少了，眼睛里日益失去光辉"②。虽然我们不能确切地了解日本在儿童教育中对其创造力漠视的具体事例，但池田先生把问题提了出来，而且找出了解决问题

---

① 参见［日］池田大作《孩子是"未来的宝贝"——教育箴言录》，卞立强译，中国文联出版社 2009 年版，第 21—25 页。

② 同上书，第 36—49 页。

的一些看法，这些应该引起我们注意。那么，当前我国学校教育的情况如何呢？是否也有值得检讨和改进的地方？就拿我们讳之莫深，但又高高飘扬的应试教育来说，虽然有关部门一再宣传加大儿童素质教育力度，但在学校中考、高考杠杆的支配下，学生进入小学后，随即就被绑上应试教育的战车。幼小的孩子只有经受奥数的洗礼，才能被好的初中接受；进入初中后，又要经过每月的月考，应对中考的筛选；考上高中后，高考的指挥棒高高举起，学生在考试的挣扎中，进入大学或者被淘汰。孩子创造力的萌发期，即从进入小学直到高中毕业长达十二年，在疲惫挣扎中度过，被禁锢在应试教育的窠臼中，培养出一大批高分低能缺乏后劲失去棱角的碌碌无为者。当然，在此体制下一些所谓的"人才"也被选择出来，但他们本身具有的潜力并没有完全释放，被动地接受不利于创造力的迸发。而对于绝大多数儿童来说，应试教育无异于身心摧残，储备在他们身上各方面的创造力因此被扼杀，这种损失对于一个民族来说，简直难以用语言表达。如何发掘保护儿童与生俱来的创造力？如何摒除不利于儿童创造力发挥的体制和做法？如何使儿童最大限度地发挥他们的创造力？这是值得家长、学校，以及教育最高当局深刻反省的事情。

## 三　结语

本文对于池田大作先生有关儿童教育方面的论述做了一定的解析，涉及儿童家庭教育和儿童教育中存在的一些问题。当然，池田大作先生关于儿童教育方面的论断绝不止这些，他的儿童教育理念以及教育思想非常广博，其中儿童教育方面还应包括强调心灵的可贵，重视人格教育，奠定世界公民的基础[①]等等，其中有些微言大义还需做深刻、全面的诠释，如此才能真正了解其实质内涵，进而对我们的儿童教育具体实践提供借鉴，促进我国教育良性快速发展。我们有能力有责任给儿童创造温暖快乐、和平充实、积极向上的成长环境，儿童

---

① 　参见上述注释中刘琨辉《池田大作家庭教育理念探讨》论文，台北，2005。

与生俱来的创造力应该得到淋漓尽致的发挥，祖国的未来需要我们把儿童教育做得更好。

（作者简介：拜根兴，陕西师范大学历史文化学院教授，陕西师范大学池田大作·香峰子研究中心主任，陕西师范大学文科基础教学部副主任。主要从事东北亚国家关系史，中国古代史的教学科研工作。Email：baigenxing@snnu.edu.cn）

# 为"人"的艺术

## ——池田大作美学思想管窥

《五灯会元》里记载着青原惟信禅师的这样一则语录：

> 老僧三十年前未参禅时，见山是山、见水是水。及至后来亲见知识，有个入处，见山不是山，见水不是水。而今得个休歇处，依前见山只是山，见水只是水。

这段话里的禅机，恰恰可以用来概括池田大作艺术活动的两重境界——首先是超越的境界，以佛眼禅心观照大千世界，洞悉宇宙人生的一切奥秘和至高真理后脱离了琐碎庸常、欲望烦恼、纷争扰攘，从而超越形式、流派，超越时代、生死，也超越国家、民族、种族、意识形态等，达到浑然与洒脱的真如状态；然后是回归的境界，以佛即生命、法即自性的彻底觉悟，向空无处寻求生机，在瞬间里缔造永恒，从而回归到审美与创造的源头，回归质朴、回归人性、回归自体显照的人生原点，呈现佛法无边的希望和繁荣。两重境界其实又是一重，不论写境、造境，还是审度、品评，抑或是挥发、利用，他的美学思想及与艺术相关的全部活动都紧扣一个"人"字，去阐发并实践人的和平、人的幸福，本质上都是为"人"的艺术。

池田大作曾在一首诗中把艺术比作"人类的光明"，比作"时代之镜、未来之花"。他在艺术方面的成就主要体现在三个方面：一是本人的创作——文学方面包括以创价学会故事为题材的小说《人间革命》、《新人间革命》，以《樱桃树》、《雪国王子》等为代表的童话以及大量题材广泛、形式自由的诗歌、散文等，先后于 1981 年和 1995 年荣获"桂冠诗人"和"世界桂冠诗人"称号；摄影方面出版过多本摄影集，并在世界各地举行过多次摄影艺术展，很多作品被称为"心灵的诗"、"人本主义的杰作"，是国际公认的摄影家；二是"以自他一同的幸福为目标"，由他主导、倡导的各种艺术实践活动，如创价学会内部的鼓笛队、音乐队、合唱团、艺术节，以民主音乐协会为平台的各种文艺演出，以东京富士美术馆为依托的各种展览，创价学会博物馆的各种收藏等等；三是美学思想体系的构建，在与世界知名人士尤其是文化艺术界代表性人物的对谈中，在世界各地的历次演讲中，在落笔为文的各种思想感情的传达中，阐发了大量关于艺术创作、艺术欣赏、艺术功能等方面的见解，形成具有独特宗教气质和人文情怀的美学思想体系，形成重视感性直觉、主客不二内外圆融的"生命诗学"。

作为日本最大的佛教团体创价学会的精神领袖，池田大作认为，艺术与宗教是表里一致的，伟大的艺术、文化，根底必定有哲学、宗教的精神。因此，他把所有艺术活动都作为佛法实践的有机组成部分，把艺术想象力和宗教世界观结合起来，把艺术家对现象世界的直感把握和宗教家对本质世界的意义探寻结合起来，倾注毕生心血去锻铸、去建构、去播扬，其雄浑博大的生命交响形成美学思想的浩然生机、艺术作品的斑斓姿彩及实践活动的巨大软能。

# 一 大情之动——池田大作美学思想的内涵

> 啊 艺术！/啊 艺术！/你是永恒之光，不灭的文明碑铭//啊 艺术！/啊 艺术！/你是生命的凯歌，/"自由""创造"和"欢喜"的赞歌。//啊 艺术！/啊 艺术！/你是深切的祈祷，与根源实体的神圣结合。
>
> ——池田大作《艺术颂》

中国古老的哲学著作《周易》中《咸》卦象辞有言："天地感，

而万物化生。圣人感人心，而天下和平。观其所感而天地万物之情可见矣。"咸就是感，感应、互动。感动，在艺术创作和艺术欣赏中有着同样重要的意义。心中有感，情才会动于衷；真情发自肺腑，才具有感通天地的力量；自己感动了，才会感动别人。艺术的奥秘就在于此。

池田大作有一颗会感动的心，并将之贯注于全部艺术活动中。他说："激动人心的不是大道理、讲大义，而是作者内心沸腾翻滚的'大感情'的真情流露。"① "为了产生这种个人的自由创造精神，就必须有对人生的真挚态度和关心人类苦恼的某种动机。这种东西存在于作者的心中，才可能作为作品流露于外，并且这时才会有打动万众心弦、具有伟大价值的作品问世。"②

他所谓的大感情，当然不是空虚寂寞扭曲压抑的内心独白，也不是卿卿我我耳鬓厮磨的小家浪漫，甚至也不是局促于对一团体、一国家、一社会生产生活的反思与刻画，而是跳脱小我进入大我、超越有限追求无限的开阔襟怀。《法华经》中有一段如何聆听民众之声、为改变人的境况命运而倾注慈悲和智慧的文字：

> 彼人聆听，理解无数人们之声。聆听天之声，美妙歌声，男女之声，幼儿之声。/甚至聆听山川、峡谷之中的鸟儿之声。/聆听地狱诸苦之声，饥民渴求饮食之声。/更聆听菩萨和佛之声。聆听下至阿比地狱，上至有顶天的所有声音，而且耳根无坏。

池田大作说，这不单是宗教上的实践目标，而且是政治、经济、文化、教育等各方面的伟大指导。他自己的心，便被这一切民众之声、生灵之声时时打动；他的艺术活动，便是建构在内心丰富而真挚的情感基础上，同时是建构于以人为核心的民众史观上，由此蕴蓄出

---

① 《探求一个灿烂的世纪——金庸、池田大作对话录》，北京大学出版社 1998 年版，第 274 页。

② 《眺望人类新纪元——汤恩比与池田大作对谈录》，香港天地图书有限公司 2000 年版，第 89 页。

博大、深刻、昂扬、健硕的美学思想内涵。

1. 艺术当摹写生命的至高境界，唱出自由、创造的欢歌

境界是东方哲学和美学中一个重要的理论范畴。"境界是一个人在其中活动、优游的时域；境界所反映的不是人对这个世界的概念把握、知识累积，而是将人放入这个世界中的际遇、境况、体会，并由此而形成的审美超越、人生感喟、人格启迪、气象熏陶等。""境所反映的不是知识，而是人的生命的信息。"① 艺术境界直接映衬着人格境界和心灵境界，而艺术境界与人格境界、心灵境界又在审美活动和创作活动中通过特定介质成为浑然一体的生命境界。作为一种生命信息的直接流露，池田大作主张艺术应该表现人性，给人带来生命力，用以装饰和享受最高的人生，艺术家也应该凭借自己成功的人生而使艺术放射出真正的光辉。他说："优秀的艺术是人性的流露，人性的表现。所以是自由和多样的。"② 唱出自由与创造欢歌的必是热爱生命、建树生命的伟大艺术家，首先让自己的生命成功，然后使自己的艺术生辉。

人生千姿百态，慧海渊深朴茂，艺术家是无法、无须穷形尽相的，艺术的笔触指向哪里、如何呈现，与创作者对生命的态度直接相关，凝结着创作主体的情动与神思。"一流的摄影家，在彻底磨炼自己的同时，会不断努力将这时的感受和真情刻印在照片里。经历磨炼的生命的光辉，亦会令其拍摄的照片生辉，这样的作品自会打动人心！深深思索烦恼的生命，在瞬间自会捕捉到深厚的内容。"③ 基于艺术乃人性的自然流露这一观点，他在作品中尽情挥发灿烂的感性、自觉的理性、舒朗的灵性和执著的心性，法无定法，直思无碍，创作出多种多样的艺术作品，唱出了一曲自由与创造的欢歌。中国古人说，有一等之心胸方有一等之艺术，王国维也在《人间词话》中说"有境界则自成高格"。池田大作的境界，便是与慈悲、智慧、勇敢、

---

① 朱良志：《中国美学十五讲》，北京大学出版社 2006 年版，第 281 页。

② ［日］池田大作：《新人间革命》第 5 卷，创价学会译，香港天地图书有限公司 1999 年版，第 30 页。

③ ［日］池田大作：《摄影与自然"内心对话"》，人民网 2002 年 10 月 17 日。

崇高、和平、幸福紧密相连的大生命的境界，他所倡导的艺术观，正是要描摹、要实践这种至高的生命境界。

2. 艺术要成为永恒的文明碑铭，透射爱与希望之光

"一粒沙里藏着整个海洋，一朵花里拥有一个世界，于你的掌中握有无限，瞬间蕴蓄着永恒。"英国诗人布莱克的这首诗常常引起人们对瞬间和永恒关系的思考，它所揭示的，正是佛法中"依正不二"、"一念三千"的正觉。和宗教一样，任何一种艺术形式都有着超越现象探寻本质规律的企图，都有着对永恒、对无限的执著追求。"诗人是宇宙法则的探究者。""诗人是要寻求永恒的人。由于浑身都能感受到永恒，所以他会彻悟诸行的无常。由于万物不停地流转映入眼内，所以懂得它的每一瞬间都极其宝贵。对于这样的'现在'，这样充实的'现在'、充满生命的'现在'，诗人不能不爱惜、不能不歌唱。"① 诗人如此，摄影家也如此。池田大作说："摄影是哲学的绘画。艺术摄影就是表现生命的现象，万物不断发展的戏剧。在'一瞬间'的生命中凝结着'永恒'。在一瞬间鲜明地照出一个人的个性、过去和未来、命运和人生的戏剧等实相。"② 正是由于艺术家们用自己的创作完整表现了"当下"与"永恒"之间的关系，在尺幅之间、用寥寥数语、谱少许音符，便将深刻的生命体验和神秘的审美感悟表现出来，所以艺术成为人类精神的标杆，成为心灵发展的缩影。艺术伴随着人类进步的途程，是历史的高度抽象与概括，是文明的永恒记录与评鉴。

当然，即便是永恒的文明碑铭，艺术也并不完全忠实于生活的原貌，绝大多数时候它是扭曲的、变形的、经过提炼和升华、经过删节和处理的，以此透过现象的真实而把握逻辑的真实、生命本质的真实。在艺术家对散乱的生活素材进行加工处理的时候，池田大作主张无须回避烦恼和痛苦，也不必美化现实，但一定要心怀慈悲和希望，

---

① ［日］池田大作：《我的世界交友录》第 1 卷，卞立强译，湖南师范大学出版社 2006 年版，第 223 页。

② ［日］池田大作：《人生的坐标》，商务印书馆（香港）2003 年版，第 138 页。

通过艺术创作给人以激励和启迪。他从不讳言自己对革命诗人的赞美，也笑着承认自己是"志士型"、"事业家型"的艺术家。他赞颂那些给人带来希望、使人看到光明的艺术，把"美"比喻为"爱"的孩子，在创作中感到"自己的生命内部涌出慈悲的一念，作为一面镜子，照彻万物"，而给人生带来希望。他说："一个真挚的灵魂活着，就是踏上'希望'的路程，不断地怀着'希望'，就能不断地前进。投身于现实的混沌之中，一边苦斗，一边开拓自己的人生的轨道——人的一切工作、生活，就是要为自己创造价值而斗争。执笔写作也不能例外。"① 美与爱、勇气和希望，是池田大作评价艺术作品的尺度，更是创作中从未改变的追求。

3. 艺术应发挥联结世界的力量，弥合宇宙人生的距离

艺术本是一种属于情趣的活动，其价值是超实用的，但在千百年的艺术实践和理论总结中，人们反复证实了艺术对心灵的润泽之功、对意义的丰富之能、对思想的深化之用、对现实的弥补之力、对理想的提升之效。当然，艺术发挥作用的机制，是"心灵向心灵呼吁"，不带有任何强制的倾向。它对心灵的作用，比政治权力、道德说教、物质诱惑等更深入、更持久。池田大作洞见了艺术对于和平进程的推动作用，他希望借助艺术的结合力而实现人类和平与幸福的理想。

池田大作指出："现代悲剧，用一句话来形容，就是分裂带来的结果。自然与人的分裂，民族与民族的分裂以及人与人之间的分裂。本应融合协调的一切被四分五裂，从宇宙、自然等的韵律中割裂开来的人，成为片断，陷进孤独的深渊。现代社会蔓延的利己主义、一时快乐主义、破坏的冲动、绝望与虚无主义……这些也许可以说是被分裂、封闭的人的灵魂的挣扎。"② 池田大作认为，善的本质是结合，而恶的本质是分裂。具有善的属性的艺术，能使创作者和欣赏者超越政治、经济、文化、习俗等藩篱，在更深的层次共鸣、共感，缔结感

---

① 《探求一个灿烂的世纪——金庸、池田大作对话录》，北京大学出版社 1998 年版，第 276 页。

② ［日］池田大作：《用诗心复兴人的精神》，载《池田大作集》，上海远东出版社 1997 年版，第 231 页。

情。音乐、美术、摄影等，都是打开心灵就可以接收、无须阐释亦能理解的艺术形式。诗歌虽然囿于不同国家的语言形态而无法转译，"诗心"却会"超越时代，把人与人联系在一起，怀着宇宙的启示和直感说话"①。他进一步阐释："艺术展示出有限扩展为无限、个别的经验成为普遍的意义。我认为艺术特有的蓬勃结合力正蕴含于此。"②因而，艺术作品是所有人都能理解的世界语言，美是连接人与人、人与社会、人与自然的桥梁。池田大作希望通过对美的共同感动，把整个世界联结在一起。

从广义上说，美总是带着伦理意味，善就是一种美，恶就是一种丑。在池田大作的美学思想中，善与美相互过渡往来，形成一体化的实践形态。艺术里包藏着生命的本来意义，美就是生命所当有的姿态，是生命活力的体现，是"众生"这一大生命的目的。多种多样的艺术活动，能够弥合人与人、心与心的距离，使不同国度、不同文化背景下的人们在美的层面上交感共鸣，从而避免分裂与争执。因此可以说，池田大作的艺术观是其和平观、幸福观的有机组成部分，他的艺术活动，与各种宗教活动、社会活动、文化教育活动等一起构成了整个创造价值的实践系统。

## 二　大境之美——池田大作艺术作品的特征

　　　　巨大的喷泉/从幽深的海底冲射而出，/它比湖/更大更青，/清冽的泉水滚滚溢流，/静静地静静地，/在那里/奏出妙曼的琴音。//如果人接触到/这条从太古之初/即长流不尽的真实清泉，/如果人汲取到/生生不息的永恒生命力，/就会培养出/自在无碍的创造力，/这条滋润着/内在宇宙的清泉，/一直奔流向/生命大海

----

① ［日］池田大作：《人生的坐标》，（香港）商务印书馆2003年版，第140页。
② ［日］池田大作：《21世纪文明与大乘佛教》，（台湾）正因文化事业有限公司2007年版，第110页。

——池田大作《东西方艺术与人性》

美学家朱光潜有这样一种观点——"不通一艺莫谈美"。他认为美学理论与艺术实践关系极为密切，并且实践要比单纯的欣赏和理论的总结更为艰难。"创造之中都寓有欣赏，但是创造却不全是欣赏。欣赏只要能见出一种意境，而创造却须再进一步，把这种意境外射出来，成为具体的作品。这种外射也不是易事，它要有相当的天才和人力。"①

拥有独特美学观念的池田大作，在艺术实践上也走出了一条勤奋、扎实的道路，是一位名副其实的多产高质的作家、摄影家。他的创作衔古吞今、厚重悠远，是思接千载、志鹜八极的过程，是魔性消减、圣洁升腾的过程，其深刻的思想和丰美的人性创造出巨大的艺术张力。他的文学和摄影作品雄浑劲朗、质朴热诚，表现出日本文化中少有的大境界，具有视野恢宏之美、心胸豁达之美、神韵超拔之美、哲思幽邃之美。他纵横古今，极目八荒，于宏阔之中直追生命的本原，用佛眼禅心观照世界，体现对人的关爱。创作中感性与理性、艺术与意志相互激荡促发，内心的喜悦和感动、由衷的热爱和赞美，外化为摄影作品中瞬间凝固的灿烂感性，诗歌与童话中慈光照耀的和畅灵性和小说与对话中含蕴佛法的执著心性。

总括而言，他的作品有如下特征：

1. 欢喜与慈悲

《法华经》中的《随喜功德品》教导信徒要抱持喜悦的心去信法、弘法，以获得大的功德。日莲解释说："自他共有智慧与慈悲，是云喜也。"② 池田大作进一步把"随喜"引发为自觉使命后的感激、确信和欢喜。和慈悲一样，欢喜心也源于自觉觉他、自度度人的佛法精神。对大乘佛教有着深湛研究和坚定信念的池田大作，总是充满欣悦

---

① 朱光潜：《无言之美》，北京大学出版社，2005年1月，第83页。
② ［日］池田大作：《21世纪文明与大乘佛教》，（台湾）正因文化事业有限公司，第274页。

地与自然对话、与社会对话，不管任何人、事、物皆能喜之、乐之、宽宥之、悦纳之、抚慰之、导度之。他以入世的佛教观为基础，以人为核心，以文学、摄影等为手段，凸显佛法人道主义精神，使作品洋溢出慈蔼吉祥的光芒和自然而然的欢喜。

以摄影为例。《法华经》里有许多譬喻，其中就有慈雨均等的滋润大地，大大小小、各种各样的草木欣欣萌生的描述。池田大作的摄影作品，正是对这个雄大生动的世界的真实再现。这是一个被慈和之光照耀的、万物共生共荣的大地，生命跃动着与生俱来的喜悦，所有有情或无情的事物皆有因缘、有灵犀，展现着各自的旖旎风姿，同时构成一个有机的生命整体。作品中所有的意象都充满着生机和希望——朝阳喷薄而出、黎明霞绮满天；海潮澎湃激昂、天空蔚蓝壮观；青年风华烁烁、孩童天真烂漫；鲜花缀满枝头、茂树苗壮参天。宇宙的法则、时空的奥秘、生命的本原都汇聚在当下的美丽中，穿透历史与未来的是对和平与幸福的祈念。他正是用这样的意象、这样的光影来说明人间是一种繁荣，万物是无尽欢喜，一如《周易》中所提出的"保合太和"的境界——万物谐协，雍容自信，殷实丰润，安康欣悦。

从埃及的金字塔到法国的埃菲尔铁塔，从香港的大街小巷到日本的农田耕地，从美洲、欧洲富有浓郁人文风情和历史意义的建筑到四季的变幻、晨昏的交替、白昼与黑夜的对比、花与树、鸟与海……时间和空间的跨度非常大，足迹所到之处心亦到，心迹再现于尺幅之间，便再现了他一生为人类和平与幸福、为弘扬佛法而奋斗的波澜壮阔、艰辛伟大。同时，也反映出他对人类社会、对自然环境的热爱和关怀。虽然取景自然的作品不在少数，很少有单纯表现人的作品，但人的痕迹无处不在，关于人的反思无处不在，画面外的大我始终有力地控制着一切，最终体现池田大作的艺术是为"人"的艺术。

池田的艺术作品中有着良好的平衡感觉。平衡意味着和谐、中正、均衡，不能简单地把它理解为数量上的平均、技法上的写实或创作态度上的不偏不倚，而是要着眼于事物的性质、内涵，从思想感情上、从事物本质上赋予事物平等的权利和关怀。正所谓"挥慈悲与智慧之手，抚得人心一样平"，虽然他眼中的万事万物千差万别，但都直接沐浴着佛的平等大慧之法，显现着各自的尊严和力量。

2. 童真与质朴

现代社会，人的异化已是一个不争的事实。作为人类精神现状最直接的反映，文学及其他艺术形式也在不同程度上堕入概念的迷宫，堕入空虚、烦恼或欲望的深渊。根源何在？如何救赎？池田大作认为，"语言不能与人割裂开来，'语言即人'，'语言即心'。语言的荒芜就是人心之荒芜，语言的堕落只是人的堕落"。"人要重获'健康的语言'，就必须重新恢复'健康的心'。"① 而这种健康的心，便是在文化冲突和混乱中人们所深切要求的内发性的自我规律、自我控制之心；是以人情化的方式体察物情、混融想象与实体、能产生最大移情作用的童心；是向着宇宙敞开、充满创造性生命的诗心；是从常识出发思考问题、从本源上关注人性、能使人正确、坚强和聪明的淳朴之心。

"没有灵魂的繁荣极易凋谢，灵光照耀过的物才会在浓郁繁复中显现醇厚质朴。"② 池田大作便是以这样的"心"投入艺术创作，返璞归真，纯净天然，扬止之间，性灵流溢。不管是摄影作品还是文学作品，光影极尽绚烂，而绚烂归于平淡；色彩不拒繁华，而繁华趋向单纯。他善于用孩子的纯真的眼光来看世界，善于捕捉细节和瞬间的美，善于处理大与小、虚与实、明与暗、简与繁的辩证关系，使作品打上了童真与质朴的烙印。

以童话创作为例。池田大作的童话作品，首先在主题上延续了以人为本、追求和平和幸福的人学观念，教育孩子们要维护人性尊严、反对暴力战争、珍惜友爱和平、学会美好善良，因而被称为"教育童话"。"在这里，正义、真诚、坚强、无私、宽容、善良的品格得到了由衷的赞叹；邪恶、虚伪、懦弱、自私、狭隘、冷酷的行为遭到了严

---

① 〔日〕池田大作、金庸：《探求一个灿烂的世纪——金庸、池田大作对话录》，北京大学出版社，1998 年 12 月，第 122 页。

② 〔日〕池田大作：《21 世纪文明与大乘佛教》，（台湾）正因文化事业有限公司 1998年版，第 109 页。

厉的鞭挞，形成了一个以博爱、平等、和平为主导的伦理价值体系和理想人格塑造系统。"① 文学中有单一性主题，也有复合性主题，池田的童话多突出一个主题；对主题的表现有的是开门见山、平铺直陈，有的是曲径通幽、婉约隐含，池田的作品多直抒胸臆，立场鲜明地点出主题。这样的点题方式，鲜明畅达，直指人心，表现出作者的胸襟阔达、用意恳切。

在人物、场景、情节的设置上，池田大作驰骋想象，精巧运思，虚构了诸多个性鲜明、超越现实的形象，有人物也有动物，有机器也有物品。他们在现实和幻想的空间里自由转换，在曲折而有趣的故事里起伏跌宕，既带着超常的能量，又符合生活的逻辑；既焕发虚拟的美感，又具有艺术的真实。在童心里种植美好的种子，需要高超的手艺。池田大作用他真诚、美妙、简洁、生动的童话故事，耕耘着童心，把最简单而又最本质的哲学思考播撒在孩子们的心中，使他们在审美愉悦中受到伦理、道德、意志、品格等的熏陶和启迪。

在语言的运用上，不止童话，也包括诗歌、散文、演讲词、小说等作品，都形成了池田大作独有的个性风采。滤除激昂澎湃的情感，剥开厚实渊深的学理，抽离缜密细致的哲思，我们看到他的语言风格是纯净优美、简洁明快、洗练质朴的，即便有一些华丽的修饰，也决不扭捏造作，而总在浓郁的人情里揽入大自然的清风明月，处处呈现着返璞归真的美学愿望。

风格即人。"自古以来，艺术一直表现出不可压抑的人性，它透过各种具体形式，平实地象征'统一实体'。诚然，每一种艺术都在有限的空间内创作出来，然而每个艺术工作者的灵魂都希望透过自己的创作活动，跟可称为宇宙生命的'统一实体'联系起来，从而与之融为一体。"② 有了这样的认识和追求，对于池田大作在各种艺术作

① 乔丽媛：《池田大作童话创作散论》，载《21世纪东方思想的展望》，北京大学出版社2005年版，第300页.

② ［日］池田大作：《21世纪文明与大乘佛教》，（台湾）正因文化事业有限公司，第109页。

品中都带有童真与质朴的特征，也就不难理解了。

### 3. 博大与和谐

人对潜藏在宇宙、生命中的具体规律、类规律和总规律的认识与把握，总是由微观转向宏观，再由宏观转向微观的双向互动过程。大道朝天，佛法无边，穷理尽性以通天下之志，见微知著以成天下之务，出神入化以求无上之功，这几乎是每一个有使命感的人的理想追求，池田大作也不例外。出于如此胸襟气度，他的艺术创作就带上了纵浪大化中、椽笔绘宏图、肯于和敢于包容一切的博大渊深的美学特征。

夏威夷大学马塞拉教授如此阐述缘起观的本质："我相信自己具有的生命力，是和推动、控制宇宙的力量相同。承认这自明的事实，真诚地领会这事实的不可思议，并以前所未有的确信，我对生命产生了一种新的敬畏之念。我活着！我是大生命的一部分！"同时，佛教的"缘起观"促使人和自然的万象在因缘而生的相互关系中，尊重彼此的特质，互相发挥，共生共存。且这种关系，毫无疑问，是基于对内在于万物的宇宙生命的直观。因此，佛法否定一切暴力，决不允许森罗万象的宝贵协调受到破坏。池田大作对此有深刻的认识，他说："所有的人们作为各不相同的一个人的生命，都是极其尊贵的本体，都是应当平等、繁荣的存在。"① 他在解释日莲大圣人所说的"樱梅桃李不改个个当体"时提出，人的性格，以及社会、自然环境等都应该像"樱梅桃李"一样，发挥各自独有的丰富个性，并能互相配合，"使自己本然的个性从内往外茂盛地开放，而且不会与他人的个性发生无益的冲突，也不是建立于其他牺牲之上。爱惜相互的差异与个性，一齐建立一个花团锦簇的生命公园"②。生命如此，艺术也如此。作为政治家、社会活动家的理想信念与艺术家的胸怀抱负是完全一致的。推己及人、由人及物，其作品中无处不在的繁荣景象，显现着万

---

① 《人生问答——池田大作、松下幸之助对谈录》，（香港）商务印书馆2001年版，158页。

② ［日］池田大作：《和平世纪的倡言》，香港天地图书有限公司1997年版，第99页。

事万物在宇宙大化的特定秩序下生机勃勃的律动，让人感到和谐的世界、和谐的社会就应该是如此盛世辉煌、希望无边。

以诗歌为例。池田大作被称为"拥有诗人之魂的斗士"，诗歌创作，在他全部艺术创作中占有很大的比重，成为他抒发生命体验、阐释佛法精神、激励自己和友人的不可替代的手段。人、事、物、情、理、典，是文学创作的常用元素，池田大作更多地运用其中的人、情、理，尤其是对理的强调，使他的每一首诗都可以称为与根源实体紧密结合、揭示生命奥义和终极真理的哲理诗。

阔达的空间感觉由一芽之微、极小的存在延伸向整个宇宙，最终与时间之网交织在一起："天空中有鸟飞翔的道路／海洋中也有鱼游之所""当人们到其他星球旅行成为可能时／在微小的地球上／还有争吵的必要吗"《伟大的希望》；"牛郎启程／织女前去相会银河之恋""将人类包裹在其威严之中的不可思议的空间／若隐若现的王座的那一边／过去、现在、未来／纵向延伸到永远／横向在无限广大的幽冥里探求"《宇宙》；

丰茂的生命意象囊括母亲、孩童；繁花、茂树；朝阳、黎明；泉源、海洋……四处流溢的美与爱形成和谐的乐章："在遥远的地平线上／黎明的天空中／一道闪光最终迸发而出／描绘出一幅名画／——最崇高的艺术——／太阳正在冉冉升起"《黎明》；"有生机盎然的庭院／有道路，有山坡／也许谁也不知道／满月照耀的童话王国／美丽的河流／水晶般的宫殿／在我内心的深处／永远有金色的太阳在闪耀"《生之快乐》

启人心智荡涤灵魂的哲思将触角伸向幽冥的灵魂深处、浩瀚的宇宙时空，掷地有声地昭告世人潜藏在万事万物中的法则："有时，诗人与草木谈心／与星星对话／与太阳互致问候／把万物当作朋友／在这里发现生命力／擦亮生命／融会贯通现实世界的事物万象／他把目光锁定在宇宙不变的法则上"《诗——人类的展望》；"因果互相映现／有限孕育着无限／刹那包含永恒""自我与宇宙的交叉活动／一个又一个／和着融合的大声音的曲子／万物流转而不知停息"《宇宙》

池田大作就是以这样的笔触和情思赞美自然，赞美绿色，赞美母亲，赞美生命。所有的意象哲思都反映出博大与和谐的审美特征。现代社会所推崇的和谐包括人与人、人与社会、人与自然的和谐，这与东方传统文化中"达致中和"的追求相一致。《中庸》第一章便说："中也者，天下之大本也。和也者，天下之达道也。致中和，天地位焉，万物育焉。"深受儒家天人合一思想影响、秉持佛法平等慈悲精神的池田大作，在他的诗歌创作中凸显了这样一种底蕴深厚的东方智慧。

## 三 大乘之命——池田大作美学实践的价值

"我毕生走的是／崇高的道路／有使命感的道路／无悔的道路／是充实畅快／心满意足／绿草如茵之路／这条道路是唯一为和平而奋斗到底的人／进行的道路／纵然成日价雷鸣电闪／向苍天祈祷的我们／仍将一往无前。""我从来不失望／在使命的道路上奔跑／因为这是我向光荣迈进的修行。"

——池田大作《使命之路》

美作为形式与内容、感性与理性、合规律性与合目的性的统一，在人类生活中发挥着不可替代的作用。池田大作的艺术创作，既是目的——作为有情有思的生灵对自然、社会和人生的感受、发现与萃取，是个体的陶醉与抒发，内在性情和人生境界的展现，以此实现最高境界的艺术化的人生；更是手段——以和平理念、和谐思想、幸福观为引领，载道弘法，达成使命。他用爱和希望、用美和善良来吸引人、感染人、教育人、鼓舞人，诸多作品直指人心，富于人文关怀，形成巨大的"软能"。如他所说："艺术家用语言或抽象的技法发表作品，这些行为如果不是直接关系着时代的现状，也是对社会如实表示的某种意见，当然会给政治和社会某种影响。"① 他用多种多样的艺

---

① 《眺望人类新纪元——汤恩比/池田大作对谈录》，香港天地图书有限公司 2000 年版，第 98 页。

术活动，把这种"软能"发挥得淋漓尽致。具体表现在以下三个方面：

1. 动心、怡情、澄怀、明志

身为宗教领袖、民间大使、时代巨擘的池田大作，并不是高高在上的"超人"或"神"，而是周身上下充满了质朴的人性光辉的普通人。他有一颗敏感细腻的心，对喜怒哀恶惧感受得格外深切，尤其是对战争的体验成为整个和平主义的原点；他看重人心冷暖人情厚薄，温柔敦厚幽默爽朗之中给家人和朋友以妥帖的关怀，犀利尖锐百折不挠地表达对恶的愤怒和挞伐，并由此滥觞了以慈悲为主旨的佛法实践；他讲究物质生活的品位更在意精神生活的质量，对诸多文明成果覃思精研之后开启了世界范围的文化教育运动。

人的丰富性成就了艺术的丰富性，艺术的端雅高致也塑铸了人的高格境界。池田大作把艺术活动作为生活的一部分、事业的一部分，用艺术活动来动心怡情，澄怀明志。他说："虽然要学习难以理解的佛法，但是偶尔抬头看看星星月亮、写写诗，这一份余裕的心情也很重要。以广大的心胸凝视宇宙，也等于在凝视自己的人生。"① 他认为诗歌是想象力、创造力的源泉，"它在大地上培育理想，希望与勇气，带来和谐与融合，带着任何人都无法侵犯的力量，使人的内心世界由荒芜走向充实。"② 可以说多种形式的艺术活动契合了他的精神追求，在他的人生中起着舒缓压力、陶冶心灵、提升境界等作用。他把自己内心对自然、对社会、对人所感受到的兴奋、惊异、感恩、尊崇、震撼、热爱呈现在摄影画面或字里行间，用自己对宇宙人生的深刻理解和高超技巧，缔造出一个具有和谐内涵的艺术世界。若整个创造价值的事业离不开人格魅力的贡献，那么人格魅力的形成，当然离不开艺术的点化之功。

2. 呼唤、感染、启迪、激励

---

① ［日］池田大作、［日］齐藤克司、［日］远藤孝纪、［日］须田晴夫：《法华经的寿量》，创价学会译，香港明报出版社有限公司2000年版，第52页。

② ［日］池田大作：《用诗心复兴人的精神》，载《池田大作集》，上海远东出版社1997年版，第232页。

有人说艺术家有冷热两种类型，池田大作属于后一种类型——热与力到处奔流涌动，形成巨大的能量场，吸引并带动审美对象跟着一起热力喷张。他的艺术活动绝不停留于小我的范围，也不仅止于审美的范畴，而是无限地扩张开去，用爱和希望、用美和善良来吸引人、感染人、教育人、鼓舞人，以直抒胸臆的诸多作品启迪民众、激励人心，体现出对众生的人文关怀。因而如他在《艺术颂》里所说，艺术"是友爱的广场/万众聚集握手/互报以微笑"。艺术不会伤害人，而会安慰苦恼繁多的人生，给人生带来希望。

他是如此重视艺术的功能，认为能够让人心苏生的，是诗的力量，是广泛的文化的力量、美的力量。"诗歌中有一种'使人积极向上'的力量。它有时像太阳，照耀人们心灵的大地，使人们产生巨大的勇气和希望；有时像月光，温柔地把人们拥抱，治愈他们心灵的创伤，静静的恢复走向明天的力量。一首诗歌具有的力量之大，有时是无法估量的。"[1] 他经常以诗激励妻儿、鼓舞同志，把摄影作品寄赠给友人。常年如一日，在《圣教新闻》上发表励志的和歌，多年来笔耕不辍，著述丰繁，耄耋之年仍拨冗除杂，把主要精力用在写作上，梳理总结一生的思想，进一步为历史创造价值。

3. 载道、弘法、交流、共鸣

从《探求一个灿烂的世纪》中记录的一段对话，可以使我们更深地感受到艺术之于池田大作的意义：

> 金庸：先生所写的诗歌中有强烈的诗意，个性却是志士型、事业家型的，有点类似于日本的德川家康，中国的陆游、辛弃疾。这个矛盾，大概是由于先生对佛教的信仰，以及受了户田先生的感化和重托，将振兴创价学会的重任放上了肩头之故吧？
>
> 池田：我自己在年轻的时候便立志要成为作家和诗人。不过命运把我带到另外一方。
>
> 特别是对"革命"与"热情"的诗人拜伦十分喜爱，曾写过

---

① ［日］池田大作：《人生的坐标》，（香港）商务印书馆 2003 年版，141 页。

一篇文章赞美他的人生哲学。他并非年轻时就是才华横溢的诗人，而是在投身希腊的独立运动之后，才以革命诗人的形象出现的。

但是，如以金庸先生所说的"志士型"、"事业家型"的性格来说，也即您所指的，要振兴国际创价学会，这样大型组织的重任的确有很大的压力。

大乘佛教的"菩萨道"，为了使民众从事和平运动，常常保持组织的活跃和确实的前进，必须留心做到，比"一个人走一百步"更重要的是"一百个人走一步"。"一百个人走一步"除了是"平凡而平凡"的道路，也表现出大乘佛教的精神，是一种健全的步伐。


对于一个曾经立志成为诗人和作家的人来说，艺术活动注定是一种终生的诉求，是深深融入生命肌理的血脉灵魂。多种多样的艺术实践活动，一方面为和平及文化教育等社会活动搭建了广阔的平台，为人们的交流寻找到共同的起点，丰富了交流的形式与内涵，促进了不同国家和地区、不同阶层与领域的交流合作；另一方面也为创造价值的事业积淀了深厚的底蕴，催化了人性的交感共鸣，凝聚人心，鼓舞士气，使大乘佛教普度众生利乐有情的佛法实践和每个人的"人间革命"得到有力推动。

如果把池田大作的艺术作品喻为感性之花、人性之花，那么他的整个艺术活动就像清澄浩渺的水一样，滋养这花的绚烂芬芳，同时载动和平之舟、使命之舟，驶向世界的每一个角落。慈蔼悲悯是内涵、是源泉，睿智果敢是动力、是风帆。向着那片光明仁爱之所在，他奔走了一生，奉献了一生，也收获了一生。


（赵慧英　辽宁师范大学副教授）

# 池田大作的人本教育观

## ——以《新人间革命》、《创价大学之章》为中心

## 一 序

　　作者曾经以《池田大作的以人类为原点的教育观——创价大学的"建学精神"为中心》为题，执笔创作论文。在这里提及的建学精神是"成为人本教育的最高学府"、"成为新式文化建设的摇篮"、"成为坚守人类和平的要塞"这三点。以上三点建学精神可以看做是抓住了教育主义，文化主义，和平主义。在池田大作的教育观中，"坚持贯彻生命的尊严，作为教育主义，文化主义，和平主义这三位一体，以理想的形态将他们的协同作用合而为一"是可以做到的。

　　创价大学的创办人池田大作先生（以下略称为池田先生），关于创价大学自身的教育理念和教育实践创作了《新人间革命》中的《创价大学之章》。在其中领悟到了池田先生的"高举新型人本教育，以文明与和平为目标"的信念。在书中能够了解到人本教育的目的是创造文明与和平。本文同样是以《创价大学之章》为中心，探讨池田先生所高举的人本教育到底是什么。

　　从《创价大学之章》的角度来说，它是关于人本教育的描述，例如：注意到"所谓人本教育"、"人本教育的根本精神"、"人本教育的胜利"、"培养丰富的创造性的人本教育"、"人本教育的原点"等概念。将其整理之后，本文通过"（1）人本教育的哲学基础，（2）人本教育的根本精神，（3）人本教育在实践上的第一步，（4）人本教育的人格涵养"这四个观点，来进行探讨。

## 二 人本教育的哲学基础

池田先生在《新人间革命》中的《创价大学之章》里面论述了"人本教育是从知道了人的尊贵、伟大和拥有无限的可能性之后才开始的"①，人本教育的出发点正是作为哲学的基础，提示了人的尊严论。这里所说的人，是对于池田先生来说的"色心不二"的"生命的存在"，接下来会加以说明。换句话说"佛法就是让'人'全身心的达到'色心不二'的境界"。简单来说就是"色"是指肉体，"心"是指人的精神。把这二者合为一体，有了生命才成为"人"。②

池田先生在佛法的生命尊严观的基础之上，对于生命的尊严进行了以下的论述。"人的生命是其他任何东西都无法替代的，所以其自身就代表着尊严"③。"生命的尊严有着至高无上的价值，靠普通的价值基准是无法衡量的，也就是说，没有什么价值是在生命的尊严之上的"。④

在佛法里面有，对于生命具有最高，最尊敬的生命状态（地位）的被称为"佛"，而且这个"佛"是所有人的生命都拥有的。生命，用具有最高，最尊敬的生命被称为"佛"的这点表现它的极致尊贵，又以所有人的生命都拥有"佛"的这点来表现它的平等。

那么所谓"佛"的生命究竟指的是什么呢？它的全貌虽然没有办法简单地用语言来描述，但是我觉得可以用"佛的十个称号"（以如来，应供，正遍知，明行足，善逝，世间解，调御丈夫，天人师，佛，世尊为依据，从慈悲，睿智，地位，行为等各个侧面，试着描绘出佛的实相）为基点，试着描述它的各种姿态。第一，它能够在人类社会，自然界和大自然中敏锐地探查种种的苦恼和悲伤，并且将这些作为自己的痛楚接受下来。第二，体验所有的苦恼，然后为了施行慈

---

① ［日］池田大作：《新人间革命》（第15卷），圣教新闻社2007年版，第246页。
② 《"佛法和宇宙"体会谈》，载《池田大作全集》第10卷，第57页。
③ 《与二十一世纪的对话》，载《池田大作全集》第10卷，第647页。
④ 同上书，第643页。

悲而涌现出实践的根源力量。第三，寻求引起种种苦恼的根本原因，以睿智的光芒面对全宇宙与无限的过去。第四，发现慈悲的力量，用各种欲望与理智驾驭和支配新生命发展的方向。第五，并非是为了自我满足，而是为了去除他人的苦恼，将各种烦恼作为能量源来灵活运用。第六，立足于永恒的生命，为了人们而实践善行。第七，拥有能够准确无误地看透世间的法则，动态，方向的睿智。第八，被平民和各界的权威者的心依靠着，就好比是对老师的敬仰一样。第九，人们的敬意被集中在它高尚的人格性里升华，并且为了献上敬意的人们更理想地生活下去。最后，所有的意义就在于它拥有被尊敬，被爱与被敬仰的人格。① 从以上的各种姿态，我们能够充分地知道人类生命的无限可能性。

池田先生关于佛这样解释道，"所谓佛就是指菩萨的修行——利于他人，或者说拯救他人——的结果到达的地位"②，"佛的目标是让每一个人都能达到同自己相同的悟性"③。并关注着佛的生命的各种姿态与行为中显露的特有的慈悲。

"慈悲在更深层面上还有人类生命内在的欲望的意思。"④ 池田先生关于慈悲还有这样的描述，并且抱有很深的兴趣展开研究。归纳之后有着以下结果。

"在创造人的生的方向上会激起种种欲望，被称作本能的欲望。这种本能的欲望是渴望与宇宙的生命合一的欲望，在宇宙的暗流中诞生出来的生的力量。种种的欲望与这种本能的欲望保持着联系，并增强新的创造性。但是相反的，如果人类内心深处的种种欲望失控的话，就会被卷入征服或者破坏他人与自然的方向的漩涡之中。这种潜在的力量使种种的欲望变为自己心中的力量，并且切断与本能的欲望之间的联系，并对其加以支配，被称作魔性的欲望。为了解决欲望的

---

① 参见 ［日］川田洋一《生命哲学入门》，第三文明社 2000 年版，第 172—179 页。

② ［日］池田大作、［英］汤因比：《与二十一世纪的对话》（下），圣教新闻社 2003 年版，第 95 页。

③ 同上书，第 100 页。

④ 同上书，第 165 页。

问题，人们必须不断地抑制这种魔性的欲望，反复为了发现本能的欲望而战。所以魔性的欲望是生命内在的，是无法消灭的。从这种意义上讲，不把欲望的消灭作为目的，而是要贯彻慈悲的实践，将自己的欲望升华，然后加以支配。以上是池田先生评价了大乘佛教的立场。"① 被称作慈悲的欲望与本能的欲望保持着联系能增强新的创造性，这个慈悲进一步的实践意味着根源的欲望是在宇宙的暗流中进一步诞生出来的力量。而且，根源的欲望的发现是与提高与自己的私欲相反的慈悲的欲望的创造性紧密相连的。这样做的话，就可以抑制魔性的欲望。

池田先生曾经接受了哥伦比亚大学的罗伯特瑟曼博士的"教育是人的生命的目的"的这一思想，领会并概括出了"用教育将生命的可能性开拓至极限"②，实现通过池田先生的教育挑战生命的改革这一目的。

## 三　人本教育的根本精神

在《新人间革命》中的《创价大学之章》里，关于人本教育的根本精神有着以下描述。

"这样啊……像这样连传统等东西都不具备的创价大学，能有这么多的人敢于志愿来到这里，真是非常感谢。不过在这之中的很多人都不合格。这样的话是非常可怜的，真的非常可怜。什么都做不到。"如果可以的话，伸一（山本伸一实际也就是池田大作先生）也想让你们所有人都变得合格。如果申请入学考试的学生变多，社会上的评价也会提高，这样的话就会高兴得双手赞成，并且对教职员工们深信不疑。

---

① 参见［日］池田大作、［英］汤因比《与二十一世纪的对话》（下），第166—167页，170—171页。

② ［日］池田大作：《法华经的智慧》（1），圣教新闻社2004年版，第149页。刘焜辉《生命的改造是世界和平的目标——池田大作教育理念与和平思想关联性的探讨》一文（第四届池田大作思想国际学术研讨会2008年10月）中特别指出。

正因为如此，伸一总说我一副可怜相。在他面前我无法掩饰心里的焦虑，他仿佛能触摸到我们这些开创者的内心。而这能不能算作是人本教育的根本精神，我也重新提出了想法。①

这里提到的，通过创办人对不合格的人们抱有的如"可怜，真是可怜""什么都做不到"这样的心情，可以表现出人本教育的根本精神，也就是"同苦""体谅"以及"慈悲"。

池田先生对"同苦"和"慈悲"的关系给出了以下的解释。"在佛法里，所谓慈悲就是拔苦与乐的意思。其中的拔苦是将潜藏在人类生命中的苦恼这一根本原因根除的意思。这里的拔苦是构成在同苦的基础之上的。换句话说，将对方苦恼的呻吟作为自己心中的痛苦的共同感受的基础上，把这份苦恼彻底的根除。如果无法做到同苦这一境界的话，那就无法体谅对方的苦恼，就更不要说去帮助对方彻底地根除它了。"②

上文提到的，强调了同苦之心与体谅之心是慈悲的第一步这一观点。那么接下来的叙述则是对"与乐"，尤其是对"乐"加以解释。

"所谓与乐，从字义上理解是给予别人快乐。但是，什么才是真正的乐呢？这是个问题。佛法中所说的乐，并非是一时的，部分的，或者是自我满足的这种乐。也不是逃避现实的乐。而是指自身的愉悦，也就是所谓的'生的愉悦'。当然，说物质上的愉悦是'乐'的一部分这句话是没错的，不过精神上的喜悦被包含在里面了。但是，如果没有生命深处的自身的充实感和生命感情爆发出的强有力的喜悦的话，也不能称之为真正的'乐'。没有迷惘地将生命深处的强有力的喜悦释放出来，正是佛法中所说的'与乐'的境界"。③

池田先生曾经在说明法华经中的"方便力"的时候，对慈悲与智慧的关系作出了以下描述。

"释迦牟尼因为'大慈大悲之心'而苦恼。慈悲中的悲就是同苦

---

① ［日］池田大作：《新人间革命》第 15 卷，第 114 页。
② ［日］池田大作、［英］汤因比：《与二十一世纪的对话》（下），第 221 页。
③ 同上。

的意思。因为想要拯救他人，而为如何拯救他人而苦恼。正因为拥有慈悲之心，才能够涌现出智慧。这就是'方便力'，是'人本教育'的艺术。所谓的佛，从某种意义上讲也有可能是一直为此烦恼的人们。人们为了得到变为幸福的力量，或者为了实现自身的价值而烦恼着。"①

我对于慈悲和智慧是紧密相连的这一观点，产生了浓厚的兴趣。人本教育的实践正是联系着智慧的开发，甚至联系着打开人类无限的可能性。

想要拯救他人的这种大慈大悲之心，一方面为了"如何拯救他人"的行为而烦恼，另一方面，如果以生命的尊严性和平等性为大前提来考虑，可以面向"把他人看做自己一样"的这一方向去思考。关于这一点，池田先生在对法华经的"如我等无异（如同我一样，没有任何不同）"进行说明的时候，有着以下论述。

"想要把一切众生提高到和自己相同的地位上是佛的愿望。这里也是一样，人才教育的精神是人本教育的根本精神。这是'师徒'的心境。当然，也是因为站在自己想得到更好的成长的立场上，通过'如我等无异'这句话，决定要将他人看做自己一样，并且培育出比自己更优秀的人才。"②

"培育出比自己更优秀的人才"的这种精神也是人本教育的根本精神是非常值得关注的。在这里提到的"师徒"是指释迦牟尼和他的弟子的关系，或者是一切众生之间的关系，并且强调了在我们的人生之中，"师"存在的重要性。所谓"师"，必须是"要将弟子处于很低的境遇的束缚打破，并且将他们引向更高的地方"③，"在自己最痛苦的时候支撑住，并且将自己引导入正途"④，超越一切"烦恼，愚昧，欲望，自私自利，分心等等的阻碍"，怀着一颗与他人共同幸福的愿

---

① ［日］池田大作：《法华经的智慧》（1），第136页。
② 同上书，第151—152页。
③ 《御书与师弟》，圣教新闻社，2009年8月13日。
④ 《创立者的话——特别文化讲座·随笔·长篇诗篇》，创价大学学生自治会2006年版，第114—115页。

望生活下去。① 而且要极为重视"以师徒方式生活下去的人们可以涌现出无限的勇气"② 这一观点。

# 四　人本教育在实践上的第一步

池田先生同样在《创价大学之章》里，对人本教育的实践作出了以下论述。

"对于别人的诚意，为什么会做出敏感的反应呢?"这个就是人本教育的第一步。而且，理解他人的思维才是人类交流的开始。③

"如果人们不能一对一地进行交流，那么人本教育也是不能做到的"④，"想和学生一起分担辛苦，想报答大家的辛苦"⑤。这是他(伸一)的想法。"无论如何也要报答暗地里献身的人们的辛苦——这是人类主义哲学的关怀"⑥，"只要有烦恼的人在，就无论如何也不会置之不理，马上采取行动——如果不那样做，就不是人类主义了"⑦。

人本教育的实践(换句话说"对于别人的诚意，为什么会做出敏感的反应呢?")在第一步中，用"想报答大家的辛苦"的心情，对一直以来辛苦的人们和烦恼的人们，马上采取行动。

池田先生在《创价大学之章》中，对创价大学创始时期自身的人本教育的实践进行了介绍。在以学生为主体开办创价大学全校的文化活动"创大祭"和男生宿舍的舍生开办的文化活动"泷山祭"中，学生和舍生都接受诚意的邀请参与其中，学生们进入这一环里面，不断地接受着各种各样的激励以及忠告。入学典礼和毕业典礼的时候，学生们也应邀参加，以学生为首，向教职员工进行了启发良多的讲演活动。池田先生也不惜片刻的空闲时间造访创价大学，不知疲倦地悄悄

---

① ［日］池田大作:《法华经的智慧》(2)，圣教新闻社 2005 年版，第 150 页。
② 《创立者的话——特别文化讲座·随笔·长篇诗篇》，第 114—115 页。
③ ［日］池田大作:《新人间革命》(第 15 卷)，第 186 页。
④ 同上书，第 125 页。
⑤ 同上书，第 252 页。
⑥ 同上书，第 242 页。
⑦ 同上书，第 268 页。

参观学生们的上课情况，激励在校内遇到的学生们，并且在给学生们的回信中一一叮嘱。池田先生确实是为了如何激励创价大学的学生而尽心竭力地工作着。① 池田先生对于以上的一些举动做了以下说明。"学生们和学校创办人之间是没有墙壁阻隔的。学生们如果有什么问题，可以直接传达给伸一，他也会对学生们的报告第一时间做出反应，然后再次激励或者忠告学生"。②

在池田先生的人本教育的实践中，有几个值得特殊撰写的地方。其中一个就是池田先生和棒球部的学生之间构筑起来的"人的棒球"的传统③。创建最早的棒球部，运动场的整备开始完全没有自己的运营模式。有一次，池田先生应学生的邀请，做了以下的激励讲演："无论是创价大学，还是棒球部，都还处于创建阶段，也许会非常艰辛。但是，这种艰辛也是很重要的。而且我把工作最努力的人当做最重要的人来看待。"④ 现在还在创建阶段的棒球部面临着很多比赛，要想取得连胜是很不容易的。就是在这个时候，池田先生给了他们以下的一些忠告。在比赛中像粗心大意，放松这样的导致惜败的理由有很多种。所以要抱有"胜不骄败不馁"的精神。而且，比赛就是胜负都有。不过最重要的还是人的成长，人自身的胜利。⑤ 在遭遇危机的时候，大家应该凝聚在一起，调整心态，继续努力下去。不只是比赛，人生也是一样的。失败的时候，在败给对手之前就首先败给了自己。抱着不能输的心态以及压力，大家齐心协力，斗志也会逐渐地高涨起来。⑥

长久以来，棒球部取得了很多佳绩，即使在全国大赛中也取得了不少好成绩。而且职业选手辈出。之后，池田先生希望棒球部取得更多的胜利和荣誉，并且给予了以下教导："首先要胜在心里，然后才

---

① ［日］池田大作：《新人间革命》第15卷，第135页。

② 同上书，第178页。

③ 同上书，第152页。

④ 同上书，第150页。

⑤ 同上书，第149—150页。

⑥ 同上书，第151页。

是胜在球技，所以练习既是实践也是实战。"① 就这样，池田先生与学生们之间构筑起的传统不只是在棒球部，在其他的学生社团里也同样形成了。

池田先生的人本教育的实践也会集中在每一个学生的生活上。创价大学创建没多久，"创大生协创立学生发起人会"也成立了，学生协同组织也随之开始了。这是为了有效地提高大学生活而建立的福利厚生设施，这项组织的方案的提出者正是池田先生。他的愿望就是"想让新生们在生活上没有任何困扰"。② 在这所刚刚才创建没多久的大学里，池田先生对这些为了开创崭新的历史而被召集来的新入学的学生们，表现出来想要报答他们的艰辛的心情。池田先生对他当时的心情有以下描述："入学后的创价大学的学生们是在哪里就餐。学校离商店街那么远，他们是从哪里买到书籍，文具，替换的内衣，毛巾牙刷等等的。"生活是支撑人们存在的棋盘。如果不能吃饱，不能维持平时的生活的话，就很难集中精力学习。所以，为了学生，也为了教职员工，哪怕只是很少也要整理好学校的环境。③

池田先生想要报答大家的这种艰辛的心情，立即渗透到了学生们中间，学生的风气和做法中也开始有了回应。创价大学的学生歌也是在这种风气中诞生出来的。池田先生对学生歌的诞生有着以下介绍："说起来，冲洋所作的这首学生歌，是为了报答大家的恩情被创作出来的。他对创价大学的学生的生活环境方面和精神方面都感觉到最大的充实和满足。而且他也知道在暗地里有很多人的存在，是自己的这些学生们将创价大学支撑起来的。"

他就这样被人们的真心支撑着。作为创价大学的学生，他们能够在这样条件充分的环境中学习，也禁不住产生了感谢的念头。"为了回应人们的期待，他们会怎样去做呢……"他经过思考，最后得出了一个结论。

---

① ［日］池田大作：《新人间革命》第 15 卷，第 152 页。
② 同上书，第 133 页。
③ 同上书，第 134 页。

"把创价大学变成最好的大学",所以,为了以后的学生们,创造光辉的历史与传统难道不是最重要的事情吗?!而且,知道了学生们在征集学生歌这件事之后的池田先生决定"将来,要让以后的学生们带着骄傲唱这首学生歌,要做一首最棒的学生歌",然后开始着手作词的工作。学生们感受到恩惠的卓越的感受性和很强的报恩的气魄,成为他诗作的源泉。①

在这里有一点需要关注。那就是"学生们感受到恩惠的卓越的感受性和很强的报恩的气魄,成为他诗作的源泉"这一点。池田先生"想要报答大家的艰辛"的这一举动,培养了学生们感受到恩惠的卓越的感受性,冲洋本身也是在"想要报答大家的艰辛"的驱使下创作的。正是"想要报答大家的艰辛"的这种心情与"报答恩惠时的强有力的气魄",创造了新的价值。

# 五 人本教育的人格涵养

## (一) 自主性 主体性

如《创价大学之章》里所讲的:"创价大学的特色之一,就是将学生宿舍作为教育的场所,积极地加以引导。1年级的学生,近8成都住宿。……同学朋友一边同吃同住,一边加深友谊,谋求一些人的启蒙,大学所能给予的就是将力量倾注于充实宿舍生活上。所谓大学纠纷是指围绕着舍生产生的纠纷的火种,并且因为以宿舍为斗争的据点的例子很多,所以将宿舍问题视为社会性问题。但是,这种事情的发生并非是宿舍本身的错误,而不得不归咎于大学教育的失败。如果委托学生自己治理宿舍的这种运营方式成功实行的话,那就是创价大学人本教育的成功——创价大学的学生宿舍就是从这种决议中出发考虑的。"②内部活动由学生自己处理的这种关系的确立,也就是尽可能地让每个学生都能确立自主性和自体性,是人本教育中的人格涵养

---

① [日]池田大作:《新人间革命》第15卷,第215—216页。
② 同上书,第153页。

之一。

池田先生通过各种各样的机会教导学生。"人类创造了历史。而它的主角就是你自己。不要依赖别人。你可以尽情地创造属于你自己的人生"①、"自己才是主角——这样的认知是打破现状,并且开创崭新历史的原动力"② 等等。

一方面学生们立即响应池田先生的这一主张,很多学生对自己的内心做了这样的承诺:"我们要和(创办人)山本先生一起,建设一所理想的大学。""教职员工们为什么不设法为我们做点儿什么呢?这种想法本身就是半心半意的,是对责任的逃避。所谓先驱者,就是自食其力的人。像这样自食其力又有勇气的人团结起来,就能开创新的历史!"③

人类本身的主体性的确立是来自佛法的教导,而且作为最终的理想,想要将其实现。④

### (二)真诚与正义

同样是《创价大学之章》里提到的,池田先生对在接触了创价大学的学生之后的感想有以下介绍。"组建了创价学会的学生们,谈到他们到底是怎样的人,首先是非常真诚,并且充满了社会正义感。这是最重要的,创价大学所推崇的创造人类的教育模式。我非常地佩服这一点。⑤"池田先生所揭示的人本教育的人格涵养之一,被社会给予了真诚与正义的评价。

池田先生又对教育要真诚,人生也要真诚的这一重要性做了以下叙述。"因为有了真心和热情,才能触动人的灵魂,促使人产生使命感。所谓教育,它的别名就是真诚"⑥,"即使是在看不到的地方也要

---

① [日]池田大作:《新人间革命》(第15卷),第175页。
② 同上。
③ 同上书,第176—177页。
④ 同上书,第225页。
⑤ 同上书,第170页。
⑥ 同上书,第238页。

努力做到真诚，这是人生中的大事"①。

### （三）创造性

池田先生在《创价大学之章》中，有着以下描述。丰富的创造性也是人本教育的人格涵养之一。"今后将要要求大学的是开辟未来的教育理念和培养丰富的创造性的人本教育。"②

池田先生曾经在入学典礼的演讲中说学时的作用就在于"指明和开拓历史的前进道路"。并呼吁为了实现创价大学的根本使命而"让自己成为富有创造力的人类吧！""我们创价大学中的创价，就是创造价值的意思。也就是说是创造社会的必要价值，提供健全的价值，或者返还给社会价值。这就成为了创价大学的目标。"③ 而且培养创造性，丰富的精神土壤是不可或缺的。这就是所主张的开发人类潜在的力量的重要性。④

### （四）坚强之心

池田先生曾经对学生们有以下教导："超越苦难是教育的原点。"钢铁是在熔炉里面锻造出来的。人也是一样，不经历苦难就无法成功。⑤ 在这里他强调了，只有经历灼热的苦难，才有可能超越它，这个锻炼就是人本教育的过程。

池田先生在建校之际，赠与了学生们"只有在艰辛和使命中，才会产生人生价值"这一人本教育的实践方针。在池田先生的这一方针里还包含了以下的信息。"在现代社会中，流行着享乐主义的风潮，在伸一君的结论与信念中，这是很不幸的。逃避艰辛，可笑地生存下去的这种方式也只能是当时觉得还可以。但是，结果只会是因为自身的软弱而败北。没有艰辛就没有喜悦。而且也无法成为人。只有在经

---

① ［日］池田大作：《新人间革命》第 15 卷，第 245 页。
② 同上书，第 176 页。
③ 同上书，第 229—230 页。
④ 同上。
⑤ 同上书，第 224 页。

历重重的艰辛，完成自身的使命的过程中，自身经受磨炼，才能产生真正的人生价值，这也是伸一君想传达给他最爱的创大学生们的东西。"①

这和"战胜苦难是人本教育的出发点"在内容上是极其相似的。面对苦难的挑战不低头不认输，在战胜苦难的过程中磨炼自己，发现自己的人生价值，这才是人本教育真正的意义所在。

这就是如何做才有可能超越苦恼。池田先生用下面的话来激励学生。"实际上，最强的对手在自己心里！所以，要鼓起勇气向自己挑战，这是'使自己变强大的战役'，是'人类革命的战役'②。懦弱才是最大的敌人！变强才能获胜。开拓着前进，完成所有的工作。如果软弱，变得被动就会输。败北是肯定的。'坚强的活下去吧'③，坚强的青春！坚强的人生！彻底地坚强起来吧！然后才能取得一切的胜利！"④ 在这里池田先生强调了"坚强的心灵"。鼓起勇气，用"坚强的心灵"面对苦难，在与苦恼的斗争中，这种"坚强的心灵"也会得到锻炼。"坚强的心灵"也是人本教育的人格涵养之一。

## 六 总结

通过以上的考察，将概括出的以下几点提出并且加以总结。

（1）人本教育的根本精神是通过同苦或者慈悲这两个词表现出来的。根据池田先生的展开，这个慈悲含有"拔苦与乐"的概念，而且慈悲的不断实践也是和智慧的开发紧密相连的，正是"如我等无异"的延伸。而且慈悲的不断实践还是降伏"魔性的欲望"的实践方法这一点非常重要。换句话说，因为慈悲的实践，才能达到最高，最尊贵的生命状态。因此，人本教育的根本精神是因为有慈悲这一基础才有了更深更广的精神性。

---

① ［日］池田大作：《新人间革命》第 15 卷，第 121—122 页。

② 《御书与师弟》，圣教新闻社，2009 年 8 月 27 日。

③ 《御书与师弟》，圣教新闻社，2009 年 8 月 25 日。

④ ［日］池田大作：《新人间革命》（第 15 卷），第 180 页。

（2）在说明"如我等无异"的时候，是包含着作为学生如何看待老师的存在的观点在内，以"师徒之心"为中心展开研究的，这一点很值得关注。

（3）池田先生的教育实践是建立在以慈悲为基础的根本精神上，贯彻"老师"与"弟子"要进行一对一的人的交流，不仅反映出了池田先生对慈悲概念的延伸，更反映出了现实。在这里值得关注的是，以老师为首想要报答很多人给自己的恩惠和学生风气的形成。这反映出了"师徒之心"。"感恩"和"报恩"风气的形成是今后要考虑的重要的要素。因为它是价值创造的源泉。

（4）人本教育的人格涵养是需要非常深层次考虑的东西。因为人本教育的根本精神是放置在慈悲的这一基础之上的。本文从人本教育的人格涵养中所举出的自主性主体性，真诚和正义，创造性，坚强之心这四点，无论哪一点，都是人类无限可能性的一部分。人本教育的根本精神是以慈悲为基础，因此人本教育更能开发人类的无限可能性。

（高桥强　日本创价大学教授）

# 中道人本主义是创价教育的指标

## ——池田大作人本教育观的探讨

人本主义、和平共生是池田大作的核心思想，创价教育是他的终生志业。

关于池田大作思想的研究，阐明其人本主义与和平共生思想的关联性者多，对于人本主义和教育理念的关联性之研究较少，本文拟针对后者加以探讨。

## 一 池田大作中道人本主义的源流与内涵

1. 池田大作中道人本主义的源流

1998 年，池田大作在哈佛大学以"21 世纪文明与大乘佛教"为题的演讲，首次举出大乘佛教对于 21 世纪的贡献有三：第一，开创和平的源泉；第二，恢复人权的关键；第三，万物共生的大地[①]，让人本主义思想和佛教结合，开展新的一面。1971 年，池田大作提出"中道人本主义"的观点[②]，强调作为东方佛法真髓的生命哲学是人类需要"人本主义"，也是"中道主义的佛法"。

池田大作的人本主义是以中道主义为依循的：第一，强调事象的相对性、可变性，社会事象不是定型化而是需要实质地把握时代与情

---

① 参见〔日〕池田大作《21 世纪文明与大乘佛教》，创价学会编辑部译，台北正因文化公司 1998 年版，第 21—34 页。

② 〔日〕池田大作：《迈向人类胜利的大文化目标——池田会长演讲集》（第 3 卷），圣教新闻社 1971 年版。

境；第二，需要养成能认清社会事象的相对性、可变性的能力，规律自己，免受社会动态的纷扰，能确立主体性；第三，既然要探究生命，发掘万人共同的普遍秉质，只要是人，都要包括在内。此"彻底的无差别、平等的生命观、人本观，无论是种族、阶级、民族、国籍或宗教、思想、性别差异，都不会以外在的、他律的因素决定一个人，把他套在固定的型"。宫川真说："在'人本主义＝中道主义'之前，豁然开拓的是超越差异、与所有的人不分彼此而交心对话的王道"①，这是很好的诠释。

在 20 世纪 90 年代，中道主义已成为池田大作思想的主流。他在 SGI 日倡言②"人本主义——地球文明的黎明"，将牧口常三郎、户田城圣以来的创价学会"人本主义"理念集其大成。在此倡言中，池田大作再度提出完整的"中道人本主义"构思，包括三个要点：第一，只有人本主义的哲理才能拯救陷于不安与苦闷的现代人的危机；第二，中道人本主义的旨趣是"替人设想、对于他人不能冷漠不关心"，亦即人应该关心生命，"透过内心的挣扎和自律，导出善的力量，以此善的力量做生命活动的基础"；第三，当人站在中道人本主义的精神上，养成"无差别的、平等的生命观和人性论"，去养成"见识事物或社会现象中的相对性或可变性的洞察力"时，才能在"极恶中"发现"冥伏的佛界极善的可能性"，处于"残虐的战争中"也能发现"和平的因素"。因此能够"尊重差异"、"超越差异"，透过文明间的对话，在黑暗中也能开拓"人性主义的丰穰的世界"。

关志钢③对此下结论："池田融合了佛法的中道和人本主义，对于 20 世纪的人本主义思潮有很大的贡献。几乎半世纪，池田的思想

---

① ［日］宫川真、［日］池田大作：《"9·21"认识与"人间主义"和平思想》，载《创立者池田先生的思想哲学》（第 1 卷），第三文明社 2007 年版，第 181—183 页。

② ［日］池田大作：《第 27 届 SIG 日：人本主义——地球文明的黎明》，载《和平倡言集》，国际创价学会，2002 年 1 月 26 日。

③ 关志钢：《池田大作的"中道主义"思想》，载《和平·文化·教育创刊号》，2004 年 10 月。

未曾离开过此思想。"

2. 中道人本主义的内涵

池田大作认为要克服欠缺人性的精神病理，提升振兴人性的潮流，舍弃人本主义无他。其中道人本主义的精义可以归纳为下列几项：

（1）肯定生命价值

池田大作重视"人的价值"、"民众"、"对话"等人性的复权。他说："没有自由言论就无人的活络化"①，他引用爱因斯坦的话："人的价值不是以他从社会'接受'的而定，乃是以他'给予'社会的来定"，强调要以人格发光。② 他认为可以称为价值的唯一的价值就是生命。其他价值在与某种生命交涉时才存在③。他追求和平文化，说："我们从心底深处所追求的是'和平的文化'，是重视宽容、人权、文化价值的思想。人类所要做的事情就是'推动人的革命去建设和平社会'。"④ 在他的心目中，"人类的目的、文明的目的就是'价值的创造'。换言之，现在人所追求的是创造'大同'、'共生'、'和谐'的地球性的价值"⑤，又说："要迅速从'以物为中心'的社会改变为'以人为中心'的社会。"⑥

从价值创造的思想而言，"个人幸福"和"社会繁荣"绝不是对立的。池田大作形容为"自转和公转的关系"⑦，呼吁"要迅速从

---

① ［日］池田大作、［俄］戈尔巴乔夫：《20世纪的精神教训》，据潮出版社1996年版，第208页。

② ［日］池田大作：《希望的世纪教育之光》，凤书院2004年版，第109页。

③ ［日］池田大作、［俄］沙德乌尼兹：《新人类、新世界》，据潮出版社2002年版，第72页。

④ ［日］池田大作：《希望的世纪教育之光》，凤书院2004年版，第187页。

⑤ ［日］池田大作、［俄］沙德乌尼兹：《新人类、新世界》，据潮出版社2002年版，第229页。

⑥ ［日］池田大作、［美］格尔布雷斯：《人本主义的大世纪》，据潮出版社2005年版，第216页。

⑦ ［日］池田大作、［美］海瑟·亨德森：《地球对谈、光辉的女性世纪》，2003年，第107页。

'以物为中心'的社会改变为'以人为中心'的社会"①，说明其重视"人"的绝对的价值。

（2）和平共生的理念

在池田大作的心目中，"共生"的观念非常重要。在他的言谈中，"共生"经常出现，"普遍性"是"人、自然、宇宙"共生，小宇宙和大宇宙融合成一个生命体的"共生"的秩序感觉、宇宙的感觉。因此，他认为"共生"是打开 21 世纪的关键语。在文明社会，最重要的是对于人类的关怀，如果失去"关怀他人"，人将成为"满足自己欲望"的存在。

高村忠成②阐明池田大作和平思想的核心有三点，非常中肯：第一，以生命尊严为至上的生命观。换言之，就是要有立足于生命为尊严的哲学。第二，要贯彻非暴力。因为实施暴力与杀伤生命的可能性高，所以贯彻非暴力思想与保护生命尊严性的理念是密切不可分的关系。第三，共生的理念。池田大作的共生理念包括时间轴观点之共生和空间轴观点之共生。前者重视因果关系，认为现在的瞬间的事件和将来的事象有关联；后者认为共生是从人与人的关系及人与环境的关系的层面去把握事象。和平不是某事象的绝对的存在状态，而是指一切事象的关系状态。池田大作重视超越种族、民族、宗教、国家的孤立状态，强调互相交流、互相理解、互相尊敬的重要性。并且重视人与环境的共生，认为"破坏环境就是人类的毁灭、生命的抹杀。"池田大作提到"持续可能的开发"概念，以佛法所说的"三灾"（饥饿、战争、疾病）、"七难"（战乱、全球规模的自然灾害，包括地球暖化所引起的异常气象等），强调人与人、人与自然"共生"的重要性。③

（3）以佛教为基础的人性主义

---

① ［日］池田大作、［美］卢·布雷斯：《人本主义的大世纪》，据潮出版社 2005 年版，第 216 页。

② ［日］高村忠成：《池田先生和平思想的形成和构成》，参见《创立者池田先生的思想与哲学》（第 1 卷）2007 年版，第 143—146 页。

③ ［日］池田大作、［乌］兹古洛夫斯基：《希望的世纪·生命的世纪》，《灯台》2008 年 8 月号。

2008 年的 SGI 倡言主题是"以人性的宗教创建和平"，池田大作在文中特别引述法国著名人性主义大师纪德的话："对我个人来说，还有比苏维埃更重要的，那就是人类、人类的命运、人类的文化。"①池田诠释说："纪德所指的文化是一种有普遍价值、能尊重自己与他人、尊重差别与多样性、自由、公正、宽容的精神。为此，他甚至不惜牺牲自己的生命。"

他在哈佛大学以《21 世纪文明与大乘佛教》为题的演讲中特别强调"以喜悦对待人，不皱眉头，以明朗的表情主动先说话的人"，他所提出的"人性主义行为准则"颇有启发性，即"一切都是变化而互相依赖（缘起）的，和谐、整体性是必然的，即使是矛盾、对立，也是结合的一种表现。因此，与发自矛盾、对立的内在制霸的恶斗争乃是到达更大结合之前无法避免的荆棘"②。他和乌克莱纳基辅工科大学总长兹格罗夫斯基的对谈也特别强调宗教对和平共生社会的贡献③。依据他的见解，日莲圣人的"立正安国"论是以佛法的哲理为根本（立正），每个人透过"人的改造"贡献社会和平与繁荣（安国）。池田提出"宗教间对话"的三个要点，即：①回到创始者的原点之心，②发现"共同性"，③具有"共同目标"。他说："时代是以'人'为焦点，'宪章'强调'以法的宽容精神为基础，尊重其他宗教，就人类的基本问题对话，共同努力解决它。'"对于宗教要赋予社会使命。

综观池田大作中道人本主义的内涵，有几个特征：第一，对于生命价值的肯定：在他的心目中，人类的目的是创造价值，是创造大同、共生、文明的全球性的价值，反映"以人为中心"的价值观。第二，以中道人本主义为基础：生命尊严、人性尊严、绝对的和平主义

---

① ［日］池田大作：《第 33 届 SGI 日：以人性的宗教创建和平》，《和平倡言集》，2008 年 1 月 26 日。

② ［日］池田大作：《第 28 届 SGI 之日：时代精神的潮流世界精神的光芒》，《和平倡言集》，2003 年 1 月 26 日。

③ ［日］池田大作、［乌］兹古洛夫斯基：《希望的世纪·生命的世纪》，《灯台》2008 年 8 月号。

是其中道主义思想。第三，追求和平共生的理念：主张普遍性、关怀他人。第四，以佛教为基础的人性主义：以立正安国论为根本，对于宗教赋予社会使命。

## 二　中道人本主义和创价教育的关联

"创价教育学"是创价学会首任会长牧口常三郎所著的教育学专著，池田大作在"创价教育学体系"中文版序文中提到户田城圣第二任会长协助出版的经过，认为它是真挚的师徒的结晶①。池田大作的教育思想是立足于创价教育的理念去寻求人类的幸福。他心目中的21世纪的教育，就是要从"为了国家的教育"或"为了社会的教育"的构想转移到"社会一切为了教育"的思考架构。笔者曾经列举池田大作的五点教育观：①重视价值创造与人格教育；②强调国际人教育，企求世界和平与繁荣；③健全家庭教育，重视儿童尊严；④重视终身学习，强调生涯教育；⑤重视科学与宗教的关系，坚信无限的生命观。②

池田大作的中道人本主义和他的创价教育理念之间有下列的关联：

1. 中道人本主义是创价教育的指标

牧口常三郎认为"教育目的是要给儿童有幸福的生活"③。幸福这个人生目的并非我们主观断定的，"真正的幸福是作为社会的一员与公众苦乐与共才能得到，是不能缺少圆满的社会生活的"。此与中道人本主义是以和平共生为前提是吻合的。池田大作也屡次提到"幸福"的主题，他说："人的一切活动都是为了实现'幸福'——'幸

---

① ［日］牧口常三郎：《创价教育学体系》（1），刘焜辉译，台北正音文化公司2004年版，第9页。

② 刘焜辉：《从池田大作的教育观论述21世纪的思想主流》，参见《池田大作思想研究论文集》（第二册），台湾中国文化大学2006年版，第39—57页。

③ ［日］牧口常三郎：《创价教育学体系》（上），《牧口常三郎全集第五卷》，第三文明社1997年版，第130页。

福'即'充实',人不只是为了自己,在追求其他人的幸福时,才能使我更深的充实。追求'人我共同的幸福'的生活,才是实现'人和人''人和自然'共生的途径。"① 此与中道人本主义所主张的和平共生完全一致。换言之,创价教育努力的指标是中道人本主义的实现。

2. 创价教育才能找回人的心灵与精神

教育向来以人为中心,以提振人文精神为目的。但是自 20 世纪 60 年代以来,随着后现代社会、信息社会的来临,人的"主体性"受到排斥,人本主义陷于危机。现代人的价值标准逐渐改变,权威中心的看法受到外在条件的左右逐渐减少,而以经验为基础的倾向逐渐增加。池田大作对人文精神的失落非常重视,强调重新寻回人的心灵与精神,他与戈尔巴乔夫的对谈集《二十世纪的精神教训》② 序文以《新人本主义和价值观》为题,强调"中道人本主义和价值观"追求尊重人格、维护人的尊严和价值,要摆脱旧有的价值观,就是生命的改造。

3. 价值创造肯定东西方文化

牧口常三郎主张教育应该创造价值,此价值就是增进人的幸福;其基本立场有三个重点:第一是从经验出发,也是目前教育学经常提到的从儿童的经验出发;第二是以价值为目标,追求人生的价值;第三是以经济为原则,用最有效的方法达到教育目的。

创价教育的理念认为教育是"创造价值的活动",人是为不断创造价值而生活,创造最高价值是人类共同期待的最大的幸福。池田大作把牧口常三郎的创价教育的理念发扬光大。他说:"创价学会首任会长牧口常三郎说,人生的目的是'价值的创造',教育是'开发创造价值的力量'。我认为人类的目的、文明的目的也是'价值的创造',教育是'开发创造价值的力量'。——现在所需要的是'大同'、

---

① [日]池田大作:《展望明日》,日本时报社 2008 年版,第 101 页。

② [日]池田大作、[俄]戈尔巴乔夫:《二十世纪的精神教训》,据潮出版社 1996 年版,第 2 页。

'共生'、'调和'等全球性的价值的创造。"① 又说:"深信'东方智慧'能超越'地球的问题群',开发人类的创造力,继续创造出地球价值。"② 他把牧口常三郎的"价值创造"由个人层次提升到全球层次,并且肯定东方文化。他说:"佛教或西方科学技术也摄取儒教《礼记》中礼运篇所提示的'大同'世界而展开的理想社会。"③

4. 生命尊严要从家庭开始树立

池田大作强调 21 世纪是人本教育的世纪,应该重视"吾－汝关系"(I－thou relationship),所谓"教育的世纪",就是人人充满希望、人人弥漫幸福的"生命尊严的地球社会"。锻炼每个人的无限的可能性,把涌出的能量导入价值创造,超越自我中心主义,寻求人己都幸福的社会,这是 21 世纪教育的使命。

文明的宽容精神是对话的基础。杜维明说:"应该在每个人自己内部建立互相称赞、多样性的生活方式,这是家庭生活中要培养的。把在家庭建构的调和和共生的精神扩充到社会、世界。"④ 池田大作回应说:"家庭革命才是社会变革的根本的关键。——家庭需要尊重每一个小孩的人格,互相尊敬,对社会开放,重视对于他人的贡献或献身。"⑤ 他强调父母留给子女最重要的是"教育"或"人生哲学"的财产。学得的学问、教养以及生存的哲学和信念,既不会被他人抢去,也不会因为社会变迁而失去。他还引用佛典所说:"藏之财不如身之财,身之财不如心财第一。"(《日莲大圣人御书全集》) 充满"多样性"、"开放性"、"宽容性"的文化与人的交流是人类发展的原动力。重视"多样性"是承认和自己不同的他人,尊敬他、向他学习吸收。

5. 国际人教育以中道人本主义为前提

---

① 〔日〕池田大作、季羡林、蒋忠新:《东方的智慧》,东洋哲学研究所 2002 年版,第 421 页。

② 同上书,第 421 页。

③ 同上书,第 420 页。

④ 〔日〕池田大作、〔美〕杜维明:《对话的文明》,第三文明社 2007 年版,第 24 页。

⑤ 同上书,第 24 页。

池田大作强调"世界市民"的观念，他说："今后在地球一体化时代，苦乐与共的'人和人的交往'才是最基本的。世界是多歧的，文化也不同，绝不是单纯的'世界是一个'，要如何尊重此多歧性而共融呢？唯一的共同点是把'人'加以扩大，除此之外，别无他途。"① 他引用佛法语句说："自己与他人都有'智慧'，有'慈悲'，此为'喜'"②，主张不要把自己关在自己的世界里，应该开放自己，寻求"人我都幸福"的生活方式。21世纪要成为和平的世纪，必须扩充"国际人"的连带意识，而此"和平的王道"、"人本主义的原动力"就是"教育"。教育上从自己、自己和他人到群体的扩充成为重要的目标。因此，"国际人"的概念本身意味着生命的改造。

池田大作诠释"地球市民"的含义有三点：第一，深刻认识生命相关性的"智慧之人"；第二，对种族、民族、文化的差异不畏惧、不排斥，予以尊重、理解，并视这些差异为成长资源的"勇敢的人"；第三，对受苦受难的人，无论远近，都给予关怀提携的"慈悲的人"③。他认为地球市民教育就是生命的变革，说："无论政治或经济，一切都要把根本放在'生命'价值的时代，提倡把21世纪成为'生命世纪'就是这个理由"④。池田认为只有彻底变革现代人的自然观、生命观、价值观，才能改变走向毁灭的人类的未来。

池田大作和季羡林、蒋忠新的对谈集《东方的智慧》序言中说："《法华经》的统合精神'一念三千'论、中国思想精髓的'天人合一'思想、印度哲学终鹄的'梵我一如'思想——这些是照耀反复分断与分裂的现代文明的'黑暗'的珠玉般之'东方智慧'的结晶。"⑤ 池田大作和张镜湖的对谈中也频频提到中国文化的真髓"王道文化"，说："彻底去挖掘人的生命，发现人普遍的'尊严性'、'佛性'——

---

① ［日］池田大作：《教育世纪》，第三文明社2003年版，第141页。

② ［日］池田大作：《21世纪的教育与人》，第三文明社1997年版，第178页。

③ ［日］池田大作等：《和平世纪的倡言》，香港天地图书公司1997年版，第144页。

④ ［日］池田大作、［美］海塞尔亨达逊：《地球对谈：光辉女性的世纪》，主妇之友社2003年版，第16页。

⑤ ［日］池田大作、季羡林、蒋忠新：《东方的智慧》，东洋哲学研究所2002年版，第7页。

让每一位青年的生命发出光辉，照耀人类希望的未来，这才是'教育与文化的大道'和使命。"① 自从池田大作提出"中道人本主义"思想之后，积极推动"人本主义世纪"，尤其寄望于东西方思想的融合。中道人本主义的实施，寄望于人的改造，教育的功能更显得重要，池田大作说："教育是中道人本主义的动力"，诚然。

（作者简介：刘焜辉，1930 年 4 月 10 日生，台湾中国文化大学心理辅导研究所特聘教授，博士，专业领域：谘商、心理辅导。电子信箱：dr_liukunhuei@yahoo.com.tw)

---

① ［日］池田大作、张镜湖：《教育与文化的大道》，2009 年，未出版，中文版翻译中。

# 从池田大作品格教育思想谈
# 两岸品格教育发展

## 一　前言

　　随着时代环境变迁，经济快速发展，物质生活富裕的背后却是心灵生活的贫乏空虚，导致社会上悲剧频传，甚至违法乱纪的案件层出不穷，例如：自杀、诈欺、援交、暴力、贩毒、贪污等等。因此如何培养健全的品格和乐观进取的人生观，便成为教育界与社会众所关注的议题。环视现今教育思潮，美国、英国、日本、新加坡等国重视学校品格教育之实施。尤其美国十余年来积极推动"新品德教育"，目前全美至少有十个州立法规定，要求课程中包括品格教育的内涵，强调当代核心价值，且以多元教学模式加以推广。

　　近来台湾校园骚扰，校园暴力事件频传，类似情形在日本与中国校园亦同样发生，池田大作先生指出：最近几年，日本的教育状况令人担忧：失足青少年激增、校内暴力事件、旷课现象频发、滥用毒品也有蔓延趋势、这不仅让直接相关的家长、教师忧心，更令许多有心人士慨叹不已。[①] 他认为："现代社会的危机是源自教育的危机；教育的危机则是源自教育目的的模糊不清。"[②] 池田先生道出："现在文

---

①　［日］池田大作：《21世纪教育倡言》，《光明日报》2001年10月1日。

②　［日］池田大作：《教育指针》，正因文化事业有限公司2000年版，第13页。

明危机的本质，的确是'人的危机'、'人性的危机'。"① "教育改革不应以政治为主导，应以人为主，就其理念、目标，具体提出为'整体性'、'创造性'和'国际性'。"② 因此，不论是学校、家庭或是社会，都应重新正视教育问题。本文除了前言与结论外，首先，叙述品格教育的重要性；其次，陈述品格教育的内涵；再者，阐述池田大作先生的品格教育思想；接着，论述两岸品格教育的挑战与发展；最后，于结论中就池田大作品格教育思想对两岸品格教育发展提出建议事项。

## 二 品格教育的重要性

教育的真正意义绝不止于帮助学生获得知识或学习技能，教育的更高宗旨在于帮助学生发展健全的品格。宗教改革家马丁·路德曾说："一个国家的兴盛，不在于国库的殷实，城堡的坚固，公共设施的华美，而在于公民的文明素养，也就是人民所受的教育、人民的远见卓识和人民的品格高下。"③ 可见品格教育的重要性。Lickona 提出实施品格教育之必要性原因有：一、在社会变迁下，家庭对于子女在人格的教化功能式微，而学校与社会的教化功能逐渐提高；二、信息媒体发达，媒体上充满了性、暴力及功利主义之渲染，对个体品格之养成极具破坏性；三、反省目前教育是否过度形式化与教条化，忽略了道德教育本身的价值。④ 因此，为遏止社会伦理道德的沦丧与导正以升学至上之填鸭式的教育，学校对学生健全品格之养成便显出其重

① ［日］池田大作：《"人本主义"大地万里无垠》（于深圳大学的讲演），《池田大作讲演随笔集》，作家出版社 2002 年版，第 98 页。

② ［日］池田大作：《建设"为教育的社会"21 世纪与教育——我的感想》（纪念创价学会创立 70 周年《教育倡言》），国际创价学会中文网站，http：//www. sgichn. org/works/cht/proposals/edu2000－cht. html。

③ 柴松林：《推动品格教育，消解道德危机》，品格教育推展行动联盟，载《品格教育的蝴蝶效应》，财团法人千代文教基金会 2007 年版，第 203 页。

④ T. Lickona，"10 Reasons Schools Should Offer Character Education，" *Thrust for Educational Leadership*，28（1998），p. 4.

要性，大学教育亦不例外。

池田先生具有丰富的知识涵养，他一生致力于和平、文化、教育之宣扬与推动，其目的在谋人类之幸福、社会之和谐以及维护世界和平，他认为"在社会长期的课题中，教育正是根本。注重教育的国家，必能迎接发展与繁荣的时代。"①他更指出："政治、经济以及社会发生危机，皆是重大问题，但没有比教育危机更可怕的了。教育关系到人的'基本'，漠视教育即是漠视人性，等于人类永远的毁灭。因此，我认为教育是最重要的事业。"②

池田先生呼吁："教育必须带有光荣的使命感，要在有形、无形中，为未受教育的人作出贡献。教育的意义在于给人力量战胜自己、适应社会、开拓人类的未来。"③ 池田先生还说"教育正是民主主义发展的原动力"④。由此可知，人类之进步、经济之发展、政治之清明、国家之文明、世界之进化皆有赖于教育，尤其是品格教育是立国之本、振兴之道、文明之源。

## 三　品格教育内涵

品格（character）就字义而言，源自古希腊字 arête（拉丁文为 virìus），意为美德（goodness）、德行（virtue）或卓越（excellence），是指要具备完成工作的全盘知识。⑤ 品格是使人在任何一个场合都按最高的行为标准做正确事的内在动机，是人生每一个领域取得真正成功的关键。⑥ 品格是超越种族、信仰、教育、地位、性别和

---

① ［日］池田大作：《教育指针》，第 15 页。

② 同上书，第 13—14 页。

③ 同上书，第 238 页。

④ ［日］池田大作，《二十一世纪的大学——世界市民的摇篮》（美国创价大学第一届毕业典礼演讲），国际创价学会中文网站，2005 年 8 月 5 日，http：//www. sgichn. org/works/cht/speech/05sua－cht. html.

⑤ 李淑贞：《品格教育与品格的型塑》，http：//epaper. ctust. edu. tw/upload ＿files/test/12251114737. doc.

⑥ 黄夏城：《导师辅导知能研习演讲稿》，《辅导通讯》2005 年第 36 期。

个性的。但是品格并不像生理需求、安全需求那样属于人类天赋本能且有强大的驱使力，因此必须透过学习的过程来陶冶。①

一般而言，由于品格教育所涉之内涵极为繁杂且广泛，尚无统一界定。品格教育所包括的范畴，除基本的人与人之间的互动关系之外，有学者认为应扩及人与其所赖以生存的环境间的互动关系，大致可分为："人与己"、"人与社会"、"人与自然"以及"人与精神世界"等四大范畴。②

品格教育是一个集合名词，与品德教育、道德教育以及价值教育常被视为同义词，③ 品格教育是在教导学生如何做人（怎样和自己相处，怎样和别人相处，怎样和环境相处）和如何做事（事情要怎样进行，才容易达到目标）。品格教育也可说是要让学生学习"认识良善、喜爱良善、做出良善"。目的在于协助学生了解、欣赏，以及表现出好的行为。④

台湾"品格教育推展行动联盟（品盟）"认为品格教育应包括品德教育、公民教育及品格发展。⑤ 此内涵与学者李介至、邱绍一所主张的品格教育包含三大领域——道德教育、公民教育及品格养成大致雷同。⑥ 综合上述，品格教育可包括下列三方面：

（1）道德教育：是品格教育最基本的部分，强调是非和善恶如何分辨，并提出个人与社会之道德标准，以检定个人是否依此标准而行。

（2）公民教育：提供个人在学校或社会活动中民主参与之机会，其目的在于培养公民具有民主素养和民主的主要价值，同时能正确地

---

① 《人间福报》，2008 年 9 月 18 日，社论版。

② 参见毛连塭《生活教育与道德成长》，心理出版社 1994 年版，第 14—18 页。

③ 张雪君：《浅谈美国学校所实施的品德教育》，2008 年，

④ 李珀：《品格教育》，2008 年，http://www.enpo.org.tw/nyc/1/archives/2008/2112.html。

⑤ 品格教育推展行动联盟：《品格教育落实建议草案》，参见《2008 品格》，财团法人千代文教基金会 2008 年版，第 2—23 页。

⑥ 李介至、邱绍一：《品格教育的可行性分析》，参见《学生事务》2002 年第 41 期，第 55—60 页。

履行公民之权利与义务。

（3）品格养成：探讨个体生活与道德教育之完整结合，其目的在培养个体对社会能有正向的态度与价值。而品格教育应是"知行合一"的教育，包含认知、情感、与行为等方面。

根据 Lickona 认为好的品格教育应包括三方面："知道何为善（knowing the good）"、"渴望为善（desiring the good）"、"行善（doing the good）"①，并协助学生认知好的行为且内化成为习惯，进而自动表现在日常生活之中。② 换言之，良好的品格教育便是知善、乐善及行善。

## 四　池田先生品格教育思想

池田先生对于品格教育之论述不少，唯分散于各演讲与著作中，兹将其品格教育思想归纳有五项：（1）品格教育理念——完善人格、陶冶性情；（2）品格教育使命——社会和谐、世界和平；（3）品格教育目标——创造价值、地球市民；（4）品格教育方式——反对填鸭、开放对话；（5）品格教育重点——重视通识、文教交流，分别叙述如下：

### （一）品格教育理念——完善人格　陶冶性情

创价学会首任会长牧口先生曾出版《创价教育学体系》一书，他说，人性教育是指导创造人格价值的最高技术，进而达到艺术的层次。③ 池田大作先生是继承牧口先生教育理念的一位著名的教育学家，对于教育理念曾有诸多的精辟论述，他强调："教育之理念，可

---

① T. Lickona, "The Return of Character Education", *Educational Leadership*, vol. 51, no. 2 (1993), pp. 6—11.

② K. Ryan, "Character Education in the United States," *Journal for a Just & Carting Education*, vol. 2, no. 1 (1996), pp. 75—85.

③ ［日］池田大作：《和平世纪的倡言》，创价学会译，天地图书有限公司 1997 年版，第 149 页。

以说是指完善人品、陶冶人格。"① 在其著作《人生抄》一书中，他又进一步指出："我认为有必要强调以完善人生为志向的人格教育。"② 此外，池田先生在北京大学演讲"教育之道，文化之桥"时特别指出："教育是培育人的事业。我很早就抱持着教育是我毕生的大事业的信念，开拓未来，造就未来的主体是人，而造就人的事业是教育。……关于教育人才的智慧，古代希腊和中国堪称双璧。其实，双方在培养完善人格、陶冶性情的教育理念，课程方面，都是极其精致和深邃的。……我还是认为，努力去培养完美的人格以形成心目中的世界，这种中国的秩序感、历史观乃至宇宙观、至今仍搏动流传着。"③ 由此可知，池田大作先生强调品格教育对健全人格或完善人格养成之重要性，也道出其教育理念为完善人格、陶冶性情。

创价学会首任会长牧口常三郎把教育定义为是"人格价值的创造"，其人本教育学成为创价教育的出发点。牧口先生所勾画的基于创价教育学的学校蓝图，嘱托第二任会长户田城圣先生来创办，而第三任会长池田大作先生继承了他们的设想，以创价学会为母体，创办了大学、高中、初中乃至小学和幼儿园。④ 池田先生认为"教育是文化的动力，是构成人的行程的根干"，他于1971年4月2日创立创价大学，其建校的理念为：成为人性教育的最高学府、成为建设新大文化的摇篮、成为守护人类和平的要塞。⑤

### （二）品格教育使命——社会和谐　世界和平

品格教育目的之一在于培育人才，使人成为有利于社会的人，换

---

① ［日］池田大作：《教育之道、文化之桥》（于北京大学的讲演），《池田大作讲演随笔集》，作家出版社2002年版，第53页。

② ［日］池田大作：《人生抄》，圣教新闻社1983年版，第206页。

③ ［日］池田大作：《教育之道　文化之桥》（于北京大学的讲演），《池田大作讲演随笔集》，第54—55页。

④ ［日］池田大作、［意］奥锐理欧·贝恰：《二十一世纪的警钟》，卡立强译，中国国际广播出版社1988年版，第206页。

⑤ ［日］池田大作、［日］松下幸之：《创价大学的精神与实践》，《人生问答》（下），正因文化事业有限公司译，台北，正因文化事业有限公司2003年版，第51—52页。

言之，就是自我变革，扬善抑恶，创造价值，有利社会，若以池田大作的话而言，就是人性革命。① 池田先生把教育视为自己人生最重要的终身事业，他强调："人要活得像个人，作为真实的人，悠然且堂堂正正地达成真善的使命，原动力就在于教育。只重视增长知识，结果会制造大量的屠杀兵器。相反的，为人类社会带来最大的便利，透过生产，使社会丰饶的也是知识的增长。要把一切知识导向人类幸福与和平，唯一的原动力就是教育。所以，教育必须成为人道主义的永远的推动力，我把教育视为自己人生最重要的终身事业。"② 值此之故，池田大作先生毕生致力于教育、文化、和平之志业，尤其对教育投入之深与贡献之多，令人景仰推崇。

池田先生论及"佛法上，具备智慧、勇气、慈善，为别人行动不懈的人格称为'菩萨'。"而"教育本来就是菩萨的事业。教育必须带有光荣的使命感，要在有形、无形上，为未受教育的人作出贡献。……教育应该促进自身的人格完成，培育伟大的心胸以包容和奉献他人。教育的意义在于给人战胜自己的力量和胜任于社会、开拓人类未来的能力"③。

池田大作先生一直的信念是"为了将人类从战争此最恶劣的状况里解救出来，教育的力量是不可欠缺的"，"教育才是打开世界上无知、社会病态等人间苦恼、解放人们的'武器'"④。池田先生更强调："时代的焦点在教育，世界也透教育联结起来。要开拓未来之道，除了仰赖教育的力量外别无他法。因此，我确信，教育的胜利才是人类的胜利、和平的胜利、永远的胜利。"⑤

池田大作先生的品格教育使命是不仅要完善个人人格，进而促进社会和谐，更迈向世界和平。其和谐社会、思想的精义可归纳为：

---

① 圣教新闻社编辑委员会：《创价学会指导集》（3），圣教新闻社 1976 年版，第 39 页。

② ［日］池田大作：《探讨"地球市民"的教育》（在美国哥伦比亚大学的演讲），《和平世纪的倡言》，天地图书有限公司 1997 年版，第 142 页。

③ ［日］池田大作：《探讨"地球市民"的教育》，第 14—148 页。

④ ［日］池田大作：《教育指针》，第 23 页。

⑤ 同上书，第 26 页。

①以人为本精神；②人与环境共生；③共生道德气质；④重视人格教育；⑤缩小经济差距；⑥和平文化内涵。① 其次，池田先生经常于各种场合表达与付出行动地追求世界和平，例如：池田大作先生在美国创价大学第一届毕业典礼中以"21世纪的大学——世界市民的摇篮"为主题致词，他强调："美国创价大学要成为世界和平希望的堡垒！要成为培育尊重生命的'地球文明'的摇篮！"同时勉励美国创价大学各位毕业生的伟大使命是"创造人类和平与希望的崭新价值"。②

### （三）品格教育目标——创造价值 地球市民③

品格教育之目标为何，池田大作先生指出是"知道真理、创造价值、使民众幸福，这才重要，不是吗？学问、指导者、教育、宗教，不正是为此而有的吗！"④ 池田先生进而诠释"何谓正确的人生？"他说，人生是"追求价值的创造"。因此，创造出最大的"善的价值""利的价值""美的价值"的人，可说是度过了最正确的人生。⑤ 所谓"智慧的人"，就是无论处于何种环境，皆能在自己所立之处，阔达地创造"美""利""善"价值的人，去磨炼、培养这种"智慧"，即是我们"创价教育"的意义。⑥ 创价学会第二代会长户田城圣例出现代文明的错误是"知识与智能的混淆"。"知识"与"智能"宛如是抽水机与水的关系，知识可视为是为了汲取智慧的手段。光有知识，无法创造价值。唯有运用知识、活用智能，才能创造出

---

① 唐彦博：《池田大作先生和谐社会思想：中国和谐社会构建的检视》，参见《池田大作思想研究论文集》（第三册），2007年6月30日，第107－118页。

② ［日］池田大作：《二十一世纪的大学——世界市民的摇篮》（美国创价大学第一届毕业典礼演讲），国际创价学会中文网站，2005年8月5日，http：//www.sgichn.org/works/cht/speech/05sua-cht.html。

③ ［日］池田大作早期在美国哥伦比亚大学的演讲时使用"地球市民"，后来于2005年8月5日在美国创价大学第一届毕业典礼演讲时则使用"世界市民"一词，两者内涵则有互通之处。

④ ［日］池田大作：《教育指针》，第20页。

⑤ 同上书，第39页。

⑥ 同上书，第42页。

美、利和善的价值。池田先生坚定地表示，即使拥有怎样高超的知识，若欠缺谋求人类幸福的"哲学"，这种知识不但没有帮助，反而会变得危险。①

"创造价值"是创价教育学的核心思想。价值可分为客观价值（真＝科学、善＝道德、美＝艺术、圣＝宗教）及主观价值（利用＝经济、快乐）。幸福由此衍生。创价学会首任会长牧口先生将真、善、美的价值分类为利、善、美的新分类，反映其重视经济价值。②

创价学会首任会长牧口常三郎曾讲述人要认识到自己有三种身份，就是扎根在小区的"乡土居民"、形成国家的"国民"、以世界为人生舞台的"世界公民"这三种。同时敦促到，基于此认识，人不应被国家利益所束缚，而应作为"共同生活在地球上的人"，拥有为人类服务的意识与涵养。这正是 SGI 提倡的"教育促进可持续发展十年"（Decade of Education for Sustainable Education）的基本理念，并正在和有关机构、其他 NGO（非政府组织）一起为实现这一理念而努力。③

在呼吁制订"教育促进可持续发展十年"计划时，池田先生曾强调要解决环境问题和改革制度，是不能"从上而下"的命令，而是要扩大草根行动，聚集觉醒的民众力量，进行"自下而上"的改革。池田先生确信教育就是这草根活动的中心。教育可以启发每个人内在的无限可能性，并且不是局限在某个地区，而是最终可以产生出全球规模的推动时代变革的力量。④

---

① ［日］池田大作：《二十一世纪的大学——世界市民的摇篮》（美国创价大学第一届毕业典礼演讲），国际创价学会中文网站，2005 年 8 月 5 日，http://www.sgichn.org/works/cht/speech/05sua－cht.html。

② 刘焜辉：《创价教育学的心理学基础之探讨》，载台湾中国文化大学池田大作研究中心：《池田大作思想研究论文集》，创刊号 2005，第 42 页。

③ ［日］池田大作：《探讨"地球市民"教育》（1996 年 6 月 13 日美国哥伦比亚大学演讲），国际创价学会中文网站，http://sgichn.org/works/cht/speech/96columbia－cht.html。

④ ［日］池田大作：《以人性的宗教创建和平》（第 33 届 SGI 日纪念倡言），国际创价学会中文网站，2008 年 1 月 26 日，http://sgichn.org/works/cht/proposals/peace2008－cht.html＃footnote＿6。

池田大作先生所主张的和谐社会应具备和平文化内涵，人与人相互之间不应加任何恐怖于对方，衷心互信互爱，而且要根除暴力所引发的因素——贫困和压迫；同时，经由每人每天加以实践宣扬。最后，进而成为地球市民典范，所谓的"地球市民"，可以说就是：①具有深刻认识生命相关性的"智慧之人"。②对人种、民族、文化的差异，不畏惧、不排斥，而是去尊重、理解，并视这些差异为成长资源的"勇敢之人"。③对受苦受难的人，无论远近，都能给予关怀提携的"慈悲之人"。为了具体实现这智慧、勇气、慈悲，池田先生认为最根本的基础就是佛法的世界观，尤其是其中那森罗万象相依、相关性的原理。佛典中记载许多表现多种相互依存的美妙譬喻。① 池田先生曾陈述其最大的希望就是，受过创价教育的毕业生，能够成长为创造人性主义历史的"地球市民"。②

### （四）品格教育方式——反对填鸭　开放对话

池田大作先生曾痛陈："现在的日本，由于学历至上的风气，学校越来越沦为考试学校化，一直实施为了应付考试的填鸭式教育，甚至导致补习班的盛行，实在可悲。"③ 又说："今日大学教育的量贩化，失去这人与人之间的接触，若说全无心情教育也不为过。知性教育方面也只是填鸭式教育，并无全人格知性的磨炼。"④ 池田先生更明白地指出他反对填鸭式的教育，因为他认为与知识的吸收一样重要，是开发人的智慧，它正是教育的目的。⑤ 因此，为遏止社会伦理道德的沦丧与导正以升学至上之填鸭式的教育，学校对学生健全人格之养成便显出其重要性，大学教育亦不例外。

池田大作先生认为大学是培育世界市民的对话场所。1993 年 1

---

① ［日］池田大作：《探讨"地球市民"的教育》，第 144 页。

② ［日］池田大作：《教育指针》，第 242 页。

③ ［日］池田大作、［日］松下幸之：《教育应改善之处》，正因文化事业有限公司译，《人生问答（下）》，正因文化事业有限公司 2003 年版，第 38 页。

④ ［日］池田大作、［日］松下幸之：《大学教育的理想状况》，《人生问答（下）》，第 58 页。

⑤ 同上书，第 45 页。

月 29 日池田先生在美国克莱亚蒙特·麦肯纳大学进行"探索新的统合原理"的专题演讲，他特别指出："无论与邻人的对话，还是与历史、自然或宇宙的对话，只有在对话的开放的空间里，人才能保障其整体人性。孤独闭塞的空间只能是人的精神自杀场所。因为刚出生的人并非马上能成为完整的人，只有在以文化传统为背景的'言语之海'、'对话之海'中培育锻炼，才能知己知彼，成为真正的人。"他又说："通过开放的对话，教育不单能传达知识和情报，而且能克服狭窄的观点和感情。……通过建设性对话，大学能培育如苏格拉底般的世界市民，探索新的综合原理。顺带一说，与苏格拉底同被称为人类之师的释尊，在临终时最后的说话，就是催促弟子发问。"①

此外，为了提高学校教师的品格教育能力，池田先生主张："教师们应该在现场不断摸索，相互积极努力地谋求上进。""要真正提高学校的教育能力，须是学校全体团结一致共同挑战。例如，举办'开放课堂'，跨越学科及学校的架构，所有教师都定期公开自己的授课来进行校内研修，或通过积极与邻近学校交流来增进教育研修。""为了提升学校教育的质量，必需超越教师间的不同立场，相互'刺激'和'启发'，共同切磋琢磨，加强彼此的联系，努力提高学校的教育能力。"②

**（五）品格教育重点——重视通识　文教交流**

池田大作先生在纪念创价学会创立 70 周年之际，特别以"建设'为教育的社会' 21 世纪与教育"提出"教育倡言"，倡言中提及大学应推行"全面、专业"兼备的教育。池田先生指陈："近年来，大

---

① ［日］池田大作：《探索新的统合原理》（1993 年 1 月 29 日美国克莱亚蒙特·麦肯纳大学演讲），国际创价学会中文网站 http：//sgichn. org/works/cht/speech/93claremont－cht. html。

② ［日］池田大作：《建设"为教育的社会"21 世纪与教育——我的感想》（纪念创价学会创立 70 周年《教育倡言》），国际创价学会中文网站，http：//www. sgichn. org/works/cht/proposals/edu2000－cht. html。

学的履修科目中偏重专业课程，愈益忽视基础教养科目。随着社会的急剧变化，我担心会更加速学问的专业化，使学生所接受的教育内容也越受限制。在此，我认为应重新确认大学的基础教育理念，充实其必修基础课程教育、或称'通识教育'（Liberal Arts），而以研究生院来配合发展专业教育。"① 由此可知，池田先生主张品格教育的重点之一是应重视通识教育。

在通识教育方面，池田先生热切希望，各个教育机构也能配合联合国，尽早将这些全球性课题，排入课程表中。例如：① "和平教育"：教导战争的残酷与无意义，使非暴力精神在社会生根；② "环境教育"：认识自然生态的现状以及环境保护的对策；③ "开发教育"：消除贫穷与全球性不公平；④ "人权教育"：学习人类的平等性与尊严性等四项课程。②

其次，池田先生对教育与文化的交流非常重视且积极推动，他说："教育、文化的交流，是加深'人'与'人'之间的友好与理解。政治易流于权力的论理，经济易流于利害的论理，凭靠这些，无法带来和平与共荣。人与人之间，必须平等对待、也需要润滑剂。教育、文化的来往，能将人类相互之间的精神与精神、心与心结合成一体——再是如何强调此事业的重要性也不为过。"③ 他还指出："现代人过于重视政治、经济，认为这些位居文化、教育之上，此种倾向根深蒂固。可是，若立于更长远的视野，就会明白文化、教育的力量和重要性。因此，我十分珍惜、重视文化人、为教育尽力的人。特别是教育的交流、青年的交流，对未来而言更是焦点的工作。"最后池田先生强调："文化与教育的交流，我全力以赴。"④

---

① ［日］池田大作：《建设"为教育的社会"21世纪与教育》（2000年11月纪念创价学会创立70周年《教育倡言》），国际创价学会中文网站，http://www.sgichn.org/works/cht/proposals/edu2000－cht.html。

② ［日］池田大作：《探讨"地球市民"教育》（1996年6月13日美国哥伦比亚大学演讲），国际创价学会中文网站，http://sgichn.org/works/cht/speech/96columbia－cht.html。

③ ［日］池田大作：《教育指针》，第29页。

④ 同上书，第29页。

池田先生认为："所谓的'大学'，原本是指超越国境、超越民族，年轻学子们自动自发，齐聚一堂的'学习之所'。而且，不是基于权威、权力、世俗的财富，而是由单纯的'人与人的连带'出发。因此，大学是人们相遇与触发的场所，是孕育崭新文化、哲学的摇篮。"① 池田先生创办创价大学的目的之一是"在不同文化背景下成长的青年们，阔达自在地交流、深化友情，缔结人与人之间的系绊——在此存在着人类光明的未来，教育的新任务即在于此。"② 由此证明，池田先生关于品格教育的重点除了通识教育外，亦要重视文化与教育的交流之论述，是很有远见卓识的，不失为教育改革之重要课题。

## 五　两岸品格教育之挑战与发展

### （一）中国品格教育之挑战与发展

自从 1978 年 12 月中共"十一届三中全会"进行改革开放以来，在经济体制和经济结构发生重大变化的同时，社会结构和观念文化也步入了一个快速变迁的时代。在社会中公正难以伸张，各行业的职业伦理日渐低下，出现了许多社会乱象，官场和商场上腐败蔓延，物欲横流，色情泛滥，假货盛行，荣耻混淆，正误不辨，唯利是图，金权崇拜泯灭了良知和社会责任感；从稚龄学童到研究生，羡富笑贫、重利轻义比比皆是。③

中共中央、国务院于 1999 年 6 月 13 日颁发了《深化教育改革全面推进素质教育的决定》，但是全面推进素质教育这一系统工程，在理论和实践上还有不少问题亟待解决。现行教育制度的缺陷和弊端不少，由于片面追求升学率，基础教育出现畸形发展现象，学生整体素质偏低，不注重人格素质、精神素质等非智力因素的培养，因而这种

---

① ［日］池田大作：《教育指针》，第 56 页。

② 同上书，第 58 页。

③ 程晓农：《中国伦理道德的困境》，2001 年 2 月 27 日，http：//news. bbc. co. uk/chinese/trad/hi/newsid _ 1190000/newsid _ 1192700/1192781. stm。

教育的弊端和危害十分明显。①

中国教育发展基金会理事长、教育部原副部长张保庆明确地表示，中国内地有一些人把教育当成包袱，想把教育推向市场，使教育产业化、企业化。其最忧虑的是，市场经济条件下如何解决好教育培养人、造就人的问题，这方面问题很多，如浮躁成风、弄虚作假、做人不诚信以及私心很重，对国家和社会的责任心非常淡薄等等。②

为了解决现行教育制度的缺陷和弊端，以提升学生的质量与品格教育，2007 年 5 月国务院批转教育部《国家教育事业发展"十一五"规划纲要》中确定中国教育发展思路：以素质教育为主题、以"普及、发展、提高"为主要任务、以协调发展为主线、以加强教师队伍建设为关键、以体制和机制改革为动力、以办好让人民群众满意的教育为宗旨。同时，《纲要》还指出"十一五"教育发展的指导思想，其中有关以素质教育为主题之主要内容为，如坚持育人为本、德育为先，把立德树人作为教育的根本任务，将素质教育贯穿于各级各类教育，贯穿于学校教育、家庭教育和社会教育，努力培养德智体美全面发展的社会主义建设者和接班人。③

2007 年 10 月胡锦涛又在中共第十七次全国代表大会上再度指出，中国教育发展有关品格教育之重点有：（一）要全面贯彻党的教育方针，坚持育人为本、德育为先，实施素质教育，提高教育现代化水平，培养德智体美全面发展的社会主义建设者和接班人，办好人民满意的教育。（二）优化教育结构，促进义务教育均衡发展。（三）更新教育观念，深化教学内容方式、考试招生制度、质量评价制度等改革，减轻中小学生课业负担，提高学生综合素质。④ 由上可知，近几

① 《教育创新与推进素质教育的几点思考》，河南省教育信息港，2006 年 3 月 25 日，http：//www. hainfo. edu. cn/jsgl/ShowArticle. asp？ ArticleID＝9182。

② 《教育部原副部长：中国绝不能按市场经济办教育》，中国政府新闻，2006 年 6 月 13 日， http： //gov. people. com. cn/BIG5/46738/4466726. html。

③ 《教育"十一五"规划：推进教育持续协调健康发展（上）》，中国教育新闻网，2007 年 5 月 29 日，http：//www. jyb. com. cn/xwzx/gnjy/qwfb/t20070529 _ 86910. htm。

④ 《胡锦涛强调：优先发展教育·建设人力资源强国》，中国教育新闻网，2007 年 10 月 24 日，http： //www. jyb. com. cn/xwzx/gnjy/gcdt/t20071024 _ 121294. htm。

年来中共中央、国务院重视素质教育，坚持育人为本、德育为先，实施素质教育，提高教育现代化水平，培养德智体美全面发展的社会主义建设者和接班人。

### （二）台湾品格教育之挑战与发展

品格教育问题日益引起台湾各界的关注。依据《天下杂志》在2003年一项"学生品格教育现况"调查报告显示，竟然有高达七成以上的受访者认为：国中、小学整体品格教育比十年前差。此外，调查报告也显示，国中生自认生活压力的最大来源在考试，然而有七成以上的国中生自认曾经作弊，但仅不到五成认为作弊是可耻的。①

其次，台湾"品格教育推展行动联盟"2006年7月进行了"台湾人品格现况"问卷调查，结果发现，72.5%的受访者认为台湾人现今品格远不如6年前；82%的受访者觉得"能骗就骗的人越来越多"，而其中高达82.8%的受访者认为"诚信"是当前最需要加强的品格。② 再者"品盟"又于2007年10月完成的"台湾社会现况"问卷调查中，高达94.7%的受访者认为"政治人物的不良言行"是"败坏台湾社会风气的重要因素"，高居各种因素之首。其他依序为电视、传媒的不当报导；网络色情与暴力；援交风气流行；父母不重视家庭教育；艺人与名媛奢华作风；个人品格不受重视。③ 台大心理系教授黄光国更直言，台湾的品格教育已经"从根烂起"，政治人物则是罪魁祸首。④ 台大哲学系教授傅佩荣认为，因为居上位者没有品格，社会中自然弥漫邪恶、丑陋的气息。⑤ 由此可知台湾的品格教育问题之

---

① 《品格：新世纪的第一堂课》，参见《天下杂志》，2003年11月15日，第34—46页。

② 胡正文：《从反贪腐到品格教育的普世价值》，参见品格教育推展行动联盟：《品格教育的蝴蝶效应》，财团法人千代文教基金会2007年版，第186—198页。

③ 樊楚才：《以品格迎向未来》，品格教育推展行动联盟：《2008品格》，财团法人千代文教基金会2008年版，序言。

④ 黄光国：《拯救台湾社会的道德危机》，品格教育推展行动联盟：《2008品格》，财团法人千代文教基金会2008年版，第102—105页。

⑤ 傅佩荣：《品格教育与自求多福》，品格教育推展行动联盟：《2008品格》，财团法人千代文教基金会2008年版，第206—211页。

严重性已值得吾人深思与关注。

台湾教育部门为推动品德教育即品格与道德教育（Character and moral education），于 2004 年颁订《品德教育促进方案》5 年计划，要求各县市及各校由下而上选定中心德目与具体行为准则，融合学校正式课程、非正式课程以及校园文化，发展具有特色且永续之品德教育校园文化，以培育有教养，能珍爱自己尊重他人的优质公民。复于 2006 年征询各界意见后加以修订，督促各校将中心德目与行为准则纳入相关学习领域、弹性学习节数中实施，并纳入课程计划妥善规划。[①] 另外，长荣集团总裁张荣发亦有感台湾道德之沦丧与品格教育之式微，从 2008 年 1 月起创办了《道德杂志》，免费寄赠社会各界，希望提升台湾社会的道德。

# 六、结论

在现今社会及校园里，暴力事件频传，忧郁及自杀人数增多，道德伦理沦丧，甚至出现君不君、臣不臣、父不父、子不子等事件，令人痛心。值此之故，特别探讨品格教育在人格养成之重要性，深知教育之目的在于培育学生健全品格，以追求真善美慧圣的理想人格，这才是人生真正的意义。

两岸教育在升学主义驱使下，以及社会受到功利主义的渲染，加上少数领导阶层的不良行为，未能以身作则，致使品格教育之教化功能式微，衍生出校园、社会、家庭等发生诸多不幸事件，甚至违法乱纪之恶行不断发生。事实上，此现象亦发生在一些先进国家，例如美、英、日等国。这些国家也积极地重视学校品格教育之实施。

池田大作先生是伟大的教育家，毕生主要职志就是致力于教育事业。不仅培育英才无数，更是为谋求世界和平而努力。池田大作的教育思想博大精深，是当代世界教育界的宝贵精神财富。池田大作先生

---

① 《教育部品德教育促进方案》，1998 年 7 月 29 日台训（一）字第 0980126708 号函修订。

十分重视教育问题，他曾多次精辟地阐述教育对人类幸福和世界和平的重要性。他语重心长地指出："放眼现代世界，地域纷争、民族间对立更为激烈，暴力与憎恶的连锁无止境地持续着。全球规模的环境、粮食、能源问题等也呈现急速恶化的样相，人类面临前所未有的危机。但是，导致此危机的，不是别人，正是人类自己。因此，若集结人类的睿智，一定可以找出超越这些试炼的解决途径。……尤其现今世界需要立于全球视野、为人类利益贡献的'世界公民'与其庞大的连带。因此，更需要因应此要求的'教育革命'。其中，最高学府的大学，其使命与责任更是重大。"① 而池田大作先生对于品格教育思想主要有五项：①品格教育理念——完善人格、陶冶性情；②品格教育使命——社会和谐、世界和平；③品格教育目标——创造价值、地球市民；④品格教育方式——反对填鸭、开放对话；⑤品格教育重点——重视通识、文教交流。

池田大作先生的品格教育思想内涵，较一般专家学者所认为之品格教育内涵更为宏远，对个人之品格教育不仅反对填鸭教育，主张开放对话，并经由重视通识、文教交流，达到完善人格、陶冶性情之目的。在积极前瞻之品格教育目标方面，更期盼培养公民成为地球市民，不断创造价值，进而为促进社会和谐，并维护世界和平尽一己之力。因此，两岸政府在正视品格教育问题之际，可参酌池田先生的品格教育思想内涵，作为未来规划与发展之依据。

（作者简介：唐彦博，1960 年 1 月 3 日，台湾育达商业科技大学校长；主要研究企业管理、两岸经贸、领导思维与沟通技巧，电子邮箱：yptang@ydu.edu.tw）

---

① ［日］池田大作：《二十一世纪的大学——世界市民的摇篮》（于美国创价大学第一届毕业典礼的演讲），国际创价学会中文网站，2005 年 8 月 5 日，http://www.sgichn.org/works/cht/speech/05sua—cht.html。

# 和谐·共生篇

# 池田大作先生的和谐理念

## ——从《展望二十一世纪》解析

## 一　释题

2007 年夏以来，当我接受此次关于池田大作先生研讨会的论文发表任务后，便开始详细阅读阿诺尔德·J. 汤因比博士（以下简称汤因比博士）与池田大作先生（以下简称池田先生）的对谈集——《展望二十一世纪》日文版（有时也对照二十年前日译中版本），我惊奇地发现书中至少有 36 处使用"和谐"二字。30 年前，他们就用和谐理念谈论当今仍是人类面临的一些迫切需要解决的重大问题。日文中"调和"两个汉字，就是中文的"和谐"之意。

正如大家所知，2007 春以来，中国的报纸杂志、影视银屏频频出现"和谐"以及有关"和谐社会"的报道文章。这是因为 2005 年 2 月 19 日，胡锦涛总书记在给省部级领导干部的研讨班成员上课时，授课题目是"提高构建社会主义和谐社会能力"。

时隔不久的阳春三月，在全国人民代表大会十届三次会议上，中国政府把构建社会主义和谐社会制定为可持续发展的方针政策，成为中国的一件大事。因此，我与广大中国人民一样，甚为关注和谐及其相关论述。

我在阅读《展望二十一世纪》一书时，发现竟有 36 处谈到和谐，而且绝大多数出于池田先生之口。当然，由于是对谈，汤因比博士也使用并谈论和谐，池田先生予以赞同或应答。

对谈集中，除了直接使用"和谐"字样之外，尚有多处使用与和谐类似的词语讨论和谐之理，如"协调"、"融和"、"连带"、"合一"、"一体"，等等。还有不少地方虽未使用"和谐"及类似字样，但谈及的是"和谐"内容。这些都引起了我的思考。

回顾历史，任何国家的繁荣盛世，几乎均在和谐社会中诞生。换言之，领导者注重构筑各领域的和谐，人民才能安居乐业、上下齐心，努力创造财富，国家才能迎来繁荣昌盛。

当今，中国领导人所提倡的和谐社会是指民主政治、公平正义、诚信友爱、充满活力、安定有序、人与自然和谐相处的社会。不言而喻，如能达到这种境界，中国将迎来和平盛世。

拙文是通过《展望二十一世纪》这本书探讨池田先生的和谐理念。因该书是对谈集，为充分说明池田先生的这一思想，有时也需要引用汤因比博士的观点。

综观池田先生的思想，可知他是位和平主义者。他数十年如一日探索、实践着人间革命，简言之，就是敦促自己和他人自我变革、弃恶从善、改变人生，在谋求和谐社会的同时使个人与家庭幸福。毋庸置疑，和谐生活中的人们为社会创造价值。

在对谈集里，两位先生提出很多社会问题，如人与自然、人与环境、城市与农村、知识分子与普通群众、医生与患者、科学与宗教，等等，可以说多是对立矛盾的双方。两位先生运用很多和谐理念，促使双方各取对方之长，补己之短，和平解决问题。特别是池田先生，他在书中很多处谈到和谐。他的和谐理念不仅在这本书中展示，早在他与日本经营之王松下幸之助先生的《人生问答》中就谈到和谐。他说："和谐是充分对话和讨论的结果。应当是在彼此都能心服口服解决问题的情况下，才能实现的。"[1] 其实，池田先生一直主张的"中道"与"和谐"的含义也非常近似。池田先生最近出版的《和平之诗》一书中就强调："自然界的规律就是和谐。"[2] 这些说明和谐

---

[1] ［日］池田大作：《和平之诗》，创价学会出版社 2005 年版，第 7 页。

[2] 同上。

理念是他主流思想的一部分。

《展望二十一世纪》这部日文对谈集，洋洋六百多页，不能不看到，它谈古论今、说天道地、解生析死、展望未来，具有广博性、前瞻性、人间性。为此，择其一个论点撰写论文，实难写好，所以我寻觅他人似乎尚未撰写过的"池田先生的和谐理念"，摸索试析，权作抛砖引玉。

## 二　人与人之间的和谐

人是万物之灵，让我们首先了解一下人的定义：人泛指人类，具体则指某种职业和身份，如工人、主人、客人。① 人与人若能和谐默契相处，一切问题便可迎刃而解。

池田先生与汤因比博士在谈到现代城市的种种问题时说："要珍惜人，创造良好的居住环境，今后就必须有相应的城市规划和土地利用规划，使人们和谐相处，同时也要重新取得人和自然的和谐。"②

的确，人与人之间的和谐需要良好的居住环境。两人议论很多关于当今高层公寓的弊端，这种公寓使人与人的关系严重疏远。住在巨大公寓群中的人们，彼此都是物理意义上的邻居，人与人之间几乎没有什么接触，从社会学角度分析，这是个大问题。

平等是实现人与人和谐的重要因素之一。在序文中两位先生在展望 21 世纪时谈道："期待人类在其历史发展的下一阶段，会实现政治与经济方面的大同。但是这种巨大的变革必须以全人类的平等为前提，即不是以一部分人继续统治另一部分人，而是以自主形式加以实现。"两人都认为"一部分人统治另一部分人的现象是一种罪恶"③。诚然，人与人不平等，和谐无从谈起。

他们祈盼实现人与人之间的和谐，以社会存在之问题为例，加以

---

① 辞书编辑委员会编《辞海》，上海辞书出版社 1985 年版，第 1727 页。

② 《池田大作全集》第 3 卷，《展望二十一世纪》，圣教新闻社 1991 年 11 月 18 日，日文版第 85 页（后文中再引用该书时不再注，而在引用文后写明日文版第××页）。

③ 同上，第 18－19 页。

分析，以便提高人们的认识。

池田先生谈及世界上各大城市所面临的众多复杂问题，其中最突出的是土地价格暴涨和楼房高层化，他对此提出自己的见解："最近土地成了投机的对象，土地主和拍客趁地价暴涨之机大发横财。甚至出现一种极不正常的状况，在每年公布的富豪一览表中，因土地发财者皆居榜首。对其现象应采取一些措施。"（日文版第82页）

池田先生还以日本为例指出，大城市中，道路、住宅、垃圾处理、绿地不足、交通拥挤、环境污染、物价高涨等问题，大凡人类要维持像样的生活所必需的各种条件，都被极度地轻视了。他还解释说，这些问题并非仅在日本存在，其他国家也有，可以说它暴露了现代文明本身的缺陷。解决上述问题当然首先靠政府，但各行各业的人们也应协调一致，齐心协力，尽快找出解决的根本对策。汤因比博士与池田先生主张土地、房屋公有化，否则一般百姓，即工薪阶层不敢问津。的确，人与人不平等，和谐就会失衡。

世界是由人主宰的，人与人和谐，才能使世间事物和谐。人是个生命体，那么什么是生命呢？给生命下定义是极难之事。《辞海》上是这样解释的："生命是由高分子的核酸蛋白体和其他物质组成的生物体所具有的特别现象。"①

池田先生认为："至高至尊至宝，除生命之外，断然无他。这一简单之事实中，应有一切之本源。"②

众所周知，池田先生一直致力于人间革命，当他和汤因比博士议论人的行为基准的价值体系时，池田先生说："必须把生命的尊严当做最高价值，并作为普遍的价值基准。就是说生命是尊严之物，没有比它再高的价值。无论宗教性活动也好，社会性活动也好，设定比它更高的价值，最终会招致对人性的压迫。"（日文版第643页）

汤因比博士接着说："正如您所说，只有生命的尊严才是普遍的，

---

① 辞书编辑委员会编《辞海》，上海辞书出版社1985年版，第1727页。

② 圣教新闻编《人生抄——池田大作箴言集》，圣教新闻社2001年版，第38版，第247页。

而且是绝对的基准。"（日文版第 643 页）

池田先生已说明生命及其价值，而且他特别重视生命尊严。尊严是指"独立而不可侵犯的地位或身份"①。池田先生把人、自然、宇宙看做生命体，他甚至把生物界和无生物界视做一个大自然，其中有肉眼看不见的"生命之线"，它像蜘蛛网一样张挂着，并且从整体上巧妙地保持着和谐。

池田先生进一步阐明："性命是有尊严的。就是说，没有任何等价之物，没有任何东西可取代它。现在人们已经各自有其价值基准，这叫价值的多样化。人们从国家主义狭隘的价值中解放出来，是种可喜的现象。但是，即或承认价值的多样化，是否还需要一个包括多样化的共同基础的价值观呢？没有这样一个基础，人与人之间的互相信赖和协调就建立不起来。如果探究一下，这个总括的、根本的价值观，归根到底，就是作为人的价值、生命的尊严。"（日文版第 645 页）

两位先生又谈到人是有尊严的，自己的尊严自己负责。人要为没有私心、利他、富于怜悯、有爱心、愿为其他生物和宇宙献身而努力。作为一个人，日常应该有这种意识。

池田先生总括性地阐述："总而言之，只要把自己生命的作用变为美好的东西，去怜悯一切其他生命，不做损害他人的恶事，才能使人的生命在事实上富有尊严性。除此之外，别无他法。"（日文版第 647 页）

在谈到代沟问题时，池田先生也强调人的尊严。他认为认识人的尊严是解决一切问题的本质。为此，他主张："我们对任何人都应关心，加深相互间的理解，我认为这种态度是一个重要的前提。"（日文版第 257 页）他还倡导承认生命本身的真正尊严，并在此基础上，人类进行自我意识的变革。不言而喻，就是人间革命。

当然，如果实现两位先生的上述主张，人与人的和谐将是不成问题的。只有人与人的和谐，才有世间、自然、宇宙的和谐。努力实现

---

① 辞书编辑委员会编《辞海》，上海辞书出版社 1985 年版，第 300 页。

人与人的和谐是极为重要的，虽然非常困难，但为了整个人类的幸福，应该为之而努力奋进。

# 三　人与自然的和谐

在汤因比博士与池田先生对谈现代化建设破坏了自然环境时，池田先生说："挽回人与自然的和谐，有必要实行城市规划、土地利用规划。为达此目的，正如汤因比博士所提及的实施土地公有化。"（日文版第85页）

谈论此类问题，经常出现"自然"与"环境"两个词汇。那么"自然"与"环境"的定义是什么呢？自然："天然，非人为的。"环境："周围境况。"① 环境是自然界的一部分。

池田先生引用佛法中的一段话，说明人与自然和谐之道理："人类只有和自然融合，才能共同生存和获得利益。此外，再没有创造发挥自己的生存途径。"（日文版第65页）这一道理就是佛法"依正不二"的自然观。人与自然不是相互对立的关系，而是相互依存的。

池田先生在书中批评日本为赶上欧美工业发达国家而抛弃正确的自然观，以至破坏自然、毁坏人类，从而打破人与环境的和谐。进而他分析了现代科学文明的一大弊端。当然，现代科学在防治传染病，在卫生学、医学领域已起到巨大作用，但是，"现代科学文明，是以对立关系处理人和自然界，它的出发点是为了人的利益，去征服和利用自然。难道不可以说，科学正是以这种思想为基础和原动力而发展起来的吗？我认为这是当今人与自然的和谐关系遭遇崩溃的一大原因"（日文版第67—68页）。

接着，池田先生分析了现代科学文明破坏自然的两大根本性原因："一个是认为自然界是与人类不同的另一个世界。他们忘却了自然界也是保持一定规律的'生命的存在'。尽管自然界与人类生命形式不同，但本质上是与人类生命相互关联的。另一个原因，正如汤因

---

① 辞书编辑委员会编《辞海》，上海辞书出版社1985年版，第1894、1205页。

比博士指出的，犹太教独一真神认为，人类是最接近神的，所以理所当然可征服其他生物和自然，使其为人类服务。这种思想深深地隐藏在现代思潮之中。我分析以上两种思想相交形成了现代科学文明的基础。"（日文版第 69 页）

池田先生的上述分析，阐明把人与自然分割开来、为了人类自身利益肆意征服自然，都是人与自然不和谐的原因。

记录池田先生箴言的《人生抄》一书中写道："本来人的睿智业已知道，如果没有人与自然的和谐，生活也好，幸福也好，是不可能兑现的。"[1]

那么怎样修复被人类破坏的人与自然的和谐呢？汤因比博士与池田先生认为要用"依正不二"的理念，也就是力求人与自然保持和谐的生活。他们以治理公害中的污染问题为例加以说明。污染是人类自己造成的，要靠全世界的人们通力合作才能治理。对土地、湖泊的净化，也许一国可以防治，但对大气和海洋的污染，一国之力难以奏效。因为大气与海水流动性大，长此不予治理，就会蔓延疾病，威胁人类生存。他们提出根治公害的关键，在于制约人的贪欲。有贪欲的人在思维上是近视的，往往是"瞻前不顾后"。这两位宗教信仰者认为，根除贪欲的最好办法是使人们皈依宗教，而且最好信仰不排他、具有宽容性的宗教。

在谈到最近几年来世界各地不断发生的各种严重的天灾人祸时，池田先生认为，对天灾人祸的原因众说纷纭，但也有不少人认为，人类破坏自然是其中的一个原因。两位先生分析人类在地球上开始生活的往昔，直至最近以前，人类完全听命于大自然，即人与自然是和谐的。而近年来，人与自然的力量关系发生逆转，但是，对这一事实，人类很难认识。于是，人类对其有各种解释，如推测大概和太阳黑子及海水温度的变化有关，等等。池田先生认为人类的活动大概与上述自然界的异变、灾害有关。他说："尽管表面看来是大自然的独立观

---

[1] 圣教新闻编《人生抄——池田大作箴言集》，圣教新闻社 2001 年版，第 38 版，第 286 页。

象，但若从本质的观点分析，可以认为是包含人类在内的整个生命世界在起作用，从而形成了异常变化……"（日文版第 75 页）

他们认为很多异常变化与人类行为有关，也可谓以天灾形式出现的人祸。如城市中的温室效应，人类向海洋投弃石油、废物等污染物而影响海水蒸发，进而引发气候异常。很多异常现象交织在一起，使地球陷于毁灭的危险。地球是人类赖以生存的绿洲，为此必须严肃考虑人类行为对自然运行、自然界的和谐所带来的影响。

两位先生还讨论人类如何控制自己，免除由于人类而造成的自然灾害，即人祸。概括而言，他们认为首先应限制贪欲。因为贪欲是生命特质的一部分，人类具有的贪婪性和其他生物是相同的，不同的是，人类是有意识的动物，对贪欲的性质有所认识，只要在伦理道德上下工夫，尽管困难，但还是可以自我控制的。

再就是将现代科学文明一分为二。科学进步可以防治一些自然灾害，但科学也可被恶用，造成人祸。因此，不应把科学技术用于征服和统治包括各种生物在内的自然界，而应该利用其来让人类与自然有节奏地和谐相处。要做到这一步，关键在人类自身，从自己生命内部改变对待自然的态度。

## 四 国家、民族间的和谐

国家、民族、种族之间的问题，是世界范围普遍存在的老大难问题。为此，汤因比博士和池田先生在《展望二十一世纪》一书中，就上述问题展开了讨论。

众所周知，"国家是一个阶级压迫另一个阶级的机关"[①]。池田先生首先提到美国用所谓"拓荒精神"，做了不少侵犯他人，也给美国带来道义上失败的事情。美国以其"拓荒精神"发动越南战争，向大自然挑战，不顾原住民的权利，侵犯别国、别民族，暴露出美国是唯我大国的强权政治。

---

① 辞书编辑委员会编《辞海》，上海辞书出版社 1985 年版，第 767 页。

池田先生试图分析人们的居住环境对国家、民族间和谐之影响。他说："欧洲是在一个狭小地区集中很多国家，人们必须和谐地居住在一起。"（日文版第 308 页）

汤因比博士说："欧洲各国间，关系也未必那么和谐。不过，瑞士堪称不同语言与不同宗教的各民族和谐相处的典范。然而并不能夸口说所有欧洲国家都处理得很成功。譬如比利时，现代法语与弗兰德斯语的对抗，就引发了严重问题。因此，欧洲人在和谐这一问题上也决不容乐观。不过正如您所说，欧洲尚没有像美国那样的'拓荒精神'。"（日文版第 309 页）

池田先生在其《人生抄》（第 255 页）一书中曾记录有："谈到改善国家与国家间的关系，国家的最高领导人（负有责任者），应首先从坐到谈判桌前开始。这一要求看似简单，但我确信是个颠扑不破的真理。"

主张用和平对话解决国家、民族间的争端，是池田先生一贯的思想，这也是他和谐理念的重要内容。

为寻求国家间和谐，两位先生议论、回顾了东亚各国的历史、政治、文化与宗教，发掘各国的优势和贡献，认为东亚各国给人类社会留下了八大文化遗产。他们分析中国的发展历程后，甚至提出希望中国统一世界。池田先生说："两千年来，从保持统一的历史经验来看，中国有资格成为实现统一世界的新主轴。"两位先生在议论世界统一时认为，中国比世界任何民族都成功地把几亿民众，从政治、文化上团结起来，显示出统一的本领，具有无与伦比的成功经验。这种统一，正是今天世界的需要（日文版第 447 页）。他们希望中小国家团结起来，争取平等权利。甚至为此想到成立世界政府。

民族是"泛指历史上形成的，处于不同发展阶段的各种人们共同体"[1]。谈到民族问题，池田先生说，各国在处理本国不同民族间的和谐问题时并非总是成功的。如在日本古代、中世纪，朝鲜人作为先进文化的代表受到日本人欢迎，与日本人相处和睦；但到近代，日本

---

[1]　辞书编辑委员会编《辞海》，上海辞书出版社 1985 年版，第 1804 页。

人对朝鲜人采取了轻蔑态度，这一状况到"二战"后有所改善，但依然未完全改变。

美国对他国、他民族的偏见，反映在国际政治中就是以势压人。当然，美国也有其言论自由、不封锁反对派声音的优点。这是池田先生对上述问题的分析。他还谈到当今各国都在为民族和谐而努力。

种族歧视也关系到国家、民族和谐问题。所谓种族是指"在体质形态上具有某些共同遗传特征的人群"①。池田先生指出："美国国内最大的问题之一是种族问题。在美国社会掌握主导权的是盎格鲁－撒克逊血统的人。相反，同是白种人，拉丁系人的地位就不那么优越。至于黑种人、美洲原住民印第安人，处境甚至可以说是悲惨的。"（日文版第 314 页）

汤因比博士同意这种看法，并指出种族歧视并非美国特有的问题。在英国以及很多国家都有种族偏见。夏威夷倒是个好例证，不过那是个特殊的地方，在那里，各国、各民族、各种族的人居住在一起，相互通婚，明显地保持着和谐关系。

关于消除种族歧视问题两位先生展开了讨论，池田先生认为种族歧视是思想意识问题，除了从人们思想中消除憎恶和偏见以外，没有真正导致和平的方法；汤因比博士认为除了平等、相互尊重、站在友好的立场共存之外，别无他法。

池田先生说，看来一国之内的种族和谐是极为困难的。

为谋求实现国家、民族、种族之间的和谐，汤因比博士和池田先生议论分析世界历史、现今形势、未来发展趋势，以便从中寻找解决问题的办法。

他们特别回顾了东亚各国的历史、政治、文化、宗教等，从中发掘各国的优势。他们认为东亚给世界文化留下了众多遗产。东亚的历史可以用"和平"二字概括。东亚存在着合理主义、人道主义，以佛教思想为基础，培育了东亚文化，人与自然非常和谐。一方面人们从内心感到安详、平静；另一方面，又有一种"求生"的强大动力。

---

① 辞书编辑委员会编《辞海》，上海辞书出版社 1985 年版，第 303 页。

池田先生用孔孟之道和墨子的兼爱说，说明大小国家一律平等、不用战争而获得和谐的道理。他说："墨子主张的舍去利己、树立爱他的兼爱学说是反对侵略战争的理论先导。就是说，正如谴责侵害他人牟取私利的强盗行为一样，也应该反对大国侵害小国、大量屠杀以及破坏经济的行为，这种理论是极为近代化的。只是墨子主张兼爱，过去只是指中国，而现在应作为世界性理论。"（日文版第 639 页）

池田先生一向反对战争，力主和平，他认为战争是没有赢家的，一切对立和矛盾都可以通过对话解决。汤因比博士说过，"正因为互不相容，反而需要相辅相成"（日文版第 525 页）。两位先生多次谈到以对话解决对立、矛盾的方法，此不赘述。

总之，国家、民族、种族之间的不和谐，最终是因为人与人之间的不和谐，所以两位先生主张人与人之间应该平等、互相尊重，站在友好的立场上共生共存。

# 五　人与社会的和谐

马克思说："社会是以共同的物质生产活动为基础而相互联系的人们的总体。是人们交互作用的产物。"①

关于人与社会的和谐，汤因比博士与池田先生在《展望二十一世纪》一书的第一部分"人生与社会"中已谈了很多，如：人与自然、人与人、知识分子与群众的和谐。笔者在此是想通过他们谈论"组织"阐明人与社会的和谐，因为这个话题较为典型而内容丰富。

池田先生说："人们把今天称为组织时代，每个人都同时隶属于几个组织，如企业、自治体、国家、工会或感兴趣的俱乐部，而企业又属于国家性或国际性联合组织，国家又加入防卫集团或联合国组织。在此组织系统中，每个人以各种形式既享有权利，又负有义务，受到约束。"（日文版第 243 页）

在两位先生议论组织机构与价值观时，汤因比博士说："我们在

---

① 《马克思恩格斯选集》第 4 卷，人民出版社 1972 年版，第 320 页。

精神方面所追求的目标，应该是构建每一个成员之间的和谐共生，因为个体成员分别代表着宇宙与地球上人类家族。"（日文版第 241 页）

池田先生表示由衷赞成汤因比博士的上述见解，并补充说明："我相信，当我们把这种和谐共生作为明确目标而进行实践时，社会才能产生作为社会性人类一分子的新生活模式，同时，新型社会论、体制论才会成立。"（日文版第 241 页）

换言之，社会由各种组织构成，组织由人创建，每个成员和谐共生，人与社会也就能和谐共生。新生活模式就是指人类和谐共生。

汤因比博士与池田先生认为，人类是社会动物，当然，由各种人组成的社会有很多矛盾，需要人类理智地去处理。人为了谋求自己的利益和幸福，按照一定的目的、任务和形式加以编制，从而产生大量组织。人创造出的组织、社会，当然反映人的意志，组织运营正确，才有社会的和谐，对此汤因比博士和池田先生以工会这一组织为例讨论社会问题。工会组织始于 17 世纪后半叶，它是在西欧各国兴起的精神与政治革命。他们认为：工会是支持某一特定政党的母体，可以反映出整个社会的政治现象。当前工人运动中问题很多，其中工人与资本家的关系是最基本的问题。池田先生认为，在日本，劳资阶级意识不如在欧美那么明确。因为在日本企业内，温情家族主义的习惯势力很强，这是封建时代家庭企业的残余，就是在今天的现代化大企业中，劳资对立也不存在，人们想的是齐心协力使整个企业繁荣。这大概是因为人们意识到在自由竞争的经济体制下，企业本身的存亡是至关重要的，工人的命运最终也是由它决定的。

池田先生认为家族主义的劳资关系是日本特有的，但不久的将来会成为一种社会现象。劳资两个对立阶级不斗争，也是社会和谐的一个因素。

他们总结工人运动的历史，认为工人与资本家斗争的结果是两败俱伤，企业往往自取灭亡，而工人面临失业。池田先生列举铁路工运一例："铁路是百姓不可或缺的一条'腿'，但常因工人罢工要求增加工资而使运输处于瘫痪。结果是同意提高工资，那么为弥补铁路企业赤字，就得提高运输费用，百姓得遭受两重苦。"（日文版第 221 页）

他们认为工人运动是人类自卫的运动，目的在于保障工人的权利和改善劳动条件。人类有权要求生存下去的各种权利，并与威胁人类生存的社会弊端作斗争。

两位先生探讨从根本上解决工运问题首先要弄清人自身的问题。人的本性是贪欲，这种贪欲只要未受到限制，就会导致巨大不幸。因此，人类经济活动与其他一切活动一样，只有自我克制，才是自我解放的唯一途径。

社会中的众多组织，如果没有优秀的领导人，不仅组织不能正常运营，社会也不会和谐，所以，汤因比博士和池田先生在谈论社会民主时，提出了领导人的资质与条件问题。

汤因比博士说："领导人所担当的责任，显然是有最大社会意义的。为他人承担责任，需要高尚的大公无私的献身精神。"（日文版第387—388页）

池田先生在谈到领导人权限时说："在职期间不管权限多大，始终是民众委托的，成绩由民众评定。我想这是民主体制领导人与独裁者的不同。"（日文版第388页）

在池田先生的《人生抄》（日文版第273—274页）一书中，提出领导人应具备的五个条件：第一，有包容力；第二，办事公平；第三，有自信；第四，有责任心；第五，有预见性。

池田先生继续谈领导人的资质："领导不能为迎合民众而欺骗自己，也不能为贯彻自己的信念而欺骗民众。任何时候应以真诚为本。"接着又说："要始终一贯地保持真诚、正义和公正。杰出的领导人要有勇气、常识、宽容、礼仪等特质。为发挥这些特质，不可缺少的条件是要有和群众一起交谈，为群众战斗，同群众一起牺牲的决心。""还有，评价领袖的一个重要标准，是看他培养了多少杰出接班人。因为给别人让路，需要无私无我，为广大人类社会的未来着想，以及爱他的精神。"（日文版第389—390页）

中国人常说："只有落后的领导，没有落后的群众。"领导优秀，方有先进组织；组织卓越，参加其组织的人多是好群众。构成社会的主要成分是人，绝大多数人好，社会风气就会好，那么人与社会就会和谐。所以汤因比博士和池田先生讨论组织、领导人与社会和谐的关系是很有意义的。

# 六 人与宇宙的和谐

汤因比博士和池田先生在提到克制欲望时，池田先生曾有这样一段话："大乘佛教特别是《法华经》的哲学，并不提倡无我论，也不追求清除欲望，而是主张宇宙及一切其他生命与自我之间和谐、融合，这样才有人生之理想和幸福。为实现其目的，实践就是经由慈悲而产生的'利他'。通过这一高尚理念，自然便可克制欲望。也就是教导我们，由大我（宇宙的普遍的自我）的觉悟，去克制与欲望相通的'小我'（个人的自我）。"（日文版第 594 页）

池田先生信奉大乘佛教的日莲宗，尤其崇尚其《法华经》，上述主要内容是说个人与宇宙的和谐，即人与宇宙的和谐。

《展望二十一世纪》一书中，两位先生围绕宇宙展开讨论。人类议论宇宙始于古代美索不达米亚的苏美尔人，大约在公元前 3000 年。但是将天体作为一种学问探讨还是从文艺复兴时期开始，即 14—16 世纪。意大利物理学家伽利略（1564—1642）发明望远镜后，对宇宙的探讨才进入正规时代。进入 20 世纪，爱因斯坦（1879—1955）发表相对论，奠定了宇宙研究的基础，特别是电波望远镜问世后，天文学的研究有了飞速发展，对宇宙的认识向纵深迈进了一大步。但关于宇宙的起源和大小，人们至今仍是推测，众说纷纭。例如，是什么力量创造了宇宙？宇宙之变化又是什么原因？宇宙有多大？主宰宇宙的是神吗？等等。人类的宇宙观影响着人们的生存方式和思维方式。

池田先生是宗教领袖、思想家，对很多难解的问题，他多用佛教理念加以解释，并使矛盾双方得以和谐。关于人与宇宙整体的和谐，他是用"追求爱的欲望"去削弱"魔性的欲望"加以说明的。

那么，什么是"追求爱的欲望"和"魔性的欲望"呢？这还得从人的欲望说起。池田先生认为："人有各种欲望。从作为生物的传种本能的欲望到名誉欲、权力欲，还有求知欲和爱美欲等。人的爱和慈

悲，从广义而言也是存在于人的生命内的欲望。"（日文版第589页）

他们接着讨论人的欲望。认为现代文明把各种不良欲望从人的生命中无限地引诱出来，并使其膨胀变得贪婪，导致人与人之间对立、抗争，使人与自然、人与宇宙不和谐。

他们讨论人的欲望的分类。人有"本源欲望"，存在于生命深处，能把人的欲望生动地激发起来，向着人的生命方向发展，它是追求与宇宙生命合一的。欲望可以说是产生、支撑生命的精神能量的别名，它与宇宙能量是同一性的。这种能量是一种推动力，使这一物种继续存在下去，是"本源的欲望"，传送生的活力，是与宇宙整体和谐的，亦称"追求爱的欲望"。这种欲望要求否定自我，有时甚至要求自我牺牲。所谓爱就是使自己献身于其他生物和宇宙万物的一种冲动。

提到"魔性的欲望"，池田先生这样解释："就是人总想统治他人，或以自然的统治者姿态出现。这些都可以看做被魔性的欲望所迷惑而起的作用。魔性的欲望也可以说是切断'本源的欲望'与各种欲望之间的联系，把各种欲望置于自己统治之下的那样欲望。"（日文版第589页）

简言之，生物那种生存本能欲望为"本源欲望"，"慈悲欲望"系"追求爱的欲望"，邪恶欲望当是"魔性的欲望"。

汤因比博士认为，"追求爱的欲望"是献身于宇宙和谐，而"魔性的欲望"因总想扩大自我而有损于宇宙和谐。为此池田先生说，问题的关键是怎样把"魔性的欲望"转变为汤因比博士所说的"追求爱的欲望"。

宇宙经常出现分离出去的自我，从而出现紧张状态。这种反应都要付出代价，爱所要求的代价是自我牺牲，甚至自我灭亡。这种分离使宇宙失去统一，但由于消灭了分离出去的自我，宇宙得以恢复。

"魔性的欲望"，由于分离的自我而引起侵略性的反应，就伴随着抗争与混乱。带有侵略性的自我不仅相互对抗，还对宇宙发起进攻。那么怎样才能使分离出来的生物，在不消灭生命的情况下，对宇宙作贡献，使宇宙和谐呢？这是一个难题，解决我们解决不了的问题，就是生命应付出的代价。

池田先生主张解决欲望问题是人类终生的课题："人们有必要使'魔性的欲望'冥伏（眼不见，心不显——笔者注），为发现'本源欲望'而进行不厌其烦的斗争。'本源欲望'本来就存在于人的生命内部，是不能彻底消除的，只能反复削弱其作用，不断使其冥伏。"（日文版第591页）

大乘佛教不把消灭欲望作为目的，而是以救济民众、改革社会为目标，认为把慈悲的实践贯彻下去的时候，自己的欲望会自动升华，得到控制。

当然，欲望得到控制，就会使矛盾、斗争减少，社会和宇宙就会和谐，这是一个初级层次。

还有更高的一个层次，就是把欲望引向创造生命的方向。既然切断欲望、消灭欲望均是不可取的，那么顺势引导，使欲望对人、对社会和宇宙都有好处，减少很多社会弊病，何乐而不为！况且把欲望引向善良的目标，有利于生命的目标，是可行的。

后来，两位先生开始具体探讨"大我"与"小我"的和谐、合一关系，这也是阐明人与宇宙的和谐，以及人对欲望采取什么态度才正确的问题。他们认为"大我"即宇宙生命，也可谓宇宙普遍的自我；"小我"则是"大我"的一个片段，也可谓宇宙生命的个体化、个性化的东西。

池田先生认为："'小我'向'大我'接近的方法各有不同的特征。小乘佛教是通过消灭'小我'而立于'大我'之中；与此不同，大乘佛教则是不否定'小我'，而着重于和'大我'融合。"（日文版第595页）

汤因比博士接着池田先生的话题，详细解释了"小我"与"大我"的关系。他说："'小我'是离开全体而孤立存在的，是全体中的一小片，对全体来说，坚持自我，'小我'只要采取这种以我为中心的行动，那就违背了'大我'、叛离了'大我'。""就我的浅见而言，您正确开出了小乘佛教克服'小我'，恢复和'大我'之间的分裂、对立和紧张的处方。小乘佛教的阿罗汉想通过消灭'小我'，恢复与'大我'的合一、和谐。所谓和谐'小我'就是不加区别地全部消灭，本身不失为是个正确的考虑。""但是，如您所说，我认为小乘佛教为恢复'小我'和'大我'和谐、合一的处方是不可行的。即或个人成功地消灭了'小我'，也不可能重新和'大我'合一，不仅如此，反而会切断自己向'大我'接近的可能性。如您所说的，不可能否定一贯的自我存在。自我意识，可以说是生命本来所具有的特性。"

汤因比博士继续说："小乘佛教的方法有些过于简单。不仅如此，而且还很幼稚。的确，克服'小我'是必要的，然而，我们要树立的目标并不是消灭'小我'，而是要改变它的方向。按小乘佛教的分析，它把'小我'看成是一切欲望的'巢穴'。但是欲望也有各种各样的，我们有必要加以区分。我们必须抑制以我为中心的欲望，使其顺从。而对和'大我'和谐、合一的利他的欲望——对自我而言，不论牺牲多么巨大，也必须加以追求。"（日文版第 595—597 页）

池田先生表示，关于汤因比博士所阐明的"小我"与"大我"之和谐、合一的方法，与"自我克制"是相通的，希望就此问题开展讨论。

汤因比博士解释道："自我克制就是说人在使'小我'向'大我'统一融合的道路上，去克制缠绕于'小我'的欲望。个人得到启迪，开发悟性，作为社会改革的方法也是不可或缺的。因为，人类生活、活动舞台的这种现象世界中，所有行为者是个人。达到克制自我的具体方法是顺从'小我'本来的欲望之———慈悲的引导。这种慈悲就是使'小我'所关心的范围扩大，并使整个'大我'也容纳进去的欲望。"（日文版第 597 页）

简单而言，自我克制就是使"小我"与"大我"融入慈悲欲望之中，也可谓"小我"与"大我"和谐、合一。

毕竟池田先生是宗教领袖，关于"小我"与"大我"的相互关系，他最后用宗教理论加以概括："佛法认为，'大我'就是宇宙生命本身。佛法生命观的终极就是我们个人的生命，在其深处和宇宙生命成为一体。"（日文版第 598 页）他又接着说："宗教的真正任务是给予人们克制欲望的力量和勇气，使其开发'人间性'。这种宗教使人感知到人体内生命的存在，进而必须使人具有把人的生命与宇宙生命

相融的力量。"（日文版第 600 页）

不言而喻，"小我"与"大我"之和谐，就是人与宇宙的和谐。当然，信仰宗教的人如以慈悲为怀，可达到上述境界；凡人若有崇高的道德品质，也能与宇宙和谐，因此应提倡克制个人主义，为人与宇宙的和谐而努力。

## 七 无"和谐"二字，但倡导"和谐"

在《展望二十一世纪》一书中，很多地方虽未用"和谐"二字，但倡导的是和谐。汤因比博士和池田先生多用"融合"、"和解"、"协调"、"水乳交融"、"统一体"、"连带"等词汇，其中池田先生使用得更多一些。以下试举三例。

### （一）医生与患者

汤因比博士和池田先生在议论医生和患者时认为，20 世纪后半叶，医学科学的确得到发展，但医生的道德观却显现沦丧。他们判断医生道德观之所以沦丧有两个原因。一是作为人的每个医生本身的态度；另一个原因大概是存在于整个文明社会中，由轻视生命的倾向所致。

两位先生提出，医生既要成为患者的朋友，与其水乳交融，同时又要成为超脱感情的、冷静的科学家。一名医生在排除感情之后，仍要有同情心，否则就不是真正的称职医生。

池田先生认为，科学给予医学究明疾病的有效手段，因此现代医学获得了长足进步；但另一方面医生不能把人的生命"物质化"。池田先生曾经从一位医生朋友那儿听到这样一句话："长期做外科医生，似乎觉得躺在床上的不是有生命的人，而是一个称做肉体的'物质'。"（日文版第 164 页）

他接着说："医学在本质上需要理性指导下的冷静、透彻的科学思维法，但同时，更重要的是需要温暖的人情。总之要把对方的生命视为一个主体，尊重活生生的能进行精神交流的患者，这种态度无论

如何是很需要的。"（日文版第 164 页）

如两位先生概括的观点，可以说他们要求医生不但需要有现代医学的高超技术，而且要有医生的道德观。医生和患者达到水乳交融，即很和谐的关系，医生才能在尊重生命的情况下，医治好患者的疾病。

### （二）普通医生与专科医生

议论完医生和患者关系后，汤因比博士和池田先生谈起普通医生和专科医生的关系。汤因比博士首先对上述两类医生的定义加以解释："专科医生只是停留在对一个器官、一种疾病的研究治疗上……与此相反，普通医生对患者是全面检查治疗的，但他们常被专科医生称为'万金油'或'博而不精'，从而受到蔑视。"（日文版第 172 页）

接着他们分析了普通医生和专科医生的利与弊。普通医生是最初诊断患者病情的，他们了解患者及其生活环境，知晓患者病痛，容易与患者交朋友，建立信赖关系。但由于知识和医术有限，诊断或许不全面，或出现误诊。但普通医生的诊断是不可或缺的一环。

专科医生有其存在价值，有些疑难病症、器官性病变等，还得靠专科医生诊治，因此专科医生的存在是宝贵的。但专科医生一般不了解患者的整体情况，不能体会患者的苦恼，往往头痛医头、脚痛医脚，忽视人类生命的尊严。如果两者和谐协作，当然对患者是一个福音。

为此，池田先生指出，西方医学，特别是进入近代以后的西方医学过于细分化，主要追求治疗肉体的病变，为此而使用外科手术或药物；而东方医学重视人体的综合诊断，是在历史长河中积累起来的知识体系。

池田先生进而分析说："东方医学不把疾病与人分开，而是自始至终把病人当做一个整体来对待。就是说虽然也追求治疗肉体上的病变，但不局限于此，而是把焦点对准人，终归是要恢复人的健康。""东方医学从生命整体的观点来决定治疗方案，而且处理'病症'本身时，考虑环境和宇宙自身的规律来确定其位置，如气候、风土等的相互关系，并把为此而采取的原理体系化，就是'阴阳五行说'。此学说正确把握了人与宇宙的关系，即大宇宙与小宇宙的关系，但易陷于数的配合，脱离现实，成为观念性的东西；另外，缺乏西方医学那种合理的科学思维方法，这种思维法正好是西方医学的特征。我认为如能纠正其缺陷，就能大大发挥其效能。"（日文版第 175 页）

汤因比博士同意池田先生的分析，并且补充说明，这两类不同的医生，无疑是互补而不是排斥的。对患者，两者均需要。

最后，池田先生总结性地说："如果东方和西方的传统医学都很好地和现代医学相互融合，各自发挥其长处，就会诞生划时代的新医学。我希望能建立起既可利用现代医学的科学思维法，又不失传统医学的整体观念特征，这才是真正的人间医学。"（日文版第 176—177 页）

不言而喻，东、西方医学能各自吸取对方长处，和谐互补，是最理想的合作方式，不仅双赢，还能对人类健康作出巨大贡献。当然这是汤因比博士和池田先生所冀盼的。

### （三）精神与肉体的关系

正如池田先生所说："自古以来，许多哲学家和思想家对'精神'与'肉体'的关系不断进行各种研究，并提出多种学说。我想大致分为唯物论和唯心论两大类。"（日文版第 43 页）

池田先生经过分析认为，唯物论和唯心论的考察对文化的发展都有贡献。唯物论成为近代科学建立和发展的基础；唯心论主张人有道德心和爱，为维护人类社会作出很大贡献。但，唯物论者重物质的肉体而轻视精神，而唯心论者又重精神而蔑视与肉体相关的物质，两者都没有掌握好精神与肉体的关系。

汤因比博士赞同池田先生的见解，认为精神与肉体为统一体，是不可分割的两个方面。

为此，池田先生用佛法中"色心不二"进行解释："这里所说的

'色',是指用物理、化学为主的科学方法所掌握的,属于物质方面的肉体。所谓'心',是指用物理、化学方法无法掌握的生命的种种作用。"(日文版第44—45页)

池田先生进一步说明佛法中的"色法"与"心法"是两个方面,但又不是,可以认为是个统一体。佛法指出,"色"与"心"合二为一的本源性生命是世界的本质,也可以称其为"一念",即一心向佛之意。唯物论者用科学方法探究"色法"世界,唯心论者用悟性探究"心法"世界。

池田先生总结性地指出:"当我对佛法进行这种考察时,我才不只认识到精神与物质的统一关系,而且想到有可能使生命应用于能动的新创造,能使其得到有机发挥。"(日文版第46页)

人是精神与肉体的统一体,两者在人的生命中和谐交流,使人不断变革,不仅给自身带来幸福,也为社会创造价值,这是池田先生一直追求的。从他分析精神与肉体的关系,可明显看出这一观点。

从上述三个事例可以得知一个共同的结论,那就是池田先生提出的矛盾双方用和谐的理念寻找互补之统一点,使双方不是对立而是合作,以便造福人类。

## 八　结语

为阐明池田先生的和谐理念,我从《展望二十一世纪》一书中精选出五个领域,另加三个小问题。这些内容均是汤因比博士和池田先生对谈讨论过的,并与和谐有关的社会矛盾问题。该书虽然主要不是谈论和谐理论问题,但却可以明显看出池田先生多次力图用和平、对话方式使矛盾双方和谐,这符合他"人间革命",即"人间学"的中心思想。他谈论的社会问题几乎都与人有关,只有多数人变好后,才有和谐社会。所以,我认为池田先生在书中所阐明的那些以和谐解决社会矛盾的方法,足以构成其和谐理念。毋庸置疑,用和谐理念处理人间社会的矛盾,有利于人类社会的发展。这种和谐理念,是池田先生人间革命的一个组成部分，在现实社会中，将其弘扬、发展，定会为人类创造价值。

（作者简介：贾蕙萱，北京大学日本研究中心池田大作研究会）

# 《法华经》智慧的慈航

## ——融合·共生

池田认为:"东方拥有'接纳多元性'的传统,不只是宗教,各种文化也扎根于人民的生活。基于这个意义,我想今后不论是印度发生的事,还是日本发生的事,相信都会给世界带来重大的意义和影响。深信东方社会的'尊重多元性'、'积极宽容性',将成为 21 世纪的正确指标。"①

本文欲通过池田对《法华经》的弘扬,以及他佛教理念实践的实例,在阅读池田著作中阐释的《法华经》精神的文献基础上,作为前述课题的开篇论文,探讨池田宗教哲学思想中最精髓的"融合·共生"思想和佛学"生命观"的来源。提交本次研讨会,求教方家,意在抛砖引玉,更好地去完成这一课题。

## 一　基于法华智慧的精神指标探寻

这里以《法华经》为主线作分析思考的理由是,笔者在阅读池田的著作中,仅以读书笔记作思维梳理时就发现,池田在陈述他所信仰的佛法理念时,一次又一次,不倦地言及《法华经》,《法华经》理念的阐述不断地反复地出现在池田的著作中,尤其反复出现在池田的对话集著作中。在其浩繁的著作中有大量的实例陈述《法华经》,池田

---

① ［日］池田大作、［印度］钱德拉:《畅谈世界哲学——钱德拉与池田大作对谈录》新加坡明报出版社 2005 年版,第 7 页。

著有《法华经》理念的系列专著六册：《法华经的智慧》《法华经的慈光》《法华经的福德》《法华经的寿量》《法华经的欢喜》《法华经的希望》①。基于这些文献展开思考，笔者认为更实在客观。所以，本文不是佛教以及天台宗传播至日本的历史考证和思考，而是通过《法华经》和与此相关的天台教义智顗的《法华文句》《法华玄义》传播至日本及其对池田宗教哲学思想的形成和佛法实践活动所产生的客观意义，以探讨池田宗教哲学思想之来源。

（1）20 世纪的 70 年代，池田先生与汤因比博士对谈 21 世纪，探讨生命的"终极存在的合一"的问题，池田阐述了《法华经》中指出："生命"的这种转变的秘诀，就是按着伟大的佛"法"，去开导存在于自己内部的佛性。池田接着说：在开导自己生命的佛性时，教育人们对其他的一切都要表现出无限的慈悲。

（2）对谈中，池田生动地描述了"菩萨界"和"佛界"的区别，说"菩萨界"是达到"佛界"的过程。大乘佛教中《法华经》上所指出的佛的目标，也是使所有的人跟佛本身一样达到悟性。所谓佛的悟性，佛的境界——同"在宇宙背后的终极的精神之存在"一样——就是指醒悟存在于宇宙背后，并包含整个宇宙的"法"，与"法"合为一体得到"大我"的人格。因此，所谓"佛界"的生命，不能根据某一特定部门的性质下定义，它只能表现为包括横（空间的）的一切的"完全"和包括从（时间）的一切"永恒的满足"的状态。换句话说，佛的境界，就是这个生命通过知觉而感知的内部状态。在显现于外的具体现象的范畴中，它或者是"菩萨界"、"天界"、"人界"等九界。

（3）在如何把握生命的存在形式时，池田说用动的观点把握生命——"十如是论"表述了生命的"动"，因为，"天界"的生命出现时，生命跟外界怎样联系，肉体表现出什么变化、什么特点并怎样进行流转。所谓"如是"就是对真实要原原本本地去认识的意思。在《法华经》的"方便品"中，对"十如是"有所论述。其内容有相、性、体、力、作、因、缘、果、报，而这些又是融为一体的。第一个

---

① 该系列丛书 1997 年译成中文，（台湾）正因文化出版。日文原版出版于 1982 年。

"相"，是生命表现于外的形象。按照"三谛论"，可以认为相当于"假"。"性"是生命的内在天性，是指人的生命的性质、心、智慧、精神等而言，相当于"三谛论"的"空"。"体"是生命的统一主体，把作为"相"的身和作为"性"的心统一起来的生命主体，相当于"三谛论"的"中"。"相"、"性"、"体"，三者是指生命的实际说的。就是说，生命的实际可以从"相"、"性"、"体"这三种观点去理解。"相"、"性"、"体"这三者，相互联系，同时又构成为一个统一体。剩下的七个"如是"，把这种统一体的运动状态规则化了。

池田所著《续·我的佛教观》①一书中，论及罗什《法华经》的汉译，南岳慧思与《法华经》，慧思的法华开悟，天台大师的《法华文句》、《法华玄义》以及"一念三千"的含义。尤其以智顗一生对《法华经》的弘扬实践，阐述了池田自己弘扬《法华经》理念的缘起以及何以如此执著之因由。池田说："归根结底可以这么说，鸠摩罗什所译的汉译经典，在古今翻译史上是罕见的名译，为人们广泛读诵，直至今天仍然未失其光辉。特别是他译的《妙法莲华经》，是为数不多的佛典中的最高峰，在以后长达 1500 年里，最为广泛地为人们所读诵。这是不可动摇的事实。《高僧传》罗什临终时与众僧诀别，言：'自以闇昧谬充传译……若所传无谬者，当使焚身之后，舌不焦烂。'这表明最后罗什的身体虽然消失了，但他译出的《妙法莲华经》却放出不朽的光辉，永存后世。"②在《法华玄义》中，天台大师用"名、体、宗、用、教"五重玄解释了《妙沙莲华经》的经题。池田经年修习法华，学达性通其真意，他教导其弟子们，在谈论《法华玄义》时，必须要围绕天台五重玄这个中心。池田说：《法华玄义》首先提出：释名第一，辩体第二，明宗第三，论用第四，判教第五，释此五章，有通有别。认为"通则七番共解，别则五重各说"。这里所说的七番共解是：一标章，二引证，三生起，四开合，五料简，六观心，七会异，即通述五重玄的概要。其次是别释五重玄义。在第一释

---

① 四川人民出版社，1998 年中文版，（日文版 1976 年 10 月）
② 引自池田大作著《续·我的佛教观》，四川人民出版社 1998 年版，第 68 页。

名章中，解释了"妙法莲华经"五个字。认为"妙法"是法，"莲华"是比喻，"经"是通名。关于"法"，智𫖮认为是心、佛、众三法，并认为这三法无差别，是十界互具、百界千如，如一即一切实相，即一切法都阐明平等圆融。日莲在《撰时抄》中准确地给三大部定下了位置："在像法一千年之半时，天台智者大师出现，将妙法莲华经的五字题目详释于《法华玄义》五卷一千页中。《文句》十卷始于'如是我闻'。终于'作礼而去'，一字一句作出因缘、约教、本迹、观心四种解释，亦写一千页。以上《法华玄义》、《文句》二十卷，将一切经之心当做江河，将法华经比为大海，使十方界佛法之露一滴不漏地注入妙法莲华经之大海。而且，天竺之大论诸义，一点不漏；汉土南北十师之义，该破者破之，该取者取而用之。又注《止观》十卷，统一代之观门于一念，缩十界之依正于三千。此书之文体，远超月支一千年间之论师，迈胜尸那（中国）五百年人师之解释。"以上说明，首先《玄义》和《文句》解释了法华经的题名和经文的词句，接着《摩诃止观》提出了一念三千的观门。就其《法华文句》的内容，池田认为：日莲《撰时抄》的归纳是：天台大师是以因缘、约教、本迹、观心四种解释方法解释了鸠摩罗什译的《妙华莲华经》一部八卷的文句。《文句》中重要的是天台的一经三段、二门六段的分科。首先把法华经分为序文、正宗分、流通分三类来解释。上卷第一上的序品第一中说："天台智者分文为三。初品为序，方便品讫分别功德十九行偈，凡十五品半名正，从偈后尽经，凡十一品半名流通。"这就是所谓的一经三段。其次，所谓二门六段，是把一经分为两部分，前十四品为迹门，后十四品为本门。这是大家都知道的分法。本、迹二门又分别分为序、正、流通，是为六段。池田指出：天台大师在当时是"内鉴冷然"，从其悟达的境地在理论上把《法华经》体系化了。《摩诃止观》的正说由十章组成。"为大意、释名、体相、摄法、偏圆、方便、正观、果报、起教、旨归。声称前六重依据修多罗，大意至方便六重限前四卷，此述妙解迹门之心。今依妙解立正行，其第七之正观，说十境、十乘之观法本门之心，一念三千始于此。一念三千为迹门所不许，何况尔前绝无其分。一念三千之出处，虽为略开三显一之十如实相，但义分限于本门。尔前为迹门之依义判文，迹门为本门之依义判文。但真实之依文判义应限于本门。"一念三千出典于《摩诃止观》第五上中的"第七之正观、十境、十乘之观法"的第一，起名为观不可思议境。其中说了一念三千的法门："夫一心具十法界，一法界又具十法界、百法界。一界具三十种世间，百法界即具三千种世间。此三千在一念心厂若无心而已。介尔有心，一即具三千。……所以称为不可思议境，意在于此。"这就是说，我们的一念的心中具足三千诸法，以空假中的圆融三谛来观不可思议的妙境，这就是天台的圆顿止观的实相。天台就是这样的把自己心中所行的法门称作止观。天台大师自 7 岁听《法华经》普门品到 57 岁讲说《摩诃止观》的 50 年期间，一直孜孜不倦地钻研《法华经》。幼小学习《法华经》，钻研佛法的奥义，在中国的大地上行动的足迹，都是弘通法华的远征。

池田著《法华经的智慧——畅谈廿一世纪的宗教》（1997）一书中，谈到莲华的文化史意蕴。南无妙法莲华经，这题目以梵文的"namasu"为始，下接汉文"妙法莲华经"。池田先生指出：这句题目中融合了东方和西方的文化，调和了印度、欧洲和东亚的语言。这题目的本源显现了人性美的本质。莲华的神圣象征苏生，回归到现实的世界，"世界和平"和"人类幸福"。在古印度，太阳、月亮以及莲华都是各种重要哲学概念的象征。由于释尊以万物根源为立足点，所以佛教经典总是把释尊描述成静坐于富有宇宙性的莲华之上的佛陀。而这莲华的茎则扎根于世界深远，是世界的轴心。在莲华当中，释尊被比喻为最高贵的白莲华，他佛则被喻成其他花。白莲华变称"芬陀梨伽"（pundarika），不但有高洁优美的价值，也是欲为他人尽心尽力的最高慈悲的象征，更是唤醒万物内在悟得的象征。莲华（花）有理想、尊严、向上之意蕴，有"淤泥不染之德"，在充满苦恼的现实世界里，秉持清纯的心与实践，有"因果同时之德"，无论现在处于什么境界，每个人的生命都具有本性清净的"佛的生命"，有"种子不失之德"，生命本来具有清净的"佛的生命"，不论何时都不会受损，而且只要接触到"缘"，必能显现出来。池田强调：第一项的"淤泥不染之德"是指，应在社会上实现菩萨的理想，也就是从事创造价值的行动。第二项的"因果同时之德"则是生命尊严、人性尊严的宣言，也是一个为了引导人到达崇高境界的希望信息，意思是指每一个人应自觉、奋起，领悟自己是可以自由决定自身未来的主体。第三项"种子不失之德"则督促人不断向上，无论处于任何状况，人人都拥有为获得悟得与幸福而挑战的资格。池田的这些针对莲华的阐释，已经为身处现代文明狭路的人指出应循之道，指明世人如何步向智慧、慈悲与行动之道。池田用自身深邃的洞察力和丰富的创造力，以慈悲的亲和力引导人走向与宇宙共同和谐发展的新时代。池田曾引用《法华经》〈宝塔品〉："于恐畏世，能须臾说，一切一人，皆应供养（即使身处恐怖的世间，只要能在一瞬间宣说《法华经》，也必将受到一切的天、人所尊崇）。"教诲其弟子们："象征崇高精神的莲华，必将从苦恼深渊盛开。"① 据此，池田本人所表现的执著和智慧也就不难理解了。

（4）2000 年，池田在与印度文化学院院长、佛学专家钱德拉对谈时，池田阐述了《法华经》的精神在于使民众鼓起奋勇心，以迈向人格坚定的道路。② 他认为：《法华经》一直教导人，要在现实的生活、社会里，勇敢地对抗三障四魔③，以摘取三世成佛的证果。此处取义《法华经》："若说俗间经书、治世语言、资生业等、皆顺正法。"④

综上可知，池田先生把佛教的永恒性和人类的未来结合起来，一并以佛教的观点来解释，以宇宙根源的创造力来阐释梵天，很富独创性地提出了创造性的共生及内发性的意志这些新概念，这些必能凝聚人心，促使世人展开献身的行动。无疑这也正是池田自己生命实践的价值体现。他把佛的慈悲、宽容、融合思想作为现代社会人的社会生

---

① ［日］池田大作、［印度］钱德拉：《畅谈世界哲学——钱德拉与池田大作对谈录》新加坡明报出版社 2005 年版，第 214—231 页。

② 同上书，第 54 页。

③ 三障四魔：妨碍佛道修行的三种障（烦恼障、业障、报障）与四种魔（阴魔、烦恼魔、死魔、天子魔）。同上书，第 54 页。

④ 《法华经》〈法帅功德品〉第十九。意指，对奉持《法华经》的人来说，举凡一般世间书典的道理、为了治理社会所倡导的思想，或为了生活所从事的工作，皆与正法互相吻合。

命实践的"道义基础",应该说这也是池田和佛教《法华经》"信受"精神的共通之处。

## 二 基于《法华经》"生命论"的悟达

池田认为:"所以出现了生命,是因为在无生命的地球内部,就已存在向生命发展的方向性。"① 生命绝不是被动的存在,而是能动的,生命的这种能动性可以称之为"激发性",它是从何而来的呢?池田说:"是无生包含有生,而这种生使自己显现出来,这一过程就是生命起源之意所在。"② 正是基于这一点,池田不同意把生命的起源当作是一种"创造式"的"新产物"的说法,因为,那即意味着生命是一种以前没有的东西,现在由于某种力量而成为存在了的东西,简言之,"创造"必定是一种无中生有。与生命乃是一种"创造"式的"新产物"相对的另一种对生命起源的解释是"发现"说。所谓"发现",就是把原来即已存在的东西展示出来。根据这一说法,世界上根本不存在什么无中生有之事,现在所存在的东西和以后即将出现的东西都不过是原来就有的东西的表面化,或者说,事物的存在都是一个由"潜"在向"显"在的过程,简言之,是有中化有,而不是无中生有。池田肯认了这种说法,他说:"生命在地球上从诞生到现在,一直继续保持着使自己显现出来,使自己向个别化的方向发展着。但是,给这种个别化的生命以能动性,也可以称之为'生命能'的力量,一定早在无生命的地球本身就存在着了。"③

在这一问题上,池田袭承了其恩师户田的生命论,对"色心不二"的命题作了新的诠释与发挥。池田认为:"在某种意义上,佛典

---

① 《法华经》(法师功德品)第十九。意指,对奉持《法华经》的人来说,举凡一般世间书典的道理、为了治理社会所倡导的思想,或为了生活所从事的工作,皆与正法互相吻合,第312页。

② 同上。

③ 同上书,第313页。

讲的都是生命论。"① 但在所有佛典中,除《法华经》以外的所有佛典都只是"根据众生机根,阐明了部分的宇宙和生命",或只是讲生命的"片段",只有《法华经》才阐明了完整的生命观和宇宙观②,而在创价学会中,第二代会长户田城圣对于生命的独特体验使佛典中蕴含的生命论得到了一种现代的阐释。

池田的恩师户田的生命哲学的出发点与他个人的生活经历,尤其是他下狱经历有着密切的关系。1943年夏,创价学会因批评日本军国主义的宗教政策及拒绝参拜神社受到法西斯的镇压,牧口会长和其弟子户田等创价学会主要成员皆被捕入狱。牧口会长死于狱中,户田在狱中作了一首诗:

> 我持如意宝珠
> 以此挽救大众
> 当我于心呐喊
> 恩师报我一笑③

户田欲以自己全部生命的努力投身普度众生的实践,并深信恩师一定含笑九泉。户田直到二战结束前夕才出狱。在狱中,户田反复思考过"生命的本质"问题。为了寻求正确的解答,户田一边研读《法华经》,一边唱"妙法莲华经"题目达200万遍。对自己这样的研读方式,户田解释说:"如此一遍又一遍地唱诵题目,是自我修行上的决定性要素。由此,自己的生命便同大宇宙生命冥合,从而便可以发现生命的本来实相。"④ 户田是一位对自然科学,特别是数学有着相当深入了解的现代知识分子,因而当他以这样的知识结构去探讨生命

---

① [日]池田大作著《法华经的智慧》,明报出版社有限公司1997年版,第23页。

② [日]池田大作著《佛法与宇宙》,卞立强译,经济日报出版社1997年版,第37—38页。

③ [日]池田大作著《法华经的智慧》1卷,正因文化出版社1997年版,第222页。

④ 《户田城圣先生论文集》,泰流社1960年日文版,第52页。转引自 Daniel A. Metraux, *The History and Theology of Soka Gakkai*。

本质问题时，时常会感到科学与宗教之间的紧张与矛盾。但是，他感到：像花瓶中的樱花枝与树上的樱花是否是同一个生命的问题，或虱子死后的生命去了哪里的问题，确是科学所无法解答的。因而他不得不将目光转到他所信奉的佛教世界，尤其是创价学会的本尊经典——《法华经》。我们知道，《法华经》是日莲创教的凭依，而在这一经典中，《法华经·如来寿量品》是宗祖日莲最为重视的，从某种意义上说，日莲的主要学说就是依据这一品而建立起来的。

综上所述，池田对生命本质问题的探讨无论是就其世界观而言还是就其方法论而言，都表现出一种以佛教理念去融合和超越现存各种思想的企图，以便为创价学会的宗教实践——宗教政治实践和宗教文化教育实践——奠定坚实的哲学理论基础。从第二次世界大战结束后世界又重新陷入"冷战"的态势来看，池田的"色心不二"论和中道主义思想无疑明显地带有调和资本主义与社会主义两大阵营的对立以及和平反战的意义。这里，笔者认为有必要对《法华经》的文献史意义作一陈述。

笔者认为有必要从佛学史的角度陈述以下《法华经》在中国的开悟之始。大致可以说，隋、唐以前，《法华经》在中国佛教史上处于翻译和讲解的阶段。在此阶段，中国佛教只有学派或学说，尚未出现宗派。而对于《法华经》的学说在中国的传播作出最大贡献的人无疑是鸠摩罗什法师。从隋、唐开始，中国佛教进入创建宗派的阶段。在此阶段，对于《法华经》在中国的传播作出最大贡献的人则是天台宗的创立人智𫖮大师。天台宗以《法华经》为宝典，又称法华宗。灌顶在《摩诃止观》中云："智者《观心论》云：'归命龙树师。'验知龙树是高祖师也。"① 而《佛祖统记》则论云："北齐尊者，宿禀自然，不俟亲承，冥悟龙树即空即假即中之旨，以为心观，以授南岳。南岳修之以净六根，复以授诸智者。智者有管家以悟《法华》，乃复开拓鸿业，以名一家。"② 所以，按照天台宗的传法世系，该宗以印度龙

---

① 《摩诃止观》卷一上，参见《大正藏》卷四六。
② 志磐《佛祖统纪》卷六，参见《大正藏》卷四九。

树为初祖，北齐慧文为二祖，南岳慧思为三祖，而智顗为四祖。

又据史料记载四祖智顗弱冠出家的"长沙果愿寺"位于凤凰山，经查证，此凤凰山乃现今湖南师范大学校园南侧的凤凰山，这纵便是偶然，也可说是与湖南师大的"缘分"吧。也是笔者初始选择这一课题的动因。这里就智顗在这一融合实践中，对"一念三千"的包容、和谐的核心理念在当今社会实践及现实意义作一思考。

1. 智顗法华宗要之集成

智顗（公元538年—公元598年），俗姓陈，字德安，祖籍颍川（今河南许昌），后随晋室南渡，寓居荆州之华容（今属湖南，与湖北交界，临长江）；生于梁武帝大同四年（公元538年），卒于隋文帝开皇十七年十一月（公元598年）[1]。其父名陈起祖，"学通经传，谈吐绝伦，而武策运筹，偏多勇决"[2]，湘东郡王萧绎（后为梁元帝，公元508年—公元555年）刺荆州，尝引为宾客，入朝领军；即帝位后，又拜为散骑常侍，封益阳县开国侯。其母徐氏，温良恭俭，勤于斋戒。据传，智顗生时，乃有种种灵异，神光满室，目有重瞳。至七岁而喜游寺庙，一僧口授《普门品》，一遍即能成诵。元帝成圣三年（公元554年）十一月，西魏军大举进攻江陵，元帝"亲临阵督战"，然六军败绩，"城陷于西魏"，元帝见执；次月被害，西魏"乃选百姓男女数万口，分为奴婢，驱入长安，小弱者皆杀之"[3]。这是梁末改朝换代之际的一大变故，同时亦成为智顗坚持要出家的一大因缘。灌顶《智顗大师别传》云：年十五，值孝元之败，家国殄丧，亲属流徙，汉荣会之难久，痛凋离之易及，于长沙像前发弘大愿，誓作沙门，荷负正法，为己重任。既精诚感通，梦彼瑞飞临宅庭，授金色手，从窗隙入，三遍摩顶。由是深厌家狱，思灭苦本。然当时因"二

---

① 关于智顗的生卒年，道宣《续高僧传》谓其寂时"春秋六十有七"，而灌顶《隋天台智顗大师别传》则谓"春秋六十"，这里从《别传》，见《大正藏》卷五〇。又据《别传》，智顗入灭于开皇十七年十一月二十四日，以公历纪年应在公元598年1月7日。以公元597年为智顗入灭之年是误。

② 灌顶：《智顗大师别传》。

③ 《梁书·元帝纪》。

亲恩爱，不时听许"，遂"刻檀写像，披藏寻经，晓夜礼诵，念念相续"，虽未出家而实际已作出家事业。后二亲殁丧，从兄求去，投湘州果愿寺沙门法绪出家，时年十八岁。[①] 出家以后，初依慧旷学律部[②]，兼通《方等》。又至湖南大贤山，诵《法华经》、《无量义经》、《普贤观经》。二十岁受具足戒。既已精通律藏而常思禅悦，然苦于江东无可问者。闻慧思栖光州大苏山，心向往之，"遥餐风德，如饥渴矣"[③]，遂于二十三岁时，即陈文帝天嘉元年（公元560年）涉险北上，诣光州大苏山。初获顶拜，慧思曰："昔日灵山，同听《法华》，宿缘所追，今复来矣！"即示普贤道场，为说《法华经》安乐行义。自是刻苦研心，精进无已，虽资供贫乏而勇于求法，"切柏为香，柏尽则继之以栗；卷帘进月，月没则燎之以松"。经二七日，诵《法华经》至《药王品》"诸佛同时赞言，善哉善哉，善男子！是真精进，是名真法供养如来"，豁然寂而入定，陀罗尼因静而发。"照了《法华》，若高辉之临幽谷；达诸法相，如长风之游太虚。"及将己之所证告于慧思，慧思更为开演说法，大张教网，遂得观慧无碍，禅门不壅，问一知十，辗转不穷。慧思叹曰："非尔弗证，非我莫识。所入定者，《法华》三昧前方便也；所发持者，初旋陀罗尼也。纵令文字之师千群万众寻波士顿辩，不可穷矣。"于说法人中最为第一。

智𫖮于太建七年（公元575年）秋九月入住天台山。初至天台，智𫖮尝流连于幽谷飞瀑，往返于山涧鸣泉，凭吊支道林等往贤遗踪；旋止佛垄岭之北峰，创立伽蓝，栽植松竹，汲引清泉；于次年在华顶

---

　　① 按关于智𫖮的各种资料均记其十八岁出家。据《梁书·元帝纪》，孝元江陵之败在承圣三年十一月，十二月辛未被杀（公元555年1月27日），时智𫖮应为十七岁，故《别传》谓"年十五值孝元之败"者有误；湛然《辅行传弘决》及志磐《佛祖统纪》皆已正之。《别传》又云："后遭后亲殁丧，丁艰荼毒，逮于服讫，从兄求去"，推之前后文义，智𫖮二亲盖江陵陷后不久即已亡故，或亦亡于江陵之役欤？故智𫖮年十八岁出家，与其双亲亡故盖在同一年，即公元555年，其间不可能有三年丧服时期，《别传》"逮于服讫，从兄求去"之说亦不确。另据《辅行传》，果愿寺沙门法绪者，即智𫖮舅氏。

　　② 慧旷（公元534年—公元613年），俗姓曹氏，《续高僧传》卷一〇有传，称其："律行严精，义门综博，道俗具瞻，纲维是寄。"

　　③ 《智𫖮大师别传》。

峰独修头陀之行。及太建九年二月，陈宣帝下诏云："智顗禅师，佛
法雄杰，时匠所宗，训兼道俗，国之望也。宜割始丰县（即天台县）
调，以充众费；蠲两户民，用给薪水。"① 于是其散去之徒众又皆返
回。次年五月，陈宣帝敕智顗所止寺名为"修禅寺"，由毛喜题篆。
祯明元年（公元 587 年），于光宅寺讲《法华经》，弟子灌顶与听，
记为《法华文句》。次年陈亡，智顗遂离开金陵，杖策荆湘，备尝
路途颠沛之苦，过江西而憩于庐山。开皇十二年（公元 592 年），
智顗再经庐山，度夏毕，于八月至潭州，往衡山营建功德，报慧思
之师恩。十二月至荆州，答地恩。次年于荆州当阳县玉泉山创立玉
泉寺，又重修十住寺；并于玉泉寺讲《法华玄义》。开皇十四年
（公元 594 年）于玉泉寺讲《摩诃止观》。由此而完成天台宗思想体
系的完整建设。

2.《法华经》东渐日本

据《宋史》记载，日本于钦明天皇十一年（梁承圣元年，公元
552 年）从百济传入佛教②为使，后圣德太子曾于隋开皇二十年
（公元 600 年）遣使求取《法华经》。隋大业三年（推古天皇十五
年，公元 607 年），日本以小野妹子为大使，来隋求取佛法，其
"使者曰：'闻海西菩萨天子重兴佛法，故遣朝拜，兼沙门数十人，
求学佛法'"。炀帝于次年遣文林郎裴世清为使，送小野妹子一行回
国③，由此揭开中日两国正式邦交的序幕，而促成这种邦交的，正
是在中国已高度发达的佛教文化，其中，天台宗对于中日双方交流
互动，尤其发挥了积极而重要的作用。

---

① 《国清百录》卷一《太建九年宣帝敕施物》。
② 《宋史》卷四九一《东夷列传·日本传》。
③ 《隋书》卷八一《东夷列传·倭国传》。然《隋书》未载日本使者的姓名，"小野
妹子"之名，乃据日本史籍的记载。小野妹子为日本孝昭天皇的皇子。当时其使团中有
数十名僧人，正说明其使隋的主要目的乃在修习佛法。又，大业四年送小野妹子一行回
国的隋使斐清，日史作裴世清。斐清盖于大业五年归国，其时日本又再以小野妹子为大
使，难波吉亡雄为小使，随斐清至隋，其随行人员中有留学生及学问僧八人，《日本书
纪》具载其姓名；参见李则芬《中日关系史》第 67—68 页（台湾中华书局 1982 年版）、
刘建《佛教东渐》第 23 页（社会科学文献出版社 1997 年版）。

鉴真应日本僧人荣叡、普照的挚诚邀请，自天宝二年至十二年（公元743—公元753年），十年间六次渡海，矢志不渝，第六次渡海终告成功，止于日本东大寺，成为佛学之祖。鉴真在国内依弘景法师出家并受具，是南山佛祖道宣的三传弟子，然其所学，并非局于佛藏，同时亦精通天台圆教，并将佛仪、戒法与台教相结合①。其东渡时携去日本的各种典籍中，天台宗的主要教典全部在内，除号称"天台三大部"的《摩诃止观》、《法华玄义》、《法华文句》以外，还有《四教义》一二卷、《次第禅门》一一卷、《行法华忏法》一卷、《小止观》一卷、《六妙门》一卷②。在弘传佛学的同时，鉴真亦畅言天台止观，《唐招提寺缘起略集》云：

从（天平宝字）三年（公元759年）八月一日，初讲读《四分律》并《疏》等，又《玄义》、《文句》、《止观》等，永定不退轨则。……兼和上（鉴真）天台教观，禀法进僧教、如宝少僧都、法戴、思托等和上，化讲天台，代代相承而于今不绝。③

池田尤其教导他的弟子们，《法华经》最精髓的思想就是，鸠摩罗什所译的《妙法莲华经》中，释尊所教导的"所多饶益，安乐众生"。为了一切众生真正的幸福和安乐，向广大民众开示佛自身悟达成佛，这样的教导可以说就是"普遍性的法华经"。我深信，"非让成千上万的人得到幸福不可"这种智慧与慈悲之心，就是"法华经的精神"，就是永恒的真理。池田强调说：我坚信《法华经》的思想价值正在于此。回顾世界历史，首次以佛教和平精神促成不同文化交流的，就是印度孔雀王朝（Mauryan Empire）④的阿育大王。为了弘扬佛法，阿育大王先派遣他的儿子，（一说是他的弟弟）前往斯里兰

---

① 关于鉴真与天台宗的关系，可参见巨赞法师《鉴真大师的律学传承》、《东渡弘法的鉴真大师》二文，见《巨赞集》，中国社会科学出版社1995年版。

② 真人元开：《唐大和上东征传》，中华书局2000年版。

③ 转引自《巨赞集》，第234页。

④ 孔雀王朝：统治古印度摩揭陀国（Magadha）的王朝（约公元前317年——前180年），首都为华氏城（Patalipatra）。王朝的始祖是旃陀罗笈多（Chandragupta）。以第三代君主阿育大王（生卒年不详，约于公元前268年——前232年在位）的时代国力最盛，建立了印度史上第一个统一国家。

卡和西邻赛琉古王朝（Seleucid Dynasty）的叙利亚，然后再派遣使节前往希腊人群居的希腊文化国，以及斯里兰卡、尼泊尔等地。由此可知，阿育大王本身就是多元文化共存的证明。池田先生本人也正是这样，视促进人类幸福、世界和平为己任，不遗余力与各界领袖交流对话，大力提倡和平才是人类未来的大事。

## 三　结束语

四祖智顗内鉴冷然开讲《法华文句》、《法花玄义》，集成法华宗要，对《法华经》作了详博的论释，提出了系统的"实相论"和"观心论"，还提出"十界互具"，建立了所有人本来都具有佛性都可以成佛的法理。从而揭示了普度众生的原理。建立了这样一种人人可行的修行方法——只要对着本尊念"南无妙法莲华经"，任何人都可显现本来具有的清净的佛界，都可以成佛。鉴真、最澄把天台宗移植日本。法华精神广布流宣。至日莲持诵《妙法莲华经》，认为《法华经》的教义是"即身成佛"。这一本源性思想的基本宗旨始终是从人类生命的内部开发智慧，强化每个人的主体性。这一历史见证了学理交流的重要意义。这一历史的过程都是不同文化的融合，人与人的交流。

当今世界，为了克服文明和宗教的对立，我们听到了大量呼吁需要宽容性的声音，那么，真正的宽容性是指什么呢？不能接受对方的思维和行动便默认，这可能是一般被认为的"宽容"。关注池田的思想和行动，发现他却是采取积极地评价其他思想和文化，并称赞它们的方式。当然，池田不因评价其他的思想就放弃自己信仰着的佛教的思想。而是自己的信念立足之后，与生活于不同文化的人们对话，相互理解，尽量涵盖所有的人。池田在社会实践中建立了强有力的组织，创造了信仰的体系。但是，他不是凭借组织的力量和影响波及、支配人们，而是指导他们发挥自己的力量。不是为了组织的信仰，而是为了个人的信仰，这一重要的实践方式是十分有创造性的，"慈航创新路，和谐结良缘"。因此，他指导他的弟子们，都在以个人最高的水平发挥着自己的力量，他们重视交流。池田特别指出，作为交流的方式，我最重视对话。这本身就是《法华经》精神的实践。

继往开来，我们众志成城所求索的不正是这样的价值路向吗？不正是多元文化与世界各民族的融合吗？

（冉毅　湖南师范大学教授）

# 池田大作的自然观与他的
# 写景纪行散文

　　作为一个宗教家，池田大作的智慧有着丰富的体现，其中最突出的一个部分就是他对自然的亲近以及他对人与自然关系的认识。池田大作在将创价理念推向世界的奋斗过程中，曾经不知疲倦地奔波在世界的城市与乡村之间。每到一处他都对那里的水光山色、花木虫蝶予以特别的关注，不仅用摄像机拍摄到了许多美丽动人的瞬间，而且用文字记录下了自己对自然风光的细腻感受和从自然中悟出的道理。这些照片与写景纪行的散文互为参照，交相辉映，其中深深蕴涵着池田大作的自然体验，既体现着池田大作用自我的生命与自然相融时所获得的心灵的愉悦和精神的力量，同时也散发着池田大作对人与自然的关系这一经常被人类忽略的本原问题充满智性的思考。这里面饱含着自然的灵光和生命的智慧，是研究池田大作精神世界丰富性的重要资源，值得我们深入探讨。

## 一

　　人类宗教产生的根源在于从自然分离出来的人类对于自然的敬畏，所以，尽管大部分宗教教义宣讲流布的主要是人类伦理与正义等人类自身的问题，但那些成熟的宗教无不对自然的本质以及人与自然的关系进行过深入的思考，而宗教对于自然本质以及人与自然关系的思考往往决定着一个民族文化的精神特质。毫无疑问，池田大作的自然观与佛教文化的智慧紧密的联系在一起，池田大作的万物有灵、众生平等、和谐共生观念，既包含着佛教教义的启示，同时又体现出他对自然本质的独特思考。

万物有灵这本是西方泛神论者的一种自然观念，这种观念肯定了自然中不仅灵长类的动物具有能够脱离肉体而存在的灵魂，而且一切具有生命体征的有机物都具有属于自己的精灵。从宗教的角度来看，泛神论也许同样遭到一神教和多神教的一致反对，但是世界历史上的泛神观念却往往深受文学家的青睐，因为泛神的观念为文学的想象力提供了一个十分广阔的驰骋空间。作为宗教家和教育家的池田大作，对于万物有灵的问题曾经有过独辟蹊径的理性思考，他在批评认为自然应该被人类所征服、就算是破坏和牺牲也在所不惜的"人道主义"观念时指出："人类的英知是明白到如果缺少了与自然的调和，是不能得到生存和幸福的。因此，或承认自然的万物里有神灵而去崇拜，或假想统辖宇宙、自然的整体是超自然的实体——或是法则，而设法与此冥合。"可见承认万物有灵，是池田大作为人类处理自身与自然关系所设想的一条重要的途径。而作为文学家的池田大作拍摄过不少的风景，也描绘过不少的风景，从那些生气勃勃的画面和绚丽多姿的文字中，我们能够清晰地感受到池田大作观察和体验自然的万物有灵的立场与心性。在他的散文中，小白兔可以在美丽的庭院中思考着："真不可思议呀！山楂树上还低垂着花朵，瓢虫之子就是瓢虫。我就是小白兔。""蔬果也是一种生命体，也能呼吸，也有热度。"而且池田大作在观赏风景时总会想到："花若有心，当绽放春华时它会想到什么？花若能说话，它将说些什么？""当燃烧殆尽的一小叶干于枝头脱离远行时，其他的伙伴就像在风中响起喝彩声般，为其送行。"而"秋樱在风中颔首微笑"，"雪柳相当敏感，只要有人走过，或是风微微摇动，就会摇曳不已"。在许多文人的笔下，风会吟咏、树会舞动、动物会思考、森林会做梦，但对大多数文人来说，那不过是一种拟人化的修辞手法而已；但在池田大作这里，这不仅是一种写作上的修辞手法，更是一种整体世界观的呈露。因为池田大作知道，"宇宙总在向地球述说着什么，高谈阔论"，而在池田大作的心目中，只有"诗人的耳朵能听懂一般人听不见的大自然静谧的声音和歌唱"，因而真正伟大的诗人必定是一个自然的信徒，是万物有灵的信奉者。

从宇宙论的意义来看，自然是外在于人类的宇宙空间中存在的一切物体，而众生即是这一切物体中具有生命体征的物体，它既包括灵长类动物也包括非灵长类动物，既包括动物也包括植物。在西方文明的进化理论看来，宇宙间具有生命体征的物体无以量数，在亿万年的演变进化过程中，生物的存在已形成了显著的等级差别。而西方文明的宗教学说也在创世传说中将生命物种划分了等级，上帝创造了许许多多的生命物种，只不过都是供给人类维持自身繁衍的消费品。西方文明一以贯之的征服自然的理念就是从这种科学与神学的双重论争中得到依据的。所以，即使在 18 世纪的启蒙主义运动中，新兴的资产阶级高张平等的大旗，但那旗帜上大写的只有一个"人"字。在这一点上，佛教的思想具有突出的特点。佛教首先从主体论上强调了每一个生命物体的平等性，每一个生命物体，不论是会思考的人类，还是只能在地上爬行的虫豸，都是一个生命的主体，都拥有自己生存的权利。20 世纪 20 年代中国的知名作家周作人就十分赞赏贤首在为《梵网经》中的戒律注疏时说过的"倘无主，鸟身自为主"的话，认为这段话表面上是用来提醒信徒不能偷猎鸟类，其实里包含着深厚博大的人道主义精神。生命物体的功能性与结构性可能存在天壤之别，但它的生命主体性却是必然平等的，这种平等性就是佛教戒杀生的一种生物伦理学依据。其次，佛讲慈悲，不仅人对人应有怜悯之情，而且人对动物也应常怀恻隐之心。池田大作曾经引释迦牟尼的话来说明这种慈悲怜悯，人对众生应"如同母亲舍命保护自己的独生子一样，对一切众生都应当产生无量慈悲之心"。而释迦牟尼舍身饲虎、割肉喂鹰，牺牲自己所救者就是即将遭到灭顶之灾的动物，从而为佛教的无量慈悲树立了一个典范。正是因为佛教的众生平等自然观的独特境界，佛教的慈悲精神才显得如此博大与广远。池田大作对佛教的这种众生平等观是极力推举的，这不仅表现在他一生不断地反对暴力、主张和平，既反对人对人的暴力，也反对人对动物的暴力，而且也表现在他的众生平等思想深受日莲大圣人的影响。日莲大圣人曾称人类是"有才能的畜生"，这其实也就是将人类与其余种类的动物置放到了同一

的地位来下定义的。受到日莲大圣人这一观点的启发，池田大作认为
20 世纪的后期和 21 世纪的现代，是人能否真正成为人的转折关头，
而"在这之前，人并没有摆脱有知识的动物的境地"。这些阐述也从
一个侧面证明了池田大作心目中人在众生中的地位。

在万物有灵和众生平等的思想基础上，池田大作肯定了人类是大
自然的一部分的观点，并进而提出了他的"和谐共生"自然理念。这
一理念的理论前提无疑是佛教的"缘起"学说，缘起说世间万物的成
住坏空皆是因缘凑合，和合而生，互相依赖，互相转化，有彼方有
此，无此亦无彼。而就人与自然环境的关系而言，佛教也有过许多具
体的阐述。池田大作曾在多次会议和对话中提到的"依正不二"论，
就是佛教在处理人与自然关系方面提出的重要原则。在中国佛教中，
天台宗的妙乐大师湛然在《法华玄义释签》中对"依正不二"论作了
详细的阐述，指出这里的"正报"是生命主体，"依报"是指生存环
境，如果说"正报"是人，那么"依报"就是指包括生态系统的地球
环境。所以，"依正不二"的道理就是说明人的生命和自然生态系统
是"而一不二"的关系。在日本，日莲圣僧也从"正报"的立场出
发，用形与影的比喻生动地论述过"依正不二"的道理："十方是依
报，众生是正报。依报比如是影子，正报则是身体。没有身就没有
影。同样没有正报也就没有依报。另外，这个正报是以依报形成身
体。"没有正报就没有依报，是说没有人类，自然也就没有了意义，
而正报是以依报形成身体，则深刻地揭示了人是由于环境的保护和支
持才能成长发展的道理。池田大作深谙这些佛学要义，他将这一佛学
要义应用到人与自然的关系这一问题的观察与思考上，同时也结合现
代科技高度发达所产生的具体情况，指出 21 世纪是生命的世纪，而
在这个生命世纪到来的时候，人与自然的和谐共生可以说"是一种深
刻认识到在关系复杂交错的'自然—人类'生态系中自己的存在意义
的生存方式。并且，一方面立足于宇宙根源之生命（佛教称之为'佛
性'），一方面洞察在时空中展开的宏伟的现象界中孕育的活生生的生
命的尊严性"。"所以，不要因利己的欲望而被生命中的魔性牵着鼻子
走。不仅对人类，而且对生态系统也要有同情及道德的共识。立足于

这样的大境界，就是为了万物，一方面控制自己的利己主义与烦恼，一方面把创造他人生命与地球生命圈的价值作为生存的意义，最高的人生，向往积极的利他行为。"这种人与自然和谐共生的理性观念充分表现在池田大作的艺术创作中，以至在他的摄影作品里，我们经常"会有种世界已然融合的协调感，有种聆听贝多芬的《田园交响曲》的错觉"，而在他的写景纪行的散文作品中，自然的多样性与生命的共同体也就成为池田大作最喜欢表达的主题。在《睡莲的传说》中，"月亮、花朵、星星、湖水、人儿，形成一连串的锁链，生生不息"。连《童话之国——德国》中的小白兔也会歪着头想着："小鸟在歌唱，像草儿也在倾听着，花儿似乎也听得很高兴，真不可思议呀！莫非花也内藏着乐器，一起拨弹和声。花儿喜悦，虫儿也愉快，虫儿一增多，鸟儿也随之增多。因为这有着连锁关系呀！虫儿与花朵，花朵与鸟儿，鸟儿与我，大家应该是一家人吧！"这里所描写的无疑就是一幅池田大作心目中一直向往着的人与自然、自然与自然和谐共生、协调共荣的风景图。

## 二

游山涉水，写景纪行，历来就是文人们热衷的雅事，各个民族莫不例外。日本民族由于其文化深受中国佛教禅宗精神的影响，而其山川形胜又丰富多彩，因而日本文学史上关注和热爱自然的文人墨客更是不胜枚举。俳圣松尾芭蕉曾经留下许多直接描写和歌咏风景的诗歌，而日本近代以来的小说对风景的描写也是文学史上一道亮丽的风景，日本学者柄谷行人在《日本现代文学的起源》一书中第一章写的就是"风景之发现"，可见日本文学对风景在文学中的地位之重视。柄谷行人认为日本古代文学中的风景受到汉文学的影响，"花鸟风月自不待言，就连国学家所想象的纯粹本土的东西亦基于汉文学的意识而得以存在"。日本文学真正摆脱汉文学的概念的影响，而自然地去观察、描写风景，是从昭和二十年开始的。也就是说，日本文学的所谓"风景之发现"其实就是日本本土风景之发现，就是日本文学的风景描写怎样突破汉文学观念的影响而表现出日本本土的民族精神。每一个民族的文学发展都必须充分地表现出本民族的文化传统和民族精神，这是世界文学发展的一个基本规律。池田大作的写景纪行散文无论在题材、立意还是在写作技巧上，当然也鲜明地体现出了日本民族的特点。如樱树、秋樱、雪柳、枫叶等池田大作经常写到的自然景观就是特别具有日本本土性的，而在散文中池田大作经常引用日本民族的民间传说和经常提到的如创价大学、创价学会的现实活动等，更使他的散文洋溢着日本民族的生活气息。不过，我们要注意到的是，池田大作毕竟是一位具有国际影响的宗教家与文化名人，他的眼光、胸怀、气度以及他在宗教与教育方面的高远理想，都决定了他的写景纪行散文在自然精神的表达上必然突破日本文学的民族性的特点，而上升到国际性与大同性的境界。

普济众生，广大慈悲，这是大乘佛教的菩萨道观念，也是池田大作在写景纪行散文中表现得最为突出的一种自然精神。池田大作曾经讲过一个故事，他家乡的多摩川原来是一条经常暴涨的河，大正七年，政府开始对河川进行整治，十余年后，整治工程竣工，但距离河口 20 公里的区域却成了杂草丛生的荒地。当时有的政府官员决定种茅草，也有的人认为能领受茅草恩惠的人毕竟是少数，不如在长堤遍植樱花，百年后就能成为赏樱的好去处。后者的意见是平民的、大众的，池田大作十分赞赏后者的建议，并且在《樱树灿烂》一文中赞扬了这个建议的提出者和促成者河野一三先生，把此事当做自然风景的普济性与众生性的一段佳话。确实，自然乃是最无私、最大度的，无论有人观赏还是无人观赏，花朵都会将自己的美丽与芳香尽情地绽放；无论是富翁还是穷人，月亮都会以自己柔和的光辉为你照亮黑暗中的道路；无论是有心还是无心，大海总会以无量的胸怀容纳与化净四面八方汇集而来的滚滚浊流。在《睡莲的传说》中，池田大作借用一个美丽的传说，歌颂了大自然的这种给予与包容的精神特质：化成睡莲的娜雅姑娘，"却是谁也不恨、谁也不怨的，真心地开出纯白的花朵。亚马逊人们在花朵中，看到'宽广之心'。不管对方如何，依然能看到她绽放体贴的心及一贯的诚实"。从娜雅姑娘化成的睡莲，池田大作联想到了娜雅姑娘的故乡亚马逊河的壮阔伟大，他称赞亚马逊河的"硕大的生命感"，能"切除所有狭窄的感情，一下子吹得无影无踪"，他指出"在这样的环境下，连友人也能以广大的慈爱而生"，希望人们的生命都能像亚马逊河流般生生不息，"不管是悲剧、误解、心胸狭窄，都能大量包容，大量承受，越发深爱人类、爱惜人生，滔滔不绝，奔向前行"。在《雪中梅花》中，池田大作也特别深情地赞美了雪花泽惠天下、利益众生的精神品质，他称赞"雪花是来自上天的信息"，"是超越现实的丑陋世界、从遥远的天上美景飘落至地面的使者"。"雪花一视同仁的，飘落于金碧辉煌的宫殿上，也沉淀于贫瘠之家的屋檐下。没头没脑的，铺白整个地表。就好像掩盖住了地表面具般，在告诉人们要返璞归真，让心灵沉淀。"这种无私给予、不图回报、惠及众生、不择贫富的自然精神，无疑与作为宗教家的池田大作的宏大愿景是一致的，或者说池田大作感悟到了这种自然精神与自己所信奉的佛教大乘观念的相通性，因而不仅对美丽的自然有一种天性的亲近与沉醉，而且能够时时以自然的精神勉励自己、成就自己。

在自然中，我们经常可以看到这样一些令人震撼的景观：一株野草，突破巨石的重压，即使弯弯曲曲，它也要向上生长；一丛沙棘，在茫茫戈壁之中，烈日之下，即使永远不会有人从这里走过，它也要向炎炎烈日呈现出一团微弱的绿色。这就是自然的生命力，蓬勃向上，永远向上。"光向上喷泻而出，生命也往上喷泻。春天的力量，无法阻挡，就像纯白的'光明喷泉'般喷涌而出。"这是池田大作对自然生命力的礼赞。由于自己身世坎坷，奋斗的道路曲折艰难，因而，池田大作对自然的这种精神品质具有深切的体会与感悟。他赞扬雪柳"仅倾注全力专注某事。那就是充分发挥上天赐予的生命力。抱持自己的种子，一股劲儿的开花、表现，除此之外，别无他愿。也从不与其他的花朵争奇斗艳。不管他人如何看待自己，只想竭尽心力"。即使孤寂，即使艰难，"可是，雪柳毫不受动摇。不管是雨天、寒风，都一直伫立一方，让自己的根扎得更坚实"。他也赞美秋樱，"看似随风摇曳的纤纤花朵，却能坚强地面对寒风冷雨。只要日照良好，就能尽情绽放，从不会挑剔土质，即使荒地或贫瘠之地，依然能见其英姿"。"一经栽种，每年一定能绽放美丽的花朵。即使被风吹倒，依然朝向天空，依地而起，再绽放其惊人风采。"池田大作还赞美过很普通的油菜花，不仅是因为油菜花具有提炼菜籽油的实用价值，不仅是因为油菜花的黄色最接近光的颜色，也不仅是因为以"NA"起首的花朵楚楚动人，使人生起缅怀过往的情愫，更因为油菜花一直都保持明朗的精神。所以，池田大作号召"人要向花朵多学习，花朵总是拼命向上。绝对没有放弃自己而绽放的花朵，也没有毫无生气的花朵，没有中途气馁的花朵，更没有会忘记笑颜的花朵，也绝无执著于以往、专挑人毛病的花朵"。

值得一提的是，时有春秋代序，花有开谢交替，池田大作对于自然的生命力和向上精神的强调，着眼处不仅放那些自然生命的朝气蓬勃的时段，而且特别注意到了自然生命处于萎缩时段中的力量的迸发和向上的执著。关于樱花，不知有多少日本诗人贡献过赞美的诗篇，但池田大作的赞美可以说是别开生面，他说："樱花，应该不是盛开于年轻的岁月。开花，应该是年末的飨宴才是。当花瓣散尽后，樱花就会开始结出花芽，于夏天形成。秋天过后，苦熬寒冬，等待着来春，经过一年的努力，最后才徐徐绽放花彩。"由此池田大作联想到人生的夕阳之美："人啊，也是知道人生的最后，才会绽放花朵。全程参与、准备，能到最终才绽放春华，这一生才是幸福。"通常人们观赏樱花只是欣赏樱花那一段短暂的生命辉煌，但池田大作关注的却是一个生命的向上过程，是隐蔽在辉煌背后的生命力的坚忍。在《京都"枫红之秋"》中，池田大作写到了另外一幅壮烈的自然生命景观："秋就好像在树叶上喷洒金泥、红彩及金箔般，以浑身的光芒装点，并吹奏出生命的最后乐章。千万叶片随风起舞，万叶齐唱，那是生命最后的祭奠。"这一幅壮丽的景观展示的是在一个饱满的过程之后生命之光所激发起的最后一闪。人也有如这秋天的枫叶，"在有限生命中，一直前进，每年每年都能更加辉煌。直到最后最后的那一天，十分鲜烈，更超前般，如同要烧灭死亡般，鲜活强烈地活下去"。这里谈的是生，其实所言是在通过秋枫的"最后的祭奠"告知人们怎样理解死和面对死。死不是生命的衰竭，也不是生命的叹息，更不是生命的暴弃，而是生命的大欢喜、大飞扬。所以，池田大作认为"面临死亡却能了解生命的辉耀，这正是秋枫的象征"。"在这绚烂无比的皇室王朝中，却蕴藏着死亡、人生无常的佛教哲学。"池田大作十分崇敬的中国现代作家鲁迅也曾如此赞叹过死亡，在他的笔下，"死亡是生命的极致的飞扬与大欢喜"。这两位文化伟人之所以能够如此积极昂扬地、审美地来理解死亡、描写死亡，应该说是因为他们都曾深刻地接受佛教哲学影响。

佛教哲学讲世界、讲人生以缘起理论为基础，但缘起说通常有两条不同的思维路向。从消极的路向来说缘起，万物的成住坏空都由因缘而起，物体本无自性，也就一切皆空，无所执著；从积极的路向来说缘起，则万物的生成由缘而起，因而相互依赖，共生共存，每一种生命体都在承受着别的生命体的恩泽，同时，每一种生命体又以自己的存在而惠及别的生命体。佛教哲学的"依正不二"讲的就是这个道理。在自然观上，池田大作曾在多种国际环境会议上阐述过佛教哲学的"依正不二"思想，而在他的写景纪行散文中，感恩也就成为自然的一种突出的精神品质。如在《雪柳·光之皇冠》中，池田大作不仅写出了雪柳永远向上的生命力，而且特别突出了雪柳谦逊的品质。"雪柳总不会忘记对太阳的感谢之情。太阳毫不吝惜地照射大地，而雪柳因时常接受阳光光泽的照耀，因此就像回报太阳似的，也明朗地反照周遭。"又如《兵库秋樱之风》中写秋樱，池田大作描绘了这样一幅动人的景象："风吹着，花朵们发出'谢谢'的声响能够活着，要感谢大地、虫儿们，及感谢阳光。风走了，心手相连的使者却仍随风摇曳，让我们看到风的运作。"在这些作品中，美丽娇艳的花朵傲霜斗雪，忍寒耐热，但却谦让和平，始终抱持一颗感恩之心，感激自己所受到的来自自然的种种恩惠。当然，这是池田大作的和谐共生的自然观的形象表达，同时也是池田大作的生命理念与人格精神的体现。无论是在生活中还是在写作中，池田大作总是心怀感恩之情，想到含辛茹苦哺育自己的母亲，想到呕心沥血培育信任自己的恩师，想到在年少时给自己带来许多温暖的火钵，想到护育着自己长大的故乡庭院中的石榴树，并且时时以这些曾经给予自己恩惠的人和物来勉励自己为了创价理念的实现而奋勇向前，百折不挠。所以，池田大作的写景纪行散文往往是将写景与写自己融合在一起的。由于池田大作的高洁人格和优美性情，他的一举一动、一言一念，本身就是一道美丽的人生风景，所以写自己就是写风景。而他的散文中诸如雪柳、秋樱、油菜花、秋枫、睡莲、石榴这些美好的自然景物，其实也从各个方面成为池田大作优美人格的象征，所以池田大作写景其实也是在写自己。

# 三

中国古代文论中有"文如其人"之说，尤其是在散文诗歌这种抒情性文体中，许多优秀的作品之所以引起读者的喜爱，首先就是因为作者的人格光风霁月，映照在作品之中。池田大作的散文就属于这种优秀的文学作品。池田大作是一位具有国际影响的宗教家、教育家和社会活动家，他的各类文学作品都是以人格精神吸引读者，天然大气、不事雕琢。同时，池田大作又是一位桂冠诗人，是一位有着良好素养的文学家，因而，他的散文创作虽然从不讲究艺术技巧，但在从容挥洒之间，起承转合、着墨铺排自然形成技巧，自有独到之处。

形散而神不散，这一散文的基本特点在各个民族的文学中都是大体相似的。池田大作的写景散文有时娓娓叙来，像一川山溪，顺势而下；有时腾挪跌宕，则像峰回路转，错落有致。这是因为池田大作的写景散文看似随意之章，其实每一篇散文都有一个串起全篇的核心观念，也就是通常我们所说的"文眼"。这些"文眼"有的放在文章的篇末，如《香港·月光之门》写香港的中式庭园建筑，这种庭园多以圆形来镟开白壁，门内别有洞天，造成窥视，吸引人更想探幽访胜。这种描写对中式庭园建筑特征的把握无疑是很精当的，散文不仅写景，也写到了人，指出自古以来中国的文人为了逃离俗世琐事而追求别有天地的休闲场地，这实际上是写出了中式庭园形成的一种国民心理机制。但如果仅止于此，这不过是一篇写得精致的记叙散文而已，因为这些意思文学史上已经不知有多少作家表述过。散文最后写到创价学会一位一直奋斗不懈的草创前辈，池田大作不禁深深感慨："唯有庶民那美丽的'心灵庭园'，就像是皎洁月光般，恒常不变。"这一结尾就如"文眼"，既照应了前面关于香港变与不变的议论，也照应了题目中的"月光之门"，同时将风景与文人墨客的恒常关系置换成庶民即一般普通民众的"心灵庭园"的美丽，从而提升了作品的主题意义。有的"文眼"嵌入在作品的中间，如《翻越安第斯山脉》，此文写池田大作为了攀登"21世纪的和平之山"访问智利，途中飞越南美大陆的安第斯山脉的感想，安第斯山脉贯通南美大陆的南北，全长一万公里，群峰耸立，就如同波涛般绵延不断。作者从巴拉圭飞往智利的四个小时，有一大半时间都在翻越安第斯山脉。"即使攀越、再攀越，无垠无际的安第斯山脉依然耸立于前。"作者从翻越的关山重叠与艰难险阻想到了自己在推行创价精神与和平理念时曾经遭受的腹背受敌、孤立无援的经历，不胜感慨："不去攀登峻岭，就没有劳苦；不去坚持，就不会遭到强劲风势。"这段感慨表达了池田大作为了创价理想百折不挠、九死不悔的意志和信念，同时它也形成了一个"文眼"，将写景与言志、翻越安第斯山脉和翻越"21世纪和平之山"融会在一起，使得文章形神聚合，浑然一体。

池田大作是一位桂冠诗人，同时也是一位摄影高手，无论诗歌还是摄影，对于大自然的诠释都是通过富有创造性的意象来进行的。诗人与摄影家对于意象的爱好和敏感也体现在池田大作的写景纪行散文中。在他的散文中，许多优美独特的意象给读者留下了深刻的印象。如在《冬日清晨》中作者用对话的意象写日本人过去用的长火钵，"一般的电器是无法与之对谈的，而却能与炭火产生对话"。这一意象描绘了人们在过去时代里拥着火钵取暖时的其乐融融的人性化场面，表达了对这种微妙的长火钵文化逐渐被冰冷机械的电器所取代的无限惋惜与感念。又如《银铃般的柿子》中说："即使遭逢任何痛苦，柿子也绝不让心坚硬如石，也绝不会让纤细、柔软的感受就行死去。绝不流于惰性。"作者所强调突出的是柿子的柔软意象，不仅外表是柔软的，而且心也是柔软的，即使酷热严寒，也不会改变自己的本质形象，体现出了一种从不放弃自己的忍耐精神。如果说这种意象本身包含着意义，包含着作者自己的综合性的生命体验，那么有些意象则是作者瞬间的灵感，或者是作者快速捕捉到的生命的瞬间。如"水光映影中飘落一片片枫采，三重绘彩摇碎一溪艳红"（《京都"枫红之秋"》）；"从特拉斯看到夕阳如'黄金般'渐渐地舞向西方的水平线，东方山谷的彩虹绘出长长的弧形"（《蓝色的夏威夷》）；"被加州灿烂的阳光照耀着，高高的棕榈树，似乎直想往上伸至天际般。那道笔直的云彩划过树干，在湛蓝晴天中，恍若纯白的弹道般，遥穿天际"（《洛杉矶上空的飞机云层》）；"不知何时，夕阳西下，巍峨群峦上的雪层，映照在晚霞长空下。举目所及，只见下弦月及金星高挂长空"（《翻越安第斯山脉》）。这些意象描写，都具有强烈的画面感，生动、有力、凝练，显示出了池田大作卓越的感受、定格与诠释自然的能力。

池田大作对色彩的感受与辨析能力也是一流的。他的写景纪行散文在着色方面特别鲜明艳丽，油菜花的黄色黄得就像"开出一朵朵光彩夺目的太阳"，秋枫的红叶红得就"如柔和的火焰般四处漫烧开来"，"雪白的云彩融入蓝空中的那股澄静感，讨人喜欢"，"那红艳欲滴的红梅，就像是裁下朝霞的红云，再由精灵针针密密缝合般。而白梅，就好像是集结月光的光彩，如同精雕细琢的水晶般晶莹剔透"。诸如此类的景物描写在池田大作的写景散文中随处可见，俯拾皆是，鲜明艳丽的着色显现着池田大作开朗乐观的心情、积极向上的人生态度和充满力量与光明的生命精神。池田大作不仅喜欢浓墨重彩地铺染色彩，而且也在散文中经常谈到自己对色彩的看法。如他对白色的分析："白色是个十分华丽的色彩。白色中隐藏着无数缤纷的色彩。彩虹的七种色泽也是由白色所撷取出来的。白色是所有色彩的根源"（《雪中梅花》）。又如他对枫叶的红色的分析："红色素却是由叶片本身的糖分转变而成，借由阳光的光合作用而转变成糖分。也就是所谓的燃烧自身'储藏的太阳'而成为红叶。"而池田大作对蓝色的分析则更是精辟，他说："蓝色，是个不可思议的颜色。蓝色，总是在远方。海洋的蓝，用手一舀就消失了。天空的蓝，无论如何地接近，还是清晰透彻。"(《蓝色的夏威夷》）池田大作是特别喜欢蓝色的，甚至在写雪中白梅时，他都从雪白雪白的颜色中看到了蓝色："宽广的白雪绢绸，更将庭园的花木疏影，映照得更澄蓝。这澄蓝，是雪花，将故乡与蓝空相恋而从心的深处，缓缓渗出来的色泽。"池田大作说过，红色是生命的颜色，蓝色是精神的颜色。确实，只要一提到蓝色，我们就会情不自禁地想到天空，想到海洋。所以，蓝色是精神的颜色，这句话的深刻含义其实也就是希望人的精神能够像天空一样深远，像大海一样宽阔。可见，即使从专业的色彩美学的角度来看，池田大作对于色彩的分析也有自己的富有哲理的思考，显示出一个宗教家、教育家的过人之处。

**参考文献：**

[1]［日］池田大作：《日本是公害实验国吗?》，香港佛教日莲正宗，1980。

[2]［日］池田大作：《光之诗·秋收之赞歌》，1999 年 10 月 3 日《圣教新闻》。

[3]［日］池田大作：《光之诗·樱树灿烂》，2000 年 4 月 2 日《圣教新闻》。

[4]［日］池田大作：《光之诗·京都"枫红之秋"》，1999 年 11 月 28 日《圣教新闻》。

[5]［日］池田大作：《理解·友谊·和平》，作家出版社 2002 年版。

[6]［日］柄谷行人：《日本现代文学的起源》中译本，生活·读书·新知三联书店 2003 年 10 月版。

[7]［日］池田大作：《雪柳·光之皇冠》，2000 年 2 月 27 日《圣教新闻》。

[8]［日］池田大作：《兵库秋樱之风》，1999 年 9 月 10 日《圣教新闻》。

[9]［日］池田大作：《黄金花束》，2000 年 1 月 30 日《圣教新闻》。

（谭桂林）

# 多元、共生与和谐

在 21 世纪，许多学科都在谈论多元化与和谐问题，这与我们刚从一个对抗与斗争的世纪走出来有关。在国际上，20 世纪发生过两次世界大战，在第二次世界大战结束后，世界又经历了 30 多年的"冷战"时期，那时，新的世界战争似乎随时威胁着人类。"冷战"与两大阵营各自坚持的独断论意识形态密切相关。以苏联为首的社会主义阵营坚持认为，马克思主义是唯一的、排他的真理体系；而以美国为首的资本主义阵营认为，自由主义是唯一的、能支持自由民主的真理体系。"冷战"的结束似乎可以让热爱和平的人们舒一口气了，但是今日的世界仍不太平。西方人认为，极端宗教势力所煽动的恐怖主义是对世界和平的威胁，这只指出了症状，而未触及病根。无论如何，追求和谐、呼吁和平是世界舆论的主流。在中国，我们这些 20世纪 50 年代出生的人，亲身经历过轰轰烈烈的"文化大革命"，亲身感受过"以阶级斗争为纲"时代的斗争氛围。那时，人们相信，"斗则进，不斗则退，不斗则垮"。可是，事与愿违。我们越斗越穷，70年代时，我国国民经济已到了崩溃的边缘。邓小平号召"改革开放"，可谓救国民于危难关头。如今，中国共产党号召构建和谐社会，"和谐"成了当代汉语的关键词，这是对"文化大革命"时代斗争哲学的最终纠正。然而，无论是谋求和谐的世界秩序，还是构建中国的和谐社会，都不是简单的事情，都存在种种障碍，既有现实中的障碍，又有思想认识方面的障碍。本文将主要探讨思想认识方面的障碍。

# 一 科学主义与逻辑主义

谋求和谐的基本前提是承认各种差异和多元性的合理、合法地位，在学术界、思想界尤其要承认思想差异和思想多样性的合理、合法地位。但在我国学术界极有影响力的科学主义和逻辑主义不能承认差异和多样性的合理、合法地位。

科学主义者认为，只有实证科学、数学、逻辑学才能提供真正的知识，如果把这三者统称为科学，便是认为，只有科学才提供真正的知识，科学之外无知识。正因为持此信念，科学主义者通常是很不宽容的，他们鄙视人文学和一切宗教学说，认为这些学说不是情绪化的表达就是迷信。在现实生活中，较为温和的科学主义者会宽容人文学者，但那种宽容是居高临下的。

科学主义是现代化思想的基本构成部分，它预设如下基本观点：

（1）要严格区分分析命题与综合命题。分析命题包括严格的定义、逻辑命题和数学命题，其真值与人们的经验无关。综合命题就是人们对经验现象的判断，其真假依赖于人们对经验现象的感知。只有这两类命题才算得上命题（有真值、有意义），不属于这两类命题的语句都只是"伪命题"，是无所谓真假、没有意义的语句。

（2）要严格区分描述性话语与评价性话语。描述性话语是有真值的，因为它描述事实；而评价性话语是没有真值的，因为它只表达说话者的态度或情感，不描述任何事实。这一观点通常被简称为事实与价值的二分。

（3）知识发现与发现者的道德品质和精神境界没有什么关系，一个道德平庸甚至道德败坏的人也可以是一个优秀的知识发现者。知识发现主要靠科学方法，科学方法是一种逻辑程序或操作规则，这种程序或规则与人们的道德没有什么关系。可称这种观点为逻辑主义。

（4）所有的真理将汇聚于一个内在一致的逻辑体系，于是，只有能纳入这一逻辑体系的话语才是真的，凡不能纳入这一逻辑体系的话语都是假的。逻辑实证主义者曾发起过"统一科学"运动。著名逻辑实证主义者纽拉特说过："科学的统一化运动的最重要的目标之一，就是促进各种各样的科学汇合。"① 曾参加过维也纳学派学术活动的洪谦认为，各个学科汇聚成一种统一的科学是科学发展的必然趋势。他在 20 世纪 40 年代出版的《维也纳学派哲学》一书中写道："……过去许多原则上独立的理论和根本上分离的科学，现在已经渐渐地统一起来、联合起来了。譬如物理学中的力学、声学、光学、热力学、电磁学以前是分离的，现在则声学成了力学的一部分，光学成了电学的一部分，热力学一部分属于电力学、一部分属于力学；至于电力学和力学的联合，也不过是个时间问题。还有化学、天文学与物理学原为三种根本不同的学科，现在则化学与天文学的若干部分已成了物理学的研究对象，生物学与生理学是原则上不可分离的了。从生理学中又促成生物学与心理学的联系。精神科学之能与历史学联系，心理学实为媒介，这也是无从否认的。""总之，科学之为知识理论的体系，就是一种真理的系统。真理从其本质而言，是统一的整体的联系而不可分离的。各种各类的真理不是有其事实上的关联性，就是有其理论的相互推演性。科学之目的也就是将这个各种各类的真理从理论上加以统一，从概念上加以组织，以期构成一个整个的统一的精确的真理系统和科学的世界。"②

当代政治的极权主义不是以科学主义为其理论依据，便是以某种宗教的原教旨主义为其思想基础。在科学主义盛行的非民主法治国家，给不同意见扣上"伪科学"或"反科学"的帽子，往往就是一种批判。

## 二　消解科学主义与逻辑主义

逻辑实证主义比较系统地坚持以上的观点，从而是科学主义和逻

---

① 转引自涂纪亮《分析哲学及其在美国的发展》，中国社会科学出版社 1999 年版，第 214 页。

② 洪谦：《维也纳学派哲学》，商务印书馆 1989 年版，第 127 页。

辑主义的典型代表。20 世纪 50 年代以来，英美分析哲学的演变是大致沿着对如上观点的消解和批判而展开的。

1953 年，美国哈佛的著名逻辑学家、分析哲学家蒯因发表了《经验论的两个教条》，在分析哲学领域产生了巨大的影响。蒯因用精细的逻辑分析和语言分析方法消解了分析命题与综合命题的截然二分。蒯因认为，没有什么绝对不可修正的、永真的分析命题。语言的意义单位既不是语词，也不是陈述，"经验意义的单位是整个科学"。整个科学是沿边缘与经验紧密接触的人工织造物。"只要我们对系统某处做足够强烈的调整，那么，任何陈述在任何情况下都可以被认为是真的。即使面对执拗经验之反驳的很靠近边缘的陈述也能以出现幻觉为借口或通过修改被称做逻辑规律的那类陈述而被认为是真的。同理，没有任何陈述是可免于修正的。修改逻辑排中律甚至曾被提议为简化量子力学的途径；那么，这样一种改变与开普勒之代替托勒密、爱因斯坦之代替牛顿，或达尔文之代替亚里士多德，在原则上有什么区别呢？"①

蒯因的基本观点是，数学、逻辑命题与实证科学的命题共同构成科学体系，如果把这个体系比作一张大网的话，那么这张大网的边缘是与人类的经验紧密接触的，逻辑和数学命题则离经验较远。这个体系是我们适应环境、改造环境、追求意义、追求幸福的智能工具。在使用这个工具的过程中，随着世界新事物的发生，我们可能会觉得这个工具需要修理、更新，否则就会越来越不好使。即我们必须不断根据新经验或新思想去修正、调整、补充我们的科学体系，否则它就不能方便地说明新事物、解决新问题。在修正、调整、补充我们的科学体系时，你可以保留其中的任何一个命题，也可以修正其中的任何一个命题，不管它是数学、逻辑命题，还是实证科学命题，但在这样做的时候，你要对整个科学体系作适当的调整。这样，就没有什么不可修正的（或永真的）分析命题了，或者说，在分析命题与综合命题之

① W. V. Quine, "Two Dogmas of Empiricism," in Paul Benacerraf and Hilary Putnam (ed.) *Philosophy of Mathematics*, Prentice—Hall, INC. Englewood Cliffs, p. 362.

间没有截然分明的界限。蒯因的分析和论证是细腻和严密的。经过蒯因的分析、论证之后，我们没有理由再坚持分析命题与综合命题的严格二分了。不是说二者之间没有任何区别，但必须承认二者之间的界限是模糊的。

当代著名分析哲学家普特南则对科学主义观点（2）进行了理据充分的消解和批判。普特南继承了蒯因的语义学整体主义，并将其又向前推进了一步。在普特南看来，每一个概念的意义都依赖于它所属的语言框架整体，而任何一种语言框架又依赖于特定的文化传统，归根结底，概念的意义依赖于文化传统。没有什么价值中立的文化，也没有什么价值中立的、纯描述性的语言。"一个抛弃了日常道德观念，或用源自不同意识形态和道德观的观念取代了日常道德观念的文化，将会丧失恰当、明白地描述正常人际关系、社会事件和政治事件的能力。""概念框架的选择必然反映价值判断。"①既然概念框架不可能是纯粹描述性的，不可能是价值中立的，而语词、语句的意义又总是依赖于概念框架的，那么任何一种语言表达都不可能是纯粹性的。

"一只猫在一张草席上"似乎是个典型的事实判断，但这种判断也是有价值意蕴的。如果某人真的在特定语境中下了这个判断，那么他便用了"猫"、"在……上"、"草席"这样三个概念，而这些概念是由特定的文化提供的。这几个概念的存在和通用反映了那种文化涉及兴趣和价值的某种东西。我们有"猫"这个范畴，因为我们认为把世界划分为动物和非动物是重要的，我们还对特定动物属于哪个物种感兴趣。说一只猫而不只是随便一个东西在那张草席上才是恰当的。我们有"草席"这个范畴，因为我们认为把无生命的事物划分人造物和非人造物是重要的，我们还对特定人造物所具有的用途和性质感兴趣。说那只猫身在其上的是张草席而不是随便一个东西才是恰当的。

---

① Hilary Putnam，*Reason*，*Truth and History*，Cambridge University Press，1981，p. 212.

我们有"在……上"这一范畴,因为我们对空间关系感兴趣。① 我们所说的话不仅应该是真的,而且必须是恰当的。假设一个从来没有见过桌子、椅子的人,进到一个有桌子、椅子的房间,这时他对房间的描述可能是真的,但可能是完全不恰当的。而完全不恰当的表达是不能为他人所领会的。语言表达或判断的恰当性与人们所看重的价值密不可分。很显然,我们只能在特定的文化传统中,在特定的语言框架内,说恰当的话,下恰当的判断。而文化传统和语言框架的形成总是与特定族群的价值追求密不可分的。所以,没有什么纯粹的描述性话语,"在真实世界和真实语言中,事实/价值的区分是不可救药地模糊的(hopelessly fuzzy)"。② 每一个事实都负载着价值,每一种价值都负载着事实。事实就是某种能合理相信的东西,更精确地说,事实观念(或一个真陈述)是一个可合理相信的陈述观念的一种理想化。"合理可接受性"和"真"是两个可以互换的观念。合理性涉及恰当性标准及合理可接受性标准,而恰当性标准牵涉到我们的全部价值。判断一个世界图景为真和回答恰当的问题依赖于且反映着我们整个价值承诺系统。没有价值的存在也就该没有事实。③ 总之,价值与事实是相互渗透、相互依存的。

科学主义者很看不起伦理学,我国哲学界的科学主义者尤其如此。普特南是很有成就的科学哲学家,他晚年甚至坚持宣称自己是科学实在论者,但他总在为恢复伦理学的学术地位而努力。在普特南看来,物理学并不是什么绝对客观的、与外在物理世界相符合的真理,伦理学也并不是不可合理辩护的任意偏见的表达。伦理学是可以获得合理辩护的,我们是可以根据合理可接受性标准去审视价值判断的合理性的。普特南认为,科学主义中有一派可被称做物理主义。物理主义断言一切有意义的言说都可被还原为物理学语言,断言一切学科都可还原为物理学。但科学史表明物理主义是不对的,20世纪50年代

---

① See Hilary Putnam, *Reason, Truth and History*, Cambridge University Press, 1981, pp. 201—202.

② Ibid, p. 139.

③ Ibid, p. 201.

以后的科学哲学也从逻辑学和语言学的角度表明物理主义是不对的。伦理学与物理学并不冲突，它只是不能还原为物理学话语，它可能是非科学的（non−scientific），但并不是反科学的（unscientific）。<sup>①</sup> 去除了科学主义，我们自然就能体认伦理学的重要性。

普特南在对西方合理性概念进行清理时已触及对科学主义观点（3）的批判。他说："合理性也许不能定义为一个'标准'或一套原则，但我们确实有指引我们不断进化的认知美德（cognitive virtues）概念。"<sup>②</sup> 普特南认为，在学术研究中，有些理智美德（intellectual virtues）是极为重要的，如洞开的心灵、思考推理和论证的意愿、接受批评的能力、等等。<sup>③</sup> 这些表述与逻辑主义者的表述形成了鲜明的对比。逻辑主义者大多是不屑于谈论美德的，因为他们认为美德与真理发现无关。普特南已为批判逻辑主义准备了条件，但对（3）的直接批判是由福柯等欧陆哲学家完成的。

逻辑主义认为，发现真理主要关涉逻辑程序和证实（或证伪）方法，与发现者的精神状态（如情感、意志、态度、审美情趣、道德情操、道德品质）关系不大；即使有关系，那也只是外在的关系，而不是内在的关系。事实与价值二分的实质是真与善（广义的善涵盖美）的二分。逻辑主义设定真高于善、真优先于善。对真理的追求与对善的追求没有内在的联系，追求真理与追求者的德性也没有内在的联系。这是现代性思想的独特之处，无论古代西方思想还是古代中国思想都不是这样的。

中国传统儒学从来就没有事实与价值的截然二分，从而没有真与善的截然区分。对儒家来讲，一个没有美德和境界的人居然能发现真

---

① See Hilary Putnam, *Reason*, *Truth and History*, Cambridge University Press, 1981, p. 145. 消解了事实/价值二分之后，我们容易发现科学与非科学之间的界限也是模糊的。另外，如果说现代科学方法论指导的科学对伦理学没有什么支持，那么以生态学、系统论、信息论、耗散结构论和复杂性理论为典范的新科学可为伦理学提供较为直接的思想支持。例如，许多当代环境伦理学家就自觉地从生态学那里寻求理论支持。

② Hilary Putnam, *Reason*, *Truth and History*, Cambridge University Press, 1981, p. 163.

③ Ibid，p. 165.

理（闻道），那是绝对不可能的事。儒家不怎么谈论"真"，但"诚"却是个极为重要的概念。"诚"代表着真与善的统一。而且，"诚"不仅是人的德性，还是"天德"。

下面让我们看福柯通过对西方哲学史的回顾而对科学主义观点（3）所进行的批判。

说起古希腊哲学，人们自然会想起德尔斐神谕："认识你自己！"而苏格拉底在劝诫别人认识自己时则要求他们"关心自己"（epime－leia heautou）。"首先，'关心自己'是一种态度：关于自身、关于他人、关于世界的态度；其次，'关心自己'也是某种注意、看的方式。关心自己包含有改变他的注意力的意思，而且把注意力由外转向'内'。……人们必须把注意力从外部、他人和世界转向'自己'……第三，epimeleia 不只是指这种一般态度或这种把注意力转向自己的方式，epimeleia 也总是指某些人自身训练的活动，人通过它们控制自己、改变自己、净化自己和改头换面。由此，就有了一系列的实践，大部分都是（在西方文化、哲学、道德和精神史上）有着特别漫长遭遇的训练。比如，沉思的技术、记忆过去的技术、良心考验的技术、根据表象对精神的表现来检验表象的技术，等等。"① 福柯把这种意义的"关心自己"的问题称作"精神性问题"。而"最古老的、最根本的'epimeleia heautou'和精神性问题……是达至真理的条件"。② 强调关心自己，是要求人们重视不可脱离实践的生活智慧，对前苏格拉底的哲学家来说，"不通过某种实践是达不到真理的，这类非常特殊的实践改变了主体的生存方式"。"在苏格拉底之前，就有着一套修身的技术，它与认识有关，涉及通向真理的特殊知识。"③ 所以，"关心自己"就是修身，就是净化自己，"不净化自己就接触不到诸神手中的真理"④。

---

① ［法］米歇尔·福柯：《主体解释学》，佘碧平译，上海人民出版社 2005 年版，第 12—13 页。

② 同上书，第 33 页。

③ 同上书，第 50 页。

④ 同上书，第 51 页。

在这里，我们看到了古希腊思想与中国传统儒学的共同点：强调修身对于求知的必要性和重要性，并且认为求知是"关心自己"。孔子说："古之学者为己，今之学者为人。"① 程子解释道："古之学者为己，其终至于成物。今之学者为人，其终至于丧己。"② 为己之学是"关心自己"的，是与实践不可分的关于如何修身的学问。古代中国哲人与古希腊哲人都认为，最重要的知识既不是纯粹工具性的知识，也不是关于如何征服自然的知识，而是关于培养美德或修身的知识。

西方到了近代，求知传统发生了重要的转折。笛卡儿时期"既在哲学上重新确定'认识你自己'，又同时贬低'关心自己'"。③ "这时，大家一致认为让主体可以达至真理的条件是认识。"福柯说："真理史上的现代是从唯有认识才使人达至真理的时期开始的。这就是说，从这样一个时期开始的，即在没有别的要求的条件下，在不需要改变其主体存在的条件下，哲学家（或智者，或只是探求真理的人）就能够通过自己的认识活动，认识到真理，并能够达至真理。当然，这不是说真理的获得是不需要条件的。这些条件分属两个层面，但是都不属于精神性。"④ 就这样，西方"哲学思想摆脱了一直与它相伴的精神性条件"。⑤ 逻辑主义渊源于斯。

事实证明，知识探究并非与探究者的道德品质无关。仅就实证科学而言，知识发现也依赖于发现者的道德品质。实证科学的基本特征之一是尊重事实，即极为注重用来自观察和实验的事实（数据）去检验理论假说。科学的这一特征通常被称为实证性。科学主义者倾向于把实证性原则当做纯粹的科学方法论原则，进而认为这一原则与道德无关。实则不然。坚持实证性原则的关键是科学实践者的真诚。科研

---

① 《论语·宪问》。

② 转引自朱熹注《四书集注》，北京古籍出版社 2000 年版，第 169 页。

③ ［法］米歇尔·福柯：《主体解释学》，佘碧平译，上海人民出版社 2005 年版，第 15 页。

④ 同上书，第 19 页。

⑤ 同上书，第 31 页。

人员失去了真诚，就会捏造数据、剽窃他人成果、夸大科研成果的价值。如今屡见不鲜的科学造假实例充分地说明了这一点。实证性原则就是实事求是原则。仅当科研工作者有求真的真诚时，他们才会在科研活动中实事求是，或说仅当科学从业者有求真的真诚时，科学才能保持其本真特征——实证性。科学坚持其实证性离不开其从业者的真诚。可见，实证性原则不是纯粹的逻辑原则，也不是纯粹的方法论原则，它内含道德要求，这正可以说明道德是科学必不可少的内在维度。

逻辑主义的盛行使精神修养成了无足轻重的事情。当精神修养不再是追求真理的必要条件时，真与善在现实中的分离就在所难免了。这一点表现于不同层面：①随着社会分工的日益细化，一个人的知识追求往往只与他的职业相关，一个在化工某个分支深钻的人，其知识探究与其道德修养和精神性没有什么关系。他完全可以是个造诣极深的专家，同时又是个道德败坏的人（如用其专业知识为贩毒集团服务）。②科学打着价值中立的旗号而把自己凸显为最高价值，科学集中代表着真理的追求，真是高于善的，于是科学成了最高贵的探究事业。其从业者的日常生活当然应受社会公共道德的约束，但科学作为一项事业不应受道德的约束。在现实中，科技又与商业、军事和政治联合，总体发展方向不受道德约束的科技终于导致了人类生存的深刻危机：全球性的生态危机，尖端技术用于战争从而可能导致人类的毁灭，现代生物技术和信息技术的结合可能导致人类的彻底异化。可见，科学主义观点（3）不仅是错误的，而且是有害的。

批判科学主义观点（4）的当代哲学家很多，库恩、普特南、罗蒂、哈金等人都批判过，他们的进路各有不同，不必在此赘述。经过这么多著名哲学家的批判，我们没有理由再相信（4）了。这对于承认多元化、培养倾听不同声音的学术态度至关重要。只有当人们认为（4）是不能成立的时候，人们才不会把思想多样化当做一种需努力消除的思想混乱状态，而会把它当做社会思想的常态。

一位学者是否相信（4），直接关系到他的学术境界。只有那些认为（4）已被驳倒了的学者才能杜绝科学主义者常有的那种心态：只有我研究的学科（如逻辑学、数学、物理学）才是真正的探究真理的学科，只有我信持、捍卫的理论才是必然汇聚于那个唯一的真理体系的理论，与我信持的核心思想不一致的思想必定是荒谬的。如果我们认为（4）是不能成立的，就不仅能培养真正的学术宽容精神，而且还能培养真正谦逊的学习态度。实际上，如果你认为（4）是不能成立的，那么你就应该从学术宽容态度提升到谦逊的学习态度。宽容显然包含强者怜悯弱者的态度，今天某些温和或世故的科学主义者对人文学者的宽容，就显然属于这种态度。如果一个人不认为（4）是真的，从而认为不同学科永远都不可能汇聚于一个统一的真理体系，认为不同的学科有不同的意义，认为那些自己没有进入的领域真的具有很多自己不懂而又重要的思想，他就不会居高临下地宽容那些从事不同于自己所从事的研究的人们，他会培养自己的倾听，以便从他人那里学习自己所不知道的知识。学习是比宽容更高的学术境界，但坚信（4）的人们很难培养这种境界。

## 三　多元主义与和谐社会

如果科学主义观点的（1）、（2）、（3）、（4）都被驳倒了，那便意味着没有任何个人、党派、阶级和学科可以合理地宣称，只有他（们）发现（阐述）的才是真理，凡与他（们）所发现（阐述）的思想不同的都是谬误。这便要求我们由衷地承认多样思想的合理、合法性。这不仅要求我们在学术讨论中培养学习态度、对话精神和倾听能力，而且要求我们在社会生活中培养公共理性、对话精神和民主精神。

科学主义可支持极权主义。极权主义统治无疑会导致社会压迫，当今世界的极权主义统治最终会引起极度的社会动乱。在市场经济条件下建构和谐社会的根本途径是培养公共理性，培育公民社会，逐渐走向民主法治。一个走向成熟民主法治的社会，势必是个思想自由、信仰自由的社会。那么这样的社会是否就一定和谐了呢？未必。这样的社会仍须提防宗教原教旨主义和宗教狂热所导致的社会分裂和冲突。不仅思想上的科学主义者和政治上的极权主义者常表现出思想上的不宽容，各种宗教中的原教旨主义者和极端狂热者也常表现出思想上的不宽容。

在现实生活中，我们不难发现这样的基督教原教旨主义者：他们认为基督教思想体系是唯一的、排他的、普遍的真理体系，因为陈述这一真理体系的经典《圣经》是根据上帝的启示写就的；只有信仰基督教的人们才能得救，死后才能进天堂，凡不信基督教的人们统统要下地狱！他们的思想不宽容显然更甚于科学主义者。但有了政教分离的现代民主法治，他们只能在思想上坚持自己的信仰，而不能借助政治强制力把自己的信仰强加于不同信仰者。在现实生活中，他们常常很热心地帮助、关心不同信仰者，但他们内心里有一种绝对的精神优越感。他们相信自己是作为能得救者去帮助那些不改变信仰就不能得救的人们。在民主法治社会，这样的基督徒如果占人口的绝对多数，就势必会形成对非基督徒的精神压力，这种精神压力甚至会威胁民主法治。所以，如果我们真的珍惜人权和自由，就必须尊重支持思想信仰的多元化。科学主义居于绝对主流地位会威胁民主法治，特定宗教居于绝对主流地位也会威胁民主法治，只有多元共存才真正有利于民主法治、有利于社会和谐。多元共存与民主法治是互相支持的，和谐社会不是单一同质的社会，多元化恰恰是和谐的前提。

现代西方社会似乎是真正的多元化社会，与集权政治国家比较，西方社会内部也较为和谐。但实际上，西方社会不是真正的思想多元化社会，表面的多元化掩盖了它的资本主义实质。在"冷战"期间，资本主义通常被看做与社会主义对立的意识形态；"冷战"结束以后，许多西方思想家把资本主义看做中立于一切宗教和意识形态的制度，其实不然。在现实中，资本主义已成为一种综合性的价值观和人生观，其意识形态实质并未随"冷战"的结束而改变。它激励人们无止境地追求财富，导致了财富分配的两极化，是世界战争的根源。论述这一点需很大篇幅，无法在此展开。

池田大作认为21世纪"等待着人类的最大危险"是"人们被一

种不断'分裂'的力量所摆布"①，简言之，最大的危险是分裂。他一方面认为"没有任何东西可以比追求绝对的、完全的最后真理，完全的最终主义志向更让人觉得不自然的了"②，另一方面担心"价值观的多元化、相对化，不是带来了不同的价值观的诸如百花齐放的盛况，……反而生出了对价值本身毫无兴趣或极尽挖苦嘲笑之能事的态度"。③ 这种担心是有现实依据的。在当代中国，无论是全身心地拥抱现代性的学者，还是信持解构主义的学者，都表达过道德相对主义和虚无主义的立场。他们认为，道德话语没有真假之分，人们的价值选择也没有高下之分，在伦理学讨论中，"何谓善"的问题应被"什么是可行的"问题所取代。然而，道德相对主义和虚无主义是错误的，认同多元主义不等于接受道德相对主义和虚无主义。

认同多元主义绝不等于人云亦云、随波逐流；相反，认同了多元主义，我们才能真正以"开放的心灵"去参与"开放的对话"，才能培养真正的"创造性的批判精神"，而"创造性的批判精神"是"认真分清是非"的、追求精神卓越的精神。④

当代的道德相对主义并非真正支持多元主义，相反，它强有力地支持物质主义、经济主义和消费主义价值观。根据道德相对主义，各种价值观要么"没有多大差异"，"大家都一样无聊、荒唐"⑤，要么都同样"正确"。"可行的"就是"正当的"，"可行的"价值观就是绝大多数人正在奉行的价值观，而物质主义、经济主义、消费主义就是绝大多数人正在奉行的价值观，于是这些"主义"就是正当的价值观。殊不知恰恰是这种"可行的"价值观正把人类引向深渊。⑥

摒弃科学主义和逻辑主义只要求我们杜绝以真理垄断者自居的独断心态，而并不要求我们放弃真与假、善与恶、正当与错误、高尚与

---

① ［俄］戈尔巴乔夫、［日］池田大作：《20世纪的精神教训》，孙立川译，社会科学文献出版社2004年版，第225页。

② 同上书，第243页。

③ 同上书，第244页。

④ 同上书，第247页。

⑤ 同上书，第246页。

⑥ 参见卢风《经济主义批判》，《伦理学研究》2004年第4期。

卑鄙之间的分别。断言没有任何人、学派、党派、学科能垄断真理的
发现，否认真理将汇聚于一个统一的、内在一致的、排他的逻辑体
系，并不意味着我们无法判定在具体语境中对立的思想观念的对与
错。根据现代人片面追求物质财富、经济增长和全球性生态危机凸显
的事实，我们断定物质主义、经济主义和消费主义价值观是错误的、
粗鄙的，以这种价值观指导制度建设和政治决策是极度危险的，因为
它会通过制度激励几十亿人的物质贪欲。几十亿人的物质贪欲固然是
推动经济增长的巨大动力，但也构成破坏地球生态平衡的巨大破坏
力。遗憾的是，多数人都被现代性的浮华蒙蔽了眼睛，他们看不到物
质主义、经济主义和消费主义价值观的普遍影响与生态灾难之间的内
在关联。显然，必须有"创造性的批判精神"才能看出这种内在
关联。

# 四　万物共生与自然和谐

科学主义和逻辑主义是认识论的观点，但它们有存在论的预设，
或干脆依赖于特定的世界观（或存在论）。这种世界观或者是机械论
的，或者是物理主义的。机械论世界观宣称，世界就是一部巨大的机
器，其基本规律就是机械规律。认识论的物理主义认为，一切知识都
必须用物理学的语言表述，只有能被这样表述的话语才堪称知识。它
所设定的世界观便是：世界归根结底就是物理世界，物理学所揭示的
规律便是世界的根本规律，"自然就是原则上能被我们所控制的自动
机"[1]。如今，虽说已没有多少人相信机械论世界观了，但物理主义
的世界观仍有相当大的影响。与"统一科学"理想和逻辑主义相应的
存在论信念是：世界秩序是统一的，它就是一个自在的逻辑体系，人
类只要有幸发现这个体系的基本公理，就可循着逻辑或科学方法的路
径，逐渐揭示这个内在一致的逻辑体系所蕴涵的所有奥秘。所以，人

---

① Ilya Prigogine, *The End of Certainty: Time, Chaos, and the News Laws of Nature*, The Free Press, 1997, p. 12.

类知识可逐渐达到其"欧密茄点",即终点。当人类知识达到"欧密茄点"时,人类即可在宇宙中为所欲为了。这种世界观不仅支持了认识论的科学主义,而且激励了人类对自然的征服,可以说,这种观点与全球性的生态破坏密切相关。如果说现代性导致了严重的不和谐的话,那么人与自然的对峙就是其中最严重的不和谐!

显而易见,20世纪许多西方著名哲学家对科学主义观点(4)的批判,也正是对物理主义世界观(或存在论)的批判。当代科学家中像普利高津这样的佼佼者,则直接批判了物理主义世界观,同时描绘了一种有机论的世界图景。

根据物理主义世界观,世界的基本规律是与时间无关的,"从古典牛顿力学到相对论和量子物理学,物理学基本定律所描述的时间都不包含过去和将来之间的任何差别"①。说世界的基本规律是与时间无关的,即是说世界的基本规律是永恒不变的("天不变,道亦不变")。但普利高津等新一代科学家认为:"自然界既包括时间可逆过程又包括时间不可逆过程,但公平地说,不可逆过程是常态,而可逆过程是例外。可逆过程对应于理想化:我们必须忽略摩擦才能使摆可逆地摆动。这样的理想化是有问题的,因为自然界没有绝对真空。"②如果不可逆过程才是自然事物的常态,那便意味着自然界的一切都是流变的,而且变化的并非只是现象。自然是生生不息的,自然界随时都涌现着新事物。

在普利高津之前,我们倾向于把人与自然看做根本不同的存在者。现在我们可以说,人与非人的自然物之间的界限不像笛卡儿以来的现代哲学家所说的那样不可逾越。笛卡儿以降,主流哲学设定:人是主体,一切非人自然物是客体;主体是具有能动性和创造性的,而客体是毫无能动性和创造性的;主体是凌驾于客体之上的,主体抽离于客体,能分析、解剖、认知客体,进而能改造、控制或征服客体。

---

① Ilya Prigogine, *The End of Certainty: Time, Chaos, and the News Laws of Nature*, The Free Press, 1997, p. 2.

② Ibid, p. 18.

也正因为如此，认知过程才可以被归结为与认知者的精神境界毫无关系的认识过程。主体在认知、征服客体的时候无需任何同情心，因为主体与客体之间不存在什么内在的关联。但后现代科学不再设定如此严格的主客二分。普利高津说："我总是把科学看做与自然的对话。如同现实中的对话一样，答案常常是出人意料的——有时甚至是令人惊讶的。"① 与自然对话者就不再把自然看做毫无主体性的客体了，对话只能发生于主体之间。可见，普利高津认为，大自然也有主体性，因为"大自然确实涉及对不可预测的新奇性的创造，在大自然中，可能性比实在性更加丰富"。② 普利高津关于大自然具有创造性的观点是彻底的反现代性的（当然也是反科学主义和逻辑主义的），在笛卡儿、密尔等人看来，自然是毫无创造性的。如果"大自然确实涉及对不可预测的新奇性的创造"，那么控制和征服自然就是妄想。普利高津说："理解自然的努力一直是西方思想的基本目标。然而，理解自然不应等同于控制自然。"③

20 世纪下半叶以来的新科学正在描绘一幅新的世界图景。这幅世界图景是：世界是无限的，世界不仅在时空上是无限的，而且存在无穷无尽的奥秘，因为它是生生不息的。正因为如此，人类知识永远也到达不了终点；相反，人类之所知相对于自然隐匿和创生的奥秘，永远都只是沧海一粟。人类的生存是依赖于地球生态系统的，人类必须谋求与地球生物圈的共生，如果地球生物圈彻底崩坏，那么人类也将走向灭亡。如池田大作所言："万物存在于相互的'由缘而起'的关系性之中，独自能单生的现象是不存在的。"④ 所以，仅谋求人类共同体内部的和谐还远远不够，还必须谋求生物圈内部的和谐。

---

① Ilya Prigogine, *The End of Certainty: Time, Chaos, and the News Laws of Nature*, The Free Press, 1997, p. 27.

② Ibid, pp. 72.

③ Ibid, pp. 153—154.

④ ［俄］戈尔巴乔夫、［日］池田大作：《20 世纪的精神教训》，孙立川译，社会科学文献出版社 2004 年版，第 226 页。

# 五　结语

和谐是一种理想。和谐只能体现为多元竞争的和谐，只能体现为多元关系的适度张力。我们必须追求三个层次的和谐：一是个人内心世界的和谐，即个人理性、情感、意志之间的适度张力和健康协调；二是人际关系的和谐，即各民族（国家）、各阶级、各阶层、各群体、各行业、各个个人之间的适度竞争与和平协作；三是人与自然的和谐，具体说来，就是地球生物圈内部的和谐，它体现为地球生态系统的动态平衡，体现为生态系统内部不同物种之间受生态学规律约束的生存竞争和互惠共生。

在 21 世纪的人类生存境遇中我们能看出，这三种和谐是内在关联的，缺了其中的任何一种，其他两种就失去了保障。

某些现代思想家认为，只要有民主法治和市场经济就能保障人际关系的基本和谐，有了人际关系的基本和谐也便有了一切；而经济增长是保障人际关系和谐的充分必要条件，从而是社会改善的充分必要条件。长期以来，这种意识形态指导着许多国家的制度建设，于是，物质主义、经济主义、消费主义和拜金主义盛行于全球。人们的物质贪欲得到了主流意识形态和制度的支持与激励，人们失去了内心的宁静，他们永远也得不到满足，于是失去了内心世界的和谐。正因为人们永不知足地追求物质财富，于是永不知足地探寻、开采自然资源，肆无忌惮地占有野生动植物的生存空间，破坏生态系统，于是破坏了地球生物圈内部的和谐。发达国家诚然比较好地谋求了各国内部的社会和谐，欧洲也比较好地谋求了欧盟内部的和谐，但由于各国都把自己的国家利益当做最高利益，所以，正义原则不能有效地贯彻于国际交往。于是，世界的永久和平只是和平主义者的幻想。一些超级大国总打着维护正义的旗号，干着谋求霸权和国家利益的勾当。所以，现代性谋划也不能促进国际关系的和谐。

多元共存的和谐不能排除竞争。社会没有竞争便没有活力，而且没有竞争便必然出现形形色色的垄断。当然，竞争须保持在适当的限度内，需采取恰当的方式。现代社会是通过促进经济竞争而激励社会活力和推动社会进步的，事实正日益表明仅由经济竞争推动的进步是危险的，未经"创造性的批判精神"审视的全球性经济竞争正把人类文明推向日益深重的生态危机。如果我们承认思想、信仰、价值的多元化是民主政治文化的永久性特征，① 那么就必须承认，为确保人类文明的健康活力，我们还必须有另外一种竞争，那便是池田大作十分看重的"人道的竞争"。池田大作说，各种宗教共存于世，不是"无原则的离散集合"，而是要发挥"人格形成的作用"，要进行富有创造性的思想竞争，"譬如竞争去做一个'世界公民'并使之人才辈出"。简言之，"人道的竞争"是"人格形成的竞争"，是"争相当世界公民的良胜竞争"。② 其实，"人道的竞争"不应仅限于不同宗教之间的竞争，它应是不同文化、不同思想、不同信仰、不同生活方式之间的良性竞争，即相互批评、相互学习的对话交流。这样的竞争可通过公共领域影响、改变人们的共识，从而引导人们的公共生活。这样的竞争可激活人们的"创造性的批判精神"，从而可帮助纠正人们共识中的错误。

在现代性思想的指引下，人们既无法培养健康和谐的心态，也无法谋求世界永久和平，更无法实现人与地球生物圈的和谐共生。现代文明正面临深重危机，如潜在的战争危机和全球性的生态危机，只有走向一种全新的文明，人类才能走出危机。谋求三种和谐的努力就是走向新文明的努力，而这个全新的文明就是生态文明。

为谋求人的内心世界的和谐，需要破除科学主义、经济主义、消费主义和物质主义，需要多种超越性价值观的互竞。在这方面，传统中国的儒家、道家、释家都是重要的思想资源。

为谋求人类共同体内部的和谐，需要培养多元主义所支持的对话精神、学习态度和倾听能力。非民主法治国家须逐步走向民主法治；

---

① See Cf. John Rawls, *Political Liberalism*, Columbia University Press, New York, 1996, p. 36.

② ［俄］戈尔巴乔夫、［日］池田大作：《20世纪的精神教训》，孙立川译，社会科学文献出版社2004年版，第248页。

而以美国为代表的发达国家必须放弃基督教和自由主义的普遍主义，以真正平等的心态和学习的心态对待其他国家的文化。

为谋求人与自然之间的和谐，人类必须促成科技的生态学转向，必须彻底改变工业文明的生产方式，必须彻底改变经济思想和经济增长模式，必须彻底放弃对自然的征服态度。

在生态文明中，"万物并育而不相害，道并行而不相悖"。那将是远比现代文明和谐的文明。

（作者简介：卢风，1956 年生，哲学博士，清华大学哲学系教授，博士生导师）

# 东方智慧与"现代病"疗治

## ——从池田大作先生的"依正不二"观说开去

20 世纪 70 年代,尚在盛年的池田大作(1928—)在与英国历史学家阿诺尔德·汤因比(1889—1975)对话时,针对现代文明存在的人与自然对立、人与人对立引发的环境问题、社会问题,阐扬了佛教哲学的"依正不二"观。在汉字佛学语境,"依"即"依报",指环境总体;"正"即"正报",指生命主体。池田大作对"依正不二"的诊释是:生命主体及环境在客观世界的现象中,虽然可以作为两个不同的东西来认识,但在其存在中,是融合为不可分的一体来运动的。①

池田大作以"依正不二"观作为克服现代性病端的一种思想进路,是颇具前瞻意义的。这是因为,现代文明的伟大进步以及导致的严重问题,都是主体征服客体的结果,其精神源头主要来自西方文明的主体与客体二元对立观。池日大作指出,这种理论破坏了"依报"(环境)与"正报"(生命主体)之间的"不二"性,导致人类与环境的分离、对立。而东方文明的"依正不二"观,以及相类似的"天人合一"观,经过现代诊释,正可作为主体与客体二元对立观的修正性思想资源。

---

① [日]池田大作、[英]汤因比:《展望二十一世纪——汤因比与池田大作对话录》,荀春生等译,国际文化出版公司 1986 年版,第 12 页。

# 一 现代性：一柄善忍并举、苦乐同行的"双刃剑"

今日世界，其文明的器物层面、制度层面、行为层面和观念层面都在赢得愈益深刻的现代性。人类的生活在剧变，人类栖息的星体——地球也出现超乎以往任何世纪的大改观。18世纪欧洲的启蒙思想家曾构想一幅美妙的前景，认为未来社会将在理性指引下，得到健全的、有秩序的发展。然而，两三个世纪的实践证明，"现代性"给人类带来的并不是单一式的进步，而是善恶并举、苦乐同行的矛盾过程，正所谓"省忧喜之共门兮，察吉凶之同域"①，也即中国现代思想家章太炎（1869—1936）所谓的"俱分进化"——进化之所以为进化者，非由一方直进，而必由双方并进，专举一方，唯言智识进化可尔。若以道德言，则善亦进化，恶亦进化；若以生计言，则乐亦进化，苦亦进化。双方并进，如影之随形，如魑魅之逐影，非有他也。②

中外哲人所臆想的那种"乌托邦"③、"太阳城"④、"君子国"⑤式的"无差别境界"并没有因现代化的推进从天而降。展现在世人面前的，是一个错综复杂、利弊共存的世界。一方面，由于现代人类对自然、社会和人生的规律性有了更自觉的认识，又具备较之以往强大得多的改造世界的能力和手段，因而赢得超越往昔的自由，其生活质量也随之大为改善；另一方面，工业文明的弊端随着现代化的纵深发展

---

① 扬雄：《太玄赋》。

② 章太炎：《俱分进化论》，《章太炎全集》（四）。

③ 英国空想社会主义者托马斯·莫尔（1478—1834）于1516年所著的《乌托邦》一书描写了一个美好的社会——乌托邦（意即"乌有之乡"），其中没有贫穷，一切财产公有，人民安居乐业，各取所需，"乌托邦"遂成为空想社会主义的代名词。

④ 意大利文艺复兴后期思想家托马斯·康帕拉内（1868—1639）于1623年所著的《太阳城》一书，描写了一个理想社会——太阳城，这是一个庞大的公社，其中一切财产公有，人们过着绝对平均的生活，各尽所能，各取所需。

⑤ "君子国"是中国清代作家李汝珍（约1763—约1830）所著小说《镜花缘》中描写的一个理想国度，那里礼仪有度，谦让成习，人人为君子风。

而愈益昭彰，人类面临的问题其严重程度不可同日而语。这正如德国哲学家尼采（1844—1900）所慨叹的：凡人类所能享有的尽善尽美之物，都必须通过一种亵渎而后才能到手，并且以此一再要自食其果，受冒犯的上天必降下苦难和忧患的洪水，侵袭高贵地努力向上的人类世代。①

这段哲理诗当然是针对整个人类文明史而言的，尤其是针对现代文明，因为在现代，随着工业化的高歌猛进，"文明悖论"达到更尖锐的程度。

## 二 现代病初诊：人与自然协调关系的崩解

从文明取得巨大进展论，20世纪诚然是人类史上的"盛世"；但从积淀的问题的严重性论，20世纪又堪称"危乎险哉"的百年。盲目乐观与悲观绝望均不可取，发出切实的"盛世危言"，以引起疗治的注意，却十分必要。

人与自然的交互关系，在工业文明降临的两三个世纪间，尤其是在20世纪，发生了根本性变化。此前，无论是在延续百万年之久的采集、渔猎时代，还是在长达数千年的农耕文明时代，人类都没有摆脱对自然的依附与敬畏，人类与其生存的环境保持着"一体不二"的关系，中国古代哲人"天人合一"②、"民胞物与"③ 的思想，印度佛学"依正不二"④ 的信念，正是对人与环境保有原始和谐状态的一种信念升华。

---

① ［德］尼采：《悲剧的诞生》，周国平译，三联书店1988年版，第39页。

② "天人合一"是中国古代强调"天道"与"人道"，或"自然"与"人为"合一的思想，战国时的思孟学派提出这种理论，西汉董仲舒"天人之际，合而为一"（《春秋繁露·深察名号》）之说，宋代张载"儒者因明至诚，因诚至明，故天人合一"（《正蒙·乾称》）之说，成为"天人合一"的正式表述。

③ 宋代理学家张载提出"民吾同胞，物吾与也"（《西铭》），主张爱一切人如爱同胞手足一样，视天下万物为自己的盟友、党羽。

④ 佛教哲学中的"依"即"依报"，指一切环境；"正"即"正报"，指生命主体。"依正不二"意谓人与自然相互依存，是不可分的统一体。

然而，现代工业文明的信条却是"征服自然"、"向自然索取"。这种信条首先导源于犹太教和基督教的上帝创世论。《旧约》的《创世记》第一章记载，上帝允许人类自由处置上帝所创造的万物，同意人类按照自己的愿望利用它们。依据此论，人类作为最近似上帝的存在，有理由支配自然，令其为自己服务。在古代与中世纪，人类因为不具备征服自然的强有力的手段，这种人与自然相分离、相对立的思想尚没有获得强大的实践动力。近代初期，英国哲学家培根（1561—1626）提出"知识就是力量"，认为掌握知识的目的是认识自然，以便征服自然，他还致力于从思想体系上锻造征服自然的"新工具"——归纳、分析、比较、观察和实验的理性方法。时隔一个多世纪，在产业革命行将到来之际，英国人瓦特于1769年首创燃煤的带冷凝器的蒸汽机，人类第一次实现了热能向机械能的转化。以此为开端，人类拥有了越来越强劲的征服自然的能力。如果以人均耗费能量作为人类征服自然能力的标志，下列数据是富于典型意义的——《大英科技百科全书》载，人类发展的各个历史阶段每人每天的能量消费（以千卡计）分别为：原始人初期，2000；渔猎社会，5000；原始农业社会，12000；高度农业社会，26000；工业社会77000；后期工业社会，230000。这就是说，现代人的人均能源消费为原始人的115倍。

按照"天人合一"、"依正不二"原理生活的东方人未能自发地走出农业与手工业结合的自然经济规范，还停留在原始农业社会或高度农业社会；而以犹太教—基督教及希腊—罗马文化为源头的西方文化，从主体与客体两分的思路出发，将人与自然离析开来、对立起来，从而走向征服自然、向自然索取的路径，率先跨入工业社会及后工业社会。被理性这一"思想新工具"和机器这一"物质新工具"武装起来的现代人，开辟了文明史的新纪元。

因为人以自然为征服和索取的对象、以牺牲环境求得发展，很少注意自然资源的养护与再生，以"征服自然"、"向自然索取"为行动指针的工业文明在造就巨大物质财富的同时，也带来始料未及的严重后果，诸如环境污染、温室效应①加剧、资源系统崩溃、森林破坏、沙漠化蔓延，等等，其中有些情形是触目惊心的：

（1）生物多样性损失。据专家统计，由于生态环境的恶化，全世界每天约有45—270个物种灭绝。人类若不采取积极措施，在今后几十年间，现有的3000万个动植物物种有1/4将永远从地球上消失，这意味着生物界的生态平衡被打破，其后果将难以预料。

（2）人口爆炸。工业文明提供的医疗系统，在一个世纪以来大大降低了死亡率，却未能成比例地降低出生率，结果导致人口急剧上升。现在全世界每天有25万个婴儿诞生。世界人口在近30年间增加了一倍，现已超过60亿，21世纪中叶将突破100亿，逼近甚至超过地球的人口承载极限。尤其令人担忧的是，发达国家人口已得到控制（德、法、日等国人口增长率为零，甚至出现负增长），又伴之以人口高龄化趋势；而第三世界各国人口却在高速增长（发达国家一位妇女生育子女的平均数为1.5，非洲国家则高达6或7），导致第三世界耕地、森林、淡水等各种资源的人均占有量迅速下降，生存条件趋于恶化。

（3）城市膨胀和畸形发展，其突出表现是超级城市迅猛发展。人口超过800万的超级城市，1950年仅有2个，即美国的纽约（1230万人）和英国的伦敦（870万人），1995年则增至22个，预计2015年将增至33个，其中大多数在第三世界国家，诸如墨西哥城、孟买、加尔各答、上海、北京、圣保罗、里约热内卢、拉各斯、卡拉奇、开罗，人口都在一千多万至两千多万，其生存环境愈益恶劣。

（4）不可再生资源巨量消耗。石油、煤炭都是数千万年积累的古生物化石，是不可再生的燃料，而工业文明的三个世纪间疾速开采，20世纪以来，消费量剧增。以石油为例，据各种不同的统计，现已探明的全球石油贮藏量以目前的开采量仅能维持30—40年，天然气的情况大体相似，煤炭约可供开采300年左右。当然，也有一些较为乐观的估计，认为地下矿物资源可供开采的时间更长一些，但对于漫

---

① 温室效应，指地球大气吸收太阳热的一种效应，这时大气起着如温室一样的作用。

长的人类史而言，几十年、几百年都是短暂的时段。

（5）人类的生存依据——空气与水被大规模污染。工业化造成煤炭、石油等含硫的碳氢化合物每年数十亿吨被燃烧，排放出含有 $SO_2$ 和 $CO_2$ 的滚滚烟尘，酸雨区扩展，呼吸清新空气成为现代人的一种奢望；工业废水及溢油大面积毒化着江、河、湖、海，饮用洁净水已成为现代人的渴望。总之，当下的地球保有纯洁空气与水的"净土"已属难能。

概言之，现代人类正在榨取、掠夺自然，为了眼前利益，人们正在愈益迅速地"透支"子孙后代享用的资源份额，并破坏着唯一可居住的星球环境，这无异于剥夺子孙后代的生存权利。

1992 年 11 月，世界 1575 名科学家（内有 99 位诺贝尔获奖得者，包括 1992 年诺贝尔物理学奖得主法国人乔治·夏尔帕克）联名公布一份长达 4 页的《世界科学家对人类的警告》。此文件开宗明义的指出，人类和自然界正走上一条相互抵触的道路。这份文件将臭氧层变薄、空气污染、水资源浪费、海洋毒化、农田破坏、滥伐森林、动植物物种减少以及人口增长列为最严重的危险。

严峻的现实告诉我们：在现代化过程中，必须自觉防范人与自然协调关系的崩解。自然因被超负荷掠取正在失去固有的生态平衡，而失衡本身已经给人类以有力的回敬。如果人类不能改弦更张，善待自然，那么自然必将用自己的铁腕对人类进行更猛烈无情的报复，人类在以往若干世纪取得的文化成就将化为乌有。

## 三　现代病初诊：社会关系失衡与人的异化

就人与人的关系这一层面而论，现代文明取得了社会契约论、法治论、民主化的重要进展，却又带来社会的失衡和人的异化，金钱与权力拜物教的极度膨胀导致的物欲主义泛滥和道德沉沦、两种文化（科技文化与人文文化）的分离割裂等令人困扰的问题层出不穷，造成人变为单向度的片面的人；精神价值的失落、人性的萎缩与畸变，显示着个人失调以至社会失调的危险趋向。早在 19 世纪中叶，古典的工业文明蒸蒸日上之际，就已经显露出工业文明的进展带来的社会问题：大工业通过普遍的竞争迫使所有人的全部精神极度紧张起来。只要可能，它就消灭意识形态、宗教、道德，等等，而当它不做到这一点时，它就把它们变成赤裸裸的谎言……它把自然形成的关系一概消灭掉（只要这一点在劳动范围内可能做到的话）；它把这些关系变成金钱的关系。①

由市场经济所启动的现代化进程给人类生活带来的效应是双重的。一方面，以市场经济为基础的价值系统，有自由、平等、效率、创新、开放等特性，较之中古社会的权力本位、停滞、封闭、守旧是一种时代性跃进；另一方面，市场经济在"看不见的手"——利益的推动下运作，其思想动力不是善良、公正和奉献精神，而是利己心和对财富的贪欲，是"恶"这个杠杆在左右着社会的演进。因此，现代化的发展并不一定带来人们幸福感的全面增长，正如美国心理学家罗伯特·E. 雷恩（Robert E Lane）一篇文章的题目所表示的——《市场经济的乐趣缺失》。这篇文章用社会学统计方法揭示，1972—1994年间，美国人幸福感和满足感日趋下降，有非常快乐感受的人的百分比由1972年的34.9%降至1994年的29.5%；婚姻幸福感由1973年的67.8%降至1994年的60%；工作满意度由1972年的50.8%降至1994年的44%。总之，"在经济发达国家中，越来越多的人感到沮丧"②。

这种物质文明增进与人们精神愉悦不成正比的情形，在现代化方兴未艾的发展中国家也同样存在。例如，1992年中国首次举行的全国性社会人际关系现状抽样调查表明，大多数被调查者对人际关系现状深感忧虑：72.8%的人认为"人都变得自私了"；71.9%的人认为"人心难测"，为须谨慎提防而苦恼；78.2%的人为"不送礼办不成事"的现象而操心……这一社会统计资料从一个侧面显示发展中国家

---

① 《马克思恩格斯全集》第3卷，人民出版社，第68页。
② ［美］罗伯特·E. 雷恩：《市场经济的乐趣缺失》，王列译，《战略与管理》1996年第4期。

一旦步入现代社会轨道，人与人相互关系领域"恶"的因素便疾速衍生和膨胀。

按照理性主义的预言，现代化必将消除贫富差别，使各类人都过上幸福的生活。然而，近两三个世纪的实践证明，贫富悬殊有增无减，这既体现在一国之内穷人与富人财富占有量差距的扩大，还体现在穷国与富国间人均收入悬殊的增加，即"南北问题"日益尖锐化——发达国家步入"后现代"，一些发展中国家却在"前现代"徘徊，"极度富裕"与"食不果腹"并存于我们这个星球的不同角落。此外，种族冲突、宗教冲突也困扰着今日人类。

工业文明造成的"二律背反"在 20 世纪最为突出的表现，是国家及国家集团之间为争夺市场与原料基地试图重新划分势力范围，从而一再引发战争。1914—1918 年发生的第一次世界大战，参战国 33个，卷入战祸的人口在 15 亿以上，死伤 3000 余万人，经济损失约2700 亿美元。1937—1945 年由德、意、日法西斯国家发动的第二次世界大战，先后有 60 多个国家及地区、20 亿以上人口卷入战争，其破坏程度更是大大超过第一次世界大战。第二次世界大战结束以后的大半个世纪，局部战争此伏彼起，军备竞赛每年消耗数以万亿计的美元。战争虽然古来即有，但现代人因工具理性空前强大，战争的规模和破坏性不可同日而语。20 世纪末叶，随着两大阵营对垒格局的终结，世界大战威胁大为缓解，和平与发展成为时代的主题，但局部战争仍未消弭，21 世纪初叶局部战争纷至沓来。而且，自 20 世纪 40年代中期发明核武器以来，核威胁如同悬在全人类头顶上的达摩克利斯剑。自此，人类已经成为地球上出现过的数以亿计的物种中唯一具有毁灭地球能力的物种。人类必须时刻以此自警。

在协调国与国相互关系方面，现代人类正在竭智尽力，各国度、各民族都为此采取种种措施，国际社会也作出努力，其中联合国便是现代人通过处理国际事务协调人与人、人与社会、人与自然相互关系的一个重要机构。联合国的宗旨是：维护国际和平与安全；发展各国之间以各国人民拥有平等权利及自决权这一原则为依据的友好关系；促成国际合作，以解决国家间经济、社会、文化和人道主义性质的问题。作为协调各国行动的中心，联合国当然不能包治百病，但这个组织的建立和运作，显示了人类在寻求公正、和平与协调发展方面所作的共同尝试。

## 四　东西方智慧的现代启示

现代性作为一柄利弊并存的"双刃剑"，在取得巨大成就的同时，也引发了种种病端，其中有些还是相当严重的，将其称为"现代病"并非危言耸听。疗治现代病，协调人与自然、人与人、人与社会的双向互动关系，实现人类在能力、情感、道德等方面的全方位成长，使发展学的理念从"经济增长理论"向"经济社会综合协调发展理论"转化，进而促进经济及社会走上可持续发展（Sustainable development）的轨道，也即满足当前需要而又不削弱子孙后代满足其需要之能力的发展，兼顾子孙后代的需要、国家主权、国际公平、自然资源、生态抗压力、环保与发展相结合等内容，这是今日世界面临的共同课题。

如前所述，东方民族没有自发走出自然经济的故道，未能直接引导出经济理性主义。现代性是在"两希"（希腊、希伯来）文明传统基础上由西欧首先启动的，近两个世纪以来，以综合思维为特色的"东方智慧"曾经被视为落伍、过时的历史陈迹，关爱者也只能从中引发"思古之幽情"。然而，随着现代化向纵深推进，东方智慧以其综合、中道特色而日渐显示出生命活力。例如，"以人为中心"、"社团意识"和"面向发展"这东亚现代企业经营管理的三大特点，正是通过对东方智慧的创造性诊释方得以形成的，其精义在于把企业、公司视为一个"人"的社会团体，是富于人情味的组织，而不仅仅是完成某种经济职能的操作工具。另外，"和谐高于一切"的人际关系准则、"高产乃是为善"的劳动道德，都是从东方智慧引申出来的行之有效的现代企业精神，它们较为接近可持续发展的理念。东方智慧的价值在当下被人们重新发现绝非偶然，就人类思维历史的发展规律而言，它有着内在的必然性。

　　人类在跨入文明门槛以前，有过原始思维和野蛮思维，此不具论；跨入文明门槛以后，其思维史大体经历了古典的整体思维，近代的分析、实证思维，进入现代，则在古典与现代的思维奠定的基础上产生了分析与综合相统一的新整体思维，① 从而完成一个否定之否定的"正—反—合"螺旋式过程。

　　古典的整体思维，其特征是概览森林，却并未详考树木，着眼于事物的统一性，从整体上进行直观考察，并且常用类推逻辑；近代的分析、实证思维，其特征是详考树木，未对森林作整体把握，或把森林简单看做树木的拼合，着眼于专科研究，竖切一条，割断联系，纵向深入；现代整体思维则既详考树木，又概览森林，不是把森林看成树木的拼合，而是认为森林是众树木的生态系统整合，整体大于部分相加。这是一种整体有序、动态相关的研究对象的思维方式，是定性分析与定量分析相结合的系统思维方式。

　　现代整体思维作为文明人类思维史的第三阶段，是对近代分析、实证思维的突破与扬弃，这一进程伴随着对古典的整体思维的创造性"复归"。这就是说，思维史的第三阶段区别于第二阶段，却与第一阶段颇具类似之处，不过处在不同的层次上。这正如中国清代思想家龚自珍（1772－1841）所指出的，万物之数括于三：初异中，中异终，终不异初。②

　　概言之，东方的"整体观"同现代整体思维之间存在着否定之否定的逻辑相关性，可以成为现代整体思维的一种启示源泉。

　　东方整体思维在《周易》中发挥得尤为充分和完备。《周易》提出"观其会通"的命题，反对人为地割裂事物，力主有机地、整体地看待万事万物。《周易》描绘了一幅世界生成的整体图式，这便是由

────────────

　　① 古典整体思维，近代分析、实证思维，现代整体思维的三段划分，是大略而言，各族又各有自身特点。例如希腊人在古典时代，整体思维虽然比较发达，分析思维也相当普遍，"分析"成为希腊人的格言，古希腊文化中处处显示出分析的力量，欧洲近代的分析、实证思维得以发展，与古希腊的分析思维传统有着内在联系。而中国的古典整体思维发达，分析、实证思维未能得到独立的充分发育。

　　② 龚自珍：《壬癸之际胎观》。

阳（－）、阴（－－）两爻排列组合成的 64 卦系统。代表天地的乾、坤二卦是万物的起点，"有天地，然后万物生焉。盈天地之间者唯万物"。这是整体观的一种精彩概括，它强调主体与客体的统一，从而奠定"天人合一"宇宙观的基础。这种整体观念与追求新的综合的现代科学思维颇有相通之处。耗散理论创始人、比利时物理学家普利高津说："我相信我们已经走向一个新的综合，一个新的归纳，它将把强调实验及定量表述的西方传统和以'自发的自组织世界'这一观点为中心的中国传统结合起来。"① 这种古与今、东与西的结合，也许正是现代文化、现代思维发展的方向。

与"整体观"密切相连的是"融通、中和观"。中华古典里，讲中庸、中和、时中、中行、中正的不可胜数。

这种合和融通观念，在中国思想史上不少流派那里都有表现，如惠施（约公元前 370—公元前 310）力主"天地一体"，庄周（约公元前 369—公元前 286）讲究"死生存亡一体"，《易传》倡导"天地交而万物通"，中国化佛教宗派——华严宗以"圆融无碍"为主旨。

求融通、致中和的思想，强调事物的同一性与平衡性，以缓和的、调谐的方式解决世间诸问题，意在防范事物走向极端而出现系统平衡的破坏，认为诸事要留有余地，莫走极端，这便是老子所谓：大成若缺，其用不弊；大盈若冲，其用无穷。《易传》也辟"亢"（过分）而主适度："亢"之为言也，知进而不知退，知存而不知亡，知得而不知丧。其唯圣人乎？知进退存亡，而不失其正者，其唯圣人乎！

这种知进且知退、知存且知亡的"圣人之思"，是"融通、中和"观的真髓所在，它与整体观共同构成东方思维方式的主旨。这种思维方式的现世意义可以普利高津的一段话来概括：中国传统的学术思想是着重于研究整体性和自然性，研究协调与协和。现代新科学的发展，近十年物理和数学的研究，如托姆的突变理论、重正化群、分支点理论等，都更符合中国的哲学思想……中国思想对于西方科学家来

---

① 转引自颜泽贤《耗散结构与系统演化》，福建人民出版社 1987 年版，第 108 页。

说始终是个启迪的源泉。①

除融通中和精神外，东方智慧关于文明双重效应的认识以及关于克服文明悖论的设计，对现代人认识并疗治"现代病"也有参酌价值。东方哲人在对文明进展的正面效应给予肯定的同时，敏锐洞察到文明进展还将带来负面效应。关于后一层面，《老子》五千言中多有犀利的揭示：大道废，有仁义，智慧出，有大伪。天下多忌讳，而民弥贫；民多利器，而邦家滋昏；民多智慧，而邪事滋起；法令滋章，而盗贼多有。

老子这类思想曾经被作为"反文化"观念而遭到批评。然而，老子通过对文明进展导致的二律背反的披露，向陶醉于文明进步的人们提出警告，也具有深刻见地。

即使是盛赞历史进步的韩非（约公元前280—公元前233），也清醒地看到文明发达以后出现的新问题。例如，韩非谈到文明进步后人口骤增，就是一大难题：古者丈夫不耕，草木之实足食也；妇人不织，禽兽之皮足衣也。不事力而养足，人民少而财有余，故民不争。是以厚赏不行、重罚不用而民自治。今人有五子不为多，子又有五子，大父未死而有二十五孙，是以人民众而货财寡，事力劳而供养薄，故民争，虽倍赏累罚而不免于乱。

东方哲人不仅提出文明进步导致的双重后果问题，而且力图设计克服文明悖论的方案，大略言之，有老庄的"回归自然论"和《易传》的"人与天地合德论"。

老子看透了文明带来的负面效应，主张人类应当放弃智慧与伦常，返回自然人状态，所谓"绝圣弃智，民利百倍；绝仁弃义，民复孝慈"。老庄关于防范文明恶果的建议，在人与自然相互关系层面，主张回归自然，不干预万物的自然发展，"以辅万物之自然而弗敢为"。就人生个体发展史而言，主张回归童年的"赤子之心"，以杜绝伪善、欺诈，明人李贽（1527—1602）力主的"童心说"即脱胎于此；就人类群体发展史而言，主张回归上古原始社会，"使人复结绳

---

① 转引自颜泽贤《耗散结构与系统演化》，第107页。

而用之"，回到"邻国相望，鸡犬之声相闻，民至老死，不相往来"的农村公社，甚至幻想过那种"不食五谷，吸风饮露，乘云风，御飞龙，而游乎四海之外"的融化于大自然的神仙生活。

老庄通过回归自然来防范文明弊端的思想，在西方近代也出现过，如俄国文学家托尔斯泰（1828—1910）企图用自由平等的俄国农村公社来防范资本主义的弊病，便是突出的一例。这种思想，其顺应自然规律的方面是富于哲理的，但其否定人的能动性、否定文明的正面效应则是消极的，其悲观、倒退的主张实不可取。相比之下，《易传》的思想既主张顺应自然法则，又肯定人为的积极效应，并力主自然与人为的统一，《易传》提出的理想境界是：夫大人者与天地合其德，与日月合其明，与四时合其序，与鬼神合其吉凶。先天而天弗违，后天而奉天时。这里既提出了"天不违人"，又提出了"人不违天"，以天人相协调为基准，所谓"易与天地应，故能弥纶天地之道"。

《易传》崇尚"天道"，认为人应遵循天道，不能背逆天道。但《易传》又赞扬"人道"，并主张人应当积极有为地去效法天道——"天行健，君子以自强不息"。如此论述天人之际，是深刻而周到的。荀况（约公元前313—公元前218）与这一思想相通，而又更强调人的主观能动性，他的"天生人成"和"制天命而用之"两个命题，在肯定自然规律的前提下，高度称颂人类创造文明的伟力。

东方智慧所贯穿的一天人、合知行、同真善、兼内外的融通精神，行健不息、生生不已的好勤乐生主义，人道亲亲的人文传统，以及德业双修观念、变化日新观念、社会改革意识、厚德载物的文化包容意识、不走极端的时中精神，等等，经过现代社会实践的过滤式选择和创造性转换，可以成为现代人克服撕裂主体与客体有机联系的"现代病"的一剂良药，对于今日解决人与自然、人与人、人与社会诸问题提供了借鉴。

# 五　异质文明对话，求得互动共进

以东方智慧观照现代文明，探索其出路，绝非抹杀西方智慧以及其他智慧的价值，而是试图在东西方智慧间寻求"同中之异"和"异中之同"。就其相通、相同之处而言，东西方智慧可以相互映照、参酌，诚如南宋哲人陆九渊（1139—1195）所谓："东海有圣人出焉，此心同也，此理同也。西海有圣人出焉，此心同也，此理同也。"就其相违、相异之处而言，东西方智慧之间正可彼此辩难、相互推引。如西方智慧强调"征服自然"，东方智慧主张"善待自然"，这二者的综合，也许正是人类未来文明的出路。

明清之际思想家黄宗羲（1610－1695）在论及他所著《明儒学案》时说："此编所列，有一偏之见，有相反之论，学者于其不同处，正宜着眼理会，所谓一本而万殊也。以水济水，岂是学问！"东西方文明各有"一偏之见"、"相反之论"，需要开展对话，达成异质文化的"互济"，经过相互切磋，实现东西方智慧的交融互摄，从而获得有益世道的启示。20世纪70年代池田大作与汤因比的文明对话便是一个范例。此后，池田先生又与多位欧美学者、政治家对话。当然，异质文明之间的对话还应当更广泛、更深入地进行下去。因为，世界文明本来就是一种多元互动的过程，东方文明、西方文明将在这一过程中相得益彰，全人类文明也将在东西方文明互动中获得健全的进步。

（冯天瑜，武汉大学中国传统文化研究中心教授）

# 池田大作先生前五届
# 研讨会致辞

# 展望二十一世纪

——2005 年北京大学和创价大学
国际学术论坛致辞

北京大学"池田大作研究会"和创价大学共同举办国际学术论坛，谨致以衷心的敬意，并表示祝贺。

欣闻此次论坛是为了纪念阿诺德·汤因比博士和我的对话集中文版《展望二十一世纪》出版二十周年，光荣之至，不胜感激。

北京大学、湖南师范大学、安徽大学、肇庆学院、杉达学院、中山大学、华中师范大学、台湾中国文化大学的当代一流学者济济一堂，就此书更为广泛、更为深刻地讨论现代世界所面临的各种问题，实在是划时代的聚会。

汤因比博士已去世三十年，如果他还健在，该多么高兴啊。汤因比博士和韦罗妮卡夫人那令人难忘的温馨笑容油然浮现心中，谨祝论坛取得丰硕成果，圆满成功。

此刻，感慨萦怀，想起和晚年的博士在他伦敦那整洁的住宅里交谈的那些黄金般的日子。

对谈开始，眼镜后面总是面带微笑的博士目光严肃起来，说：

"开始吧，为了 21 世纪的人类，让我们交谈下去！"

这句话凝聚着博士的真情。那是 1972 年，熏风吹拂、鲜花绽放的 5 月。博士 83 岁，浑身充满了热情，和 44 岁的我坦诚相对。

谈得热火朝天的时候，恰好电视播报在英国召开首脑会议的新闻。博士看着，悠然说了一句话，至今在我胸中震响——

"可能我们的对话不惹人注意，但是将永远留存下去。"

那时我倡议"日中邦交正常化"已四年。

在东西冷战的漩涡中，各种既成势力对我的倡言施加压力。然而，为了亚洲与世界的和平，中国和日本非缔结友好关系不可，这就是我的信念。

汤因比博士非常了解我的这种行动。

他露出慈父般的微笑，说："因信念而遭受无端的责难是一种荣誉。浅薄的指责跟本质毫无关系。我们还是谈本质问题吧。"

我们谈论的本质问题很广泛，概括起来，就是探究"何谓人"、"何谓社会"以及"何谓生命与宇宙的本质"。这就汇集成了《展望二十一世纪》这本书。

博士用他那无与伦比的文明史巨眼俯瞰在薄薄覆盖地球这颗行星的"生物圈"中展开的人类史，遥望未来。

博士集毕生学术之大成所说的警世词句须臾不离我耳畔。

对于哲学告缺、迷失方向的现代世界，那些珠玑话语今天也深刻提示着根本价值观，即"为了创造新地球文明需要什么"，"为了可持续的繁荣，人类应该怎样生存"。

对谈跨越了两年，总计十天，长达 40 个小时。

我曾问："如果再生为人，博士愿意生在哪个国家，做什么工作?"他毫不迟疑地回答："我愿意生在中国。因为我觉得，中国今后对于全人类的未来将起到非常重要的作用。要是生为中国人，我想自己可以做到某种有价值的工作。"

在广大地域多民族融合、协调，一贯保持一个文明，对中国的这种悠久历史，博士刮目相看。他还清晰论述了中华文明精神遗产的优秀资质，预言今后中国是融合全人类的重要核心。

我本人曾十次访问贵国，深深感受到中国传统的优质顺应社会变化、切合时代而改变形态，绵绵搏动。

"改革、开放"和"社会主义市场经济"的实验性尝试，香港、澳门的历史性回归等，导向成功的动力当中也生动呈现"中华思想的优质"。

现在，贵国的胡锦涛主席领导班子所切实进行的"和谐社会"建设，也是有汤因比博士从贵国发现的"罕见的政治、文化性统一的技术与经验"作后盾的21世纪的先驱性行动。

博士一语道破，防止人类集体自杀的唯一道路在于如何能形成人类的和平融合。

在这一意义上，正如博士所预见的，贵国培育的"融合与协调的智慧"给人类前途以无限的启示和触发。

对于我前面的提问，汤因比博士还回答：

"我将来生在中国，要是在那未来的时代世界还没有融合起来，我就要致力于使它融合。假如世界已经融合，那我就努力把世界从以物质为中心转向以精神为中心。"

人类和平融合与精神文化复兴，这也是博士托付给我的文明课题。博士为此而提出的方法就是"对话"。

要结束对谈时，博士说：

"你年轻，希望你今后继续和世界的睿智对话，因为对话对人类融合有巨大作用。"

为兑现和博士的约定，我作为一个希望和平的市民，在全世界展开对话。

在贵国也曾和周恩来总理、邓小平先生、江泽民主席、胡锦涛主席四代领导人以及很多品智兼备的友人见面交谈。

过去丧尽天良的日本军国主义采取与对话完全相反的暴力，对文化大恩国的贵国残暴侵略，一再蹂躏。这是永远不能原谅的野蛮行径。但新中国成立后周恩来总理就向日本敞开对话的大门，而且在两国邦交正常化上着眼于"民众"，拿出"以民促官"的方针，和我们搭起了友好的金桥。

周总理的人格正是完美体现了被汤因比博士视为理想领导人资质的"共生的精神气质"。

周总理曾严肃地对我说：

"为了人类和平，全世界的人应该在平等的立场上互相帮助，共同努力。"

这就是"对话"的基本精神，堪为永恒的指标。

也由于 2008 年的北京奥运会、2010 年的上海世界博览会等，世界越来越瞩目贵国。

汤因比博士和我一致认为"21 世纪是中国的世纪"。博士若看见贵国蒸蒸日上的雄姿，一定会破颜一笑，说："诚如我们所言啊。"

他临终留下一首"辞世诗"，这样驰思未来：

我在年轻一代
和尚未出生的世代中
找寻我的后继
我将离去
只留下对后代的关心
它将随人类而久远
因为
它包含了未来的所有世代

我也决心和会集此次国际论坛的尊敬的诸位先生一道，为了年轻一代，为了以后的世代生命不息，就不断地加强、扩大为人类带来希望的对话潮流。

最后，由衷祝愿北京大学等大学蓬勃发展，祝愿在座的各位先生永远康泰。谢谢。

创价大学创办人
池田大作
2005 年 10 月 14 日

# 和谐社会与和谐世界

## ——2006 年华中师范大学
## 国际学术论坛致辞

浩浩长江，悠悠汉水，滋润五彩缤纷的大地，武汉，是李白、杜甫等杰出诗人讴歌的历史与文化的名城。

华中师范大学是武汉的骄傲，值此举行意义深远的国际学术论坛之际，谨致贺词。

创价大学共襄盛举，我作为大学创办人，衷心感谢筹备此次论坛的华中师范大学及有关单位的诸位先生。

特别是令人尊敬的章开沅先生亲临讲演，为论坛增辉，深表谢意。

又闻于昨天，缘分深厚的武汉大学创设了池田大作研究所，实感光荣之至。

此外，还要向北京大学、湖南师范大学、安徽大学、肇庆学院、杉达学院、中山大学、华中师范大学、辽宁师范大学、北京联合大学、湖南大学、台湾中国文化大学等来自各地的一流睿智表示最大的敬意。

"和谐社会与和谐世界"是 21 世纪最重要的课题，此次学术论坛有如"智慧的旭日"照亮人类前途，这绝非言过其实。我坚信，富有远见的讨论将为其增添光彩。

回首往事，我第一次访问无限憧憬的武汉是在三十多年前的春天，1975 年的 4 月。那是我第三次访华。

　　和在周恩来总理领导下推进贵国伟大建设的邓小平阁下在北京第二次会谈后，我乘坐火车前往武汉。记得当时是十七个小时的旅程。

　　对于我来说，武汉是我非常想访问的地方，不，非访问不可的地方。

　　凶恶的日本军国主义也曾侵略践踏了美丽的武汉。

　　这是绝不能宽恕、永不能忘记的历史。

　　其实，我的长兄被征兵，也到过武汉。他在临时回国时，告诉我"日军太过分了，野蛮残酷之极，这么干绝对是错的"。他的话烙印在我的生命中。后来长兄在缅甸阵亡，这也成了他的遗言。

　　我想有一天到武汉追悼死难的人们，并且在心里深深期望为未来的和平缔结牢固的友谊。

　　第三次访华是当创价大学作为日本的第一所大学接受新中国留学生后不久。

　　访问美丽的东湖之滨的武汉大学，受到朝气蓬勃的英才们欢迎，留下了深刻印象。

　　听说武汉大学曾被派往创价大学的令人怀念的交换教师们也参加这次论坛，我感到无比高兴。

　　教育、文化的交流是最扎实的交流，是创造永久和平的大道。这是我不变的信念，是我的决心。

　　俄国文豪托尔斯泰晚年埋头研究儒教等中国思想。正好于一百年前，他在一篇为中国人而写的文章里，说出了对中国的巨大期望：

　　"我认为现代的人类生活正发生着伟大的变革。而且在这场大变革中，中国应该站在东方各民族的前头，担当伟大的任务。"

　　托尔斯泰也是从中国的精神哲学中，寻到把人类史从"战争"转向"和平"的巨大智慧之源。

　　人类要建立和平，实现与自然共生，中国传承的"和谐"智慧何等重要——这也是大历史学家汤因比博士和我对谈的焦点之一。毫不过言，博士在"和谐"这一中国精神智慧中，发现了地球社会未来的巨大希望。

　　"天人合一"的哲学也好，"大同思想"也好，中国思想的精华着重于"和谐"。它直视多元性、可变性的现实，并不排除差异与多样性，而使之统一起来。

我也是年轻时就从贵国无尽的精神宝库中获得无量恩惠。得自贵国的学恩无法计量。

迈入 21 世纪，人类开始摸索国家、民族、社会、文化、教育、宗教、阶级、性别等一切层面的共存条件，并进一步探求如何实现"和谐"。而"环境与人"、"科学技术与人类"、"科学与宗教"等各课题，也越来越诉求"和谐"的重要性。

环境问题尤其是紧迫的课题。我不久前也倡议贵国和日本建构"环境伙伴关系"。

"和谐"也可以说是这个时代的关键，这次论坛既有深邃的中国思想为底流，又充满新的启迪与探究，必将为肩负 21 世纪重任的年轻一代提出宝贵的指标。

关于"和谐"理念，日前我在和中国思想研究权威、哈佛大学杜维明教授的对谈《对话的文明》中也进行了深入讨论。

从宇宙的森罗万象到人的生命，一切层面的要素在共存的动态中互相影响，相辅相成，又力争进化，互相提升。而且，既保持各自的特征，又产生有机的统一。我们认为，这种进化与创造价值的基本，正是根植于中国思想里的"和谐"哲学。

"天人合一"哲学所代表的"儒教人道主义"，表达了人的身心、人与共同体、自然或"天"的可持续性"和谐"。这也和展开"宇宙即我"、"我即宇宙"的宏大哲理的"佛教人道主义"共鸣。

在中国，睿智天台大师用"一念三千论"把"宇宙即我"、"我即宇宙"的哲理建构为明晰的体系。所谓"一念"，是和"宇宙大我"协调的人的生命；而"三千"，则表明了"一念"如何跃动地与身心、共同体、自然取得"和谐"的宇宙观。

如"天人合一"及"一念三千"的思想所示，发挥贯穿人的身心、共同体、大宇宙的"相依相资性"、"多样性"，使自己更为向上、更为发展——发掘如此的创造性智慧，就是 21 世纪赋予人类的使命。

使万众能自发地发挥这种创造性的智慧，具体的途径就是不懈的对话和交流。

1972 年中美实现了历史性和解，周恩来总理这样说：

"我们希望，通过双方坦率交换意见，弄清彼此之间的意见分歧，努力发现共同点，使我们两国的关系迈出新的一步。"

当然意见有分歧，但要靠对话找出"共同点"，建构更有价值的建设性关系，这就是周总理的外交哲学。

人类今天应该更深入地学习周总理所体现的智慧。

周总理的母校南开大学也有研究周恩来的最优秀学者参加此次论坛，我为之欢喜之至。

总之，不论面对什么样的困难局面（不，越是情况复杂越不能放弃"对话"）都要坚持诚挚坦率的"对话"，扎实而坚韧地积累人与人的"交流"。这看似绕远走弯路，其实是打开"和谐社会与和谐世界"的现实的正道，是大道通衢。

最后，在此复述一段章开沅先生对我说的话，是教育的真髓，令我感铭至深。他说：

"我要当铺路石，让青年们走得更远，走得更快。学生们从我身上踏过去，沿着学问之路前行，我活着就是想当一个这样的人。"

我今后也要和出席论坛的可敬的各位先生结下鱼水之情，为开拓21 世纪的百花烂漫的希望花园，耕耘人性的大地，不倦不懈地播撒和平、文化、教育的种子。

衷心祝愿无限敬爱的、支撑着中国发展前进的各大学日益繁荣，祝愿无比宝贵的诸位先生健康如意，取得更大的成就。谢谢。

创价大学创办人

池田大作

2006 年 10 月 14 日

# 多元文化与世界和谐

## ——2007 年湖南师范大学
## 国际学术研讨会致辞

2007 年 10 月 13、14 日，于中国长沙市湖南师范大学，举行了
"多元文化与世界和谐——池田大作思想国际学术研讨会"，得到三十
一所大学与机关的约八十位学者参加。池田 SGI 会长送去致辞如下：

> 滔滔长江水，淼淼洞庭湖，多少诗人墨客吟咏的岳阳楼巍然
> 耸立……
> 地灵人杰，湖南自古辈出气魄宏大的逸才，彪炳青史。
> 长沙是充满诗情的"人才城"，湖南师范大学如明珠璀璨，
> 在此举行意义深远的国际学术研讨会，我满怀敬意，表示祝贺。


## 推广对话

长沙的岳麓书院，是具有千年历史的知识学府，也可以称之为世
界大学的源头。

在这所世界性学问殿堂，朱子学始祖、杰出的教育家、名垂千古
的朱熹向济济一堂的学究之徒论述大宇宙与人的精神哲学。

传闻当时朱熹和另一位老师把两把椅子相并，一起在讲台上讲
学。聚集的学生们就是通过两位老师海阔天空的"对话"来学习。

生动的"对话"开启新的智慧世界，通过开放的"对话"培育变革世界的新人才。我深深感到这位大先哲朱熹的精魂，和此次学术研讨会的可贵精神是一脉相通的。

现在经常提倡的"文化相对主义"，也只是停留在"理解"彼此的"差异"上。更重要的，是应该考虑怎样使它跟建设现实的"和平文化"联动。

我认为，首先要付诸行动，进行具体的"对话"。

# 四海一家

关于"对话文明"与"和平文化"的重要性，近年联合国等也予以强调，国际社会对此的认识日益提高。

为了要让这些种子更深地扎根，发芽开花，在 21 世纪结出丰硕的果实，我们需要一块滋养的土地，即正确的思想基础。

现今正需要更深更广地打稳这种和平与共生的精神性基础，推广人类是四海一家这种"世界公民"的正确思想。人类这个大家族由所有的人种、民族构成。而且，不只人，是由一切生物所构成的。

作为其中一个环节，我今年和著名的 21 世纪"儒教复兴旗手"——哈佛大学杜维明教授出版了对话集《对话的文明——谈和平的希望哲学》。

众所周知，杜教授代表儒教文明参加了联合国 2001 年"文明对话年"，是国际知识人。

杜教授和我都认为：

"儒教人道主义"和"佛法人本主义"共同具有的尊重人的尊严的思想，正是使富有多样性的人类能和平地建构"多元文化与和谐世界"的基础精神。

# 以诚为本

其重要的德目之一，是儒教的"中庸"，和佛法的"中道"思想。

《中庸》里有如下一段：

"诚者天之道也，诚之者人之道也。诚者不勉而中，不思而得，从容中道。"

所谓中庸，不消说，指的是不走极端的生存方式。但是，这绝不是停留在平分为二似的中间的静止位置，而完全是结合现实的自由阔达的生存方式。

支撑那跃动的智慧的是"天之道"，遵循此道的人的行为就是"诚"。

大乘佛教所阐说的"中道"，也是一种融通无碍的人的生存方式，遵循"宇宙根源之法（妙法）"，在变换无穷的社会当中，基于"随缘真如之智"自在地创造价值。

众所周知，儒教有"天人合一"之说，大乘佛教则有"宇宙即我"的思想。

"中庸"、"中道"的生存方式，都包含了适于大宇宙的"永恒"、"普遍"的深奥伦理性。

湖南出生的中国佛教哲学泰斗天台大师智顗，在《摩诃止观》中把儒教尊奉的"五常"（仁、义、礼、智、信），与佛教的"五戒"（不杀生戒、不妄语戒、不偷盗戒等）对比，进而洞察，以"仁"怜爱他人的行为，正是与佛教"慈悲"的实践相通。

本来，儒教认为"仁"是人皆有"不忍人之心"（孟子）。对他人受苦所产生的"共苦之心"，正是与佛教的"慈悲"共鸣的精神。

构成儒教伦理之根干的"仁"，用现代语言来表述，也就是国际社会最需要的"软能"。这一点杜教授和我的意见一致。

当前，恐怖活动及纠纷在各地接连不断，憎恨的连锁、文明的对立日趋严重，在这种状况下，紧要的课题是什么呢？

那就是要努力普及，使"仁"和"慈悲"等德目不终止于个人的内在伦理，而升华为时代精神的"软能"。

## 推广慈悲

正如杜教授明晰考察的，把"仁"推广至"人际关系"领域时，就不会只停留于抽象的道德观念上。他强调，"仁"因"对话"而超越只追求个人安宁的狭小度量，并且因"交流"而被赋予能动、具体的变革力量。

另一方面，大乘佛教的"慈悲"精神促进的，也是在与他人或社会的交流中不断变革自身生命的菩萨道。

释尊在世时在家菩萨维摩诘所发誓的"众生病则菩萨病，众生愈则菩萨愈"，正是最好的例证。

因此，可以说"仁"和"慈悲"都是与他人相关、推动社会的伦理之根本。

我们现在，必须努力推广这"仁"与"慈悲"思想，坚决给由于文化或文明间对立所招致的战争与暴力悲剧打上休止符。

21世纪人类应该指向尊重多样性，把彼此的差异作为创造新价值的源泉，互相积极影响，共存共荣，建设一个把任何国家、任何民族都作为不可替代的存在来尊重的和谐的地球社会。

贯穿并支撑这种"多元文化"与"全球共生世界"的普遍伦理，我们可以从以"仁"为本的儒教"五常"中，或从佛法以"慈悲"为本的"五戒"中找到提示。

我想在此举出，在现代展开与"五戒"相呼应的儒教"五常"精神，人类应实践的五项规范：

（1）（仁）坚持不可侵犯他人，对和平解决问题绝不丧失信心；

（2）（义）保卫一切生命的尊严，不忽视他人的苦恼或社会问题；

（3）（礼）尊重彼此的差异，保持互相学习文化传统之心；

（4）（智）立足于人类利益、地球利益，谋求交流，集结智慧；

（5）（信）立足于人以及生命这一共同基础，不放弃信任对方的人性。尤其要努力启发青年的善性。

不管有什么样的文明或文化，只要通过这种普遍的伦理规范，互相不断地努力回归"人性"以及"尊严的生命"这一共同的大地，那就一定能跨越任何困难或难题，人类将开发出新的创造力。

世界应实践的，已经不是在他人的牺牲上追求自我繁荣的弱肉强食的生存竞争。历史所向的潮流，不正是互相触发、竞相为人类作贡献的"人道竞争"吗？

## 和谐的智慧普照 21 世纪

杜教授指出，百年前创价教育创始人牧口常三郎先生提倡的这一"人道竞争"，与儒教思想的"大同"很相近。

所谓"大同"，也明确表述为"不一律化的和谐"，"多样性和谐"思想。

"大同"思想，正是儒教思想智慧结晶的、添上"多元文化"色彩的、人类"和谐、共生"的世界观。

"大同"也相通于佛教的"缘起"思想。

"缘起"思想明示了这样的世界观，即一切存在都互相关联，相辅相成，发挥多样的个性，能动地形成全体和谐。由这一世界观培育的文化就是彼此尊重多样性、共同向荣的"和平文化"。

1974 的 12 月 5 日，在北京拜会周恩来总理时，总理展望 21 世纪，毅然说道：

"所有国家必须在平等的立场上互相帮助！"

犹如一句遗言，至今在我耳畔震响。周总理正是体现"大同"精神的伟大的和平主义领导人。

和我会见 18 天后，周总理抱病飞往长沙，采取了提出"四个现代化"的重大步骤，这也是令人难忘的历史。

现在的温家宝总理，正在和胡锦涛主席一起，为 13 亿人口的大中国掌舵，今年 4 月我得以在东京与他欣然再会。

温总理赠给我一幅墨宝，笔墨酣畅。

"慈航创新路
和谐结良缘"

并讲了这幅墨宝所蕴含的深意：

"慈航创新路"，这不只是日本和中国之间，而是指全世界。"和谐结良缘"，意味着建构和谐世界，世界各国友好交往。

以大同思想为根基，贵国以宏大的"和谐"智慧，为 21 世纪人类显示光辉前途——我认为如今已进入如此的时代。

## 焦点是青年，希望在教育

现今全球化使世界越加分裂，带来很多人类课题。另一方面，这些问题群同时也促成人类的结合。

为建构"和平文化"，只有以"文明间对话"为主轴，扩大超越国境的各种文化、思想、民众交流的范围，舍此之外，别无他途。

致力于此，不懈地在异文明、异文化之间架设知识与友谊的桥梁，正如今天的研讨会和各研究所间的联络网络，其意义怎么强调都不为过。

上世纪初，湖南省有很多留学生在牧口先生执教的东京弘文学院学习。

众所周知，牧口先生的毕生大著《人生地理学》，把人类、社会、世界各种关系置于相互关联的圆环中，犹如一个巨大的生命体，展示了新的形象。

他还道破帝国主义、民族主义的危险性，大力主张人道主义与世界和平。牧口先生的这种思想，再加上卓越的人格，刺激了满怀求道热情的贵国青年，这是鲜为人知的两国交流史。

焦点是青年，希望在教育。

我再次立誓，今后也要立于"人性"及"生命尊严"这一共同基础上，为建设"和平与共存的地球社会"，和尊敬的诸位先生"异体同心"，毅然给接班青年们开拓道路。

# 和平与教育

## ——2008 年北京师范大学
## 国际学术研讨会致辞

在举行领导教育世纪的意义深远的国际学术研讨会之际，请允许我满怀敬意地献上一点感想。

作为共同举办此次研讨会的创价大学创办人，我从心里向奋力作出各种准备的北京师范大学等有关人士表示感谢。

这次也得到各大学一流精英于百忙之中会聚一堂，如有可能，我真想亲自前往，跟各位把晤。

## 和平之旗　教育之光

当今国际局势正受到"百年不遇"的金融危机、经济动摇的狂风巨浪冲击。在这种情况下毅然打出"和平与教育"的主题，多层面地深入讨论，如此可贵的研讨会本身，不正是教育界面向世界的一个巨大宣示吗？

和平，这是人类的终极目的。

教育，这是人类的根本轨道。

今年夏天，北京奥运会高扬"同一个世界同一个梦想"的主题口号，创下了史上最多的 204 个国家和地区参加的纪录，真是一个壮丽的和平盛典。

会上产生了 43 个新世界纪录，获得金牌的国家和地区扩大到 87 个，史无前例，这也是光耀后世的金字塔。

一个人蕴藏着多么大的可能性啊！而且，北京奥运会生动证明了，各种各样的人，确实能广泛地互相理解，彼此共感这一点。

推动经济的也是人。

制止纠纷的也是人。

所以，把人，尤其是青年人所具有的力量发挥和结合起来，那就绝不会走投无路。我和贵国诸位一样深深抱有一个希望，那就是未来必然能打开新的生路。

听说此次研讨会也带有纪念我倡言日中邦交正常化四十周年的意义，不胜光荣，感谢之至。

1968 年 9 月，在两国关系陷于谷底的时候我断然发表倡言，是因为心中有一个愿望，有一个决心，那就是无论如何也要为未来的青年开辟友好交流的道路。

总之，社会越激荡，越必须牢牢竖起和平的旗帜。越混乱越需要我们更加合力，坚决放射教育之光去摒除社会的阴霾。

## 从教育到和平

考察"和平与教育"这一主题时，我脑子里浮现起一段逸话。

那是第一次世界大战正激烈时的事情。

有一位欧洲领事来见中国革命领袖孙文博士，督促中国参战，但孙文博士峻拒。

博士谆谆宣说的是中国两千多年滔滔奔流的"和平文化"思想，强调说"希望中国永远保持和平道德"，终于不但说服了这位领事，还使他生起敬佩之心。

当军事力量这一"霸道力量"，即"硬能（hard power）"席卷世界的动乱之际，孙文博士决不放弃对道德性、文化性的"王道力量"，即"软能（soft power）"的信赖。

也鉴于经济恐慌经常会导致战争危机的历史教训，我现在要重新回味孙文博士的事迹。

孙文博士认为，中国文化自古满溢着崇高的"和平道德"，例如

《书经》的"万邦协和"、《礼记》的"大同"等。

博士曾举出《大学》中所说的"格物、致知、诚意、正心、修身、齐家、治国、平天下",说那一段话"把一个人从内发扬到外,由一个人的内部做起,推到平天下止",是一段最有系统的哲学。

我认为这里明确提示了在丰饶的中国传统精神文化中炼就而成的、从教育到和平的方程式。

## 回归人这一原点

与孙文博士的探究不谋而合、著有巨著《战争与和平》的俄国文豪托尔斯泰对中国思想也有很深的造诣。1900 年托尔斯泰满怀对中国哲学的认同,在日记中写道:

"人的完成是一切事情的起始。假如这一根本被等闲视之,就不能有本该由此成长的枝干以及芬芳的花果。"

要抵挡"战争与暴力"的浊流,掀起"和平与非暴力"的新潮流,首先必须返回人这一原点,除此以外别无他途,要毫不犹豫地毅然从陶冶人的精神出发,迈进。

恐怕不止我一人,会感到这正是中国的人本主义向人类昭示的"教育的力量"。

以北京为舞台确立了现代中国教育的蔡元培先生说过:

"要有良好社会,必先有良好的个人;要有良好的个人,就要先有良好的教育。"

这就是人本教育的不朽宣言。

先师牧口常三郎创价学会第一任会长与蔡元培先生生于同一时代。他在日本开创了"创价教育"哲学系统。

牧口会长阐明"幸福是人生的目的,因而也应该是教育的目的"。以实现"人的幸福"及"世界和平"为目的的创价教育当时受到日本军国主义镇压,也是可想而知的。

牧口会长被特高警察逮捕审讯。当时的起诉书上说,"牧口认为真正的教育学,就是研究以什么最好方法使人类获得最大幸福,并以此为创价教育学的独特学说"。如此把正论作为罪证列举，颠倒黑白，真是蛮横无理。

中国是教育与文化的恩师之国，日本军事政权竟践踏大恩，极尽暴行。无限敬爱贵国的牧口会长也死在狱中。

我本身也是在这个时代度过了少年岁月，深深体会到教育的荒谬狂乱会造成何等难以挽回的悲剧。

不能让轻视生命、利用青年、敌视异文化的褊狭教育重演。重视生命、关爱青年、尊重异文化的教育才是把人类史从黑暗转向光明的关键，我确信这一点，并为之付诸行动。

蔡元培先生洞察：

"教育是帮助被教育的人给他能发展自己的能力，完成他的人格，于人类文化上能尽一分子的责任，不是把被教育的人造成一种特别器具，给抱有他种目的的人去应用的。"

蔡元培先生所指出的正是"世界公民教育"的指标，也明示了"教育社会"的前景，我由衷共鸣并赞叹不已。

## 生命尊严的哲学是教育的基盘

善恶的基准因时因地而异，但绝对不变的普遍价值基准是"生命的尊严"。

坚决跟伤害蹂躏生命的傲慢与愚蠢的人进行战斗的坚韧毅力与智慧，是真正的教育不可或缺的。因此，教育的基盘需要有牢固的生命观和生命哲学。这正是能纠正扭曲的拜金主义风气，能与恐怖活动、纷争、环境破坏等地球问题群对决的最根本的力量。

众所周知，孟子基于孔子的"仁"而展开"四端说"，对于人内在的善性深信不疑。

他说："恻隐之心，仁之端也；羞恶之心，义之端也；辞让之心，礼之端也；是非之心，智之端也。"

恻隐之心、同情心是所有人都具备的。看见小儿落井，谁都会当即救助。"仁、义、礼、智"等德目，本来就蕴藏在万众心中。东方文化和教养广泛地传承着这种观点。

把万众心中的善性诱发出来的是人本教育的使命。我们在孔子和弟子们的师徒对话中能看到典型的实例。

另外，我认为中国佛教重镇之一的天台大师智顗所体系化的《法华经》的生命哲学，也是人本教育取之不竭的智慧源泉。

天台大师阐明"当知佛知见，蕴在于众生"，明确说出一切众生的生命中具备"佛性"（佛知见）这一善性。并说，启蒙（开）、显示（示）每个人的至尊佛性，使众人悟得（悟）、到达（入）佛界，就是佛出现在此世的根本目的。

把这"开示悟入"法理在教育学里敷演、展开的，是牧口会长。

教育的本义不止于从外面"灌注"知识或信息，还是教育学生如何把知识、信息用于人类的幸福、社会繁荣与世界和平。为此，牧口会长认为教育应能启发人生命中的善性智慧。通过毕生探究与实践，他的结论是，教育的对象是任何东西都难以取代的"生命这一无上宝珠"。因此，他唤起青年教师的自豪意识，说："教育是人生至高至难的技术，是艺术，若非最优最良的人才则不能成功"。

## 教育取决于教师

为了开发人生命中的智慧，教师应以全面的人格去关心学生。

钻石只能用钻石打磨，生命只能用生命磨砺。教育取决于教师。

说到这里，我胸中回荡着鲁迅先生 1924 年在贵北京师范大学附属中学校友会上讲演的一段话。

"所以我想，在要求天才的产生之前，应该先要求可以使天才生长的民众。——譬如想有乔木，想看好花，一定要有好土；没有土，便没有花木了；所以土是在较花木还重要。"

实在是不朽的至理名言。同时，令我更难抑感动的是，鲁迅先生的教育精神，至今仍在贵校蓬勃搏动。

尊敬的顾明远先生，基于鲁迅先生的讲演做出感人至深的论述。他指出首先要学习鲁迅先生献身教育事业的泥土精神，说：

"鲁迅希望青年都成为未来的花朵，而自己则甘愿做培植花朵的泥土。这种泥土精神不正是一个教育工作者所最可宝贵的品质吗?"

我敢断言，这里就有所有教师，不，一切领导人应该刻骨铭心的人本教育的精髓，并从心里产生共鸣与赞叹。

## 共同体繁荣的四种宽容态度

这种人本教育的纽带超越国家，超越民族。可以说，鲁迅先生终生珍视留学日本时代和藤野先生的相遇就是一个象征。

教育交流是最稳妥、最坚实、最永久的创造和平的推进力。这也是我于日中邦交恢复后率先接收新中国留学生的信条。

曾和我对谈的英国历史学家汤因比博士在俯瞰世界史时，对从遣唐使时代起中国与日本长达千余年的"文化相互影响"、"历史性文化、社会纽带"特别感兴趣。他无限期待以两国友好为轴心，东亚在确立和平与推进人类文明上做出积极的贡献。

正因为国际社会笼罩着不安，处于危险的不均衡的时代，以文化和历史纽带联结的中国和日本加强教育交流、增进青年的团结，是照亮世界的希望之光。我殷切希望两国能以不懈的努力，广泛地成为21世纪智慧层面的新伙伴。

佛典有述说使伙伴共同繁荣的四种宽容态度（四摄事）。这对于教师应该怎样接触学生也富有启发。可以说，还包含了涉及教育交流应有状态的建议。

第一是"布施"，即施予他人东西。可解释为赠予鼓励或哲学，去除不安与恐惧。

第二是"爱语"，即说出关爱的话语。可解释为通过对话共同发掘更好的价值观。

第三是"利行"，即为他人而行动。

第四是"同事"，即合力从事各种活动。

通过实践如此的共同作业，可以孕育出确实可靠的和平友好观念。我相信这也是培育世界公民最可靠的途径。

我要再次赞叹并感谢，"国际学术研讨会"的持续，是一个向世界、向未来展示如此范例的伟业。

## "地球宪章"的理念

关于"世界公民教育"或"和平教育"、"环境教育"等，我认为把新世纪黎明之前发表的《地球宪章》（2000 年 6 月）作为世界共同教材互相学习的意义也很大。

《地球宪章》是世界有识之士集结睿智做成的，发表以来各国市民广泛学习，现在仍然是指向可持续世界的"教科书"。

宪章中有如下四点：

（1）尊重地球和丰富多样的所有生命。

（2）以了解、怜悯和爱心来照顾生命共同体。

（3）建立公义、分享、可持续与和平的民主社会。

（4）为当代和未来世代确保地球的丰富和美丽。

这些理念是 21 世纪人类必须坚持的共同的地球伦理。其中搏动着与自然界一切有生命之物共生、与构成社会的他人共生的"共生的道德气质"。我还要强调，这就是与堪称中国思想精髓的"天人合一"论以及"大同"思想相关的理念。

现代世界所要求的"好市民"，就是一种同时拥有"世界公民"自觉的人。他们除了深深扎根于自己的乡土、国家，为社区、社会作贡献的同时，还作为这美丽的蓝色行星——地球上的一员，努力从各自的角度保护环境，建构和平，为未来作贡献。

## 让"教育的太阳"、"和平的太阳"光辉灿烂！

"为了青年、和青年一起"，只要立足于这一决心，勇气和智慧便会源源涌出。

去年 4 月，贵国的温家宝总理来日本进行"融冰之旅"。我在东京拜会总理，交谈时也提到了"青年交流对未来很重要"等话题。

温总理一年前视察北京师范大学，致辞鼓励了走教育之路的学生们。在此，我要把他的殷殷话语广泛地介绍给日本以及全世界与教育有关的人士。

"教育事业是人类最崇高的事业，教师是太阳下最光辉的职业。教师不仅可以影响一个学校的孩子，还可以影响整个社会。希望你们在这所有光荣传统的学校里，接受文化的熏陶，感受人文情怀的温暖，呼吸自由的空气，真正享有智慧之光、仁爱之美，成为德才兼备的人民教师。"

我也决心毕生做一个人民教师，和诸位先生携手，让教育的太阳、和平的太阳光辉灿烂。

最后，衷心祝愿诸位先生工作愉快，祝愿各校繁荣发展！谢谢！

# 以人为本与人类发展

## ——2009 年辽宁师范大学
## 国际研讨会致辞

尊敬的曲庆彪校长，

尊敬的辽宁师范大学的老师们，

女士们，先生们：

为举办此次国际论坛，以曲校长为首，辽宁师范大学的各位老师们付出了种种努力，感人肺腑，谨致以由衷的感谢。

大连以及各地可敬的硕学先生于百忙之中莅会，我要怀着最大的敬意与感谢献上致辞。

十月一日的国庆节，是中华人民共和国建国六十周年的盛大节日，首先表示热烈的祝贺。

当今世界，无论经济还是政治，撇开贵国的存在，国际社会的和平与安定就无从谈起。伟大的中国人民实现了如此惊人的发展，其力量令我感佩不已。

全世界民众满怀期待，注视着中国在以国家主席胡锦涛为首的领导班子的英明领导下，向建设"和谐社会"迈进。

明年将要在上海举办世界博览会。

继去年的北京奥运会，贵国如巨龙升空的势头，必将再次给人类社会以巨大的鼓舞。

有力地牵引中国前进的大连是我憧憬的天地，衷心祝贺在这里举行为未来揭示新价值指标的研讨会。

今天，中华文化促进会高占祥主席光临，赐予意义深远的"终身国际顾问"名誉，我感到无上光荣，深表谢意。

请允许我怀着进一步为两国以及世界文化交流作贡献的决心，恭敬接受。

此次论坛的主题是"人本主义与人类的发展"。

这一命题何等明确地击中现代世界的核心。

人，就是一切的基点。

贵国大文豪鲁迅先生呐喊：

"人既发扬踔厉矣，则邦国亦以兴起。"（《文化偏至论》）

离开人就没有社会，也没有经济、政治、宗教、思想、科学。不，应该说，一切活动都是"为人的幸福"而有的。

正如贵国的妙乐湛然①提出的"依正不二"法理，佛教也主张"人（正报）"与其周围"环境（依报）"的一体性。

基于人的作为，社会有所改变，世界、生态系统也会有所改变。所以也可以说，重要的是从培育提升"人"开始的。

古今中外的伟大哲学家们一生所探究的，自然而然都是围绕着"人"这个主题。

以德国雅司贝斯命名"轴心时代"的公元前 500 年为中心，各地不可思议地都诞生了伟大的思想家。

在贵国出现了孔子等诸子百家，在印度释尊降生，古希腊是苏格拉底、柏拉图、亚里士多德等活跃的时代。

"何谓人？"这个问题仍然越来越大地横亘在我们眼前。

也可以说，这是一切研究中最根本、最深远的探究。

---

① 妙乐湛然（711－782） 中国唐代天台宗中兴之祖。俗姓戚，讳湛然。也称妙乐大师、荆溪大师。主要著作有《法华玄义释签》、《法华文句记》、《摩诃止观辅行传弘决》等。

这次研讨会集结最顶尖的精英，直面这一主题。我坚信，这看似质朴无华的研讨会，随着时光的迁流，必将如旭日一般强烈放射出人类景仰的智慧大光。

现代世界面对很多课题。

试举一例，信息化社会的进展使传播手段发达，但也令至为重要的人际关系日趋淡薄。

滥用因特网的匿名性的凶恶犯罪日新月异，此起彼伏。

本应用来协助人类，使生活变得丰富多彩的科学技术却带来了"剥削人性"的后果。在进退维谷的窘境中，现在正是最需要"以人为本"思想的时候。

曲校长像警钟一般的论说在我胸中震响——

"从人出发是一种最朴素的常识，却也是一个最容易迷失的原点。因为单个的人，相比于庞大的精神体系、教义规范或者组织制度、显得何其渺小、何其微不足道。没有'生命至上'、'人的尊严第一'的观念，人的正当的物质与精神的需求就无法得到充分尊重和满足。"

真是远见卓识。

在这一点上，贵国有胜过其他文化圈的优秀精神性，那就是贵国的思想中，有一种可称之为"中国式的人本主义"。

我以前多次在讲演中论述，中国经常把单个的"人"置于思考方法的基点，认为森罗万象的一切事物全都与人有关联。

想什么、做什么之际也绝不脱离单个的"人"，可以说，这是最简明、最根本的人本主义。

鲜明表现这种人本主义思想的就是贵国所诞生的儒教的"中庸"精神。

《论语》说："中庸之为德也，其至矣乎"，中庸被推崇为最高贵的德行。

朱子学始祖朱熹指明："中者，不偏不倚、无过不及之名。庸，平常也。"不偏于极端，不过头，走平常不变的道路，这就是中庸的本义。

《中庸》又说："喜怒哀乐之未发，谓之中。发而皆中节，谓之和。中也者，天下之大本也；和也者，天下之达道也。致中和，天地位焉，万物育焉。"

"中节之和"，也可称作天下之根本的适度调和，从一个人的人性丰富的行为，引申至社会以及天地万物的平安。

这和佛法所阐说的"中道"深刻而广泛地呼应。

释尊认为不偏于苦行主义或快乐主义等极端行为，才是人该走的正确道路，也就是"中道"。

就是说，依循大宇宙的真实法则，为人、为社会，坚持正义的生活方式。

龙树①进而从存在论的角度，阐明了不偏于有无的"中正之道"。

接受这些观点，贵国的天台智顗②展开了"空假中"三谛论③。不偏于假（有）或空（无），双方扬弃，观照一切，辩证法地统合，这种智慧境界就是"中道"。

这种境界，不正搏动着大宇宙那无穷尽而根本的创造力吗？

中庸也好，中道也好，绝不是静止的、消极的，也绝不是折中的、妥协的。

人本主义的"中庸"、"中道"的精神基础，可说也就是儒教根本伦理的"仁"，和与此相通的天台智顗所提出的"慈悲"。两者都是"慈爱他人之心"，在现实中就是"为他人尽力的勇敢的实践"。

儒教思想中，《大学》所记的"八条目"令人瞩目。

"……心正而后身修，身修而后家齐，家齐而后国治，国治而后天下平。"

---

① 龙树（公元 150 年—公元 250 年）　印度的大乘论师。梵名 Nagarjuna 的译音。付法藏第十四祖。

② 天台智顗（公元 538 年—公元 597 年）　中国天台宗开祖。俗姓陈，字德安，讳智顗。住天台山，故称天台大师。讲说由弟子章安汇集成法华三大部（《法华文句》《法华玄义》《摩诃止观》）等。

③ 三谛　空谛、假谛、中谛。谛意谓审谛，即详细、分明之义，指充分观察实相，亦即佛所悟的真实之理。

这里提出了把"仁"的精神从"心"到"身"、到"家"、到"国"、到"天下"扩展开来的方向。

这也和中国佛法中建立的"一念三千论"如出一辙，是天台智𫖮《摩诃止观》的要谛。即，从一心所发出的慈悲一念，会直接通过"五阴世间（色、受、想、行、识这心身的功能）"，影响"众生世间"，进而改变"国土世间"。这三个层次互相关联，互相影响，跃动地发生变化，产生变革，是一幅壮大的生命相关图。

值得瞩目的是，如"天人合一"、"宇宙即我"所示，儒教、佛教以及道教的共同思想中，都脉动着和宇宙合一共生，与森罗万象和谐共存的中国式人本主义。

我要强调，这样的人本主义，才是跨越近代科学文明界限，解决现代战争、环境破坏、人性沦丧等种种问题，开创和平共存文明，开启人类社会可持续发展的思想和主轴。

那么，应如何贯彻"中庸"、"中道"，实现和谐社会呢？

我认为于今天，能发挥软能（soft power）的"仁"或"慈悲"的途径，除了"对话"以外并无他途。

我现在正在和高占祥先生以"文化力"为主题，进行推心置腹的对话。

高先生明快地论述了和不同人士对话的意义，提出重要的不是"党同伐异"，也不是"求同存异"，而是"敬其所异"，要以这种境界参与对话。

单凭"同"不会前进。通过对话，敬重"不同"，善于学习、吸收其价值，这样才能使社会进步。

我也相信，基于"敬其所异"的想法敞开心扉反复交谈才是贯彻"中庸"、"中道"的途径，并一直在世界上进行文明间的对话。

前面述及的天台智𫖮的"一念三千论"也主张尊重"差异"。本来其中所确立的"三世间"的"世"就意味着时间的差异，而"间"意味空间的差异。"世间"这个词本身就是"不同"、"个性"的意思。

因此，一个个人的个性不同，丰富多彩的社会或文化的差异，乃至大自然生态系的多样性，应该被最大限度地尊重、发挥、伸展。因为只有如此，才能察觉到一切层次的"天人合一"以及"宇宙即我"的至尊生命光彩。

对于他人、异文化，以及自然环境，只要以虔敬的眼光来探视其尊严性，就会发觉到世界是多么的丰富多彩，光辉灿烂。假如能够以宽广的心互相学习启发，就能经常使自他都满溢生气勃勃的活力，增强新鲜的创造力。打开任何僵局，开辟和谐与发展的新路，其源泉即在于此。

佛典中有如此美妙的譬喻，"人向镜中礼拜时，则镜中之影又向己礼拜矣"。

我不禁想起周恩来总理视察大连时勉励青年们的话：

"即使自己有很多对的意见，但是还要听人家的意见，把人家的好意见吸取过来，思想才能更发展，辩证法就讲矛盾的统一，只有通过争辩，才能发现更多的真理。所以，青年人要学习，就要多听各方面的意见，然后加以集中。"

这话表达了周总理的真情，他天衣无缝地体现了"中庸"、"中道"的智慧，开辟人民的发展道路，推进和平外交。

周总理的行动里搏动着抛弃对立，使之合一，创造新价值的大同精神。

我要和先生们一道，把跟周总理学的这一和平共存哲学传授给21世纪的青年们。

我初访贵国是35年前的1974年，5月底6月初这翠绿如画的时节。

同年金秋9月，为促进日本和俄国的友好，第一次访问莫斯科。当时有人不解，问我"宗教家为什么去否定宗教的国家"。我回答："因为那里有人。"我的信念是超越国家、民族、意识形态的不同，开拓和平、文化、教育新交流的民间外交、人性外交。

在俄国会见了柯西金总理。我直率地问他苏联对当时关系恶劣的贵国的打算，总理坦率地回复说"没打算进攻中国"。

当年 12 月我再次访问中国，传达了苏联方面的意思。

我恩师创价学会二任会长户田城圣于二战时与日本军国主义彻底战斗，他一直嘱咐我要回报贵国的文化深恩。这也是我承继他的思想，尽我微力所作的人本主义行动。

回想那场甲午战争，日军登陆大连之日，正是 115 年前的今天，10 月 24 日。

作为信仰佛法之人，我一直希望能有机会访问大连等中国东北地方，为牺牲于战争的所有民众唱诵经文祈祷冥福，以及祈念永恒的繁荣和平。

虽然三番五次收到邀请，至今愿望尚未实现，但这一祈念从未离开过我和妻子的心怀。

现在，敬爱的大连蓬勃发展，包括日本、俄国在内，向全世界架起一座座和平友好的桥梁，我感到无比高兴。

前年胡锦涛主席访问日本，我们在会见中共同展望了"建设永久和平、共同繁荣的和谐世界"的重要，并且为此又互相确认了"以青年人的力量构筑千秋万代的友好"这一观点。

在座各位老师们热爱青年，是真正的人本主义教育工作者。在可敬的先生们会聚一堂的今天，我也坚定立誓，把勇敢与希望之光投注给两国以及世界的每一个青年，为人本主义的兴隆，为人类发展作出更大的贡献。

衷心祝愿各位更加健康，辽宁师范大学以及有关各大学蓬勃发展。

谢谢。

# 后 记

  近年来，随着池田大作思想研究的广泛展开，高质量的论文和著作不断推出，可谓汗牛充栋。单就 2005－2009 年在中国举办的 5 届池田大作思想国际学术研讨会而言，与会论文便达 300 余篇，涉及池田大作思想的所有领域，且佳作频出。

  本文集与历届池田思想国际研讨会一样，是中日共同合作完成的。2010 年 2 月，创价大学汪鸿祥教授提议编辑文集，得到日本创价大学寺西宏友副校长的支持和辽宁师范大学校长、池田大作和平文化研究所所长曲庆彪教授的赞成。此后，中日双方成立编辑委员会，各自提出编辑方案。同年 10 月，在第六届池田大作思想国际学术研讨会召开前夕，中日双方编委聚首羊城，共商文集细节，确定了最终方案。研讨会期间，笔者向入选本文集的部分作者请求赐稿，均慨然允诺，令笔者不胜感动。

  本文集选编，按照编委设定的几大类别，选取二十几篇结集出版，实难取舍。一些水准颇高的论文，由于文集主题和篇幅的限制，只能无奈割爱。在此，敬希历届论文提交者谅解。

  本书编委会成员付出了艰辛的努力，在此一并致谢。作为日方的执行编委，汪鸿祥教授负责日方论文汇集工作，并对文集编辑多次提出中肯的建议，令文集在平衡论文的作者单位和质量方面得以兼顾。他多次对笔者进行鼓励，促使文集得以早日问世。

  创价大学北京办事处的上野理惠女士也为文集的顺利出版付出了心血，编者未能联系到的作者，均通过上野女士取得了联系。

  辽宁师范大学池田大作思想研究会的王萍、路西昆、徐鹏和肖宁同学，在紧张的学业之余主动承担了所有文字资料的扫描、校对工作，他们艰苦的努力和毫无怨言的付出令人感动。

如果没有中国社会科学出版社武云博士等朋友的高效运作和建设性建议，一本内容充实、装帧考究的文集肯定不会呈现在读者面前。

需要感谢的人还有很多，池田大作先生应该是笔者始终要感谢的人。承蒙池田大作先生授权，有幸在文集中汇编了池田大作先生在五届国际研讨会上的致词。池田思想博大精深而又深入浅出，以对话为主要载体，以尊重生命这一主线贯穿始终，深入探讨了人与世界、人与自然、人与社会、人与人、人与自身的关系。学习和研究池田思想，笔者不但增长了见识，开阔了视野，还意识到了自身的使命所在，坚定了为人师表、踏实从事学术研究的信念。

崔学森

2011 年 5 月